大秦帝國

第二部《國命縱橫》下

孫皓暉 著

全新增訂版

目錄

第十章　張儀風雲

第十一章　郢都恩仇

第十四章　百年一亂

第八章 連橫奇對

一、張儀的聲音振聾發聵

六國合縱的消息傳到咸陽，嬴駟君臣坐不住了。

蘇秦遊說之初，秦國君臣雖說也很重視並盡快地採取了應對行動，但隨著各種消息紛至沓來，秦國君臣們漸漸懈怠了。山東六國累世恩仇，相互間拚殺得不共戴天，他們能同心結盟麼？認真說起來，山東六國中也就魏國是秦國的老冤家，除魏國之外，秦國與任何一個國家的衝突都極為有限。近幾年來，也就是奪取了山東六國以往進攻秦國的一些重要根基而已，細算起來，統共也就五六座城池、幾百里土地。與魏國的攻趙攻韓、齊國兩次痛擊魏國、楚國奪取淮北等大戰相比，都可說是戰國之世的小爭端。山東六國果真能泯滅他們之間的血海深仇，而共同對抗一個只不過收回了自己的河西故土、只不過奪取了他們幾座關隘要塞的秦國？徇情推理，真是比登天還難。尤其是齊威王、魏惠王、燕文公突然在一個月內相繼病逝，趙肅侯楚威王又都是病入膏肓的消息傳來時，嬴駟君臣幾乎已經認定，合縱只不過是蘇秦與六國的一個夢幻而已。樗里疾爭取齊國無功而返，嬴駟君臣本來還頗有壓力，及至這時，卻已經輕鬆了。司馬錯提出了一個大膽周密的謀劃：發動突然襲擊，一舉攻占河東的野王、上黨地區，斬斷趙國燕國與中原的主要聯結高地，而後相機蠶食山東。為此，嬴駟專門召集了一次祕密會商，君臣一致贊同。太傅嬴虔尤其慷慨激昂，堅持要打生平最後一仗，否則死不瞑目。嬴駟與司馬錯通融，只好教嬴虔做了前軍主將，立即籌劃奇襲河東——冬日用兵，打山東六國一個措手不及。

誰知就在這個節骨眼上，六國竟然合縱成功了。

嬴駟好容易耐住焦躁的心情，將合縱盟約並幾份要件翻閱了一遍，翻完了，心中卻更是煩亂，鐵青著臉在書房愣怔，一時茫然無措。對於漂泊山野嚴酷磨練近二十年的嬴駟來說，這種慌亂茫然只有過一次，那就是在郿縣白里的那個夜晚，要不是公父恰好趕來接他回咸陽，嬴駟肯定是永遠地崩潰了。可是，這次不是那次，公父不會死而復生，又有誰能給他一條明路？嬴駟啊嬴駟，六國合縱可是比當年的六國分秦要嚴峻十倍不止，你當何以處之？當年的中原六國盟主是志大才疏的魏惠王，公父以柔克剛韜晦縮防便渡過了險關，可今日縱約長是勵精圖治的楚王，實際籌劃推行者更是當世奇才蘇秦，僅從建立六國聯軍看，他們的盟約便遠非昔日的任何盟約可比，你卻如何應對？妥協退讓麼？若六國趁勢壓來，豈非亡國之危？硬抗麼？六國軍力遠勝秦國數倍，分而擊之可也，以一對六只能自取其辱……

「稟報君上，太傅、上大夫、國尉連袂求見。」內侍連說了兩遍。

「噢——」嬴駟恍然醒悟：真是昏了，如何一個人發懵？「快快快，請他們進來。」

嬴虔、司馬錯、樗里疾三人匆匆大步進來，都是神色嚴峻。連尋常總是悠然微笑的樗里疾也鐵著黑臉，鼓著腮幫，顯然是咬牙切齒的樣子。

「公伯、上大夫、國尉，請入座。」嬴駟平靜地笑著。

「此時不能示弱，照打不誤！」嬴虔未曾落座便嚷了起來。雖然戴著面紗，但粗重的喘息與顫抖的白髮卻無法掩飾他的激憤，「直娘賊！秦國被欺負得還不夠麼？奪我河西多少年？殺我秦人多少萬？丟幾座城池就要掐死老秦麼？鳥！給我一道金令箭，嬴虔立馬到隴西，徵召十萬精騎，殺他個落花流水！滅了這些狗娘養的！」嬴虔本是一等一的猛將，一通發作如同獅子怒吼，震得殿中轟嗡不斷。

說也奇怪，嬴虔的一通怒吼叫罵彷彿是宣泄了每個人共有的憤懣，嬴駟三人的心緒片刻間平靜了許多。「公伯且請息怒，此事還當認真計較才是。」嬴駟聲音很輕柔，充滿了關切。

「君上，兵家相爭，不得意氣用事。」司馬錯神色肅然，一字一頓道，「臣以為，敵已有備，當立即停止奇襲河東之籌劃。六國合縱既成，天下格局已是大變。如何應對，當一體計議，決然不能逞一時之快而誤大計。」

嬴虔氣得呼哧呼哧直喘，卻只是不說話。他是個內明之人，素來欣賞錚錚硬漢，服有真見識的能才。司馬錯的耿耿直言他雖然大是不滿，卻也知道不能憑自己的一腔怒火行事，只有兀自氣呼呼地大喘。

「上大夫以為如何？」司馬錯一番話已使嬴駟悚然憬悟，他想仔細聽聽各種說法。

「三百年以來，秦國便是中原異物。」樗里疾少有地滿面寒霜，「山東六國相互征戰慘殺，遠勝於與秦國之衝突。然則，從無天下結盟共同對抗一國的怪事。而今六國合縱，表明中原戰國自來便視秦國為蠻夷異類，必欲滅之而後快。秦國弱小，他們不放過。秦國強大，他們更不會放過。他們對秦國又蔑視，又憎恨，而今更是增加了恐懼。長遠慮之，中原戰國是秦國永遠的死敵。無論秦國如何力圖融入中原文明，中原都將視秦國為可怕鬼魅。」樗里疾喘息了片刻，轉而平和道，「唯其如此，秦國已經面臨立國三百年以來的最大危機，須對通盤大計一體權衡，與中原戰國做長期周旋，萬不能掉以輕心。一步踏錯，秦國便有滅頂之災。」殿中氣氛驟然凝重，狂躁消失了，壓力卻更為沉重了。

嬴駟輕叩書案：「時也勢也，計將安出？」

良久沉默，樗里疾終於笑了笑：「君上，臣薦舉一人，可通盤斡旋。」

「噢？快說！」嬴駟急迫，嬴虔與司馬錯也猛然一齊盯住了樗里疾。

「張儀。君上還記得否？」

「張儀？在何處？」嬴駟說著霍然站起。

「君上莫急，張儀已經在咸陽了。」樗里疾悠悠然一語，嬴駟君臣三人都吃了一驚。嬴虔先急了：「你這個黑肥子，如此大事，真能悶住！」樗里疾嘿嘿笑道：「性急煮不得好膠，張儀對秦國疑慮未消，得有個緩頭。」「疑慮？」嬴駟困惑道，「秦國與張儀毫無恩怨瓜葛，比不得蘇秦。再說，我等君臣對張儀追慕已非一日，誠心求賢，他有何疑慮？上大夫又如何得知？」樗里疾徐徐道：「君上不知，張儀本是老魏人，對秦國最是偏執蔑視。當年蘇秦選了入秦，張儀則寧可入魏入齊再入楚，也沒有想到過來秦國，此其一。」「鳥！」嬴虔忍不住笑罵了一句，「山東士子老毛病，不足為奇。」樗里疾道：「張儀大挫，為母親守陵三年。其間蘇秦復出，發動合縱，方促張儀重新思謀出路。臣出使齊國時，蘇秦曾對臣提及張儀，舉薦張儀入秦。」

「如何？蘇秦舉薦過張儀？」這次是司馬錯驚訝了。

「不足為奇。」嬴駟微微一笑，「一個人天下無敵，也就快沒有價值了。張儀如何？」

「張儀知道蘇秦向秦國薦舉了他，卻沒有立即動身入秦。然則，張儀又斷然拒絕了不明勢力的脅迫誘惑，拒絕前往別國。最後是白身入秦，住在咸陽靜觀。此間多有蹊蹺。依臣之見，仍是張儀心存疑慮，要踏穩腳步，怕重蹈入楚覆轍。」

「直娘賊！」嬴虔粗重喘息著罵了一句，「老天磨才，也忒囉唆。」

「既然如此，如何處置方為妥當？」嬴駟已經完全平靜了下來。

「要解此扣，須得穩住了神才是。」

「上大夫有計？」嬴駟笑了。

「君上稍候，臣謀劃便是。」樗里疾神祕地「嘿嘿」一笑。

暮色降臨，咸陽尚商坊成了河漢璀璨的不夜城。

雖說是一國君主，嬴駟卻從來沒有到過這個特殊的商區。他只熟悉咸陽的國人區，熟悉那裡的肅穆凝重，熟悉那裡的井然有序，雖然尚商坊早已是名聲大噪，嬴駟卻從來不屑於光顧。在他想來，無非就是十里長街一片店鋪，還能有甚？商鞅變法後一反秦國傳統，大重工商，在嬴駟心目中，這也只是商君增加國賦的一條管道而已，如同管仲大辦綠街，將賣色賣身也納入國家商賈徵稅一樣。他沒有想到，即位後尚商坊的賦稅收入逐年猛增，上年竟然占到了國庫總賦稅的四成，一舉超過了魏國齊國的商市賦稅。嬴駟當時還沒有意識到這是一種什麼樣的變化，經過樗里疾的一番條分縷析，嬴駟才悚然醒悟：百工商賈，在秦國已經變成了與農耕比肩而立的民生根基，已經變成了富國強兵不可或缺的棟梁行業。在農戰立國的老秦人眼中，這不啻是悄無聲息的滄桑巨變。誰能想到，商鞅撒播的這片種子，竟能如此快速地成長為支撐秦國天空的茫茫林海？也就是從那一天起，嬴駟萌生了來尚商坊一睹風采的念頭。想歸想，終是忙得沒有成行。

今日樗里疾神祕兮兮地將他領出宮來，一身布衣，一輛軺車，從一條僻背小巷曲曲折折地駛進了這汪洋恣肆的燈火大海。嬴駟實實在在地驚訝了——衣飾華貴的人流、豪華講究的店面、轔轔穿梭的高車、鞍轡名貴的駿馬、明眸皓齒的麗人、色色各異的望旗、天南海北的口音、濃郁醇馥的酒香……直使人目不暇接。嬴駟第一次在如此廣博的人間財富面前目眩神搖，第一次在農耕之外看到了另一番博大的工商天地。驟然之間，嬴駟忘記了布衣出行的所圖，只顧癡癡地打量著眼前流動著的每一件新鮮物事。

「公子，前面就到。」軺車駛入了一條通明幽靜的大街，駕車的樗里疾第一次開口。

「鬧市之中，這條街如此幽靜！」嬴駟看見幾家門廳黃澄澄的大銅柱下都站著幾個鬚髮如霜的老人，只是比宮中的老內侍多了鬍鬚，華燈大明的門前卻是少有行人，大是不解。

「這條街全是老字號酒肆客寓，車馬場都在店後。為了方便，客人都從車馬場偏門出入。這大門，只有貴客光臨用一下了。」樗里疾笑著低聲解釋。

「今日布衣，偏門妥當。」

「哪？從何處走？」

樗里疾祖籍本隴西戎狄，馴馬駕車倒還真有一手。只見他將兩馬軺車輕盈地拐進店旁的一條說是小巷其實卻也很寬闊的車道，從車馬穿梭如流中，輕鬆自如地拐進了燈火通明的車馬場。嬴駟抬眼望去，只見足足有三四畝地大的敞開席棚下，滿當當全是各種華貴車輛，嬴駟的青銅軺車一點兒也不顯得出眾。一個精幹利索的年輕僕人搶步上來，滿臉笑意地將樗里疾的軺車引領到恰當車位，熱情地說了聲：「先生出來時派個小姊姊招呼一聲，我便將車停在街口等候了。」便大步流星地忙著引領別的車輛去了。

嬴駟看得大為感慨：「看來山東多有能人也，商道之上，山東比秦人高明。」樗里疾笑道：「商道如兵道，全賴運籌調度。中原風采文華，生計謀劃可是大有人才。」嬴駟卻皺了皺眉頭低聲道：「只是如此奢靡，壞了老秦人本色也是不得了。」樗里疾呵呵笑了：「老秦有商君法制，奢靡掩不得本色，公子放心便是。」嬴駟道：「今日罷了，回頭還得再來尚商坊多看看，此地學問大也。」樗里疾低聲笑道：「公子但有此心，秦人之福。秦國之生計財貨，原是不如中原。」

兩人正在車馬場門口說得投入，一個英挺俊秀的白衣公子匆匆走了過來：「哎呀呀，好興致，看稀奇來了麼？」嬴駟恍然抬頭道：「是小妹啊，好灑脫。」樗里疾笑容頓消連忙道：「如何出來了？先生不在麼？」白衣公子頗有急色道：「他說左右無事，到酒廳去了。」又壓低聲音道，「我先走，須得見機行事，千萬莫魯莽。」說完大袖飄飄地去了。嬴駟笑道：「華妹還真出息了。」樗里疾拉了一下嬴駟衣袖道：「走，跟著。」遙遙地看著那個瀟灑的白衣身影，跟著進了店中。

張儀到咸陽已經三日了。

從安邑涑水河谷一出來，他很少說話，直至進了函谷關進了咸陽，他仍然是沉默寡言。緋雲隨張儀多有遊歷，素知張儀豪爽灑脫的個性，如今見他一路沉思，大是擔心，但看見稍有新鮮的物事便有意無意地大呼小叫，存心要教張儀高興。張儀不耐，破天荒地申斥了緋雲兩次，緋雲再也不亂叫了。遙遙看見咸陽東門箭樓時，張儀下車步行登上了北阪，站在最高處怔怔地凝望咸陽，直到落日沉沉地隱沒在西山之後。緋雲遙遙跟在後面，見張儀愣怔，上前低聲道：「張兄不喜歡這地方，就回家，涑水河谷做個田舍翁也好。」「你說甚來？」張儀回身恍然笑道，「田舍翁車載斗量，張儀天下只有一個。」說罷大步下山了。一路上，倒是那個白衣商人應華對張儀的沉默似乎絲毫不以為奇，張儀沉思他打瞌睡，張儀偶然有問，他立即笑語作答，說完又是無窮盡的瞌睡，只害得緋雲又擔心又憋悶。

可到了咸陽住過一個晚上，張儀又立即變成了海闊天空明明朗朗的張儀，問東問西，對甚事都要刨根究柢。應華忙著去安頓生意，張儀便帶著緋雲在咸陽整整晃了兩日一夜，除了沒進咸陽宮，跑遍了大街小巷。

緋雲跑得腳軟，噘著嘴兒嘟囔：「在臨淄郢都，轉了一天就說夠了，進了咸陽不要命了吔。」張儀非但沒有生氣，反是哈哈大笑道：「緋雲啊，你沒覺得咸陽是個大世面麼？」「吔，大世面？」緋雲頑皮地笑了，「誰說的？秦國荒蠻窮困，變也變不到哪兒去。」張儀拍了一下緋雲的頭笑道：「小鬼頭，等這兒揭我短。走，再到尚商坊看看去，跑不動我背你了。」說著便來拉緋雲的手。緋雲打掉張儀的手，紅著臉笑道：「吔，不凶人家就行了，誰背誰呀？」

在那片作坊聚集的尚商坊區，兩人整整晃了大半日，打問了每一件貨品的用材、底本與價錢，連菜刀鍋鏟都沒有放過，兵器農具看得問得就更細了。尚商坊小吏直以為他們是山東商人，非但不厭其煩地有問必答，而且親自帶他們看了兵器坊、農具坊與打車坊。午後回到渭風古寓，沐浴之後已是將近晚飯時刻，張儀顯然很高興，對緋雲笑道：「走，到酒廳去。這是老魏國洞香春的老店，有好酒。」緋雲卻眨著眼低聲道：「吔，我問了，這店貴得要命。手裡沒錢，如何還應華這個人情？人家是商人，圖你個甚來？」張儀哈哈大笑道：「走，只管飲酒便是，我的人情可是大得很。」

正在說話，白衣應華滿面春風地匆匆來了：「大哥啊，還沒用飯吧。若是不累，我請酒了。」張儀對緋雲笑道：「如何？我正要去品嘗一番秦酒，還是小弟可人，走。」應華見緋雲有些猶豫，笑著一躬道：「小妹，在下有請了。」緋雲「噗」的一笑，也只有跟著走了。

進得酒廳，侍女領著三人到了一個極為雅致的屏風隔間。應華笑道：「大哥點酒，我點菜。」張儀笑道：「洞香春趙酒最有名聲，今日我等卻只飲秦酒，兩罈。」「好！」應華笑道，「逢澤鹿三鼎，燉肥羊半隻，秦苦菜三份。秦菜配秦酒如何？」張儀慨然笑道：「好啊！初次入秦，真沒想到秦國酒肆有如此氣派。就秦菜秦酒。」應華笑笑：「秦國也就這尚商坊有些模樣，其他街市也平常得緊。」「吔，才不是。」緋雲笑道，「張兄帶我在咸陽晃了兩日一夜，好去處多了。連張兄都說咸陽是大世面，秦國的真正氣象不在尚商坊，而在國人區。」「是麼？」應華明亮的眸子向張儀一閃，「倒是我這個商人見識短淺了。」張儀笑了笑：「久居咸陽，司空見慣，自然又是不同。」應華笑道：「大哥說笑了，我雖常來咸陽，也就在尚商坊走動，對咸陽麼，也許真還沒有你熟。」

說話之間，幾名侍女魚貫飄了進來，每人捧著一盤，瞬間將酒菜在各人案頭擺置整齊，又魚貫飄出，只留下一名綠衣侍女侍酒。應華擺擺手道：「小姊姊去吧，我等自己來。」綠衣侍女笑著答應一聲輕盈地飄了出去。應華舉起了大銅爵道：「大哥初到咸陽，小弟權且做個地主，為大哥接風。來，大哥小妹，乾此一爵。」張儀揶揄笑道：「地主就地主，權且個甚？好，乾了。」說著一飲而盡，置爵品咂一番驚訝道：「噫！這秦酒當真強勁，綿長凜冽，好！不輸趙酒！」應華笑了：「大哥可知秦酒來歷？」張儀搖搖頭：「慚愧，我對秦國可是生得緊。」「那是沒上心。」應華道，「這秦酒也叫鳳酒。周人尚是諸侯時，鳳鳴岐山，周人以為大吉，釀的酒就叫鳳酒了。秦人繼承周人地盤，大體沿襲周人習俗，也叫鳳酒，只是山東商賈叫作秦酒罷了。說起來已經千餘年了，以大哥看，可算得天下第一老酒？」張儀拍案：「大是算得。來，再乾！」

「且慢。」應華笑道，「這秦酒配苦菜，最是有名。大哥試試了。」張儀夾了一筷野菜入口俄而驚訝道：「噫！苦得夠味兒。」說著飲下一爵，回味片刻，恍然笑道，「這番搭配卻是匪夷所思，酒中奇才也！」緋雲也吃了一口苦菜，皺著眉頭道：「吔！又苦又辣，誰個受得？」張儀饒有興致道：「你等不善飲，不知酒中奧祕。這秦酒稍薄，而苦味兒正增其厚，單飲秦酒，不輸趙酒，若配苦菜同飲，則勝過趙酒了。若非酒中奇才，斷難發現如此絕配。」應華聽得眸子閃亮，粲然笑道：「大哥不輸於這個奇才。聽說，當年商君入秦，這渭風古寓的店東就用苦菜秦酒接風。商君大是讚賞，從此便將苦菜秦酒做了自己的家常美味。秦人感念商君，這苦菜秦酒之配，也就風靡了秦國城鄉。久而久之，連山東商賈也以苦菜秦酒為榮耀了。只是啊，沒有一個人說得出口味上的奧祕。」一席話畢，張儀卻默然良久，慨然歎息道：「大哉商君，清苦如斯！張儀敬你一爵了。」說著站起身來，將滿滿一爵秦酒緩緩地灑在了地上，又斟一爵，自己飲乾。應華一雙眸子亮晶晶地盯著張儀，也肅然站起，猛然大飲了一爵。

大約飲得半個時辰，那個侍女飄了進來對應華作禮道：「公子，你的家老有事請你示下。」應華笑道：「大哥，我片刻便來，準是虎骨有買主了。」說著出了隔間。張儀笑道：「緋雲，來，吃了這鼎逢澤鹿，大補。」緋雲頑皮笑道：「吔！一口便是一百老刀幣。」張儀哈哈大笑：「那就吃一肚子刀幣。」

正在談笑飲酒，應華笑吟吟走了回來道：「原是兩句話的事，妥了。」說著入座與張儀對飲起來。兩爵方罷，卻見那名綠衣侍女又飄了進來恭謹作禮柔聲細語道：「啟稟公子先生，臨間兩位客官欲與你等共飲，差小女子通稟，允准可否？敢請示下。」應華驚訝連聲道：「有人要與我等共飲？哎呀，此等事體向來是名士作派，我這小商賈可是沒經過，還得請大哥做主。」張儀拍案笑道：「秦國也有了此等文華氣象？大好！請與我等並席。」綠衣女子一點頭，笑著摁動大屏風上的一個圓木柄，厚重的實木屏風兩扇小城門一樣無聲地滑開，赫然現出了兩個布衣士人：相同的黑色大袍，相同的兩張黑臉，除了高矮胖瘦略有不同，簡直就是兩根黑柱子。

張儀一瞄，便知這兩人絕非山東士子，而可能是秦國本土名士，或戎狄胡人中的豪傑領袖之士。張儀雖然狂傲不羈，卻素來敬重風塵英雄，起身拱手笑道：「在下安邑張儀，多蒙兩位垂青，同席共飲海闊天空便了。」矮黑胖子還禮笑道：「嘿嘿，果是張儀，好氣度！我倆在鄰間聽得多時，敬佩先生見識，便學中原名士，來個同席暢談了。」張儀笑道：「四海皆兄弟，好說！兩位請入座。」這期間綠衣侍女已經喚來幾名同伴，利落地將兩位黑衣人的座案併了過來，又關閉屏風，頓時成了一個寬敞的五人大間。

應華笑道：「哎呀呀，都是英雄名士，左右我只是聽，便由我來侍酒。你等都下去，我不叫莫得進來。」侍女們又魚貫飄了出去。緋雲笑道：「應哥哥只管坐了，這等事兒你不如我。」黑矮胖子笑道：「且慢，張兄飲的可是秦酒？」張儀點頭道：「秦酒苦菜，天下難覓。」黑矮胖子像所有胡人那樣聳著肩哈哈大笑：「不不不，張兄可願品嘗一番我等胡酒？」張儀慨然笑道：「好啊，一日兩酒，都是罕見之物，在下何等口福也！」黑矮胖子聳聳肩道：「這位小哥，這是三罈胡酒，相煩小哥隨飲隨打了。」緋雲笑道：「吔！不消說得。」說著跪行碎步為每座打酒，利落輕柔不輸於店中侍女。

一直微笑沉默的黑瘦子舉爵道：「我等兄弟，敬佩中原有先生這等學問見識之士，先敬英雄一爵！」張儀笑道：「隻言片語，談何學問英雄？天意相逢，共飲便了。」抱爵一拱汩汩飲盡。「痛快！」黑矮胖子聳聳肩頗為神祕地一笑，「張兄，我這胡酒，比秦酒如何啊？」張儀看了一眼爵中殘酒道：「此酒白亮而略帶黏稠，酸甜出頭，苦辣澀諸味退後，爽則爽矣，失之太淡，遠不如秦酒厚重凜冽，有一爵貫頂之力。以在下口味，還是秦酒為上。」置爵於案，似乎不想再飲這胡酒了。黑矮胖子搖頭笑道：「不不不，我這胡酒乃青稞酒，中原人叫『裸大麥』的釀成，酒成攙以馬奶，後勁兒大了。我草原騎士痛飲，可是提神長勁，像一頭大熊！」張儀大笑：「有此妙處，自當痛飲。來，再乾！」

觥籌交錯，飲得一陣，幾人臉上都泛起了紅光。張儀覺得通身燥熱，額頭細汗不止，竟脫去了長大布袍，只穿貼身短衣。黑矮胖子連呼痛快，也立即脫掉了布袍，現出一件皮短褂，赤裸著古銅色的雙肩，倒確實一個胡人武士。只有那個黑瘦子沉靜如常，只是微笑著慢飲慢品。張儀猜度他必是胡人邦國的王子或首領，心覺奇異，不覺笑問：「兩位來到咸陽，莫非要做兵器買賣？」

「不不不，」黑矮胖子聳聳肩，「我等住得很遠很遠，在陰山草原。我們來，是要與秦國修好結盟的，誰不打誰。可到了咸陽，卻聽說中原六大戰國合縱結盟，將秦國當作死敵。我們呀，鬆了一口氣，就來猛吃猛喝了。」

「噢，二位是陰山匈奴國？我去那裡買過馬，秦國是你們的老冤家了。」應華笑得很開心，似乎特別高興。

「不不不，」黑矮胖子連連搖手聳肩，「匈奴？那是中原罵我們的，我們是大熊之國，大熊知道麼？雪白的！高大的！沒有對手的！」

黑矮胖子認真的辯駁和匈奴人特異的說話方式，引得應華與緋雲咯咯笑個不停。黑矮胖子急得滿臉脹紅道：「笑？雪山一樣的大熊是沒有對手的。幾百年了，趙國、燕國、秦國，一直像高山一樣擋著我們，大熊不能南下中原。如今趙國燕國不行了，退縮了。只有秦國這隻黑鷹，飛過了大河，飛過了陰山，飛進了我們的草原。如今，黑鷹的翅膀就要折了！啊哈哈哈哈，我們可以放開馬跑了。來，朋友，為我大熊歡呼痛飲了！」舉起案頭大爵咕咚咚飲乾，嘿嘿笑著亮了亮爵底。

張儀沒有舉爵，淡淡笑道：「如此說來，大熊要放馬南下？」

「不不不，」黑瘦子搖手笑道，「熊弟素來口如大河，英雄見諒。我族只想先撂下與秦國修好，看看再說，說到底，中原時勢是大變了。」

「啊哈哈哈，小單于兄太客套了。」

黑矮胖子聳聳肩站起來，肥鴨子一般搖晃到張儀案前道：「英雄是魏國人，魏國是地上長蟲，秦國是天上老鷹，老鷹折了翅膀，長蟲就威風抬頭！英雄一定比我黑熊還高興，啊哈哈哈！」

「啪」的一聲，張儀拍案而起：「兩位既是匈奴太子將軍，我也無須客套。張儀今日正告兩位：秦國依舊是秦國，黑鷹永遠不會折翅，大熊永遠不可能南下！秦國乃華夏屏障，中原大國，痛擊匈奴更不會手軟。三百年前，你等祖先八萬騎兵入鎬京，秦人五萬騎兵殺得你等祖先丟下了幾萬具屍體灰頭土臉逃回了大漠草原，難道已經忘記了麼？是的，我張儀確是魏人，然則，張儀首先是華夏子孫。你大熊膽敢南犯，也許我張儀就會成為秦國人，親率兵馬，剝下十萬張熊皮！」

驟然之間，舉座肅然無聲，兩位黑子的眼睛都瞪直了。張儀的急變之才本是出類拔萃，又兼一張利口一腔熱血一副桀驁不馴灑脫不羈的心性，聲色俱厲之下當真莫之能當。

黑矮胖子聳聳肩嘿嘿笑了：「不——中原人說：英雄鬥智不鬥氣。先生若能說得出黑鷹永遠不會折翅的理由，黑熊便服。不然，嘿嘿嘿，熊皮可不是好剝的。」

張儀哈哈大笑道：「看來大熊還不笨，知道鬥智。天機不可預洩，只對你等說明大勢便了。」見黑矮胖子光膀子喘著粗氣入座，張儀端著大爵在廳中踱步，邊走邊飲邊說：「秦國崛起，已是鯤鵬展翅。六國雖然合縱，卻是蓬間雀之聚。你等鼠目寸光，但知六國相加，土地財貨民眾兵力比一國眾多，而不知『散六不敵混一』之奧妙，竊竊欣喜，竟自以為有機可乘也。」

「不不不。」黑矮胖子連連聳肩，「明明是合縱同盟，還有聯軍，如何能叫『散六』？」

張儀現出高傲的微笑道：「大熊國名副其實，以為秦國就束手無策了？張儀明告：秦國只要鎮靜應對，不急於反擊，以柔韌克之，合縱必亂！大凡團體結盟之初，必顯同心。外部壓力愈大，該盟約就愈鞏固。若急於反擊，猶如為淵驅魚，為叢驅雀，耗盡秦國之力，而敵方不能瓦解。反之，秦國若採取彈性極大之策略，表面退讓，先守定自己，整肅民治，擴充大軍，以靜制動。如此，則六國戒備之心必日漸鬆弛，舊有仇恨重新發作，六國合縱必然瓦解矣！」

兩個黑子聽得大是興奮，黑矮胖子連連聳肩笑道：「不不不，英雄還當有一拳一腳的對策，光柔韌兩個字，合縱還是像陰山一樣堅實。」

張儀揶揄笑道：「一拳一腳？那是你等能聽的麼？那是只能對秦王說的。」

黑矮胖子仍是連連聳肩：「不——六國合縱有個大英雄，蘇秦！張兄說的這些，他想不到麼？沒有蘇秦敵手，合縱還是陰山一樣，高聳入雲的。」

張儀一陣放聲大笑：「天下之大，豈能沒有蘇秦敵手？六國病入膏肓，蘇秦縱然奇才，也只能救六國於一時，不能救六國於永遠！此乃時也勢也，爾等大熊國豈能盡知？」

「先生如何對秦國有此等信心？」黑瘦子目光炯炯地看著張儀。

張儀從容笑道：「張儀走遍天下，唯獨沒來過秦國。若在一個月前，也許我會贊同你等說法。然則入秦一路半月，又在咸陽三日踏勘，以張儀目光：秦國已成天下真正的法治大國，耕戰精神已經成為國人根基；朝野整肅，國人奮發，財貨充盈，民心思戰。反觀中原，六國個個舊根未除，奢靡頹廢之風彌漫山東；官吏嫉賢妒能，民心散亂低迷；哪一國能再爭得二十年時間徹底變法，而做第二個秦國？決然不可能。當此之時，秦國就是天下楷模。對秦國沒有信心，對天下就沒有指望！」

黑瘦子站起深深一躬，肅然道：「先生之言，振聾發聵，我等必改弦更張，另謀國策。」張儀卻自嘲笑道：「在下無能，入秦未說秦王，倒對你等大熊費了一番口舌。來，乾了！」應華咯咯笑道：

「大哥英雄，秦王要是知道了，該封大哥丞相做才對也。」張儀哈哈大笑：「果真如此，蘇秦有六國相印，張儀只拿一顆對他，穩贏不輸！」

黑矮胖子肩膀又是一陣大聳：「對對對！英雄志氣像高高的陰山，我等敬英雄一爵！」張儀已有幾分酒意，忍俊不禁，扶著黑矮胖子的肩膀笑道：「別老是高高的陰山，當心有一日，秦國的長城修到陰山頂上，你等也是秦國臣民了。」黑矮胖子卻高興得哈哈大笑：「英雄把長城修到陰山，大熊便服了。」

應華學著黑矮胖子口吻，聳聳肩笑道：「不——該當這樣。」

「噢——」黑矮胖子長長地驚呼一聲，聳聳肩，「我沒有這樣麼？那是身上不癢了，蝨子教英雄嚇跑了。」

「哄」的一聲，幾個人齊聲大笑，應華笑得直打跌。緋雲上氣不接下氣道：「吔！原來是蝨子癢的呀，我以為是脖子抽風吔！」這下連不苟言笑的黑瘦子也哈哈大笑起來：「小哥說得是，胡人聳肩，原本就是蝨子癢了。噫！先生……」

張儀歪倒在酒案上呼呼大睡了。緋雲笑道：「吔，沒事。張兄沒有飲過胡酒與秦酒，更沒有一起飲過這麼多，大睡一覺便好。」黑矮胖子笑道：「嘿嘿，英雄海量！要是我來兩種酒呀，早撂倒了。」黑瘦子道：「我等告辭，二位好生照料先生，我等明日午後便走了。」應華點頭笑道：「知道了，明日午後走好。」

初冬的正午，柔柔的日光照在了窗櫺上。

張儀一覺醒來，覺得身上汗津津的，睜眼一看，身上一床大被，榻前一個木炭燃得紅彤彤的燎爐，靜悄悄的寢室明亮而又暖和。掀開被子站起，張儀打了一個長長的呵欠，頓時覺得神清氣爽，正要喊緋雲，寢室門「吱呀」開了。緋雲托著一個大盤走了進來道：「吔，果真起來了，頭疼麼？」

「不不不，」張儀笑著聳聳肩，「清爽極了。」緋雲咯咯笑道：「吔！胡人蝨子也跑到你身上了？」張儀不禁大笑道：「別看兩個胡人長蝨子，都是英雄豪傑。」緋雲過來拉著張儀胳膊笑道：「吔，甭管胡人了，快來沐浴。」張儀進了沐浴房，見碩大的木桶中已是熱氣騰騰，旁邊木臺上擺放著一摞整潔的衣服，便笑道：「好了，你去，我自己來。」緋雲笑著拉上厚厚的木門出去了。

片刻間張儀出來，散髮大袖紅光滿面，顯得分外精神。緋雲笑道：「快來用飯了，秦地肥羊燉，鮮美得緊吔。」張儀走過來一看，一只大陶盆架在一只小巧精緻的銅燎爐上，陶盆中燉著一隻羊腿，雪白的湯汁翻翻滾滾瀰漫出特有的羊膻香味兒，旁邊還配有一大盤乾黃鬆軟的麵餅。張儀嘖嘖感歎：「也是怪，老秦人硬是踏實簡單，連這名吃都是一肉一餅。大灑脫！大灑脫！」緋雲正跪坐在案頭盛湯，笑道：「吔，快吃吧，別嘮叨了。」張儀道：「秦人叫『咥』！不叫吃。你看，大盤腿一坐，撈起一大塊肉骨頭大啃，這勁頭兒啊，唯一個『咥』字了得！」緋雲咯咯笑道：「吔！就算叫『咥』了，迷上秦國了，秦國沒有不好的吔。」張儀笑笑，只顧大啃大嚼，咥得滿頭細汗，痛快之極。一時風捲殘雲，一盤麵餅一盆燉羊已被張儀悉數掃盡。看看緋雲亮晶晶的目光癡癡地盯著自己，張儀拍拍肚皮笑了：「進了咸陽，連肚腹也變大了，忒煞作怪也。」緋雲低聲道：「吔，看看甚時候了？一天一夜沒吃，能不餓麼？三年苦熬，都瘦得光剩下大骨頭架兒了……」張儀拍拍緋雲肩頭，關切疼愛地笑道：「小妹，只要有這副骨架，大哥就撐得一片天地，來，笑笑了。」「我信吔。」緋雲點點頭，仰起帶淚的臉龐，粲然笑了。

突然，一陣整齊沉重的腳步聲從庭院中傳來。

緋雲猛然跳起，一柄雪亮的短劍已經從皮靴中拔出。張儀卻安然端坐，只是凝神傾聽。隨即庭院中傳來蒼老的長聲：「秦公特使，太子蕩、太傅公子虔到——」張儀一怔，秦國太子他雖然沒有聽說過，但公子虔的大名及其在秦國的地位他卻是很清楚的。這兩人之中任何一位作為特使，都是最高禮儀了，如今兩位同來，在秦國簡直就等於國君親自出馬了。心念閃動，張儀還是沒有移步，只是向緋雲搖了搖手，示意她收劍。緋雲也已經大體明白，便去收拾案頭食具。正在此時，門外傳來渾厚蒼老的聲音：「秦國太傅嬴虔，拜見先生。」

張儀聽得清楚，大步走了出來。

這座房子，是渭風古寓最為幽靜寬敞的一個院落，庭院中兩株老松一片竹林，中間夾著一片流動的大池，縱是冬日也是滿眼蒼翠碧綠。門前青磚小徑直通池邊車馬場，行動方便極了。張儀走到正廳廊下，看見車馬場排列著整齊的斧鉞儀仗和幾輛青銅軺車，青磚小徑的頂頭站著兩個極不尋常的黑衣人：一人鬚髮如霜頭戴布笠面垂黑紗，站在風中紋絲不動；一人黑衫無冠，高鼻深目黃髮披散高大威猛，活生生一個胡人猛將。張儀心中暗暗詫異：這兩位人物並肩而來，當真是天下罕見。嬴虔面垂黑紗雖然頗顯神祕，畢竟也是數十年老事天下皆知，也就不足為奇了。可這太子生得胡人模樣，天下可是從無傳聞，當真教人匪夷所思。驚奇歸驚奇，張儀絲毫沒有愣怔停頓，行進間遙遙拱手作禮：「安邑張儀，見過兩位特使。」

嬴虔肅然一躬道：「嬴虔見過先生。此乃太子蕩，少年尚未加冠，與我同為特使。」

「嬴蕩拜見先生。」威猛少年雖然相貌稚嫩，說話卻是聲如洪鐘。

「謝過太子。」張儀還了一禮，微笑著不再說話。

嬴虔莊重拱手道：「太子與嬴虔奉君命而來，恭請先生入宮。」

張儀拱手答道：「本該即刻奉書，奈何一個友人此刻不在，可否容張儀等得片時，與友人辭別？」嬴虔道：「但憑先生，我等在此恭候。」張儀道：「如此多謝二位特使。」拱手一禮，飄然進去了。

緋雲驚訝道：「吔！也不請人家進來就座飲茶？」

張儀微微一笑：「觀此爺孫都是火爆如雷，我倒要試試。」

「吔，魏齊楚都是立即晉見，見了就說，到秦國變了？」

張儀意味深長地笑了：「孜孜求見，滔滔便說，結局如何？天下事，未必全憑本心。」

緋雲粲然一笑：「吔，那我也慢慢收拾了，應華公子還不定甚時回來，省得人家耐不住發作，你又不去了。」說是說，說完卻開始利落地收拾行裝書簡，片刻後又拿來一件繡有雲紋的絲袍要給張儀穿上。張儀也沒理會，只將絲袍撂在書案上，又逕自踱步思忖。緋雲又要給張儀梳髮戴冠，張儀不耐道：「你煩不煩？恁多張致？」緋雲咯咯笑道：「吔！名士氣度不要了？你看人家蘇秦，甚時不是鮮衣怒馬？」張儀不禁笑了：「還知道鮮衣怒馬？蘇秦是蘇秦，張儀是張儀，蘇秦不是張儀，張儀不是蘇秦，明白？張儀不拘常形，受不得拘謹，順著宮廷禮儀爬，張儀準跌大跤。秦國若是容不得如此這般的張儀，也就無所謂了。」說到最後，輕輕地一聲喟歎。緋雲笑道：「吔，原本你已經想好了的，我瞎忙個甚？好，我去煮茶，消閒等著應華公子了。」

冬日苦短，午後一個多時辰說話間過去了。眼看紅日西沉暮色已至，西北風帶著哨音開始颼了起來，應華還是沒有來。張儀只顧品茶，悠然自得。緋雲有些著急了，不知該不該點燈。想了想，還是輕手輕腳地走到門廳下向外瞭望了一番，又輕輕回來頑皮地一伸舌頭：「吔！兩根木樁似的，人家可是沒吃沒喝，一老一小吔。」張儀笑道：「我猜，應華也該來了。」

話音落點，門廳外一陣匆匆腳步脆亮話音：「哎呀，如此多人！小妹如何不掌燈？天都黑了，大哥睡覺了麼？」隨著話音，白衣應華風一般飄了進來，緋雲也恰恰將幾盞紗燈點亮，屋中頓時一片通明。張儀笑道：「小弟早出晚歸，生意真忙了。」應華一邊用雪白的汗巾沾著額頭汗水一邊笑道：「大哥見笑了。商旅老話：由事不由人。大哥酒醒了麼？走！再去痛飲一番，也許還能見到那兩個大黑熊。」緋雲向門外努努嘴：「吔，能去麼？」應華恍然笑道：「噢，門外那麼多人做甚？好像是官家人。」張儀笑道：「秦公派特使召我，我等你辭行。」「呀，太好了！」應華高興地叫起來，「我還正為大哥設法，這秦公就自己找上門來了，天意天意！走，大哥，我送你。」張儀笑道：「誰也不用送，我自去便了。」說著站了起來舉步出廳，應華緋雲也連忙跟了出來。

晚來風疾，屋中隱隱燈光照出嬴虔身影，黑袍白髮淵渟嶽峙般屹立風中紋絲不動。少年太子似乎不耐，在周圍踱步消遣。張儀遙遙一躬：「友人遲歸，張儀多有怠慢，尚請特使恕罪。」嬴虔還禮道：「先生待友赤誠，原是高義，何有怠慢。敢請先生登車。」

此時，太子已經親自駕著一輛軺車轔轔駛到面前：「先生請了。」

張儀未及推辭，被嬴虔恭敬地扶上了軺車。太子嬴蕩輕輕一抖馬韁，軺車轔轔隆隆地啟動了。緋雲在燈影裡高聲喊道：「張兄，我等你回來！」應華笑道：「大哥大喜，你倒慘兮兮地抹淚，真是女孩子家。」「我怕吔。」緋雲揉著眼睛道，「在楚國，在臨淄，也都是風光去的，誰能想到有那麼大的災禍？他這人命硬多難，但願秦國沒有凶險吔。」

應華笑著拍拍緋雲肩頭道：「放心，我看這回沒事，你只收拾好行裝，準備搬進大府邸便是。」

「吔，那公子呢？」緋雲笑了。

「我？大哥一得志，我自雲遊商旅去了，還能如何？」

「吔，張兄會想你的。看得出，他可是喜歡你了。」

應華眼睛大亮，沉默良久，點頭喟然一歎：「我信小妹的話，我也欣慕他。名士英雄，如張儀這般本色烈火者，天下能有幾人也？」

「吔，公子大哥，我也會想你。若不是你，張兄如何能順暢出得安邑河谷？」

應華清亮地笑了：「喲，好個忠義女僕！句句不離你的張兄。其實，誰看不出，大哥從來沒有將你做僕人看待。」

「吔！我能與公子大哥比？整天大哥大哥的，我又做不了小弟。」

「你做小妹也。更親更近，不是麼？」

「公子大哥胡說……」緋雲的臉龐頓時脹紅了。

「好了好了。」應華拍拍緋雲，「日後，我等也許還會在一起。」

「吔，你不做商旅了？」

「你這小妹好實在。」應華笑道，「有如此一個好大哥，我就不能向他討個一官半職，棄商入仕，與你一樣為大哥做事？」

「吔！才好。」緋雲拍著手笑，「一家人，我有兩個大哥了。」

「要說呀，還是我得光，一個大哥，一個小妹，齊全！」

寒涼的北風中，兩人說得甚是相得，咯咯笑個不停。

二、第一國王與第一丞相

當特使車隊駛進咸陽宮時，已經是初更時分了。

張儀雖然對咸陽城有了大體了解，但對咸陽宮卻是一無所知。在他高傲的心目中，天下宮殿當首推洛陽的天子王宮。洛陽雖然破舊了，但那種承天命而鳥瞰天下的恢弘器局卻是萬世不朽的。其次是大梁王宮，華貴博大，層層疊疊六百畝，融山水風光於奇巧構思之中，那種實實在在的富麗舒適是天下絕無僅有的。老秦人樸實無華，起造咸陽城時還正在元氣剛剛養成之時，能與臨淄王宮媲美已經不錯了，還能如何？但是，當軺車駛進咸陽宮正門時，他立即被一種強烈的氣勢震撼了。

剛從少有燈火的國人區駛出，面前這片汪洋燈海簡直與尚商坊可一爭高下。這片燈海彌漫出的不是尚商坊那種令人沉醉的酒色財氣，而是一種令人凜然振作的新銳正氣。那簡潔得只有兩道黑色石柱夾一座青石坊的宮門，那擠滿車馬的白玉廣場，那聳立在夜空中的小屋頂宮殿，那彌漫出隱隱濤聲的松柏林海，那燈火通明的東西兩片官署，那斧鉞生光甲冑整肅的儀仗，那偏門不斷進出的急驟馬蹄聲，那腳步匆匆而又毫無喧譁的來往官員……這裡與張儀熟悉的六國宮殿截然不同，然而又絕不僅僅是宮殿的感覺。張儀也曾經聽人說起過秦宮高聳的小屋頂的奇特，但也只是一笑了之。今日親臨，張儀實實在在地感到了一種新鮮強烈的衝擊。與其說是宮殿的衝擊，毋寧說是精氣神的衝擊。走進這卓爾不群的宮殿區，立即能感到這裡絕不是奢華享樂的靡靡之地，而是如同農夫耕耘工匠勞作一樣的晝夜忙碌之地，一股新銳的氣息在這裡流動彌漫，連冬夜的寒風也無法使這裡變得冷清。

一路看來，張儀不禁暗暗感慨：「上蒼有眼，這正是我心中的秦國氣象也！」

「先生請看，國君親自在階下迎候。」嬴虔的聲音從車下飄了上來。張儀恍然醒悟，卻見軺車已經在正殿階下停穩，幾名高冠大袖的黑衣人正快步走來。及至張儀被嬴虔扶住下車，為首黑衣人已到面前深深一躬：「先生安好，嬴駟等候多時了。」

嬴駟？那不是當今秦公的名號麼？張儀驚訝地睜大眼睛：「你？不是胡人王子麼？」

後邊的黑矮胖子哈哈大笑：「我等冒昧，尚請先生見諒。」

張儀心思機敏，恍然大笑一躬道：「我竟當真了，張儀多有不敬，秦公恕罪。」

嬴駟雙手扶住張儀笑道：「不入風塵，焉知英雄本色？先生使嬴駟大開眼界。原是我等君臣敬賢不周了。來，先生請。」說著親自來扶張儀。

張儀拱手笑道：「秦公若再多禮，張儀不自在了。秦公請。」

「敬賢本是君道之首則，也是嬴駟本心敬佩先生。老秦人不講虛禮，先生儘管自在便是。來，你我同步了。」嬴駟自來穩健厚重不苟言笑，今日卻是豁達爽朗，拉起張儀的手便上了紅氈鋪地的臺階。張儀也不再謙讓，與秦公執手而上。到得燈火通明的大殿，嬴駟請張儀坐了上位，自己與幾位大臣拱著張儀坐成了個小方框。張儀見秦公連國君面南的禮制座次都變成了師生賓主的座次，知道嬴駟為的是讓自己灑脫說話，不禁心下一熱，覺得自己今日教秦國君臣等候了半日有些過分，拱手笑道：「張儀狂放不羈，為等朋友辭行，竟讓秦公並諸位大人空等半日，多有唐突。太傅年高，太子年少，均未進食，張儀委實不安。」

嬴虔大笑：「這算甚來？打起仗來三天不咥都是有的，他們一樣，也沒咥。」

「聽完先生高論一起咥！如何？」樗里疾嘿嘿笑著。

嬴駟笑道：「我等先說，廚下便做，做好了就上，要甚講究？」轉身一擺手，一個老內侍匆匆去了。嬴駟回頭道：「先生認識一番了：這位是上大夫樗里疾，祖籍西戎大駝。這位是國尉司馬錯，兵家之後。」兩人一齊拱手道：「見過先生。」張儀笑道：「上大夫智計過人，張儀佩服。」樗里疾嘿嘿笑道：「雕蟲小技，何足道哉。」張儀看著頂盔貫甲的司馬錯，卻站了起來深深一躬道：「張儀生平第一次談兵，便被將軍斷了一條腿，張儀敬佩將軍。」司馬錯連忙站起還禮道：「原是先生疏忽而已，司馬錯何敢當先生敬佩。」張儀慨然笑道：「張儀原本狂傲，自司馬錯出，而知天外有天，豈能不敬佩將軍。」

「好！」嬴虔拍案，「老夫就喜歡此等磊落漢子！莫怪……」突然打住了。

「手有十指，各有短長。先生大智大勇，見事透徹，昨夜可是大顯威風也。」樗里疾知道嬴虔心事，嘿嘿笑著適時插上，為嬴虔遮過了尷尬。

嬴駟笑道：「先生昨夜所言，大開我等胸襟。今日請為秦國謀劃，望先生不吝賜教。」

張儀成算在胸，微微笑道：「昨日略言大勢，今日當謀對策。目下之秦國，直接壓力自是合縱。

然則長遠看去，合縱之勢乃是山東六國與秦國真正抗衡的開始。以秦國論，既要破除合縱擠壓，更要立足長遠抗衡，絕不能頭疼醫頭腳疼醫腳，跟在六國之後疲於奔命。從此開始，秦國之每一對策，都要立足主動，變後發為先發。」寥寥數語，嬴駟君臣眼睛大亮無不點頭。

嬴虔不禁拍案讚歎：「先生刀劈斧剁，料理得清楚！願聞應對之策。」

「秦國應對之策有四：其一曰連橫，其二曰擴軍，其三曰吏治，其四曰稱王。」

「願聞其詳。」嬴駟悚然動容，禁不住向張儀座案移動，生怕聽不清楚。

「先說其一。六國為南北，是為合縱。秦與六國為東西，是為連橫。連橫之意，便是秦國東出函谷關，與中原六國展開邦交斡旋，分化合縱，而後各個擊破。連橫之要：在於秦將六國看成一個可變同盟，不斷選擇其中之薄弱環節滲透，瓦解其盟約鏈條，與一國或兩三國結成哪怕暫時之盟友，孤立攻擊最仇視秦國之死敵。以整體言之，秦乃新興之國，山東六國乃舊式邦國。新舊之間，水火不容，勢不兩立，任何一國都是秦國之敵人。唯其有此根本之別，六國才能聞所未聞地迅速結成盟約。其間根本並不在於六國卑秦，而在新制舊制之抗爭！正因如此，秦國不能對六國抱任何幻想，實施連橫必須無所不用其極，以求最大限度之分化敵國。厲行連橫，合縱必破！此其一也。」

座中君臣聽得大是興奮。黑矮胖子樗里疾搓著雙手嘿嘿嘿直笑：「妙哉連橫！先生與蘇秦真乃棋逢對手，天下做棋盤，列國做棋子，曠古奇聞也！」

嬴駟擺擺手：「且聽先生下文。」

張儀侃侃道：「其二，合縱既立，秦國必有大戰惡戰。說到根本，戰場乃連橫之後盾，非戰場勝利不足以大破合縱，不足以使連橫立威。聞得秦國只有不到十萬新軍，遠不足以與六國聯軍做長期抗衡。當此之時，秦國擴軍時機已到。連橫之力，大約可保秦國一年之內無戰事。這一年之內，秦國若能成新軍二十萬，打得一場大勝仗，連橫威力自當大顯。」

「大是！」嬴虔對軍事的直感極為敏銳，拍案高聲道，「老夫招募兵員，國尉只管練兵便是。」

一向沉穩的司馬錯也慨然拱手道：「君上，先生之策深諳兵國之道。有太傅鼎力扶持，臣若一年不成軍二十萬，甘當軍法！」

嬴駟冷靜道：「聽先生下文，完後一體部署便是。」

張儀道：「其三是吏治。國政清明，方能使民以國為家，願效死力保家衛國。此乃千古常理，斷無二致。目下秦國變法已經近三十年，秦公即位忙於外憂，未及整肅內政，朝野已有積弊之患。官員執法有所懈怠，庶民守法已不甚嚴謹，官場中已隱隱然有怠惰荒疏阿諛逢迎之風。奮發惕厲、法制嚴明之氣象已經有所侵蝕。張儀在六國官場多次遭遇不測之禍，深知吏治積弊乃國家大危禍根。一國為治，絕無一勞永逸之先例，須得代有清明，勤修法政，方可累積強大國力，完成一統大業。六國合縱，秦國暫取守勢，若能藉此良機大力掃除積弊，刷新吏治，振奮民心，猶如秦孝公藉守勢退讓而變法，使秦國實力更上層樓，則秦國大有可為也！」

一席話畢，座中盡皆肅然。準確地說，是由驚訝而沉默。

戰國時代，吏治本是天下為政革新的主題之一。所謂變法，一大半國家實際上就是在整肅吏治。韓國的申不害變法，齊國的齊威王變法，楚國的吳起變法，都是在吏治上下工夫。就連魏文侯的李悝變法，除了部分廢除耕地貴族化、推行土地平民私有、土地可自由買賣的「盡地力之教」外，也是將整肅吏治作為變法最主要的大事。其所以如此，一則是徹底變法太難，阻力太大，所需要的內外條件未必每個國家都能遇到；二則是整肅吏治是亙古不朽的為政大道，只要君主振作，輔助得力，推行起來阻力小、見效快、最容易直接爭取民心。正因為這種「吏治變法」成為一種時尚，法家名士申不害還創立了「申術」，將「法」與「術」並列，使這種以督察臣下、防止奸佞的權術學說成為法家的一部分。到了後來，韓非將權術論更加系統，將法家學說變成了「法、術、勢」的三位一體，與商鞅堅持厲行的以法為本、唯法是從、法制至上的正宗法家產生了極大的變異。這是後話。在這種「術變」潮流中，商君在秦國的變法最徹底，開創了真正的變法時代，被戰國之世稱為「千古大變」。商鞅變法與同時代其他變法的根本不同，在於他將根本放在「立法立制」與「執法守法」兩個立足點上，從權力體制到土地分配乃至庶民生活，都頒發了系統的法令。

這種變法之下，秦國真正翻新成為一個全新型的國家，吏治在大變法中只是一個環節，只是大法推行的一種必然結果。所以，在秦國君臣心目中，只要堅持商君法統，國家便會自然清明，從來沒有想過將吏治作為一個專門大項來對待。

今日，張儀鮮明地將吏治作為治內大策提了出來，座中君臣確實一時愕然。秦國的吏治有那麼令人憂慮麼？若像山東六國那樣轟轟烈烈地當作變法來推行，秦國還能全力對付合縱麼？另一層更深的疑慮是：整頓吏治會不會改變秦國法制？秦法威力昭彰，已經成為秦人立足天下的基石，秦國朝野對任何涉及商君法制的言行，都是極為敏感的。

事關政事，主持國政的上大夫樗里疾特別上心，嘿嘿笑道：「果如先生所言，整頓吏治當如何著手？」言外之意，你得先說清辦法，從你的辦法便可以看出是否可行。

張儀何等機敏，見舉座愕怔，哈哈大笑道：「張儀志在維護商君法制，豈有他哉！辦法麼，十六個字：懲治法蠹，震懾荒疏，查究違法，清正流俗！」

「好！」樗里疾拍案讚歎，「先生十六字可謂治內大綱也。改日當登門求教。」

座中頓時輕鬆起來。嬴虔高聲道：「先生第四策如何？」

嬴駟沉吟道：「此時稱王，是否操之過急？」

「不遲不早，正當其時。」張儀輕輕叩著書案道，「秦國早當是名副其實的王國了。孝公未稱王，有韜光養晦之意。犀首、蘇秦主張稱王，而秦公未稱王者，是不想因一名號而招致東方敵意。時也勢也，皆非本意也。今日時勢大變，稱王有三重必要：其一，六國合縱以秦為死敵，秦國已無示弱之必要；其二，秦國既立抗衡六國之雄心，稱王正可彰顯秦國決然不向舊制六國退讓的心志與勇氣；其三，大敵當前，稱王可大大激勵秦國朝野士氣，使秦人之耕戰精神得以弘揚。國君名號，原本便不是國君一己之事，諸位以為然否？」

「大是！」除了嬴駟，其餘人拍案同聲，連少年太子也分外興奮。嬴虔激昂罵道：「直娘賊！山東列國欺壓老秦多少年了？老是讓讓讓，鳥！該出這口惡氣了，稱王！先生說到老秦人心坎裡了！」

「臣亦贊同君上稱王！」樗里疾與司馬錯異口同聲，而這兩人在犀首、蘇秦提出稱王時是一致反對的。

嬴駟很興奮，拍案道：「好，先咥飯痛飲，為先生慶功！邊咥邊說。」

「咥——」異口同聲的呼喝中，一長串侍女層層疊疊擺上了大鼎大盆大爵，觥籌交錯，高談闊論，一通酒直飲到雄雞長鳴。

回到渭風古寓，張儀已經醉了，跌倒榻上呼呼大睡。

午後時分，緋雲突然發現這座幽靜庭院的幾個出口有了遊動的黑色身影，頓時起了疑心。這個地方除了衣飾華貴的客商，連遊學士子都很少有，如何有如此三三兩兩的布衣走動？看這些人的走路架式，顯然都是習武之人，他們卡住這些出口門戶用意何在？張儀沒醒來，緋雲心中著急，匆匆到另一座院子找應華商議，一問才知，應華已經辭房走了。緋雲大急，這裡房金貴得嚇人，應華一走如何了得？看應華的作派也不像個等閒人物，如何突然不辭而別？緋雲多年來跟著張儀歷經磨難，也算長了許多見識，怔怔思忖一陣，覺得一定是張儀又得罪了秦國國君或哪個權臣，這個人物又要陷害張儀。對，除了權力這個只講勢力不講道理的東西，又有甚樣危險，能教應華這樣的富貴公子逃之夭夭？看來，得趕快設法逃出咸陽。

可是，當緋雲匆匆回到庭院時，卻驚呆了。一隊頂盔貫甲手執長矛的武士已經封住了庭院的正門口，三個小門也是警戒森嚴。進得院中，只見一隊車馬儀仗已經在庭院擺開成一片，一個白髮蒼蒼的老內侍正站在昨日特使站的那個地方，一動不動。緋雲又大起疑竇，害人抓人有如此恭敬的麼？莫非張兄有好事了？心念一閃，緋雲狠狠罵了自己一句：「吔，村傻！有好事人家不嚷嚷報喜？有此等安寧？一定又是個忒陰毒的人物要消遣張兄！」緋雲想到這裡，倒是坦然了起來，既然逃不了，只有與他們周旋，怕甚來？緋雲但隨張儀出遊，都是男裝，咳嗽一聲，大搖大擺地向屋前走來。

「敢問小哥，可是張儀童僕？」白髮蒼蒼的老內侍恭謹地作禮詢問。

「正是吔。前輩何事啊？」緋雲拉長了聲調。

「秦公有命，敢請張儀接君書。」

怪道如此排場，原來是國君害人。緋雲冷笑道：「我家主人酒醉未醒，國君敬賢，總不能教我家主人飯也不吃吧？」

「小哥說得是，我等在此恭候便是。」

緋雲冷冷一笑，昂首挺胸走進了門廳。進得屋中，緋雲快步來到張儀寢室，搖晃著沉睡的張儀壓低聲音急急道：「張兄快起來！出大事了吔！」張儀懵懵懂懂坐起來打了個長長的呵欠：「呀，好睡！哎，你說出事了？」緋雲急急道：「張兄，你有沒得罪秦國權勢？」張儀揉揉眼睛道：「此等事誰能說得準？」緋雲立即脹紅了臉道：「吔，外邊又是一大隊人馬！應華也走了！快起來，走！」張儀看著緋雲的急迫樣兒，不禁哈哈大笑道：「你呀，就不作興我來一次好事？是秦公請我去議事，別擔心，啊。」緋雲見張儀坦然自若，笑道：「吔，人家倒也恭敬，是我不放心，你回來又沒說。那就快梳洗，教人家老是等不好吔。」張儀笑著站了起來：「好好好，梳洗。」

緋雲利落之極，片刻間便幫張儀收拾妥當。張儀走出門廳遙遙拱手道：「昨夜酒醉，多勞特使等候，我這便隨你進宮。」

「張儀接書──」老內侍蒼老尖銳的聲音，像在宮中宣呼一般響徹了庭院。

張儀愣怔片刻，國君對一個布衣之士下書，實在突兀。略一思忖，張儀躬身一禮道：「布衣張儀，願聞君命。」言外之意，我還不是秦國臣工，無須大禮接書，先聽聽再說。

老內侍展開一卷竹簡高聲宣讀：「張儀我卿，謀劃深遠，才兼軍政，今特命張儀為秦國丞相，封爵大良造。君書到日，著即入主丞相府領政。秦公嬴駟冬月書。」

張儀真正地驚訝了。他如何能想到秦國君臣有如此宏闊的氣魄，一旦認準人才，毫不吝惜高官重爵，一舉將他推到人臣最高位？更重要的是，秦國從來也沒有設置過丞相職位，就是商鞅，也是以大良造攝政的。如今對他張儀，竟能破天荒地設置了丞相，爵位竟是大良造！剎那之間，張儀感動了，深深一躬道：「臣，張儀接君書。」雙手恭敬地接過了那卷毫無華貴裝飾的竹簡。

「車馬儀仗已經齊備，恭請丞相登車入府。」老內侍恭敬地施了一禮。

張儀慨然笑道：「特使啊，許我半個時辰準備了。」

「但憑丞相吩咐。」

突然，庭院入口處傳來一陣嘿嘿笑聲：「丞相大人，黑胖子接你來了。」隨著笑聲，樗里疾搖晃著鴨步悠然擺了過來。

張儀笑道：「上大夫，張儀還沒醒來也。」

樗里疾嘿嘿笑著：「君上可是一直還沒睡覺也。你走了，君上與我等一直商議到天亮，又下君書，又選府邸，方才剛剛回宮。剩下的大雅之曲啊，就要你丞相來唱了。」

張儀聽得感慨萬端，喟然一歎道：「秦公如此重託，張儀何以為報也！」

樗里疾笑道：「老秦人做事實在，丞相無須多慮，更無須以官場權術費力周旋，但以謀國做事為上便了。事做不好，老秦人也翻臉不認人也。嘿嘿嘿，樗里疾愛說醜話，丞相毋怪。」

張儀哈哈大笑道：「上大夫此話，張儀卻聽著對勁兒踏實。一國君臣但能以做事為上，天下何事不成？」又突然壓低聲音笑道，「樗里兄，日後私下場合你我互稱兄長如何？丞相上大夫的，不上口。」樗里疾笑不可遏道：「嘿嘿嘿，好好好，對我老黑子脾胃！走，張兄，老黑子幫你收拾，看看你的家底了。」

兩人進入屋中，緋雲高興得抹著眼淚作禮道：「吔，胡大哥也來了？快快請坐。」樗里疾聳聳肩笑道：「不不不，從今日起不是胡大哥了。」緋雲驚訝道：「吔！你要在咸陽做商人了？」樗里疾又是連連聳肩：「不不不，胡大哥要跟張大哥討個官做。」緋雲急道：「吔！那可不行，人家秦國任人唯賢，胡大哥就會『不不不』，能做甚？」樗里疾樂得大笑不止。張儀道：「緋雲啊，胡大哥不是胡大哥，是秦國上大夫樗里疾大人。」緋雲頓時臉紅道：「上大夫？哪？那一位小單于呢？」張儀笑道：「那便是秦國國君了。」緋雲當真是驚訝了，愣怔著笑道：「吔！我也見到國君了麼？這秦國就是不一樣，連國君都跟平頭百姓一樣吔。」樗里疾嘿嘿笑著聳聳肩：「不不不，你日後還會見到的，平常得緊，有甚稀奇？」

一番笑談，緋雲只讓兩人在廳中飲茶，一個人不消片刻便將所有行裝物事收拾齊整。張儀道：「樗里兄，我與一個朋友一起來咸陽，昨夜他卻不辭而別，這卻該如何處置？」樗里疾道：「張兄啊，我已經到前堂問過，那位小哥倒是利落，已經將帳目結清了。山不轉水轉，也許還能見到也，總不成在這裡老等他？」張儀笑道：「也只好如此了，我倒真是想再見到他。」緋雲笑道：「吔，好辦，我留心他便了。」

張儀被高車駿馬接出渭風古寓的時候，整個尚商坊都被驚動了。

遊學士子與富商大賈爭相湧上街頭，都要親眼一睹這位秦國第一丞相的風采氣度。眼見張儀布衣散髮站在六尺車蓋下只是平靜地微笑，毫無神奇，人們歡呼著感慨著歎息著，尚商坊萬人空巷了。人們為天下又出了一個布衣英雄喝采，為秦國在商鞅之後再次大膽重用山東名士叫好。感慨者說：此人命好，犀首、蘇秦都在秦國碰壁，唯獨此人入秦即起，竟做了這天下第一強國的第一位丞相，時也命也。歎息者說：可惜這個英雄名士坐上了燎爐，非得烤焦烤糊了不可！商君曠古奇才都栽在了秦國，這個張儀能有好結果麼？

說也奇怪，一出尚商坊進入國人街區，卻是平靜如常，店鋪照常經營，行人照常匆匆，似乎從身邊轔轔駛過的車馬儀仗與他們毫無瓜葛。車行順利，片刻之間便到了宮城外一條幽靜的大街。車馬停穩，樗里疾晃著鴨步走過來道：「請張兄下車，這便是丞相府了。」

進入街口，張儀開始留意打量。這條街頗為奇特，很寬很短，蒼松夾道，只有一座顯赫孤立的府邸；隔街的高牆之內，是綠色小屋頂高聳的咸陽宮，隱隱可見斜對府門的宮牆還開有一道拱門。一座府邸能建在如此位置，竟然還有直通宮中的門徑，定然是一座極不尋常的府邸，也絕非倉促間專門修建的。

「樗里兄，鳩占鵲巢，可是不能做。」張儀下車笑道。

「張兄不知，君上為這丞相府邸費神了，進宗廟禱告占卜，才定在這裡。」

張儀不禁又驚訝了——國君赴宗廟禱告占卜那可是非同小可的大事，不是事關國家興亡，是絕不會禱告祖先祈求上天的。如此說來，這座府邸的啟動在秦國是極不尋常的事了？猛然，張儀心中劇烈地一跳：「樗里兄，這是何人府邸？」

「商君府。一直封存未啟。」慣常詼諧的樗里疾一臉肅穆。

驟然之間，張儀感慨萬端，對著府門深深一躬道：「商君之靈在上：張儀入主秦國丞相，定然效法商君，極心無二慮，盡公不顧私，若有欺心，甘受商君法治！」

樗里疾也是深深一躬，兀自嘟囔著：「商君啊商君，商於郡守樗里疾來了……」暮色之中一陣清風掠過，儀仗幡旗「啪啪啪」大響，原本關閉著的厚重的銅釘大木門竟隆隆大開。全體護衛甲士無不驚訝肅然，拜倒高呼：「商君法聖，佑護大秦——」

樗里疾高興道：「張兄，商君請你了！進府。」

張儀又是深深一躬：「多謝商君。」拉著樗里疾大步進入府中。

庭院中已經是燈火通明，先行派來的侍女僕人正在院中列隊等候，見張儀到來作禮齊聲：「恭迎丞相入府！丞相萬歲！」樗里疾嘿嘿笑道：「這是我從官署僕役中挑選的，都是商君府原來的老人。若不中意，張兄可隨時替換。」張儀笑道：「好說好說，粗疏布衣，何有忒多講究。但按商君舊例便了，各司其職。」「是。」侍女僕役們井然有序地散開了。

樗里疾帶著張儀與緋雲巡視了一周，熟悉了國事堂、出令室、大書房、官署廳等要害處所。最後來到跨院，樗里疾道：「張兄啊，唯獨這寢室是原先的琴房棋室刷新改的，若不中意，日後便新建了。」緋雲指著燈光下熠熠生輝的華貴家什與低垂的紗帳笑道：「吔！和大梁貴公子一般了，教人發暈。」張儀皺皺眉笑道：「另建自是不必了。這，太得奢靡，緋雲另行收拾一番。」樗里疾嘿嘿笑道：「這也是君上主張，說先生是魏國人，要教先生過自己習慣的日子。」張儀不禁大笑道：「君上好心。魏國人如何都能如此過日子？張儀倒要看看商君與公主的寢室，是否也這般華貴？」樗里疾笑道：「張兄要看，這便去看了。」

一個已經生出白髮的老侍女，領著他們來到了與大書房相連的寢室。一路走來，張儀笑道：「樗里兄不覺怪異麼？這裡毫無塵封多年的跡象，倒像是天天都有人居住一般。」樗里疾笑道：「嘿嘿，我也覺得忒煞作怪。」掌燈領路的老侍女低聲道：「丞相恕罪，這是我等老僕天天夜裡進來打掃，多年沒有斷過。」樗里疾倒是驚訝了：「我如何不知道？你等如何進來？」老侍女笑道：「駐守軍士與管轄我等的吏員，都知道我等是商君府老僕，沒有不給方便的，上大夫且勿怪罪他等才是。」張儀聽得大為感慨：「民心悠悠，可比蒼天。人死如商君者，死亦無憾也！」樗里疾久久默然，長長地歎息了一聲。

進得商君寢室，幾個人都愣怔了。裡外兩進：寬大的外間只有六張長案而已，裡間是真正的寢室，也是青磚鋪地、四面白牆、一張臥榻兩床布被、一面銅鏡、一座燎爐、一張長案而已。沒有厚厚的紅氈鋪地，沒有豔麗的輕紗帳幔，甚至寢室連帶必有的座榻、繡墩都沒有，簡單粗樸得令人驚訝。這是任何一個尋常布衣士子都可以擁有的寢室，然而，它卻恰恰是爵封商君權傾朝野一妻富甲天下一妻貴為公主的商鞅的寢室。

緋雲鼻頭發酸，抽抽搭搭地哭了。

張儀眼中閃爍著晶晶淚光，喟然長歎道：「蘇秦啊蘇秦，你我吃得數年之苦，比起商君終生清苦，卻是兩重天地了。極心無二慮，唯商君之謂也！」

這天夜裡，張儀久久不能入睡，索性披衣而起在園中漫步。聽得咸陽城樓上刁斗打響了五更，張儀駕車進宮了。

嬴駟也沒有入睡。

張儀的長策謀劃，撥開了久久籠罩在心頭的陰霾，彷徨心緒一掃而去，看清了秦國的位置，明白了該做的事情，也強烈地意識到：秦國將在自己手裡開始大大地轉折，對山東六國即將展開長期的正面抗衡。當初，公父秦孝公與商鞅肝膽相照，才創下了秦國無與倫比的根基。今日，秦國戰車要碾碎山東六國的合縱大夢，就要與張儀同心攜手。是的，秦國不能沒有張儀。

長夜應對之後，一個大膽的決斷在嬴駟心中形成了。張儀走後，他留下嬴虔、樗里疾與司馬錯共議，徵詢他們對張儀的官職任命。嬴虔說了客卿，要先看一段再說實職。司馬錯說了上卿，以為客卿太虛。樗里疾則說了左庶長，說張儀大才，當按商君入秦同等對待。當嬴駟斷然說出「丞相」兩個字時，三位大臣都驚訝得良久沉默。

嬴駟拍案慷慨道：「蘇秦合縱於六國艱危，一身佩六國相印！張儀受命於秦國危難之際，我老秦人如何能惜官惜爵，竟不如山東六國？」一語落點，三人恍然大悟，異口同聲地贊同拜張儀為秦國丞相。嬴駟在用人上極有器量，立即想到要將封閉多年的商君府賜予張儀，但又擔心宗族大臣生出紛紛議論，天亮後便到宗廟禱告占卜，得出的竟是「龍戰於野」的振興卦象。嬴駟立即將卦象書告朝野，並同時下書將商君府賜予張儀做丞相府，由樗里疾立即操持開府事宜。上應天命，元老大臣也無話可說，朝局竟是出奇地穩定。

嬴駟舒了一口氣，午間小憩片刻，令內侍急召嬴華進宮。與嬴華密談了整整一個時辰，已是暮色時分，嬴駟草草用過晚餐，恰恰樗里疾來稟報日間進展。嬴駟靜靜聽完，大是舒心，便與樗里疾繼續商議給張儀配備輔佐官吏，又是整整一個時辰。樗里疾走後，嬴駟倒頭大睡。直到五更刁斗，他才習慣性地警覺起身，梳洗一罷，來到庭院在寒風中練劍。

「稟報君上，丞相晉見。」

「噢？快請進來。」嬴駟說著連忙收劍整衣。張儀黎明進宮，嬴駟還真有些沒有想到。對待張儀，嬴駟是做好了準備的，決然不會拿張儀做尋常朝臣對待，一心要充分接納這個東方名士的灑脫不羈。一個人真有本事，不拘小節又有何妨？更何況老秦部族本來就是粗獷豪放的，除了行軍打仗，誰也不習慣在細節上摳掐別人。昨日張儀醉倒在君臣小宴，眾人非但沒有責怪他，反而覺得這位名士本色可人，一迭連聲地爭著送張儀回去。依嬴駟想法，張儀今日就是大睡一天一夜，他也絲毫不以為怪。想不到張儀如此敬事，竟然五更進宮，嬴駟當真是怦然心動了，隱隱約約地，嬴駟覺得張儀已經與秦國融成了一體，真是天意。

「君上勤政奮發，臣敬佩在心。」張儀深深一躬，全無尋常掛在臉上的調侃笑意。

「一旦大任在肩，立見英雄本色。丞相棄獨居之風，毅然樹執政典範，才當真令嬴駟敬佩也。請入座。本想明日才能見到丞相。」爽朗的笑容罕見地溢滿嬴駟黝黑的臉膛。

「君上，臣想立即籌劃君上稱王大事。王號一立，臣當立即以秦王特使東出。」

「對朝局，丞相有何想法？」國君稱王，官員權力結構必然地要有所變化。嬴駟之意，是要聽張儀的整體謀劃。

張儀思忖道：「朝局官制，秦國與楚國一樣，歷來有不同於中原的舊制法統。其弱點在於職爵混淆、事權不明。孝公商君未能破之，不是不破，而是慮及世族難以接受。臣以為，目下秦國已成天下第一大國，不能以僻處西陲之習俗，自外於天下文明潮流，不能以當年軍民一體之舊制為設官根基。當破除舊制法統，仿效中原官制。」

「大是！嬴駟也有此想法，丞相一併籌劃之。」

「既如此，臣不日當上書詳陳。」

「丞相啊，商君當年執政變法，有文武兩大輔佐。我想將樗里疾派為丞相政事輔佐，你意如何？」

「上大夫輔佐？未免太得屈才了。」張儀有些意外，然仔細一想，自己要著力連橫斡旋，內政的確不能盡全力；樗里疾本來就是上大夫主持內政，說是輔佐，實際上是給自己派一個分管內政的大臣，以免內政與邦交脫節；可是樗里疾乃秦國資深老臣，名義確實不順當，思忖至此，張儀道：「臣以為，當以樗里疾為右丞相，與臣共執國政為好。」

「有胸襟！」嬴駟讚歎一聲，「不過事先言明：不是共執國政，而是右丞相輔佐丞相，以便丞相出使，政事不致紊亂可也。」

張儀笑道：「如此安排，臣心中大是實在。」

一經說定，張儀告辭出宮。一路之上，越想越是佩服這位秦公的權力調度之能。樗里疾與自己攜手共事，可謂相得益彰，既大大增強了丞相權力的一統，又使樗里疾原先的「上大夫主持國政」在設置丞相後有了一個最好的歸宿，非但不顯尷尬，而且還有所晉升。更重要的是，一舉消弭了老秦權臣與山東名士之間無形的鴻溝。剩下的便是將司馬錯安置妥當，秦國便是文武協力的大好局面。張儀已經想好了司馬錯的位置，他相信秦公也一定是這樣想的，只是要由自己這個丞相提出來而已。

用過早膳，張儀走進了書房。

這個書房，正是當年商鞅處置政務的主要場所。說是書房，實際上由四個隔開的政令典籍室與一間寬大敞亮的批閱公文廳組成。與寢室相比，商君這書房可是罕見的大氣派，既實用又講究。在樗里疾督促下，又增加了秦國近年來所有的公文副本，足不出戶便可了解秦國政令。書房老僕前來請示：「丞相若覺何處不當，我等重行擺置便了。」張儀爽朗笑道：「甚好甚好！若需更改，我自會隨時吩咐。」說完，便走進典籍室開始瀏覽起來。

張儀天賦極強，讀書奇快，又幾乎是過目不忘，瀏覽這公文典籍更是一目十行。老僕人在門外只聽得竹簡一卷一卷嘩嘩響，以為張儀在搬動竹簡，幾次三番匆匆進來道：「丞相，但有搬簡粗活，小老兒來做便了。」張儀頭也不抬地接連打開三卷竹簡：「我在讀簡，沒有搬，你去吧。」老僕人怔怔地看了一會兒，終於忍不住驚歎：「丞相如此讀書，當真是曠古未聞！還是小老兒來給你展卷，我熟悉，丞相只說要哪卷便是。」張儀笑道：「也好，順著次序拿，一次展開十卷，我走過你便收起上架。」老僕人驚訝咋舌，便從書架上一次抱下十卷，在廳中頭尾相接全部展開。張儀從邊上慢步走過，便是一輪讀完。不到一個時辰，老僕人搬上搬下展開合起，累得滿頭大汗，氣喘噓噓。張儀關切笑道：「老伯啊，歇息片刻吧，日後找個年輕幫手了。」老僕人擦著汗連連感慨：「小老兒一輩子照料書房，當真是頭一遭兒，搬書的竟沒有讀書的快！」張儀不禁哈哈大笑道：「都是公文，好看好懂，不用揣摩的。」老人連連搖頭：「那也得一個字一個字過不是？丞相天神！若能記得住，就更神了。」張儀又是一番大笑。

「何等美事，張兄如此開懷？」隨著聲音，樗里疾從書房外擺了進來。

「樗里兄啊，來得正好。」張儀走出典籍室來到書房正廳，「我正在瀏覽典籍，樗里兄請坐。」待樗里疾坐定，張儀便將與國君商定的事說了一遍，末了道：「就實而論，我這丞相與商君不同。商君治內為主，大良造便是總攝國政。今日卻是外事為主，張儀擔連橫之任，大體無暇內政。你我合力，便是內外不誤。只是樗里兄屈居張儀名下，卻要擔待一二了。」

「張兄見外。樗里疾吉星高照，做了右丞相還敢不滿麼？」樗里疾嘿嘿嘿笑著，「君上原本與黑肥子說好的，依當年景監、車英例：我左遷一級，做丞相府丞輔佐張兄。偏是張兄抬舉，君上臨時一昏，竟教黑肥子撿了個肥羊腿，你說我還能抱怨誰去？」

「樗里兄當真可人也！」張儀不禁大笑，「秦國內事，張儀拜託了。」

樗里疾肅然拱手道：「丞相勿憂，樗里疾定按丞相方略行事，一力承擔！」

兩人又商討了秦公稱王的諸般細節與秦國新官制的構想，便到了正午時分。一頓粗簡便飯過後，樗里疾匆匆走了。張儀依舊走進了書房，他給自己的期限是：三日之內，通讀所有的典籍政令；秦公稱王之日，熟悉秦國所有的政事官署。這天晚上，他整整在書房待到五更，前半夜閱讀，後半夜草擬了〈王國新官制書〉，直到天色放亮才回到寢室。

經過近一個月的緊張籌劃，秦國終於在這年初冬舉行了稱王大典。

大典簡樸而又隆重。嬴駟在咸陽北阪舉行了祭天大禮，向上天稟報了「稱王靖亂，解民倒懸」的宏願，又隆重拜祭了太廟，祈求列祖列宗佑護秦國。正午時分，嬴駟在咸陽宮正殿即位稱王，史稱秦惠文王。稱王大朝會的第一件事，是由張儀宣布推行新官制。這種新官制不涉及爵位，而只框定了政務大格局：

丞相　開府總攝軍國政務，設行人、屬邦等專門官署

右丞相　輔佐丞相處置政務，主內政民治

上將軍　秦國軍旅最高統帥，戰時開府

國尉　掌軍事行政，於丞相府設置官署

長史　掌王室機要並日常事務

大田　掌秦國農耕土地，設太倉、大內、少內等糧食物資屬官

司空　掌秦國工程、商市並作坊製造，設工師、關市、工曹等屬官

司寇　掌國中治安、行刑、牢獄並各種形式的罪犯

廷尉　掌國中司法審訊

國正監　掌官員監察（後來的御史臺）

太史　掌文事並編撰國史等，設太廟、太祝、卜、史等屬官

內史　掌都城軍政，設中尉（都城衛戍）等屬官

新官制事權明確，歸屬順當，比較於老秦國的重疊掣肘確是面目一新。但更令朝臣們興奮的是，秦以大國規模設官，官署機構與吏員數目都有相應擴大，幾乎是人人升官。張儀宣讀完畢，大殿中一

片「秦王萬歲」的歡呼聲。新國王嬴駟親自宣讀了任張儀為丞相、樗里疾為右丞相、司馬錯為上將軍的王書，大殿中又是一陣歡呼。

當天夜裡，咸陽城徹夜歡騰，連尚商坊這個六國商賈區域也是徹夜聚酒，一片慷慨。老秦人有了王國子民的驕傲，頓時揚眉吐氣。六國商賈與遊學士子慷慨中大有迷惘：十多年以來，列國稱王者多了，可沒有一次像秦國稱王這樣的衝擊。秦為王國，將給天下帶來如何變化？人們說不清道不明，但卻實實在在地相信，這是戰國以來最值得記住的日子之一。

三、匕首金窟黑冰臺

天色已晚，張儀用完飯正要再進書房，門吏來稟報：有一個叫作應華的商人求見。

「吔！我去接。」緋雲一陣風跑了出去。

白衣應華翩翩進得庭院時，張儀已經站在廊下含笑拱手：「小弟別來無恙啊？」

「士別三日，真當刮目相看。今日大哥，可是威風了得也。」應華笑吟吟走到張儀面前，「不想我麼？」張儀大笑：「想你又能如何？神龍見首不見尾。」應華一笑道：「你當了恁大官，小弟在那裡礙眼，是以不辭而別，大哥不怪小弟麼？」張儀揶揄道：「礙眼？只怕是又到哪座山獵虎去了。」應華咯咯笑道：「虎為獸王，獵一隻行，哪能天天獵得？」緋雲笑道：「吔，公子大哥好容易來了，站在風地裡說甚，快進去暖和著。」說著拉著應華胳膊進了正廳。

張儀對書房文吏吩咐了幾件事情，便來到正廳。緋雲已經將燎爐木炭火燒得通紅，茶也煮好了，廳中暖烘烘的一片春意。應華笑道：「大哥有緋雲姑娘侍奉，真個好運。」緋雲粲然一笑：「吔，公子大哥才是好運。」又打住了不說。張儀入座笑道：「小弟生意如何？要否我這個大哥幫襯？」「真是。」應華板著臉道，「就會談生意，比我還商人似的。」張儀大笑道：「我倒是想說別的，你可應麼？」

應華明亮的眼睛盯住張儀，點頭道：「說，遲早之事。」

張儀一拱手道：「能否見告，閣下究竟何人？」

「大哥懷疑我不是宋國商人？」應華依舊笑吟吟。

張儀笑著呷了一口熱茶：「宋國有應氏，卻沒有你這個公子。依我看，你是那個『嬴』，而不是這個『應』，如何？」

「大哥何時有此想法？」

「就在你報出『應華』名號時。」

「為何不說？」

「為何要說？」

兩人對視片刻，同聲大笑。緋雲卻驚訝得不敢作聲了。雖然張儀也對她說過應華不一定是商人，但在她想來，「應華」最大可能是個官場公子而已。如今「應華」變成了「嬴華」，竟是個真正的王室公子，她如何能再像從前那樣做「大哥」對待？

嬴華卻對門外老僕人道：「你下去，沒有傳喚，不要教人到這裡。」回身爽朗點頭道：「大哥沒錯，我是嬴華。」又看著緋雲笑了笑，「我也不是公子，我是一個女子。」說著摘掉束髮錦帶，一頭瀑布般的長髮便黑亮亮地垂在肩頭，又脫去外邊白袍，一件紅色長裙便襯出了一個亭亭玉立婀娜多姿的美麗女子，粲然一笑，顧盼生輝。

「吔——好美！」緋雲驚訝地讚歎著。

張儀也驚訝了。他雖然想到了嬴華是個王室公子，卻無論如何沒有想到他會是一個公主。一個年輕女子竟有如此才幹，當真令人難以想像。嬴華紅著臉笑道：「沒有人知道我是女兒身，也請大哥小妹勿得外洩。」說著一個原地大轉身，回過頭來，又神奇地變成了一個白色長衫的英俊士子。她對著張儀緋雲笑道：「大哥小妹，誰也不許將我做外人對待，小妹還得叫我大哥哥。」緋雲頑皮地伸著舌頭：「吔，好個美人哥哥。」張儀不禁笑道：「小弟日常間做何營生？」嬴華道：「一事一做，說不準。這次我是要向丞相討個官做做了。」緋雲先笑了：「吔，走遍天下，可有公主討小官做的？」嬴華笑道：「秦國不同，任你王孫公子，不做事沒有俸祿，國人也瞧不順眼。」

張儀道：「真的想做事？」

嬴華道：「我還要上書丞相，採納我的謀劃，這叫無功不受祿，對麼？」

「倒是不錯，頗有名士氣度。說來聽聽，有何謀劃？」

嬴華咳嗽了一聲，清清嗓子挺挺胸：「啟稟丞相：以在下之見，要分化六國，便要在六國權臣中尋覓親秦代言者。如此之人，唯有黃金收買、利刃脅迫兩法。不受金帛，匕首隨之，非如此不足以收分化奇效。聞得丞相有言：分化六國，須得無所不用其極。在下便斗膽前來，呈上一策：建立黑冰臺，專事祕密作為。在下自薦做黑冰臺總事，丞相以為如何？」嬴華語氣神態雖然不乏調侃，但也將事情說得清清楚楚，全然不是談笑之語。

張儀皺起了眉頭：「黑冰臺？事實上已經有了？」

「這名號，是在下來路上才想出的。要說事實，只有寥寥百餘人，還大都散在山東六國。也是當初君上剛剛即位時，覺得六國內情刺探不力，將秦國原在六國的祕密斥候從國尉府剝離，歸總交我掌管。大哥，不對，丞相。丞相的事，也是借了這個方便，我也是藉此做了一回商人。」

「你這黑冰臺，可曾在咸陽動過手腳？」

「那可不敢。」嬴華笑道，「秦國唯法是從，縱有權臣不軌，都是依法懲治，如何用得此等手段？丞相怕黑冰臺亂政麼？」

張儀臉色緩和了一些道：「一個國家走上正道，是千難萬難的一件事，些微縫隙，都有可能毀壞根基。所謂千里之堤，潰於蟻穴，便是這個道理。以文亂法，以武犯禁，正是法家治國最反對的兩宗大害。商君焚書禁俠，正是為了杜絕這兩大禍端。小弟若到六國官場走上一遭，便會看到上層傾軋的黑幕：不講法制，唯講勢力，結黨營私，豢養死士，為自己清除政敵。專諸刺王僚、聶政刺韓傀、要離刺慶忌，天下赫赫有名的刺客，最後都成了攪亂國政的利器。這次，因蘇秦合縱而被封君的四大公子信陵君、孟嘗君、平原君、春申君，都算得天下英雄了，卻也都是各自養士成百數千。所為何來？還不是顯示私家強力？六國朝局無定形，一半原因在崇尚陰謀、刺客與暴力。秦國所以清明，正在於法制擔綱，官場多公心而少私禍。黑冰臺一出，我只恐它會變成一頭難以駕馭的怪獸，到頭來傷了秦國根基也。」

嬴華聽得良久沉默，半晌道：「丞相大哥說得大是，原是我思慮淺薄。只不過，黑冰臺只對外不對內，不用太可惜。」

張儀被嬴華一個「丞相大哥」叫得不禁一笑，氣氛緩和了許多。

「丞相大哥，在下小弟有一法，可防此患。」

張儀終於禁不住笑道：「丞相大哥？在下小弟？虧你想得出。說，甚方法？」

「且先不說，保管丞相大哥滿意便是。」

「好，事關重大，且容我與右相、上將軍、太傅商議，再稟報秦王允准。」

嬴華驚訝道：「喲！這可是丞相的分內權力，如此無擔待，黑冰臺還是祕密麼？」

張儀銳利的目光驟然盯住嬴華，卻又釋然笑道：「你公子哥懂甚？此等團體一旦成立，威力必是奇大。若不事先通報國中大臣並經我王允准，就會成為你我手中的私家利器，害人害己害國家，後患無窮。張儀縱有擔待，豈能拿國命做兒戲？」嬴華終於明白了其中干係，卻又故作生氣道：「芝麻大個事，丞相大哥一說也成了胡瓜。好，聽你的，誰教我要討官做。」

嬴華走後，張儀思忖一番，立即將黑冰臺一事起草了一份專門密件，連夜上書秦王。惠文王接到密件，次日便召丞相張儀、太傅嬴虔、上將軍司馬錯、右丞相樗里疾進宮商議。君臣議決：秦國成立黑冰臺，隸屬丞相府行人寺（註：行人寺，戰國時秦國職掌外事的官署，長官稱「行人」，隸屬丞相府）管轄，直接聽命於丞相張儀；其所需經費與屬員俸祿單列，由右丞相樗里疾掌管發放；其屬員遴選由太傅嬴虔與上將軍司馬錯確認，並發放「鐵鷹牌」方為有效；其屬員之爵位封賞，則須經秦王下書；黑冰臺所有事宜，只限君臣五人知曉。

如此一來，黑冰臺自然成了只對外事邦交，而不會對朝局國政造成無端威脅的祕密利器。

張儀回到府中，正要差人去召嬴華，她就恰到好處地翩翩來了。嬴華進門就問：「丞相大哥，如何？」張儀笑道：「你有耳報神麼？如何總是來在節骨眼上？」嬴華道：「我呀，心思一動，就知道哪裡有事。」張儀揶揄道：「噢，巫師一個。」嬴華咯咯笑著：「就做巫師，纏著你不放。」張儀沒聽見一般正色道：「公子大策已經我王決斷，立即著手。自今日起，公子便是丞相府屬官，職任行人，專司外事。」

「是！屬下參見丞相。」嬴華精神抖擻地深深一躬。

張儀又將朝會商定的有關黑冰臺的諸般職掌說了一遍，末了道：「黑冰臺的所有事宜：總署地點、劍士數額、所需金錢等，要盡快開列施行，若能在冬日之內完成，便能在來春出使六國時派上用場。」

嬴華道：「屬下請丞相即刻視察黑冰臺舊署，丞相或可另有決斷。」

「另有決斷？」張儀笑道，「如此說來，公子早有準備？」

「敢請丞相大哥只帶緋雲一人，莫帶護衛才是。」

張儀點點頭，緋雲便飛步入內取了那口越王劍出來，跟在兩人身後出了門。門外已經有三匹駿馬在空鞍等候，張儀便知嬴華是著意請自己來的，也不說話，翻身上馬跟著嬴華出了咸陽北門。片刻之間，三騎快馬飛上了北阪，穿過松林進入了一道峽谷。北阪雖是林木蔥蘢，大勢卻並不險峻，也沒有石山，偏這道峽谷大是奇特，兩邊大石嵯峨，谷底流水潺潺，山腰山頭被蒼松翠柏封得嚴嚴實實，連尋常峽谷的一線天也沒有。進入谷中，就像進入了一個漆黑的山洞，除了流水松濤之聲，一切都被淹沒了。

到了一個避風處，嬴華回身道：「大哥，馬拴在這裡。」說著跳下馬來，也沒看見如何動作，手中便驟然亮起了一支火把。光明之下，但見一個小小的山洞，又乾燥又避風，靠壁處還有一個長長的青石馬槽。「吔！山洞馬廄。」緋雲低聲驚歎著下馬，又將張儀的馬牽了過來一併拴好，笑問，「公子大哥，可有草料？」嬴華走過來道：「看看，記住了。」說著右手抓住馬槽頂端的一個不起眼的石疙瘩一旋，喀噠一聲，正對馬槽的山洞頂部竟裂開了一道大約四指寬的縫隙，碎乾草混合著碎豆瓣兒便嘩嘩地流淌下來。看看馬槽將滿，嬴華一旋石疙瘩，洞頂縫隙又喀噠關閉。「這邊有水甕。」嬴華說著又向洞底石牆上一拍，一道石板門「吱」的一聲開了，一個碩大的陶甕赫然便在眼前。緋雲眼尖，一眼看見甕上漂著一只小木桶，便搶上去打了一桶水均勻地潑在馬槽，又回身將木桶丟進大水缸，再一拍石牆那個掌印，石門「哐」地合攏。「吔，這樣啊，記住了。」緋雲好奇而又興奮地笑叫著。

嬴華又遞給緋雲一支火把：「我領路，你斷後，大哥中間，走。」說著出了山洞。

出得山洞馬廄，嬴華領著張儀緋雲趟進了一道嘩嘩溪流。說也奇怪，雖是冬天，這山溪水流卻是暖暖的絲毫不見冰涼。順著山溪向前，溪流中光滑嵯峨的巨石幾若一道天然的山梯，攀緣而上，越走越高，水聲也如沉雷般轟鳴起來。緋雲的火把早已被飛濺的水珠打滅，嬴華的火把卻始終在高處閃動。藉著光亮，張儀看見山溪已經變成了一道瀑布，他們竟攀緣在水簾之中；又攀了兩級「山梯」，居然進到了水簾之內，呼嘯的山風頓時消失，面前一片溫暖乾燥的亂石山體。

嬴華叮囑道：「跟我來，小心，腳不要插進石縫。」說著舉著火把從兩塊巨大山石的縫隙中側身走了進去。張儀雖然瘦削，身材卻是高大，長長吸了一口氣，才扁著身子擠了過去，裡邊是個天然石洞，卻是空蕩蕩的。嬴華將火把向右一擺：「這裡了。」腳下猛然一跺，右首山石軋軋開裂，一道石門赫然出現在眼前。

「進來。」嬴華舉著火把先走了進去。張儀跟進，眼前一間兩三丈見方的山洞，也是空蕩蕩的。嬴華用火把點亮了兩邊壁洞裡的四盞紗燈，洞中頓時大亮。張儀看到了右首牆上的一道小小鐵門笑道：「機密在這裡？」嬴華嫣然一笑，上前抓住鐵門把手左右各擰了三轉，一陣隆隆聲，鐵門緩緩洞開。「丞相大哥，跟我來。」嬴華率先進洞，又點亮了兩盞大紗燈。燈光之下，一個擺設如書房一般的山洞赫然呈現在眼前——幾個書架、幾個銅櫃、一張石案、一個插著各式長短劍的兵器架。

「噢——這是中軍幕府了。」張儀頗帶揶揄地笑了。

「難道不是麼？」嬴華笑著打開了一只銅櫃，捧出一只小小銅箱，一摁機關，箱蓋「噹」地彈開。嬴華拿起一個形狀怪異的青銅物件道：「這是君上特賜的兵符，不是大將虎符，而是秦國公室調動禁軍的『鳳符』。持此兵符，可到宮廷護衛中任意挑選鐵鷹劍士。」又拿起一支大約四五寸長的金製令箭，「這是祕密金令箭，可到公室府庫直接支取錢財，多少不限量。」

張儀笑道：「權是大也。」

嬴華沒有絲毫笑意：「這些，都是君上在特殊時日的特殊調遣。今日回歸正道，交予丞相，黑冰臺日後納入外事調遣，不再由我一人祕密掌控。」

張儀正色道：「秦王已經朝會決策，黑冰臺便是國家利器。本丞相命：公子以行人之職，兼掌黑冰臺，鳳符與金令箭由行人掌管，只是每次使用，須得本丞相准行方可。」

「是！屬下明白。」嬴華將軍一般赳赳挺身，拱手領命。

張儀笑道：「如此大費周折，就為了藏這幾樣物事麼？」

「那豈非暴殄天物？」嬴華笑了，「丞相大哥跟我來。」出了「中軍幕府」，打開了另一道石門，洞中碼滿了兩排大鐵箱。嬴華笑道：「猜猜，這裡面都是何物？」張儀道：「黃金珠寶罷了。」嬴華道：「秦國王室的祖傳寶物，十有八九都在這裡了。君上說，有用於國，方為寶物，留在宮中做擺設糟蹋了，都教我給搬出來了。」

張儀不禁慨然一歎，想起天下以收藏珠寶為樂事的魏惠王，想起六國貴族對財貨珠寶的貪婪，想起楚國權臣爭奪金玉財寶用盡機謀，那個昭雎竟然誣陷自己偷了他一對玉璧而置自己於死地。「天下熙熙，皆為利來；天下攘攘，皆為利往」，財貨珠寶為天下利市之精華，視之如糞土者能有幾人，秦王若此，秦國安得不強？

「這是兵器庫。」嬴華的聲音驚醒了張儀，抬頭一看，這個山洞裡環繞著一架又一架長劍短劍。「這些兵器都塗著一層厚厚的牛油，所以光芒收斂了。」嬴華笑道，「這些短劍都是一等一鋒利的匕首，黑冰臺勇士人各一把。長劍只給單獨行動者配備。」嬴華說著從架上拿下一把短劍，用石桌上的細紗擦去牛油，短劍頓時青光閃爍森森逼人。嬴華將短劍插入配套的牛皮劍鞘，雙手捧起道：「緋雲小妹，如今你是丞相護衛了，本行人將這把短劍配給你。這是楚國風鬍子匕首，削鐵如泥。」緋雲笑道：「吔，謝過行人大哥。」張儀大笑道：「甚個叫法？全無法度了。」嬴華卻高興得咯咯直笑：「好！就這樣好。丞相大哥，行人大哥，還有……家老小妹。」這「家老」本是中原人對大管家的稱謂，用到緋雲身上倒也頗有趣味。一語落點，三人一齊大笑。

嬴華又點起火把，領著二人穿出山洞，洞外卻是莽莽蒼蒼的林木，隱隱可見草木叢中的小道直通山外。張儀笑道：「你去安邑，也是從這裡出發？」嬴華笑道：「那是自然，黑冰臺的祕密使者，都是在這裡訓練準備，而後從這裡出發。」緋雲驚訝道：「行人大哥好心思，選了這麼個鬼都找不到的地方吔。」嬴華咯咯笑道：「君上原是要在咸陽給我一幢隱祕府邸，我沒有要。這裡多好，略微修葺一番，勝過金城湯池。」張儀道：「你自己找的麼？」嬴華點點頭又搖搖頭：「是我小時候採藥發現的。」張儀驚訝了：「你採藥？宮中太醫……」嬴華歎息了一聲，沉默地咬著嘴唇，眼睛卻暗淡了。

張儀笑道：「時間也長了，回去。」

下得山來進入北阪，灰蒙蒙的夜空開始飄下飛揚的雪花，冬天的第一場大雪就這樣悄悄來臨了。回到府中，張儀接到了一個驚人的消息：蘇秦北上燕國，正與四公子分頭組建六國盟軍，準備來春奪回函谷關外的六國失地！

四、衣錦榮歸動洛陽

蘇秦要回故鄉的消息傳遍了洛陽王畿，驚動了大夢沉沉的周天子。

周顯王雖說無所事事，日夜浸泡在樂舞之中，但對天下動靜倒也清楚。只要是稍大一些的國家有喜事，或打了勝仗，或新主即位，便派王使去嘉勉賞賜；只要有邦國盟約，也派出王使去祝賀；殘餘的三十多個小諸侯有了糾紛爭奪，排解者中也永遠少不了天子特使。雖然已經是徒有其名，但天下任何大事卻都少不了這個周天子的點綴。周顯王心中明白極了，也無奈極了。天子要存在，洛陽王畿要存在，就必須扮演這個錦上添花的閒適角色，否則只有被擠壓得粉碎。於是，周天子的全部政務，就變成了應酬天下的各種喜慶，排解天下的各種糾葛，對天下大事不想知道也必須知道。無可奈何也好，哭笑不得也好，都必須事事露個臉。四十年來，這位周天子從英俊少年變成了白髮老翁，應酬得心頭都起了老繭，可還得撐持著應酬下去，眼看著強變弱弱變強大變小小變大生生滅滅，這位天子確實是應酬得累了。

老太師顏率向天子稟報蘇秦要回洛陽省親時，周顯王睡眼惺忪地問：「蘇秦？好耳熟，何許人也？」顏率高聲道：「蘇秦，六國丞相也，創立合縱，聲威赫赫！當初，我王曾賜此人天子王車也。」周顯王長長地打了個呵欠道：「噢──那個秦國使者麼，不是給了些許鹽鐵麼？」顏率也是白髮皓首了，精力本來不濟，高聲半日好容易使天子明白了蘇秦來歷，已經是氣喘噓噓了。周顯王卻倚在榻邊侍女肩上，慵懶地笑了笑：「老太師權衡操持吧，不開罪於人便是了。」

自覺此事重大，顏率召來了王族的另外兩個「諸侯」商議：一個是東周公，一個是西周公。這兩公是一對好事的冤家，爭水源，爭人口，爭王產，十多年來鬧得不亦樂乎，對天子的事歷來不願應承。今日黑著臉聽老太師顏率說罷，是無一人開口回應。老太師多方陳說利害，反覆申明結好蘇秦對王室王族的諸般好處，兩位諸侯才答應共攤一半財貨。老太師當場做了分派：東周公為蘇莊修一座六國丞相府，西周公整修洛陽城外的三十里官道，同時修一條王城通往蘇莊六國丞相府的大道；迎接蘇秦的儀仗與賞賜等由天子府庫支出。見是三家均攤，兩個諸侯才老大不情願地答應了下來。

依照周室法統，太師之職本來是三公（太師、太宰、太傅）之首，職責是「輔助天子，協理陰陽，經略大政」，不涉具體事務。然則時至今日，太師的光環早已銷蝕淨盡，只落得一個首席大臣的名位，實際上已經淪落為處置各種瑣碎雜務的大夫了。老顏率也是如此，陪著天子做了四十年太師，實則忙忙碌碌地做了四十年勤雜。說起來也是無可奈何，王族貴胄忙著謀諸侯大位，稍有見識才能的大夫，都紛紛投奔強國去了，偌大王城，凋敝得只剩下一班遺老遺少與幾百名侍女內侍。上大夫樊餘已經走了，老顏率如若再走，周室立時便沒了撐持。無奈之下，顏率只有苦撐，好在也都是些應酬事宜，只要細緻些許，也出不了大錯。可這次卻是要實實在在地奔波馳驅，要督察六國丞相府的修造，要督察官道郊亭的修葺，還要演練久已塵封了的王室儀仗，當真是要勞碌一番了。

大事安頓妥當，老太師親自出城到乘軒里蘇莊來了。

一片樹林包圍著一片莊園，遠遠望去，洛陽城外的蘇莊依舊是那樣的寧靜。軺車駛近，卻發現林木荒疏野草叢生，磚石破損黃葉飄零，周圍井田一片荒蕪，沒有一方綠苗。老太師清晰地嗅到了他所熟悉的那種衰頹破敗的氣息，不禁暗暗驚訝：傳聞蘇莊富甲洛陽，如何這般荒涼氣象？軺車停在道邊，老顏率帶著四名抬著禮盒的老內侍，走過了林間破損不堪的磚石小道，命一名老軍上前通稟。

「啪啪啪！」門環三響，老軍拱手高聲道：「請蘇家主人答話。」

但聞「汪汪汪」三聲狗吠，厚重的大門「吱呀」開了，一條精瘦的大黃狗先躥了出來，昂首蹲在門廳警覺地注視著門外來人。緊跟著一個鬢髮灰白腰身佝僂的布衣漢子走了出來道：「蘇家不欠債了，誰呀？你等……」看見門外官人聚集，漢子頓時愣怔了。

老軍高聲道：「前輩可是蘇府僕人？相煩通稟：周室太師造訪蘇府。」

鬢髮灰白的漢子使勁地揉揉眼睛：「我？我是蘇家老大……太師？蘇家犯官了麼？」

老顏率與顳頊的老天子整日周旋，知道如何對這種人說話，見狀逕自上前高聲道：「大公子，老夫乃周室太師顏率。貴府蘇秦公子功業彪炳，已經做了六國丞相。老夫奉天子之命，特來撫慰犒賞！」

「你說甚？蘇秦做了六國丞相？」漢子激動得聲音都沙啞了。

「正是。蘇秦做了六國丞相。」

「嘿嘿，嘿嘿，嘿嘿嘿！」鬢髮灰白的漢子咧著嘴斷斷續續地笑了幾聲，突然之間哈哈大笑，手舞足蹈地踉蹌著反身跑進大門，「二弟成了！成了！六國丞相了！六國丞相了！啊哈哈哈哈！」

只聽一陣雜亂的腳步聲，一個女人尖聲嚷著：「做好夢都瘋了你！還六國丞相呢，六國天子倒好！蘇代，扶他進去，別再出來丟人現眼。」

「不！不進去！二弟做了丞相了！六國！哈哈哈，六國！」漢子的掙扎聲與一個年輕人的勸慰聲、女人的呵斥聲、大黃狗激動的汪汪聲夾雜在一起，院子裡亂紛紛一團。

老顏率聽得分明，大步踏進門檻高聲道：「敢問：蘇亢老前輩可在？」

院子裡的吵鬧聲立即靜止下來，尖聲嚷嚷的黑瘦女人驚訝地回過頭來盯著這個鬚髮雪白氣度不凡的老人，突然間臉上綻開了一片笑容道：「喲！老大人一看就是貴人，家父如何當得起前輩兩個字？敢問大人，何事光臨寒莊茅舍？」不多幾句話，一副慣於應酬的掌家模樣。

正在勸慰中年漢子的布衣年輕人走過來肅然一躬道：「啟稟老大人：家父久病在榻，這位是我家掌家大嫂，大人有事，但說便了。」

「掌家大嫂接王書——」老太師蒼老的聲音分外響亮。

「喲！王書啊！」女人叫了一聲，兩手在衣襟上直搓，腳下團團亂轉，慌亂得無所措手足。布衣青年過來扶住她道：「大嫂莫慌，大禮接書便了。」說著往邊上跪倒：「洛陽子民蘇代接王書。」大嫂一見，連忙學樣兒跪倒，顫抖著尖聲道：「蘇大娘子，接王書！」

顏率接過老內侍遞過的王書打開，悠然高聲念誦道：「茲爾蘇氏，稟承王道，教子有成。蘇秦合縱，大功告成。消弭刀兵，弘揚德政，六國丞相，光耀門庭。特賜蘇亢伯爵官身，蘇門其餘人等子爵官身；著王室尚坊立功臣坊，造六國丞相府邸。大周王四十年秋月。」

黑瘦女人驚愕得張大了嘴巴，說不出話來了。

蘇代低聲道：「大嫂快謝恩。」

女人如大夢初醒：「啊啊啊，謝恩！對對對，謝恩！蘇大娘子，謝過天子恩典——」尖銳顫抖的聲音中夾著咚咚的叩頭聲，滿頭流汗。

「抬過禮盒。」顏率一聲吩咐，四名老內侍抬過兩口大銅箱，顏率上前打開道，「此乃天子賞賜蘇府的黃金百鎰、絹帛二十四。三日之後，六國丞相府著手建造，望掌家早做鋪排，定妥宅基。老夫告辭。」

「喲！老大人如何走得？總要嘗一口草民的熱酒了。」大嫂已經緩過神來，興奮得滿面紅光，一疊聲地邊施禮邊攔擋。

「無須叨擾了，掌家謹記：但有所請，可到太師府見老夫便了。告辭。」老顏率說完出門登車走了，身後傳來一片連綿哭聲。

次日清晨，一輛破舊的牛車咣噹咣噹地駛進了洛陽。蘇代與大嫂帶著老蘇亢的信求見太師，再三申明：唯願官府修復被流民洗劫毀壞的蘇莊足矣，不敢勞動天子建造六國丞相府邸。顏率不敢怠慢，立即驅車到蘇莊與奄奄一息的老蘇亢商議，老人竟堅持不受府邸。老太師只好稟明天子，除了原樣修復蘇莊外，只新建門庭與功臣坊便了。東周公大是高興：蘇莊雖大，房屋卻很少，也沒有多少禮儀講究，比建造豪華氣魄的六國丞相府邸省事多了。

將要入冬時，蘇莊修復好了。高大的功臣坊與金碧輝煌的六國丞相府門庭，又一次驚動了洛陽國人。人們嘖嘖稱奇：眼看窮得狗都快要餓死了的蘇莊，如何一夜之間變成了六國丞相府？六國丞相誰聽說過？那個黑瘦的女人又活泛起來了，整日歡聲笑語地張羅著迎接叔叔歸來。像霜打了一般的兩個蔫後生也頓時精神了，鮮衣怒馬，腰懸長劍，竟日在功臣坊前迎送川流不息的錦衣貴客。驚歎咋舌之中，人們卻再也看不見那個拄著一根鐵手杖領著一頭大黃狗的老人，在最值得他風光的時日，為何老人就偏偏不露臉了？

秋風蕭瑟黃葉鋪地時，快馬斥候傳來消息：蘇秦車駕進入了洛陽地界。

虎牢關六國會盟圓滿告成，六國君臣皆大歡喜，一時間豪情張揚彌漫，對秦國前所未有地蔑視。

蘇秦也正沉浸在喜悅興奮之中，稟明縱約盟主楚威王，要回洛陽看望年邁的老父。楚威王與五國君主讚歎蘇秦的大孝之心，各自賞賜了許多的金玉珠寶，許蘇秦在省親之後著手組建六國聯軍。行程既定，蘇秦與四大公子議定：一個月內分頭確定各國軍馬數目，一月後在大梁會商聯軍事宜。一應安排妥當，蘇秦便於大典次日啟程向洛陽而來。

這是一支浩浩蕩蕩的軍馬車隊。荊燕統率的六國鐵騎護衛共是三千六百名，分作六個不同的方陣色塊，燕趙韓在前，魏齊楚殿後。中央是壯觀的六國丞相儀仗與蘇秦的華貴軺車。最後則是一千鐵騎護衛下的一百多輛滿載各種禮物的牛車。遠遠望去，旌旗招展，號角呼應，煙塵連綿二十餘里。

在洛陽東門外山頭觀望的老太師大是驚歎：「縱是天子出巡，何有此等聲威？壯哉蘇秦！奪盡天下風光矣！」

正在轔轔推進，荊燕飛騎來報：「周室太師顏率，正在天子官亭郊迎丞相！」

蘇秦下令：「鐵騎儀仗分列兩廂，單車拜會老太師。」

荊燕一聲令下，儀仗騎士譁然分開，蘇秦軺車轔轔駛出。

太師顏率正在修葺好的郊迎石亭前恭候，見儀仗旗幟分列，便知蘇秦將出，連忙帶領幾名白髮蒼蒼的老臣與幾名少年王子肅立道中。及至軺車駛到面前數丈許，顏率雖然老眼昏花，卻也看得清楚：燦然生光的青銅軺車由四馬駕拉，六尺車蓋下站著一人，一領大紅繡金斗篷隨風舞動，幾近九寸的玉冠在秋日的陽光下閃爍著晶瑩的綠色光澤，腰懸極為罕見的古銅長劍，灰白的鬚髮飄灑在胸前，凝重敦厚的微笑鐫刻在黝黑豐潤的臉膛。老顏率久經滄海，見過的國君權臣不計其數，內心卻也暗暗驚歎：「蘇秦氣度，勝似王侯！不想王畿衰敗，洛陽卻出了此等人物，當真異數也！」思忖間拱手高聲道，「周室太師顏率，率諸王子與貴胄重臣，恭迎六國丞相——」

按周室禮制，天子太師位同大國諸侯，蘇秦這六國丞相是要低幾個等級的。然則天子名存實亡，天下戰國多已稱王，這舊禮制也就無法維持了。於是，在邦交周旋中各方心照不宣地將禮遇對等起來，君對君等禮，臣對臣等禮。蘇秦自然熟諳其中奧祕，見周室太師在前，從容下車拱手道：「在下蘇秦，見過老太師。」他不稱官身名號，將自己降低一格，為的是要在天子的洛陽王畿、自己的故土之上顯示出尊王姿態，否則，洛陽國人會很不高興的。

老太師對此等周旋也是心中雪亮，知道眼前這個炙手可熱的顯赫人物的謙遜無論如何也不能當真，肅然還了一禮，高聲道：「郊迎三酒——」

一個老內侍躬身捧來一個紅錦鋪底的青銅托盤，顏率親自捧起一只諸侯等級的青銅大爵：「此乃天子特賜之郊迎王酒，為丞相洗塵接風！」蘇秦知道郊迎王酒都是醇厚的米酒，雙手接過道：「蘇秦謝過天子恩典！」便舉爵飲盡。連續三爵，郊迎禮節便告結束。按照已經大大簡化了的時下禮儀，蘇秦的儀仗護衛緩緩跟進三五里停了下來，由周室儀仗護衛著蘇秦到洛陽東門覲見天子。

周顯王破例地擺出了近百年不曾使用的天子儀仗，雖然事先已經修補了一番，也仍然是破舊不堪：旗幟暗污了，斧鉞鏽蝕了，盔甲破損了，儀仗所需要的雄壯猛士更是沒有了。雖則如此，畢竟是旌旗招展，斧鉞成列，背後襯著沉沉壯麗的洛陽王宮，遠遠看去也是前所未有的隆重壯闊。見蘇秦軺車儀仗到來，司禮大臣連聲高宣，樂師們奏起了〈天子韶樂〉，舞女們在大紅地氈上展開了優雅的「八佾之舞」，三十六名王室老歌手唱起了〈周頌〉中封賞功臣的〈賚樂〉，悠揚莊重的歌聲隨風飄得很遠很遠：

天作高山　地作四極
濟濟多士　唯周之命

封於太廟　大哉之恆
刻於青史　日月之名

周顯王坐在四面垂簾、侍女簇擁的王車之中接受了蘇秦的大禮。他早已忘記了蘇秦的年齡相貌，看見一個鬚髮灰白的紅衣人躬行大禮，一時感慨中來：「卿白髮建功，若我朝開國大賢太公望，堪稱暮年佳話矣！」站在王車邊上的顏率大是著急，隔簾提醒道：「英年，不是暮年。」偏在此時周顯王來了精神，悠然一歎道：「大器老成，何愧之有？強如英年多矣！」顏率正在難堪無計，蘇秦卻高聲道：「天子聖明洞察，臣心已是垂暮之年，不敢當英年之名。」周顯王高興地笑了：「老成大才，老成大才也。」

「宣天子王書——」老太師擔心天子再犯糊塗，連忙宣讀了天子的嘉勉王書，宣布了對蘇秦的諸多賞賜，這場隆重的禮儀，便在天子王車回城的車輪聲中結束了。

帶著自己的儀仗鐵騎駛上新修的大道時，蘇秦不禁感慨萬端。

洛陽東門通往蘇莊的路，本來只是一條幾尺寬的小道，兩邊是縱橫交錯的井田溝洫。春耕之時，田野上炊煙裊裊，秋收之後，滿目蒼黃。但在蘇秦心中刻下最深印記的，卻是田野裡的冬日。他在那座小小茅屋裡度過了三個冬天，那呼嘯的北風，那掩埋了一切崎嶇坎坷的漫天大雪，那滴水成冰的桔槔井臺，那無法入眠的漫漫長夜，那一盞豆大的昏黃燈光，那忠誠守時的大黃，那神祕的紅衣巫師的鼎卦……在蘇秦的記憶中，許許多多的東西都簡化了，模糊了，只有修業的大山與洛陽郊野的寒冬永遠凝固在他的心中，永遠不能消失。遙遙望去，那座茅屋已經不見了，莊外那片熟悉的樹林也不見了，映入眼簾的，是平整枯黃的田野與一座隱隱可見的壯麗石坊。熟悉的三尺小道，變成了三丈寬的平坦大道，兩排松柏夾道，比許多中小諸侯的園林大道還要壯闊。

蘇秦皺起了眉頭，心頭空落落的。歸鄉省親，不能說沒有衣錦榮歸的想頭，但更重要的是，蘇秦要最後一次探望落寞寡言的老父，重溫一番那熟悉的痛苦與蕭瑟孤憤的苦修，在他將投身宦海權力而不再回頭的時日，他需要清醒地重溫這種痛苦。在洛陽故鄉，只有老父與茅屋，是他恆久的精神支柱。而今，這一切卻都變了模樣，權力竟那樣迅速那樣不由分說地抹去了坎坷苦難的印跡，他只能毫無選擇地接受榮耀財富與膜拜讚頌。六國君主賜給他那麼多財寶，能拒絕麼？府庫空虛的周天子將蘇莊全部翻新，能拒絕麼？不能。既然將自己鑲嵌進了權力的框架，就必須接受權力框架的規則——享受權力帶來的財富榮耀，而遠離曠達灑脫的無羈境界。

「草民拜見丞相！」「六國丞相萬歲！」

突然，蘇秦被一片喧鬧歡呼驚醒。原來，在新修的大道盡頭，也就是在那座高大的功臣石坊前的空闊場地上，跪滿了黑壓壓的庶民百姓。他們叩頭歡呼，一片興高采烈，完全陶醉在一種榮耀之中。按照井田制，他們都是蘇家的鄉鄰。秋收過後農人們都搬進了城池，如今竟湧出王城聚集到這裡，要一睹故鄉大人物的風采，每個人都是由衷地興奮，如同自己的家人建功立業一般。拳拳之心，蘇秦不禁悚然動容。

「父老兄弟鄉鄰們，蘇秦如何當得如此大禮？快請起來——」

蘇秦在軺車上團團打拱，聲音卻淹沒在成千上萬人的禮拜歡呼中。蘇秦只得跳下車來，一個一個地扶起前排的老人，看著老人們惶恐不安無所措手足的樣子，蘇秦當真不知說什麼好了。突然，蘇秦對身後的荊燕高聲道：「荊燕兄，每個鄉鄰一個金幣！快！」荊燕疾步喚來總管交代，片刻之間，便有幾百名軍士僕人開始向國人鄉鄰賞發金幣了。

捧著刻有各國王室徽記的極為罕見的金幣，人們更是歡呼潮湧，萬歲之聲震動原野。然則，老周國人卻在這時顯示了天子部族深厚的禮法教養，領得賞金者有了永遠的念想，達到了「觀瞻大人」的最大企望，立刻知足地退到了後邊。沒有人維持督察，歡呼雀躍的人流井然有序地走過賞金臺，沒有一個人企圖多領賞金。川流不息的人群從蘇秦面前整整過了一個多時辰。僅僅是不斷點頭拱手，偶爾與熟悉的鄉鄰寒暄幾句的蘇秦，嗓子也沙啞了，胳膊也痠麻了。

將及暮色，人潮方才退去，蕭瑟清冷的秋風掠過，高大的功臣石坊前空蕩蕩了。牌坊腳下，依然有幾個人匍匐在地，衣飾鮮亮華貴，卻一點兒聲息也沒有。蘇秦大是奇怪，緊走幾步拱手問道：「諸位鄉鄰，可是沒有領得賞金？」一個青年猛然抬起頭來：「二哥！我是蘇厲，大嫂硬是教我等跪接丞相。」蘇秦聽見小弟弟尚帶少年氣息的熟悉聲音，驚喜笑道：「蘇厲？快起來！你是蘇代了，起來起來。縱是丞相，當得兄弟如此大禮麼？」蘇厲蘇代一邊笑著爬起，一邊向依然匍匐在地的兩個婦人做著鬼臉。蘇秦仔細一看，不禁「噗」地笑了出來——兩個女人都穿著大紅吉服，珠玉滿頭燦燦生輝，卻早被萬千人群蕩起的塵土弄得一片髒污，直是貴夫人在田野裡翻滾之後的光景。

蘇秦不禁笑道：「大嫂，何故前倨而後恭也？」為首婦人將頭在地上撞得咚咚響，高聲答道：「叔叔位高多金，小女子豈敢不敬！」一聲「小女子」，蘇秦不禁哈哈大笑道：「大嫂公然景仰權位金錢，倒是坦率得可人，快快請起。」

大嫂抬頭，黝黑的一張胖臉，鬢髮沾著汗水也掩蓋不住細密的皺紋，分明大經了一番風塵滄桑的模樣。蘇秦不禁驚訝了，大嫂原本是豐腴白嫩風風火火的一個女掌家，操持之利落，好惡之分明，都在那不斷變換的熱辣辣與冷冰冰中淋漓盡致地顯示出來。從心底裡說，蘇秦對這個大嫂的心境是複雜的，甚至是哭笑不得的。她只懂得錦上添花，從不做雪中送炭的善舉，然則一旦你翻身過來，她卻又是明明朗朗地對你恭敬，絕沒有那種痛苦的揪心的嫉妒與憤怒。曾幾何時，大嫂變成了一個辛苦勞作的婦人相，蘇家發生過重大變故？

「叔叔真粗心，還有一個人呢。」大嫂笑著扯扯蘇秦衣襟，嘴向旁邊一努。

蘇秦恍然，還有個女人匍匐在地，一定是妻子了。他上前兩步想扶起妻子，卻怎麼也伸不出手去，只好低聲道：「起來，成何體統？」大嫂立即上去扶起妻子：「喲！叔叔心疼妹妹，快起來吧。」妻子站起低聲嘟囔了一句：「是大嫂強拉我來。」低著頭不再說話。大嫂樂呵呵笑了：「喲喲喲！妹妹真是，平日總說想叔叔，如何功勞便是我了？」蘇秦知道妻子稟性，也知道大嫂目下是竭力不使叔叔難堪而圓場，雄辯的蘇秦對這種家事糾葛素來無可奈何，哈哈一笑道：「走吧，都上車，回家了。」又回身對荊燕吩咐道：「荊兄率軍士們在這裡紮營，等候三兩日。」荊燕笑道：「大哥但去，多住幾日無妨，大梁約期一個月呢。」

五輛軺車與長長的財寶牛車啟動了，轔轔隆隆地駛進了功臣坊後的蘇莊大道。

軺車剛到一字六開間的高大門樓前，蘇秦便聞「汪汪汪」一陣狗吠，一隻大黃狗帶著顯然是掙斷了的鐵鏈衝了出來！三個僕人跟在後面驚惶失措地喊著追著。

「住手！」蘇秦猛然一聲高喊，軺車尚未停穩，便跳了下來迎著黃狗跑了過去。

大黃喉頭嗚嗚著嘩啷啷衝到蘇秦面前，一個直立撲到了蘇秦懷裡，長長的舌頭在蘇秦臉上猛舔。

蘇秦緊緊地抱住大黃，一任那熱烘烘的舌頭刮舔著臉上的風塵：「大黃啊，你瘦了，老了，看看，鬍鬚都有白了……」猛然，心頭掠過大黃叼著飯包在雪野縱躍的矯健身姿，蘇秦不禁哽咽了，細心地為大黃卸下了粗大的鐵鏈，拍拍大黃的頭：「大黃啊，自今日起，沒有人敢再用鐵鏈拴你了，蘇莊是大黃的地盤，你可以自由自在，啊。」大黃一動不動地聽著，那雙幽幽發光的大眼分明流出了兩行眼淚，眼角的短毛濕漉漉的，喉頭不斷發出低沉的嗚嗚聲。心中一陣熱流，蘇秦不禁又緊緊抱住了大黃。

猛然，大黃掙脫了蘇秦懷抱，「汪汪」叫了兩聲，叼住蘇秦斗篷往莊內扯。

蘇秦笑道：「好好好，跟你走。」便大步跟著大黃進了莊門。一瞄之間，蘇秦發現一切布局照舊，卻都變成了新房子，心中不禁一沉。大黃領著蘇秦曲曲折折地來到了水池邊父親的小院子，蹲在門口「汪汪汪」叫了三聲，只聽屋中一聲蒼老微弱的咳嗽，大黃呼地躥了進去。

走進幽暗的大屋，一陣濃濃的草藥氣息撲面而來。一個年輕的侍女正在燎爐上煎藥，見蘇秦進來連忙站起行禮：「丞相大人，奴婢正在按方煎藥。」蘇秦驚訝道：「你如何知道我？」侍女低聲道：「奴婢原在王室，特被選來侍奉蘇伯的。」蘇秦心中明白，低聲問道：「老人家用藥麼？」侍女默默搖頭，輕輕地歎息了一聲。蘇秦不再說話，輕手輕腳地走進了寢室。一盞明亮的紗燈下，面色枯黃的老人靜靜地躺在榻上，大黃蜷伏在榻前一動不動。

「父親，季子回來了。」蘇秦跪在了榻前，在老父面前，蘇秦總是出奇的平靜。

老父親睜開了眼睛，靜靜地望著兒子灰白的鬚髮、晶瑩的玉冠、繡金的斗篷，還有腰間那條燦然生光的六印金帶。漸漸地，老人眼中放射出異樣的光彩，臉頰神奇地泛出了一抹淡淡的紅暈。老人目光灼灼地盯著兒子：「季子，你終究成事了，蘇家門庭，終究改換了……蘇亢對得起列祖列宗了……仕宦無常，好自為之……」老人安詳地永遠合上了雙眼。

蘇秦靜靜地看著父親刀刻一般的皺紋緩緩舒展，蒼白枯黃的臉上寫滿了平靜與虛無，變得嬰兒般平靜安詳。人世的滄桑憂患留給父親的痕跡，連同父親的生命一起，從此永遠地消逝了。

「父親，你心裡舒坦，走得安寧，季子無愧於心了。」蘇秦站了起來，為父親蓋上了那方大大的白布。大黃人立起來，嗚嗚低吼著反覆嗅了一陣老主人的身體，靜靜地蜷伏在榻前不動了。

三日後，蘇家簡樸隆重地安葬了父親。陵園是老人生前自己選好的，在蘇家地面的一座小山下面，一條小溪流，一片松柏林，倒也是平實幽靜。蘇秦深知父親稟性，堅持婉拒了周室參與，更沒有報喪六國，在一眾鄉鄰的爭相幫襯下，平靜地辦完了這場喜喪。辦完喪事，蘇秦與家人議定：父親明大義重事功，無須以周禮守喪三年；蘇代蘇厲須發憤讀書，大嫂大哥與妻子支撐祖業，務求光大。誰知已經是半瘋癲的大哥硬是不贊同，哭鬧著堅持要給父親守陵三年。大嫂無可奈何，抹著眼淚對蘇秦說：「教他去吧，他跟老父奔波幾十年，守著老父他也安心。再說，他也無用了，就讓他替二叔盡盡孝吧。」

送大哥到陵園時，卻見大黃蜷伏在老父的墓前靜靜地動也不動。給它留下的一大箱乾肉與帶肉骨頭、一盆清水竟然原封未動。蘇秦驚訝了，大黃在這裡不吃不喝地守了三天麼？

「大黃，吃吧。」蘇秦撫摩著大黃，拿著一根帶肉的大骨頭湊到它鼻頭前。

大黃紋絲不動，連低沉的嗚嗚聲也沒有。

「大黃，跟我走吧……」

大黃還是一動也不動，只有那兩隻幽幽的眼睛撲閃著幽幽的晶瑩。

「大嫂，給大黃蓋間木屋，遮風擋雨了……」

大嫂哽咽著點點頭。

「放心去吧，大黃我來管。」不知何時，妻子到了背後，「大黃是孤命，我曉得。」

「你……」剎那之間，蘇秦不知如何應對了。孤命？妻子分明在說自己。可是蘇秦又能如何？她是自己的妻子，可她與自己卻又如此陌生而格格不入，幾次衝動都被她那永遠矜持守禮的端莊消融得無影無蹤。妻子，那是一個多麼溫馨噴香的嚮往，可在自己這裡如何就如此的可望而不可即？愣怔半日，蘇秦對大嫂深深一躬道：「大嫂，拜託了。」

大嫂依舊哽咽著不斷點頭。

「放心去吧，只怕是我要侍奉大嫂了。」妻子出奇的平靜，臉上帶著罕見的微笑。

猛然，大嫂放聲大哭，捶胸頓足，淚如雨下，跌坐在茅草枯黃的墓前。

三日後，蘇秦滿腹惆悵地離開了洛陽，沒有衣錦榮歸帶來的奮然，也沒有闔家團聚的喜悅。剛毅明智的老父親去了，忠勇靈慧的大黃活活為老主人殉葬了，辛勞半生的大哥變瘋癲了，風風火火明朗朗的大嫂驟然萎縮了，木訥柔韌的妻子變得更為生疏而遙遠……洛陽故鄉的這塊土地，處處給蘇秦留下了濃濃的憂戚，若非那兩個生氣勃勃的弟弟的一抹亮色，這塊沉淪衰敗的土地簡直就要令人窒息了。

蘇秦趕到大梁的時候，四公子正在焦灼地等待。他們給了蘇秦一個令人震驚的消息：楚威王驟然病逝，太子羋槐即位了；屈原派快馬密使送來一封密柬，請求迅速促成六國聯軍，遲則生變。蘇秦當即與四公子議定：各回本國落實盟約軍馬，來春立即趕赴楚國，籌劃對秦國發動第一次進攻。

五、合縱陣腳在楚國鬆動

接到楚威王病逝的消息，張儀仰天大笑道：「天助秦國！天助張儀也！」

嬴華主張立即出使楚國，張儀搖頭笑道：「不，恰恰要遲些個。」嬴華疑惑道：「遲些個？丞相大哥不怕失了先機？」張儀道：「楚國情勢，你不甚了了。這個羋槐，天下第一個沒見地的君主。楚威王驟然病逝，世族權臣與變法新人必有一場權力爭鬥。去得太早，兩派尚未開鬥，反倒容易使他們擰成一體共同對外。晚些時日，兩邊要麼難分難解，要麼已成血海深仇。我，也才有周旋於兩派之間的餘地，此乃其中真諦也。」緋雲在旁笑道：「吔！老謀深算，聽得人直起雞皮疙瘩。」張儀嬴華不禁哈哈大笑。

過了一個長長的冬天，春暖花開的三月，張儀才從容啟程向郢都而來。張儀沒有錯料，楚國的確經歷了一場殘酷的內鬥，朝局權力已經是面目全非了。

楚威王做了十一年國王，已經為變法擺置好了一個較為有利的權力框架：以令尹昭雎為首的舊貴族的權力大大縮小，以大司馬屈原與春申君黃歇為首的新派的權力大大增強，六國合縱一建立，楚國的外部威脅大體解除，楚威王便要立即在楚國推行第二次大變法。參加合縱會盟大典之前，楚威王已經與屈原詳細商定了變法方略，而且專門將屈原與太子羋槐留在郢都鎮國。作為六國合縱的赫赫盟主，楚威王回國之日，便是變法啟動之時。誰知人算不如天算，孱弱的楚威王一回到郢都便病倒了，整整兩個月臥榻不起，難以料理國事。入冬之際，四十九歲的楚威王終於撒手塵寰，死時圓睜雙眼，守候大臣無不怵目驚心。

楚威王一去，大司馬屈原與春申君黃歇受命主持國喪，忙得寢食難安。舊貴族們卻在忙另外的事。他們敏銳地嗅到了這是一個極好的機會，如同當年楚悼王逝世，老世族趁機剷除吳起一樣的好機會。他們立即祕密聚會，商定了奪回權力的協同方略，誰也沒有去爭國喪與扶持新王登基那種出力未必討好的權力。

待得二十六歲的太子羋槐一登上王位，五大世族的元老大臣立即遞上血書，要求國王罷免屈原，廢黜春申君，否則，全體元老去國還鄉！當屈原與黃歇看到屈黃兩族的元老們竟然也出現在血諫之中時，頓時亂了方寸。黃歇激烈主張：調來屈原練好的八萬新軍，剿滅一班老朽。屈原反覆思量，覺得那無異於楚國內部大戰，土地財貨與基本兵力都在舊世族的封地裡，八萬新軍如何有扭轉乾坤之力？最後只得長歎一聲，找楚懷王羋槐商議大計。

這羋槐是個素無主見且耳根極軟的庸碌人物。屈原黃歇一番慷慨陳詞，羋槐立即激昂拍案，要用王族親軍來「維持父王的變法大志」。屈原黃歇一走，元老們跪成一片守在宮門請命，羋槐頓時沒有了主意，急得團團亂轉。這時，世族元老們祭出了最為隱祕的一個利器——王妃鄭袖。

鄭袖是個神祕女人，工夫獨到，昔年便將太子治得服服帖帖而不為外人知曉。如果沒有這個祕密利器，也許老貴族們真還沒有底氣發動這場逼宮大戰。但是，這些宮闈密情對於屈原黃歇來說，不過是不屑一顧的齷齪小技，永遠不屑為之的。

三日之後，事情發生了莫名其妙的變化：屈原的大司馬被罷免，新職是三閭大夫。這個職位聽起來倒是顯赫：掌管楚國貴族升遷封賞。實際上，在楚國這個各種實力牢牢掌控在貴族手中的國家來說，卻沒有任何實權。黃歇的春申君倒是沒有被罷黜，但是卻只留下了一個權力：職司合縱，不得染指其他。在宣讀王書的朝會上，屈原憤激大叫：「上蒼昏昏兮，亡我大楚！」連呼數遍，當場吐血昏厥。春申君卻是哈哈大笑著揚長而去了。

張儀入楚，事先通報了楚國王室。楚懷王與鄭袖正在湖中泛舟，聞報笑道：「來就來了，秦國還當真虎狼不成？」泛舟罷了，將此事忘得一乾二淨，朝臣沒有一人知曉。於是，張儀進入郢都波瀾不驚，入住驛館，也沒有任何與丞相規格相對等的接風洗塵宴會。嬴華憤憤道：「好個楚國，竟如此做大？日後有它好看！」張儀意味深長地笑道：「此乃天意也，過得幾日，便知好處。」嬴華見張儀篤定成算，笑了笑不再說話。

入夜，郢都街市空前熱鬧了起來。國喪三月，國人憋悶了整整一個冬天，時當春暖花開國喪解禁，國人頓覺大大舒暢。等閒農夫工匠白日春忙，只有趁著夜市來添置一些日用器物。官吏士子們更是灑脫，白日踏青放歌，夜市聚飲作樂，五色斑斕的長街中車馬如流行人如梭，彌漫出罕見的繁華康樂，恍若太平盛世。

一輛四面垂簾的篷車，在郢都最為寬敞的王宮前街上隨著車流轔轔向前。這種篷車廂體寬大，簾幕講究，可坐二到四人不等，尋常至少要兩馬駕拉。稍微殷實的商賈，除了輕便快捷的軺車，總是要有一輛這樣的大型篷車，以供主人攜貴客同遊。眼下這輛篷車很是考究，除了車輪，車身材質幾乎全部是鋥亮的古銅，四圍的絲綢簾幕鑲嵌在青銅方框中，繃得平展妥帖，外邊不見裡邊，裡邊卻能透過細紗清楚地看到街景人物；尤其是駕車的兩匹純黑色駿馬，鞍轡鮮亮，身姿雄駿，雖是碎步走馬，卻整齊一律得一匹馬也似。轅頭馭手是一個英俊少年，一身紅色皮短裝，手中馬鞭把手時不時閃爍出燦燦金光，一看便是富商俊僕。車行街中，時有路人駐足品評嘖嘖稱讚，眾口一詞地認為：這車主是臨淄大商無疑。

在一家經營珠寶玉石的富麗堂皇的大店前，篷車停了下來，車中走出兩個頭戴竹笠身著寬大長衫的紅衣人。待篷車湮沒在珠玉店的車馬場，兩個紅衣人也進了燈火通明的店堂。一個黃衫中年人正搖著大芭蕉扇在店堂巡視，瞄了客人一眼走過來拱手笑問：「敢問客官，可是蒼梧大商？」

年輕紅衣人笑道：「店家好眼力，我等正是蒼梧商賈，欲買上好楚玉，不知可有存貨？」

「可是與和氏璧匹敵者？」

「正是。」

「二位請到後堂看貨。」

中年人帶兩位竹笠紅衣人穿過兩道迴廊，來到庭院中一間孤立的大石屋中。一名少年僕人點亮紗燈捧來茶具，便退了出去。中年人深深一躬道：「屬下參見臺司大人。」

年輕紅衣人摘去頭上斗笠道：「這位是我王特使張大人。」

「屬下參見張大人。」

高大的紅衣人也摘去了斗笠，擺了擺手逕自坐在長案前默默飲茶。年輕臺司是嬴華，特使卻是張儀。只見嬴華擺擺手示意中年人坐了，她自己站在張儀身邊問道：「商社在楚國可有進境？」

「稟報臺司：商社已經與令尹昭雎的長公子、昭府家老過從甚密，屬下出入昭府已經沒有任何阻礙；與新王寵臣靳尚，亦可稱兄道弟，甚是相得。」中年人恭敬回話。

「這個靳尚，官居何職？」

「靳尚原是大司馬屈原屬下司馬，新王即位，被任為王宮郎中，職司王妃鄭袖護衛。此人官職不大，卻深得新王與鄭袖信任，目下是郢都炙手可熱的人物。」

「鄭袖其人如何？有甚等嗜好？」

「屬下派員奔波三月，遍訪鄭袖故鄉及郢都王宮侍女內侍。此人說來話長，容屬下細細道來……」中年人侃侃講出了一個奇異女子的故事：

鄭袖家族原本是中原鄭國的大族。春秋末期，鄭國大大衰落，鄭氏首領也在權力場敗落，率領族人南遷到偏僻的越國會稽，成為占據一方的山地部族。越王勾踐時，鄭氏部族出了一個著名的美女，叫鄭旦。勾踐獻給吳王夫差的美女中，除了赫赫大名的西施，便是這個美麗善良的鄭旦了。後來，西施與鄭旦都成了夫差寵愛的妃子，日日夜夜地拖著夫差歡宴行樂。悠悠歲月，鄭旦卻真正深深地愛上了豪爽豁達的夫差，與西施走上了截然不同的道路。後來越國攻滅吳國，大軍進入姑蘇城，西施被范蠡救出亂軍，永遠隱遁了。鄭旦卻在最後關頭自殺殉情，與夫差死在了一起。戰後論功罪，鄭旦被加上了「賣國邀寵」的大罪，鄭氏部族驟然由獻女功臣成為有罪部族，被一體罰為王室的奴隸。楚國滅越後，這個鄭氏部族被當作財產，封賞給了令尹昭雎。

鄭氏部族的處境雖已低賤，代出美女的部族遺風卻沒有絲毫改變。或耕田，或狩獵，或放牧，或打魚，鄭氏部族那些少女少婦的綽約風姿，非但沒有因為布衣風塵而衰減，反倒是平添了幾分紅潤豐腴的神韻，比那蒼白瘦削的細巧美人更是誘人。每逢春日踏青，鄭氏部族的布衣少女都會引來無數王公貴族的熱烈追逐。白髮皓首的昭雎，正是在踏青之時為美麗的鄭氏布衣少女怦然心動的。他先為自己選了一個鄭氏少女做侍妾，一月之後大是滿意，便遍訪鄭氏村落，選了一個最令人心動的少女獻給了太子，這個少女就是鄭袖。

鄭袖生得嬌小婀娜，田野風塵與粗劣的生計，賜給了她永遠也無法改變的一種明豔紅潤。除了美麗女人能歌善舞的尋常本事，更重要的是，這個鄭袖稟承了鄭氏美女的最動人處：美麗多情而又極其善解人意，粗識文墨，卻能解得老人輩最深奧的話題，那雙幽幽深潭般的眼睛，似乎天生便能看到男人的內心深處，時時準備著滿足男人最為隱祕的渴望。

昭雎原本是將鄭袖獻給太子做侍妾的，誰也想不到，一年之後，鄭袖竟變成了太子妃。雖然不是正位夫人，卻是一人專寵。要不是楚威王不悅，焉知太子不會與鄭袖大婚？昭雎見微知著，立即將鄭氏家族脫除隸籍，賜給獨立的十里封地，又薦舉鄭氏族長做了小官，鄭袖哥哥做了令尹府屬吏。漸漸地，鄭袖變成了風韻天成的少婦，酷愛一切新奇珍寶，也酷愛著她的夫君，令人不可思議的是，太子在她面前馴服得像個大兒子一般。

據宮中一個老侍女說，鄭袖曾指點著太子的額頭笑道：「乖乖聽話，日後在外人面前不許狗兒般馴順，還做國王呢，曉得無？」太子挺身高聲道：「是了，記住了！」太子即位做了國王，昭雎又將靳尚薦舉給鄭袖做了侍衛郎中。於是，鄭袖與靳尚便成了昭雎手中的兩根繩索，牢牢地拴住了新楚王，掌控了郢都朝局軸心。

「看來，倒是個多情紅顏了？」嬴華冷冷一笑。

張儀思忖道：「若要疏通鄭袖，你等可能接近？」

「能。」中年人爽快答道，「屬下可請靳尚引見。」

「好。」張儀點頭，「你在明日內辦好兩件事：一則，與靳尚約定，後日引見一貴客給鄭袖；二則，向昭雎家老透露：張儀入楚。他如何說法，迅速報我。」

中年人聽得「張儀」二字，悚然起身拜伏在地：「不知丞相駕到，請恕小吏不敬之罪！」

張儀笑道：「不知者不罪，起來。」

嬴華正色道：「丞相入楚，多有危機。商社要派出全部幹員，探聽郢都各種動靜，但有可疑，立即報來。」

「屬下明白！」中年人軍中將領一般赳赳領命，又問道，「敢請丞相示下：屬下可否向靳尚與昭睢家老顯示秦人身分？」

張儀看了看嬴華，嬴華有些愣怔，心知商社既往只是以商賈身分疏通，沒有暴露真實身分；如今要做這兩件大事，尋常商人之身，難免會引起靳尚與家老懷疑，確有不便。嬴華沒做過這種半公開的差使，轉著眼珠不說話，顯然是吃不準。張儀思忖一番道：「第一次，對昭睢家老只說是祖居秦國，聽入楚秦人閒話說的；對靳尚，只說是故國商人想攬楚國王室的一筆生意，要請鄭袖疏通。若進境順利，日後可逐步教他們略有覺察，但卻不需明說。」

「是！屬下明白。」

「那好，我們走了。」嬴華順手給張儀戴上斗笠，中年人捧起屋角石案上一只精巧的銅匣，彷彿替主顧送貨一般將兩人送了出來。到得店門，華貴的篷車已經在那裡等候，緋雲笑著搖搖頭道：「沒有人打擾吔，過來得順呢。」

車行途中，嬴華輕聲笑道：「真沒想到，丞相還是個祕事高手，屬下佩服。」

張儀笑道：「大道馭技，何足道哉！可曾讀過《孫子兵法》？」

「讀過啊。」

「你聽好了。」張儀念誦道，「明君賢將所以動而勝人，成功出於眾者，先知也。先知者，不可取於鬼神，不可象於事，不可驗於度，必取於人而知敵之情也……非聖智莫能用間，非仁義莫能使間，非微妙莫能得間之實。微哉！微哉！無所不用間也……故明君賢將，能以上智為間者，必成大功。」

嬴華驚訝地睜大了眼睛。她讀過《孫子兵法》，也知曉這是〈用間篇〉裡的話，可過往如何就一點兒印象也沒有，更沒有與自己做的祕事聯繫起來。此刻一聽，大覺有醍醐灌頂之效，不禁感慨讚歎：「大哥當真過目不忘，能朗朗上口呢。」

「不上心，甚也記不住。」

「是。最後一句是說：須得以高深智慧者統帥用間祕事，方可成得大功？」

「不錯。記住了？」

嬴華沮喪笑道：「我可是不配，怪道只能做些雞零狗碎的勾當。」

張儀哈哈大笑：「小弟可是上上之『間』也！幾時自慚形穢了？」

「好！有大哥統帥間事，管教楚國暈頭轉向。」

「用間敵國，奧妙無窮，還得用心揣摩。」張儀笑著叮囑。

「大哥說得是，小弟記住了！」嬴華的確是真心佩服張儀了。

次日午後，商社報來第一個消息：靳尚已經欣然應允引見，只是提出要分一成利金。張儀笑道：「伸手索錢，成事之兆。行人小弟，我看這第一趟，要你出馬。」「我？」嬴華驚訝道，「對付女人，我可是沒譜得緊。」張儀揶揄笑道：「看來啊，女人還只有男人對付了。」嬴華驟然紅了臉笑道：「真沒譜。我說真的。」張儀頗為神祕地笑道：「來來來，我教你一條穩心妙計……」低聲對著嬴華耳邊如此這般地說了一遍，嬴華點頭笑道：「好吧，試試了，若得靈驗，我服你懂女人。」張儀大笑搖頭道：「不不不，女人入得邦交，我便懂。否則，我也是一抹混沌。」

次日傍晚，一艘烏篷小舟駛出了郢都南門的水道，進入了城外的一片茫茫大湖。這是雲夢澤北部邊緣的淺湖，陽春三月的季節浮萍遮掩紅樹茫茫，小舟如漂行在綠色的原野。舟行半個時辰，遙遙一座小山在前，山腰閃爍著點點燈光，恍如天上宮闕。不消片刻，小舟靠岸，便聞碼頭石上「啪啪啪」

三掌。小舟船頭站著的一個黑衣人，也是「啪啪啪」三掌回應。

「小哥到了麼？我等候多時了。」碼頭石上傳來一個年輕的聲音。

「多勞靳兄。我如約來也。」說話時小舟已經悠然靠上碼頭，黑衣人跳上碼頭石回身拱手道，「小哥請下船，郎中在此等候。」

艙中走出一個身材高䠷的白衣人，身後還跟著一個捧匣少年。白衣人從容上得碼頭石拱手笑道：「相煩郎中照拂，在下無以為敬，敢請郎中收下這三個天子方幣了。」說罷一揮手，空中「嘩啷」一聲，一件物事從身後少年手中飛向對面的帶劍黃衣人。

黃衣人雙手接住，欣然一躬道：「如此罕見寶物，靳尚如何當得？」原來，這「天子方幣」是西周王室尚坊鑄造的一種四方古金塊，天下統稱「方金」，專門用來賞賜大國諸侯，實則是鑄造金幣的原料塊。由於有天子徽記，再加民間絕無流通，甚至周室東遷後連洛陽王城府庫也沒有了，所以成為天下絕品。如此「方金」，得一方便價值無算，靳尚驟然得了三方，如何不驚喜激動？

白衣公子淡淡一笑：「些須之物，不成敬意，倘得事成，日後容當重謝。」

靳尚慨然道：「小哥富貴天相，斷無不成之理，請隨我來。」轉身向山腰走去。黑衣人卻留在碼頭守候。朦朧月光下，可見石板小徑直通山腰一座雖然不大但卻很高的房子，房子似乎是楚國特有的那種竹木樓，屋外四面都是婆娑綠樹。白衣人向綠樹叢中瞄了一眼，笑道：「郎中，埋伏了幾多人馬等我啊？」靳尚回身笑道：「這是王室常規，與小哥無關，若小哥害怕，我令他們撤出便了。」白衣人笑道：「如何能壞了郎中職司？我只是覺得新鮮罷了。」說笑著到了竹木樓前。

靳尚走上門廳臺階，向裡拱手道：「啟稟王妃：貴客到了。」

只聽一個模糊柔和的聲音道：「教他進來。」

「小哥請。」靳尚拱手作禮間，一個豔麗侍女已經打起薄如蟬翼卻又垂得極為平整的絲簾。白衣公子藉著明亮的燈光向靳尚打量了一眼，見這個被郢都視為新貴的人物生得鼻直臉方英挺頎長，一身紫皮軟甲，果然一個俊秀人物。白衣公子皺皺眉頭，帶著俊僕從容跨進了門檻。這是一間整潔寬敞的大廳，地是竹板鑲嵌的，牆是竹板拼裝的，屋頂與樓梯也是竹製的，連座案小几琴臺繡墩，都無一不是細韌光潔的竹皮包成，處處散發著竹子特有的清新芳香，令人感到舒適清新之極。大廳裡空蕩蕩的一個人也沒有，白衣公子也不著急，悠然地四面打量，欣賞著牆壁上的各種竹拼花紋。

「毋曉得何方貴客，定然要在這裡見我啊？」一個柔亮的聲音在廳中盪開，卻未見人在何處。

白衣公子也不端詳探詢，只是拱手低頭道：「在下乃秦使張儀之僕從，特意拜會王妃。」

一陣鶯鶯笑聲傳來：「秦使張儀？曉得誰哦？找我一個宮闈女子何事啊？」語氣中透出一種柔暱的純真與好奇。

「稟報王妃：特使大人祖上本是楚國越人，聞得王妃是故鄉仙女，羨慕異常，特意遣在下拜望，聊表故國鄉情。」

「哦！」柔暱的聲音驚訝了，「曉得。如此這張儀也是個念祖義士了。他在秦國做何等官職啊？」

「張儀大人，秦國丞相。」

「天！秦國丞相？」柔暱的聲音情不自禁地驚歎了，「毋曉得有此大才，當真是越人榮幸呢。替我回覆丞相：若有故鄉舊事未了，來找鄭袖哦。」

「多謝王妃。」白衣公子深深一躬，「丞相為表鄉情，獻給王妃一件薄禮。」

「哦？」柔暱的聲音甜蜜而恬淡，「有稀罕物事？丞相心意，鄭袖曉得了。」

「丞相禮物，雖不金貴，卻是天下唯一，與王妃最是相配。」

「哦？天下唯一？毋曉得何物？」

「貂裘寶衣。」

「曉得哦。」柔暱的聲音一陣咯咯甜笑，「貂裘我有兩件，銀灰的哦！」

「啟稟王妃：這件是紅貂皮裘。」

「紅貂？」柔暱的聲音驚訝了，「曉得毋？紅貂可是絕世極品，真有此物哦？」

白衣公子朗聲道：「王妃果然慧眼。貂皮乃皮具至寶，紅貂更是百世一見。相傳六百年前周穆王有過一件，此後，只聞其名不見其實。這件紅貂，乃隴西大駝族單于在寒凍大雪中獵得，可化雪於三尺之外，確是稀世奇珍。」

「曉得了，我來看看！」柔暱的聲音頓時脆亮起來，接著聽見一陣輕盈急促的腳步聲隱隱從竹牆中傳來，一個美麗動人的女子驟然從竹牆中飄了出來。一領竹綠的長裙，一方曳地的披肩白紗，雪白的肌膚晶瑩光潔，一頭秀美的長髮隨意飄灑在雙肩，一雙晶亮的眸子像那幽幽的深潭，分明是驚喜而來，臉上卻寫滿了少女一般的純真從容，決然看不出財貨珍寶浸泡的虛偽與邪惡。隨著她的出現，廳中頓時明亮了許多，俊秀明朗的白衣公子驚訝地睜大了雙眼：「王妃不事雕飾，美麗如斯，當真天地造化！」

鄭袖粲然一笑道：「哦！毋曉得儂竟生得如此可人！比靳尚還多了幾分靈秀呢。」

「在下資質愚魯，何敢與郎中大人相比？王妃請來看紅貂寶裘。」

鄭袖卻依舊幽幽地盯著白衣公子道：「儂毋曉得，男子是要女子品味哦？你穿上女裝，定比女子還美呢。說給丞相，將你賞給我哦？」

白衣公子的笑臉上驟然湧出一片紅潮。此時，旁邊的少年俊僕雙手一抖，廳中頓時一片金紅的亮光：「敢請王妃鑒賞紅貂——」光芒乍現，鄭袖不自覺地用手搗了一下眼睛，及至轉身，驚喜笑道：「天哦！毋曉得紅貂如此美呢！」此時，白衣公子已是笑意從容道：「王妃請看：這紅貂裘用金線縫製而成，金線光芒閃爍於大紅之中，熠熠生輝。王妃晶瑩如玉，絕世佳麗，紅貂裹身，如火擁梨花，豈非天下麗質奇觀？」

「天哦——」鄭袖又一次驚歎，「毋曉得天下有如此寶物呢，好了，我來穿上哦！」

少年俊僕將大紅貂裘展開，婀娜鄭袖依身著衣，輕盈一個轉身，倏地滿室生輝。

靳尚從門廊下大步進來，一疊聲驚歎道：「王妃與紅貂堪稱雙絕合一！當真巫山神女也！秦使大人好眼力！」

「天哦！好熱！」頃刻之間，鄭袖額頭涔涔細汗，臉泛紅潮。靳尚連忙上前將紅貂展下，甜膩笑道：「冬日飛雪，只需一件紗裙貼身，便溫暖如春，好愜意呢。」鄭袖柔柔笑了：「曉得儂孝順了，饒舌哦。」又轉身笑道，「張儀大大可人，毋曉得何以回報哦？」

白衣公子恭敬作禮道：「丞相為秦楚修好而來，倒是無甚大事。王妃盛情，在下定然稟報丞相。」

「曉得哦。」鄭袖微微一笑，「丞相為罷兵息戰而來，此等好事，定然順當了。」

「多謝王妃。」白衣公子向少年俊僕瞟了一眼，少年捧著一方竹匣走到鄭袖面前恭敬地低聲道：「王妃，此物為西域神藥，強身延壽。匣內附有服用之法，是丞相敬獻於楚王的，請王妃轉呈。」鄭袖嫣然一笑：「毋曉得西域還有神藥？好，我代大王收了哦。」

三更時分，烏篷小舟離開山下碼頭，憑著王室護軍的夜行令箭，順利地駛進了郢都南門。尚未入睡的張儀聽完嬴華、緋雲二人的細緻學說，不禁拍案笑道：「這鄭袖果然聰穎靈慧。用間第一步，大功告成也。」嬴華笑道：「我倒看這鄭袖一身異味兒，卻是說不清白。」緋雲急急道：「吔！她要她給她做管事呢。」張儀不禁笑道：「她她她，究竟誰呀？」緋雲咯咯笑道：「吔，就是她要她嘛。」嬴華紅著臉笑道：「我差點兒沒忍住，幸虧緋雲擋了一陣。咳，上天也真是奇妙。」一副不勝惋惜的樣子。張儀道：「麗人未必麗心。夏之妹喜、商之妲己、周之褒姒、吳之西施，哪個不是天姿國色良善聰慧？她們的異味都不是娘胎裡生的，是宮闈裡浸泡的。國有異味，麗人如何能潔身自好？皎皎者易污，誠所謂也。」

次日商社來報：昭睢聞張儀入楚，大是惶惶不安。請命張儀如何應對？張儀悠然道：「暗示昭睢家老：張儀健忘好酒，宴請一次，厚禮贈送，或可無事。」商社頭領答應一聲欣然去了。

「張兄，昭睢害得你好慘吔！」緋雲黑著臉咬牙切齒。

嬴華低聲道：「要不殺了昭睢？我看鄭袖、靳尚成事足矣！」

「當真胡說。」張儀罕見地沉著臉道，「國家興亡，何能盡一己之快意恩仇？鄭袖靳尚，差強可對付楚王，然對付不了屈原黃歇一干重臣。昭睢之能，要害在左右朝局，壓制楚國之合縱勢力，無人可以取代。此人於秦國有益，於連橫有利，縱是張儀仇人，又有何妨？」

嬴華與緋雲沉默了，看著張儀，兩個人的眼眶中湧出了一線淚水。張儀笑了，拍著兩人肩膀道：「昭睢絕非善類，要教他服軟，到時……」一番低聲叮囑，兩人都破涕為笑。

次日，一輛華貴的青銅軺車駛到了驛館門口。一個黃衫高冠的貴公子，被一個鬚髮皆白的老僕扶下了軺車。驛丞得報，匆匆迎出門來：「不知公子光臨，有失遠迎，萬望恕罪。」貴公子傲慢地笑著：「張儀可在？」驛丞躬身道：「在在，公子稍等，小吏去叫他出來便是。」貴公子冷笑道：「叫他出來？你好大面子！帶著家老通稟。」驛丞拭著額頭汗水，連聲答應著帶老僕人走了進去。片刻之後，家老碎步跑出：「公子，張儀說請你進去。」貴公子臉上一喜，卻又低聲問：「氣色如何？」家老道：「小老兒看不出。」「笨！」貴公子嘟囔了一句，大步進了驛館。

「楚國裨將軍昭統，求見丞相大人。」貴公子在門廳前遠遠施禮報號。

「啊，令尹公子，請進了。」嬴華走了出來。

大廳之中，張儀安然坐在長案前翻閱竹簡，連頭也沒有抬。貴公子略顯尷尬地咳嗽了一聲，又一次躬身高聲報了號。張儀依舊沒有抬頭，只是漫聲道：「一個裨將軍，見本丞相何事啊？」貴公子惶恐作禮道：「在下奉家父之命，特來向丞相致意。」「家父？究竟誰呀？」張儀冰冷矜持，依舊沒有抬頭。

「家父，乃是，令尹昭雎。」貴公子期期艾艾地很是緊張。

「昭雎？」張儀猛然抬頭，眼中射出凌厲的光芒，有頃，冷笑道，「昭雎向本丞相致意麼？」

「正是。」貴公子額頭上冒出了涔涔細汗，「家父，聞得丞相為秦楚修好而來，頗為欣慰，意欲為丞相接風洗塵……」

「客到三日，還有接風洗塵之說？」

「家父本意，是想與丞相共商修好大計。」

「如此說來，令尹昭雎贊同兩國修好？」

貴公子連忙點頭道：「家父素來敬重丞相，欲請丞相晚來過府共飲，澄清昔日誤會糾葛，共襄兩國邦交盛事。」

張儀思忖一番，淡淡笑道：「好，本丞相入夜便來，聽聽令尹如何說法。」

「這是家父親筆請柬。」貴公子興奮地從大袖中拿出一個碩大的黃色封套，雙手捧到張儀書案前。張儀傲慢地笑笑，沒有接柬。昭統只好恭敬地將封套放到書案上：「在下告辭。」惶恐地邁著一溜碎步走了。

暮色時分，令尹府派來三輛軺車迎接。張儀不帶護衛，只帶了嬴華緋雲兩人，各乘軺車轔轔隆隆地向令尹府而來。到得府門，昭雎已經在門廳鄭重迎候。張儀軺車到時，昭雎親自上來扶張儀下車，謙恭熱情之態，彷彿在侍奉國王。張儀毫不推辭，一臉高傲的微笑，任他攙扶領引，只是坦然受之。

到得府中，盛宴已經排好，在一片水面竹林間的茸茸春草之上。暖風和煦，月光明亮，一頂雪白的大帳，彷彿草原旅人相聚，倒真是飲酒敘談的好所在。張儀揶揄笑道：「楚國好山好水，都被令尹占了。」昭睢呵呵笑道：「丞相說好山好水，老朽就很是欣然了。其實啊，郢都最好的園林，當是屈黃兩府。老朽遲暮之年，老舊粗簡而已，如何比得新銳後進？」張儀悠然一笑，對昭睢的試探渾然無覺道：「令尹這老舊粗簡，也強過張儀丞相府多矣。惜乎秦國，只有鐵馬金戈也。」昭睢笑著湊上來低聲道：「老朽保丞相回轉之日，可在咸陽起一座豪華府邸。」張儀大笑一陣道：「果真如此，張儀可是命大也。」

說話間進得大帳，紅氈鋪地，踩上去勁軟合度，腳下分外舒適，沒有紗燈，一片銀白的月光透過雪白的細布帳篷灑了進來，既清晰又朦朧。青銅長案燦然生光，黃紗侍女綽約生輝，當真詩情畫意般幽雅。張儀心中暗自驚訝，想不到一個陰鷙大奸，卻有如此雅致情趣。若非對面是昭睢，以張儀灑脫不羈的性格，早已經高聲讚歎不絕了。雖然如此，張儀也還是微笑著點頭讚歎：「令尹眼光不差，深得聚酒之神韻也。」鬚髮雪白的昭睢在月光下直是仙風道骨氣象，聞言拊掌笑道：「原是丞相慧眼，老朽沒有白費心機也。」

這時，兩個全副甲冑的青年將軍大步進帳，躬身向張儀行禮。昭睢笑道：「此乃犬子昭統，做了個小小的裨將軍。這位是老朽族侄，名喚子蘭，職任柱國將軍，頗有些出息。今日老朽家宴為丞相洗塵，他們兩個奉陪了。」張儀笑道：「令尹子弟皆在軍中，可是改了門庭也。」昭睢呵呵笑道：「何敢談改換門庭？後生們喜歡馬上生計，老朽也是無可奈何了。來，敢請丞相入座。」

六張青銅長案擺成了一個扇形，張儀與昭睢居中兩案，左首嬴華與緋雲兩案，右首子蘭與昭統兩案。案上食鼎酒爵連同長案，一色的幽幽古銅。張儀一看，便知是楚國老貴族的特有排場，非遇上等貴客絕不會搬出。再看排在各個長案後的酒桶，卻是馳名天下的六種名酒：趙國邯鄲酒（趙酒）、魏國大梁酒（魏酒）、齊國臨淄酒（齊酒）、楚國蘭陵酒（楚酒）、越國會稽酒（越酒）、魯國泰山酒（魯酒）。酒香彌漫，煞是誘人。

未曾開酒，昭睢先拱手作禮道：「久聞丞相酒中聖哲，卻不知情鍾何方？今日天下名酒皆備，俱是窖藏五十年以上之名品。還有，老朽專為丞相備了六桶秦國鳳酒，聽任丞相點飲，老朽相陪，一醉方休了。」說完，拊掌三聲，六名黃紗侍女各捧深紅色的酒桶飄然而入。

「敢請丞相定奪，何酒開爵？」昭睢興致盎然。

張儀知道楚國貴冑們有一個心照不宣的聚酒習俗：根據酒性預測事之吉凶，幾乎就是一種「酒蔔」。今日昭睢齊備天下名酒而要張儀定奪開爵酒，實際上便是一種微妙的試探，看張儀是心懷酷烈還是意在溫醇。張儀拍拍熱氣蒸騰的大鼎道：「酒為宴席旌旗，菜為宴席軍陣。旌旗之色，當視軍陣而定。看菜飲酒，誠所謂也。今日鼎中乃震澤青魚，自當以越酒開爵為上。」

「丞相酒聖，果非虛傳，上越酒。」昭睢綻開了一臉笑意。

一爵飲下，昭睢喟然一歎：「丞相今日能與老朽同席聚飲，老朽不勝心感哪。老朽閱人多矣，卻在丞相身上跌了一跤，至今想來，仍是慚愧不能自已……」說話之間，眼中竟湧出了淚水，唏噓之態，一片真誠。

張儀朗聲笑道：「各為其主，令尹何出此言哉！張儀雖斷了一條腿，畢竟性命還在，恩恩怨怨，睚眥必報，何來天下大道？令尹莫多心，張儀絕非小肚雞腸也。」

「好！」子蘭慨然拍案，「丞相果真英雄氣度！我等晚輩敬丞相一爵！」說著與昭統一齊舉爵，遙遙拱手，一飲而盡。張儀也笑著飲了一爵。

「丞相心地寬廣，老朽敬服也。」昭睢又是一歎，「丞相前來修好秦楚，老朽願同心攜手，成秦楚邦交盟約。就實而論，合縱抗秦，大謬。春秋戰國三百餘年，強國出過多少，何以偏對秦國耿耿於懷？」

「令尹老成謀國，說得大是。」張儀笑道，「楚國強大過，魏國強大過，齊國也強大過，就不許秦國強大幾日？說到底，還是中原諸侯老眼光，視秦國為蠻夷，見不得米湯起皮罷了。本來這楚國也是南蠻，不想卻鬼使神差地做了合縱盟主，當真可笑也！」

「先王病體支離，神志不清，被一幫宵小之徒蠱惑了。」

「宵小之徒？令尹大人，彼等勢力可是大得很也。」

昭睢冷冷一笑：「汪洋雲夢澤，浪花只會作響罷了。」

「好！」張儀拊掌笑道，「不說浪花之事，免得浪費這大好月光。令尹，兩位將軍，請了。」舉爵遙遙致敬，汩汩飲盡。

「好！」昭統飲下一爵，拍案讚歎，「丞相酒品，在下敬佩之極。在下素聞丞相酷好名酒劍道，我子蘭兄乃楚國第一劍，敢請為丞相劍舞助興，丞相意下如何？」

「楚國第一劍？好，見識見識了。」張儀大笑拊掌。

昭統「啪啪啪」三掌，帳外飄進一隊舞女。與此同時，帳外草地上一大片紅氈撒開，一個編鐘樂隊整整齊齊地排列開來。子蘭起身肅然一躬道：「在下幼年於越地拜師習劍十年，資質愚魯，劍術實不當老師萬一，獻醜於丞相，敬請指教了。」說罷一個滑步，身子如一葉扁舟般漂到了大帳中央，驟然又如中流砥柱般屹立不動，飄飄斗篷也「刷」的一聲緊緊貼在了身上，彷彿體內有個吸力極強的風洞。僅此一斑，張儀便知此人決然是越劍高手。只見他雙手抱拳一拱，一柄彎如新月的吳鉤便懸在了胸前。此時編鐘轟然大起，悠揚地奏起了楚國的〈山鬼〉，八名黃衫舞女也輕盈靈動地飄了起來，大帳中頓時充滿了一種詭祕的氣息。

「山鬼」本是楚國山地部族崇尚的大山神靈。楚國多險峻連綿的高山，多湍急洶湧的大川，山川糾葛，生出了萬千奇幻。山地部族無不敬畏高山大川的詭祕神力，各地便衍生出名目繁多的山神。楚人雖敬之若神明，卻呼之為山鬼。這種山鬼，在楚國腹地是山民所說的「山魈」；在楚國西部大江兩岸，山鬼則是「巫山神女」；而在新楚，也就是故舊吳越之地，山鬼則化成了「女尸」（天帝女兒的名字）。山鬼被普遍供奉，各地都有〈山鬼〉歌舞，且都是靈動詭祕，與越劍劍術的神韻很是相和。子蘭以〈山鬼〉之曲相伴而舞劍，倍添其神祕靈動。此時，歌女們邊舞邊唱：

風颯颯兮木蕭蕭　表獨立兮山之上
猿啾啾兮長夜鳴　雷填填兮雨冥冥
青光寒兮碧血凝　劍入手兮一羽輕
藉凌厲兮決恩仇　鍛玄鐵兮成吳鉤
安劍履兮身名裂　起長歌兮古今愁
霹靂劍兮君和我　西風來兮醉千籌
今採菊兮奉吳鉤　霜月白兮夢遠遊

楚地歌聲，尖銳高亢大起大落，時而如高山絕頂，時而如江海深淵，淒厲嗚咽，如泣如訴。隨著這種在中原人聽來起伏全無規則的長歌，子蘭的吳鉤宛如一道流動的月光，在大帳中穿梭閃爍，嗡嗡勁急的劍器震音不時破空而出，給淒婉訴求的歌聲平添了一股威猛凌厲的陽剛之氣。

「采——」劍氣收斂，歌舞亦罷，昭統興奮地拍案喝采。

昭睢淡淡笑道：「丞相劍道大師，看子蘭越劍尚差強人意否？」

「令尹謬獎了。」張儀哈哈大笑，「我三腳貓一隻，豈敢當劍道大師？又豈敢指點子蘭將軍？座中我這兩位屬吏，倒都在軍中滾爬過幾日，教他們說說了。」

「噢？」昭睢捋著長鬚笑道，「只知二位是行人、少庶子，尚不知兩位是劍道高手。敢問劍士名號？」此一問，便知昭睢很熟悉秦國的劍士等級。

「在下黑虎劍士。」嬴華拱手回答。

「小可蒼狐劍士。」緋雲拱手回答。

「啊哈哈哈哈！」昭統大笑起來，「丞相真道詼諧，我還以為是秦國的鐵鷹劍士也。黑虎蒼狐，一個二流，一個三流，如何評點楚國第一劍士？」

「只怕未必。」嬴華冷冷笑道，「子蘭將軍之劍舞，固是妙曼無雙，然若實戰，在下以為：卻是鑞矛頭一支。」對這陰柔而張揚的〈山鬼〉舞，嬴華本來就不以為然，在她的耳目之中，這首〈山鬼〉背後的話語是：我昭睢與你張儀修好，只是想了卻恩怨罷了，卻也並非怕你，我有天下第一流的吳鉤劍士，你也不要欺人太甚。張儀說昭睢不是善類，看來果然如此。作為一個特異的劍士，她必須教昭睢明白：只要張儀願意復仇，秦國劍士隨時可以取走昭睢的人頭。沒有如此威懾，昭睢未必會服服帖帖地聽命於張儀。雖說嬴華很讚賞子蘭的越劍技藝與劍舞才情，但也看出了他的劍術的致命弱點，此刻便毫不客氣地點了出來。

子蘭頓時面色脹紅：「行人之言，子蘭要討教一二，何謂鑞矛頭一支？」

「是否鑞矛頭，卻要實戰，言辭如何說得明白？」嬴華面帶微笑，話語卻強硬不過。

「行人當真痛快！」子蘭轉身對張儀一拱，「敢請丞相允准子蘭與這位兄弟切磋劍術，以助酒興。」

「也好，月下把酒看劍，原是美事一樁。」張儀帶了三分醉態，哈哈大笑道，「行人兄弟，贏不了不打緊，二流劍士嘛，誰教你口出狂言，啊！」

昭睢微微一笑道：「子蘭小心，不要傷了這位後生英雄。」

嬴華離席站起，向子蘭抱拳一禮：「在下點到為止，將軍儘管施展。」此話一出，子蘭不禁微微變色，咬咬牙關壓住了火氣笑道：「好，小兄弟先出劍便了。」嬴華道：「我從來不先出劍，將軍請了。」子蘭又氣又笑，若非顧忌今日本意在結好張儀，真想一劍洞穿這個傲慢小子。想想也不計較，吳鉤一劃，空中閃爍出一道青色弧光，陡地向嬴華當胸刺來。

嬴華使楚，特意帶來了那把祖傳的蚩尤天月劍。赴宴之前，她將天月劍的枯枝木鞘已經換成了黑牛皮鞘，握在手中好似一支黑沉沉的異形精鐵。子蘭劍光一閃，嬴華的帶鞘天月劍驟然迎上，黑色閃電般搭住了迎面疾進的吳鉤。驟然之間，一泓秋水般的吳鉤光芒盡斂，竟黏在天月劍身上不能擺脫。嬴華大臂一沉手腕翻轉，天月劍便絞住吳鉤在空中打起了圈子。兩劍糾纏，若脫不出劍身，自然是任何招數都使不出。唯一能夠比拚的只能是實戰力量：一是甩開對方劍器絞纏之力而另行進擊；二是比對方的絞力更大更猛，迫使對方劍器脫手。

這是戰場上經常遇到的實戰情形，任何虛招都毫無用處。可惜子蘭劍術雖然妙曼，卻沒有在戰場上生死搏殺的經歷，也沒有與真正高超的劍士刺客做殊死拚殺的經歷，此刻被天月劍絞住，竟無論如何脫不出手。眼看黑沉沉的天月劍越絞越快，子蘭只有靠著柔韌的身段跟著連續翻轉，否則只有撒手離劍。那樣一來，以任何較量規矩都是必須認輸的。就在子蘭咬牙堅持連環翻身尋覓機會的時候，突然間天月劍猛轉方向，便聽「噹啷」一聲金鐵大響，手中一輕，彎如新月的吳鉤攔腰折斷，天月劍閃電般定在了他的咽喉部位，一股森森冰冷立即彌漫了他的全身。

「吔！才一回合呀？」緋雲高興地拍著手笑了起來。

嬴華收劍，氣定神閒地拱手笑道：「承讓了，將軍若打幾年仗，可能有成也。」

子蘭翻身躍起，胸脯大起大落臉色青紅不定，卻終究生生忍住向張儀拱手道：「秦國劍士劍術高強，在下佩服！」張儀似乎醉了，紅著臉哈哈笑道：「高強麼？連個鐵鷹劍士都不是，只有跟我做文吏。」昭睢一直含笑靜觀，表面不動聲色，內心卻實在震驚，待那黑沉沉的異形劍電光石火間壓在了子蘭咽喉，笑容在蒼老的臉上頓時僵住了。聽見張儀舒暢地大笑，他竟毫無說辭地跟著只是呵呵地笑。

「啪」的一聲，昭統拍案站起：「丞相，聞得秦國蒼狐劍士長於短兵，可否讓在下與這位少庶子切磋一番？」

「那就切磋。令尹啊，我等把酒再觀賞了，乾！」張儀大笑著飲乾一爵，昭睢連忙笑著陪飲了一爵，一雙老眼盯住了少年一般俊秀的少庶子。

「少庶子，丞相允准了，我倆就來助助酒興。」昭統手往甲帶上一趁，一把銅背短弓赫然在掌，「昭統身為王宮侍衛，練的就是短兵。少庶子若能與我對射兩陣，定是一場好博戲。」緋雲已經離席起身，手中空無一物，纖細的身材益發顯出一個大袖飄灑的美少年。她燦然笑道：「吔，小可只是一個小侍從，自然任憑將軍立規了，只不知兩陣如何對法？」昭統道：「第一陣，互射三箭；第二陣，相互齊射；若還未分勝負，你我再比第三陣短劍。」緋雲笑道：「吔，那將軍就開弓吧。」昭統道：「你弓箭上手，我自然開弓。」緋雲笑道：「短兵短兵，越短小越好吔。就在身上，將軍開弓吧。」

「好！第一箭！」昭統單手一揚，只見月色下金光一閃，一陣細銳的嘯聲破空而來，月色下卻不見蹤影。昭統存心必勝，一瞬之間三箭連發而出，一箭當頭，一箭當胸，一箭卻在足下。緋雲天生的眼力奇佳，否則練不得短兵。嘯聲一起，她便看準了三箭方位，心中暗罵：「吔，小子好狠毒！」不閃不避，右手大袖只是一擺一兜，那細銳的嘯聲泥牛入海一般沒了聲息，她卻依舊垂著大袖，站在月下滿臉笑容。昭統大是驚訝：「我的箭？你，你是巫師麼？」緋雲咯咯笑道：「吔，你才是巫師呢，還你了。」左手一揚，三支箭發著同樣的嘯聲神奇地鑽進了昭統甲帶上的小箭壺裡。

這一下當真是匪夷所思，在場的所有人都睜大了眼睛。張儀只聽母親說緋雲略通匕首袖箭，也從來沒有見她施展，今日得見如此神奇，心中大是讚歎，饒是當著昭雎父子，也不禁拊掌大笑。昭雎與子蘭瞠目結舌，一句話也說不出來。

昭統惱羞成怒道：「此等臂腕小技，有何炫耀？真射一箭我看！」

「吔，我又沒說是大技。」緋雲笑道，「只此一箭，射不中我便輸，如何？」

「好，可是你自己說的。」昭統臉色發黑，凝神聚力要接住這支短箭，教訓這個狂妄的少年，他相信自己的目力與敏捷，接一支箭當是萬無一失。

「我要射掉你的頭盔吔，看好了。」緋雲咯咯笑著絲毫未動，也沒有任何聲息。

昭統高聲道：「來吧……」話音未落，頭盔「咚噗」一聲砸在了地氈上！

「噫！」昭雎與子蘭、昭統一齊長長地叫了一聲，驚訝疑惑恐懼讚歎無所不包。昭統木呆呆地站在帳中，盯著地上的頭盔只是出神。

「吔，微末小技，得罪將軍了。」緋雲笑著向昭雎一拱，「令尹與我家丞相聚酒，小可便獻個滅燭小技，博令尹一笑如何？」昭雎恍然醒悟，連忙點頭笑著：「好好好！少庶子再顯神技，老朽可是等著見識了。」

緋雲命方才的八個舞女進來，人手一支點亮的蠟燭舉在頭頂，在大帳中央站成了一個弧形。緋雲退到帳口大約三十步左右方才站定。尋常短箭是不敢射如此距離的，縱是戰場強弓，百步之外也就沒有了準頭。如今一個少年，卻要在三十步之外射滅豆大的蠟燭火苗，簡直令人無法想像。戰國刀兵連綿，誰對武道都有些許常識，況乎在血雨腥風中滾出來的昭雎家族？一時間，大帳靜得喘息之聲可聞，幾個舉燭舞女更是裙裾索索提心吊膽。此時緋雲身形站定，驟然間長身躍起，空中大袖一展，便聽「噗噗噗」一陣連梭輕響，八支蠟燭幾乎是一齊熄滅！

緋雲拱手笑道：「吔，獻醜了。」便坐到了案前沒事兒般自顧吃了起來。

「令尹啊，以為如何？」張儀醉眼矇矓地看著昭雎。

昭雎早已出了一身冷汗——張儀身邊有如此鬼魅人物，要取人首級當真如探囊取物。縱然張儀不在郢都，他那個秦國商社安知沒有此等人物？自己身邊雖然也是多有劍士，可誰又能敵得如此長劍短兵？心念及此，昭雎不禁惶恐笑道：「神乎其技！神乎其技！老朽大開眼界了。丞相有此等英傑，老朽敬服也。」

「飲酒作樂爾爾，何足道哉！」張儀一通大笑，拱手道，「叨擾令尹，告辭了。」

「丞相稍待。」昭雎「啪啪」兩掌，一個老僕捧來一只一尺見方的銅匣。昭雎湊近張儀低聲說了一陣，張儀只是矜持地微笑點頭，吩咐緋雲接過了那只銅匣。一切完畢，大帳外駛來了一輛四面垂簾的篷車。昭雎將張儀殷殷扶上車，子蘭親自駕車將張儀送回了驛館。

此時已是四更將近，緋雲吩咐廚下做來一大盆又酸又辣的醒酒魚羊湯，喝得三人滿頭冒汗，卻都是異常的興奮。緋雲笑道：「老賊好神祕吔，大張旗鼓地請客，卻偷偷摸摸地用篷車後門送人。」張儀笑道：「神祕兮兮，就是這老賊服軟了。今夜兩位小弟大有功勞，來，乾一碗慶功！」逕自將大碗與兩人面前的空碗「噹」的一碰，又咕咚咚喝了一碗。緋雲笑道：「吔，酒徒一個，任甚都做酒了。」嬴華第一次看見張儀酒後模樣，覺得這時的張儀爽直憨厚詼諧，與平日的張儀判若兩人，竟覺特別的可親，不禁咯咯笑道：「喝了七種酒還能說話，人家可是酒聖呢。」說著拿下張儀手中的空碗：「別舉著了，沒酒了。說說，今晚誰功勞最大？」張儀呵呵笑著：「大小弟，一劍立威。小小弟嘛，令老賊毛骨悚然。功勞，都大也。」嬴華笑著拍案：「酒糊塗！小小弟功勞大，那才真叫神乎其技也。」張儀也拍著長案一副恍然醒悟的樣子：「大小弟大是，小小弟當真一個小巫婆！我都不曉得她有這兩手也。」緋雲笑得摀著肚皮道：「吔！才不是小巫婆呢。」緩過勁兒來道，「其實不神吔，我的袖箭不是甩手，也不是尋常小弓單箭，我是公輸班的『急雨神弩』，一機在袖，可同時發射八支箭，也可單支連發。張兄、華哥你們看。」說著右手向上一伸，大袖滑落，手臂上赫然現出一個用皮條固定的物事。

緋雲解開皮條，將物事擺在了案上：「看看，這便是『急雨神弩』了。」

這急雨神弩外觀極是尋常，不足一尺長的一片厚銅板而已。然則仔細端詳，卻是一套巧奪天工的連鎖機關。八個箭孔大約竹籤一般粗細，在銅板上排成了錯落無序的奇怪形狀；銅板橫頭伸出了一個帶孔的榫頭，孔中穿了一根精緻的皮條；以不同方式扯動皮條，小箭就會以不同方式發射。嬴華是兵器行家，一番端詳後不禁驚歎：「用之簡單，威力驚人，當真匪夷所思！」張儀笑道：「那層出不窮的機關，都包在肚子裡了。」嬴華笑道：「小弟定有奇遇，此等神兵可是絕世珍品呢。」

緋雲道：「吔，這可是張家的祖傳之物。」

嬴華大是驚訝。張儀卻哈哈大笑道：「海外奇談！張家祖傳，我如何不知？」

緋雲幽幽一歎道：「那是主母不讓告你吔。主母說：張家祖上有一代做過洛陽工匠，後來跟著神工公輸班做了徒弟。這『急雨神弩』是公輸班匠心畫圖，卻是張祖一手製作。只做了六件，公輸班破例教張祖留了一件，說張家有遠運，有朝一日會有大用的。我被主母救回的第三年，主母才將這急雨神弩的故事說給了我，還說此物張兄用之不妥，教我精心練習，跟隨張兄。」

「那？你跟誰學的射技？母親？」一說到母親，張儀便情不自禁。

緋雲搖搖頭：「張老爹教我的，他老人家是高手。主母說，要不是張老爹，張家早被流盜洗劫了。」一說著說著緋雲有些哽咽了。

張儀歎息一聲，良久沉默。嬴華道：「大哥不需憂傷，今日事伯母地下有知，也當含笑九泉。」

緋雲也抹去眼淚笑道：「吔，都是姊姊擺功擺出來的呢。」嬴華咯咯笑道：「哎呀呀，如何又變成姊姊了？是大哥。」緋雲笑道：「吔，大哥只有一個，你是假大哥真姊姊呢。」說著兩人笑成了一團。張儀忍俊不禁，也哈哈笑了。

次日午後，一輛青銅軺車在一隊甲士護衛下開到驛館，張儀被隆重地迎接進了郢都王宮。

楚懷王大是煩惱。先是鄭袖花樣百出的宮闈「規勸」，後是昭雎一班老臣子軟硬兼施的利害陳說，楚懷王本來已經打算聽從他們的主意了；偏在這時，屈原黃歇一班變法新銳卻又聞訊而動，非但闖進王宮慷慨陳詞質詢他「將先王遺志置於何地」，還當場斷指寫下了鮮血淋漓的長卷血絹，發誓要與虎狼秦國周旋到底。

這一下楚懷王當真為難了，他不怕別的，就怕這頂「背叛先王遺志」的鐵頭罪冠。老昭雎如此死硬，當初也沒敢斷然主張背棄楚威王的既定國策，而只是脅迫他罷黜屈原縮權黃歇，合縱與變法卻隻字未提，還不是不想背「忤逆先王」的惡名？芈槐別的不清楚，父王在楚國朝野與天下諸侯中的巨大威望，卻是最清楚不過的。父王死了，但父王的威望卻是他的立身之本，一旦被朝野指為「背叛先王」，那還不成了天下不屑一顧的惡君，說不定隨時都有倒戈之危。

細細一想，芈槐覺得大是怪異：張儀一來，一切大變。行事向來講究「分寸」的老昭雎與從來不過問國事的鄭袖，竟全都急吼吼地要與秦國修好。屈原黃歇一班新銳，在遭到貶黜時也沒有如此激烈的言辭舉動，如今竟指天發誓地對他這個新王施壓。平心而論，對於是否一定要和秦國修好，還是一定要和秦國為敵，芈槐當真不在乎，也認為大可不必如此認真。邦交大道，從來都是利害計較，哪有守株待兔的蠢人？如今兩派各自咬住一方，水火不能相容，他卻彷徨無計了。兩邊都有脅迫他的利器，兩邊都不能開罪，兩邊也都不能聽從，芈槐第一次感到了當國王的苦惱。煩亂之下，他坐著王船獨自在雲夢澤漂了一天一夜，生生憋出了一個主意，第一次感到了做國王的快樂。

張儀來了，被領過了曲曲折折的迴廊小徑，最後進了一座極為隱祕的小殿。這是芈槐親自指定的密談地點，他要依靠自己的見識，在大國邦交中顯示國王的聖明。

「丞相入楚，羋槐多有簡慢，望勿介懷。」

「先王方逝，主少國疑，張儀豈能不知？」

「先生以丞相之身使楚，必是重大事體，羋槐願聞先生高見。」

「秦楚修好，別無他圖。」張儀要言不煩。

「改弦更張，楚國有何好處？」羋槐也是直觸要害。

「秦楚接壤千里有餘，一朝為敵，秦國傷害而已，楚國卻是岌岌可危也。」

「丞相是說，楚不敵秦？」

「楚若敵秦，何須六國合縱？」

楚懷王一怔，又立即笑了：「合縱深意，在於滅秦，而不是抗秦。」

張儀驟然一陣大笑：「掩耳盜鈴者，不想卻是楚王也。秦國現有十萬鐵騎，一年之內將增至二十萬。楚國只有支離破碎的二十萬老軍，楚國抗秦，無異於以卵擊石。至於六國滅秦，更是癡人說夢。難道楚王忘記了三十年前的六國滅秦大會盟麼？其時也，秦國尚是窮困羸弱，六國尚不能滅，況乎今日哉？」

楚懷王頓時語塞。雖然他覺得張儀有些盛氣凌人，但對張儀所說的事實卻無法辯駁，誰教秦國確實比楚國強大了許多？羋槐也想強硬對話，但他知道，實力較量，弱勢一方是沒有資格強硬的。沉默有頃，楚懷王換上了一副微笑的面孔道：「丞相曾助楚國滅越，對楚國朝局當不陌生。秦楚修好，贊同者有之，反對者有之，本王何以自處？尚請先生教我。」

張儀揶揄笑道：「楚王若能將王權讓於張儀，張儀自有辦法。」

「丞相取笑了。」羋槐見張儀軟硬不吃，頓時沒了應對之法，只好直截了當，「秦國若能返還房陵，本王便有立足之地。」

「倘若返還，楚國如何？」張儀緊叮一句。

「退出合縱，秦楚結盟。」

「好！」張儀欣然拍案，「請楚王宣來史官，當場立下盟約。」

楚懷王沒想到如此順當地討回了房陵之地，一時竟有些不敢相信。房陵六百里河谷盆地，又是幾百年糧倉，對楚國的重要性怎麼說也不過分，但能不動刀兵而收復房陵，縱退出合縱，屈原黃歇一班新銳也奈何他不得。芈槐笑道：「兩國立約，須得雙方君主押約上印了。」言下之意，是要釘實張儀的權力。

「張儀乃秦國開府丞相、秦王特使，楚王若有疑慮，自當作罷。」

芈槐略微思忖便高聲下令：「宣太卜進宮。」

楚國的官制相對簡約，太蔔兼有記載國史、執掌宗廟、占卜祭祀等多種職責，實際便是文事總執掌。楚國具有濃郁的山地神祕傳統，素來將占卜職能列於首位，此官便稱為太卜。中原各國則將記載國史列為首位，一般稱為太史令，府下分設宗廟、占卜、祭祀等屬官。這時楚國的太卜是鄭詹尹，此人與鄭袖一樣，乃楚國鄭氏家族的支脈，為人深沉寡言，與朝中各方都甚為相得，與屈原還是忘年詩友。聞得楚王宣召，鄭詹尹立即登車匆匆進宮。及至聽到楚懷王立即擬就盟約的命令，他竟怔怔地愣在那裡說不上話來。在他六十多年的記憶裡，如此沒有任何儀典的邦交立約是從來沒有過的，尤其是一國之王與一國丞相立約，更是匪夷所思。他想說出自己的想法，卻又囁嚅著開不得口——太卜在實際國務中是無足輕重的，說了又能如何？愣怔片刻，只得拱手領命，坐到內侍已經準備好的長案前，雙手提筆，在兩張大羊皮紙上同時寫下了兩份盟約。

「太卜高年清華，竟有雙筆才能，張儀佩服了。」張儀絲毫沒有在意盟約，只對鄭詹尹一手雙筆絕技讚不絕口。

「如何？我大楚國也有上上之才了！」楚懷王芈槐也是不說盟約，只注意張儀說話。老內侍將盟約遞到王案前，楚懷王瞄了一眼，寫上了「楚王芈槐」四個大字，隨即命令：「用印。」一方鮮紅的大印清晰結實地蓋在了羊皮紙上。老內侍又將兩份盟約捧到張儀案前，張儀笑道：「丞相印在咸陽，張儀只能押上名號了。」楚懷王笑道：「無妨。本王派特使隨丞相去咸陽，用印之後隨即交割房陵，如何？」張儀笑道：「土地乃無可移動之死物，邦交卻是無常活物。何者先行兌現，楚王自當權衡。」楚懷王恍然拍案道：「好！三日之內，楚國派出特使，知會蘇秦，退出合縱。」

張儀大笑：「三日後，張儀與兩位特使離開郢都。」

楚懷王送走張儀，立即回到後宮對鄭袖說了今日盟約。鄭袖拍著芈槐的臉頰連連誇讚他「長大了，有謀劃」，還破例地教芈槐當了一回威風凜凜的大男人，芈槐樂得直叫，又一次體味到了王者的快樂與力量。

不想屈原黃歇當晚匆匆入宮，憤憤勸諫楚懷王勿受秦國誘騙，當立即撤除盟約，立即派出合縱聯軍。芈槐氣得臉色發青，憤憤然辯駁：「合縱聯軍一定能收回房陵？你屈原擔保？還是黃歇擔保？兵不血刃而收復房陵，本王錯在何處？六國合縱好，可曾給了楚國一寸土地？本王為何一定要守株待兔？」

「噢呀我王，」春申君黃歇換了話題，「張儀狡詐無常，若騙了我王，楚國豈不貽笑天下？那時楚國何以在天下立足？」

「大謬！」楚懷王聲色俱厲，「秦國失信？張儀行騙？果真如此，本王自當統帥三軍，為楚國雪恥復仇！」

屈原深深一躬道：「言盡於此，夫復何言？臣等願我王記住今日才是。」說完大袖一擺揚長而去，春申君也跟著匆匆去了。芈槐兀自喘著粗氣自說自話地罵了一通，剛剛罵得累了，老令尹昭雎又到了。昭雎盛讚楚懷王：「明君獨斷，力排眾議，挽狂瀾於既倒，救楚國於危亡，英雄氣度，勝過先王多矣！」芈槐頓時心花怒放，覺得老令尹當真忠心耿耿老成謀國，立時賞了昭雎黃金百鎰。

當晚，屈原在春申君府邸徹夜商議。天色泛白時分，一騎快馬飛出郢都北門，直上官道奔赴燕國去了。

第九章 縱橫初局

一、燕山幽谷　維風及雨

蘇秦回燕，燕國當真是驚動了。

薊城萬人空巷，紅色人群從郊野官道一直蔓延到王宮門前，鼎沸歡騰之壯觀使任何大典都黯然失色。老人們說，一輩子都沒見過這樣的人山人海，武安君給燕國帶來了大運。

燕國君臣郊迎三十里，旌旗矛戈如林，青銅軺車排成了鱗鱗長龍。燕易王恭敬地將蘇秦扶上王車，又親自為蘇秦駕車，引得萬千國人激情澎湃漫山遍野地雀躍歡呼，萬歲之聲淹沒了山原城池。誰都覺得，這個給燕國帶來巨大榮耀的功臣，無論給予多麼高的禮遇都是該當的。百餘年來，燕國是戰國中唯一的老牌王族諸侯，也是唯一沒有擴展而始終在龜縮收斂的戰國，沒有在值得記憶的大事中風光過哪怕一次，燕國人也從來沒有揚眉吐氣的時日。如今，燕國成了六國合縱的發軔之國，赫赫六國丞相竟回到燕國就職。一夜之間，燕國成了天下矚目的首義大國，朝野臣民誰不感慨萬端唏噓歡慶？上自燕易王，下至工匠耕夫，誰也沒有仔細去品味這件事對燕國的真實意義，更沒有人去想，是否值得為一次邦交斡旋的成功如此狂歡，只是聽任那壓抑太久的萎縮之心盡情伸展，盡情發洩。

王車上的蘇秦，一副淡漠的笑容。

面對綿延不絕的歡呼與形形色色的頂禮膜拜，蘇秦有些茫然了。同是一個人，在潦倒坎坷的時候沒有誰去理睬他，一朝成名，卻有如此難以想像的榮耀富貴與崇拜頌揚如大海波濤般要來淹沒他。洛陽歸鄉，國人對他歡呼讚頌，但蘇秦卻沒有茫然眩暈，反倒有些許真誠的陶醉與喜悅。畢竟，衣錦榮歸是人生難得的一種驕傲，縱然這種驕傲不無淺薄處，但它卻是一種真實的愉悅享受。

今日不然，燕國朝野的狂熱，使他如芒刺在背渾身不自在。他實實在在地覺得，六國合縱是自己的血汗功勞，縱然身佩六國相印也當之無愧。但是，他也實實在在地以為，六國合縱不能從根本上挽救任何國家，更不會給庶民百姓帶來富裕康寧。將六國合縱看成救世神方，將蘇秦看成上天救星，實在是一種虛妄。期之越深，失之越痛，一旦六國合縱出現危機，光環與泡沫驟然消失，人們又當如何？如果說，國人百姓的歡呼頌揚，蘇秦還能釋然一笑，那麼國君大臣給他的曠世禮遇，則的確使他隱隱不安。他本能地覺得，六國君臣之中，極少有人把握六國合縱的真實用心與本來圖謀。他甚至有了一絲隱隱的恐懼：六國合縱一旦立於天地之間，這個龐然大物的命運，已經不是他能操縱的了。

燕易王為蘇秦舉行了盛大的接風宴會，國中大臣與王室貴胄三百多人濟濟一堂，鐘鳴樂動，高歌曼舞，觥籌交錯，人人歡欣。席間燕易王拍案下書：拜蘇秦為燕國開府丞相，賜易水封地二百里，在薊城起造武安君丞相府邸。既是武安君，又是開府丞相，這便是老百姓們津津樂道的「封君拜相」，也是天下君王對臣子的封賞極致，同樣也是布衣入仕所能達到的最高峰。燕易王話音落點，大殿中一片高呼：「武安君萬歲——」「丞相萬歲——」蘇秦依照禮儀一躬到底謝了王恩，卻沒有燕國君臣所期望看到的欣喜激動。但燕國君臣這一絲失望也一閃而逝，迅速被宴會的大喜大慶淹沒了。

三更時分，大宴方才結束，看著峨冠博帶的大臣們與燦爛錦繡的貴胄們川流不息地走出大殿，蘇秦心中空蕩蕩的。從始到終，他都沒有看見燕姬的身影。她是前國后，只要在薊城，燕王斷無不請她赴宴之理。難道她不在薊城了？她能隱到哪裡去？

「武安君啊，」燕易王從中央王座走了過來，「大宴散去，本王留了幾名大臣再與武安君小宴敘談，聽武安君說說六國大勢如何？」燕易王三十餘歲，一副絡腮長鬚，粗壯敦實，酒後正是滿面紅光興致勃勃的樣子。

「臣亦正有此意。」蘇秦拱手道，「然則，人少為好，臣欲向我王陳明祕策。」

燕易王略有沉吟，終於笑道：「好，那就留宮他、子之兩人。」

群臣退去，燕易王在大殿東側的書房外廳設了小宴。說是小宴，實則是每人一鼎燕國的酸辣羊肚湯醒酒，之後就是飲茶。燕易王安排這個小宴，本意不在酒，而在於讓大臣們聽蘇秦講述六國合縱的經過與各國詳情，以及如何使燕國聲威大震的宏圖長策，以振奮朝野。可蘇秦卻提出「人少為好，陳明祕策」，燕易王便感到有些掃興。但蘇秦目下是六國一言九鼎的人物，燕易王想想也就聽從了，只留下了兩個武臣相陪：一個是邊丞宮他，一個是遼東將軍子之。宮他原是周室大夫，護送燕姬嫁於燕文公後，留在了燕國，此人正在盛年又頗通兵法，燕文公任命他做了掌管全國邊境要塞的邊丞，雖然並不顯耀，但卻是實權臣子。子之是燕國東北方的抗胡邊將，正好來薊城辦理兵器，燕易王想教他聽聽天下大勢。其所以留下這兩個人，是燕易王估料蘇秦的祕策必是組成六國聯軍攻秦，而這兩人恰是燕易王心目中要派出的將領。

「武安君何以教我？」羊肚湯飲罷，燕易王拭去額頭汗珠，笑吟吟看著蘇秦。

蘇秦悠然笑道：「魏王告訴臣，孟夫子給他說了一個故事，我王可否願聽？」

「好。」燕易王道，「孟夫子常去大梁遊，惜乎不來燕國也。」

「孟夫子說：有個宋國農夫種下一片麥子，天天到地頭看，兩個月了，麥子老是只有兩三寸高。農夫心中著急，將麥苗一根根拔高了幾寸，滿眼望去，一片麥苗齊刷刷高了許多，蓬勃碧綠大有起色。農夫匆匆回家，高興地對老妻與兒子說：『今日辛勞，揠苗助長。明日再揠，過幾日就能收穫了。』老妻兒子大是驚訝，連忙趕到地頭，一看之下，好端端的麥苗已全部枯萎了。」蘇秦打住，依舊微笑地看著燕易王。

「完了？」

「完了。」

「甚個故事？」燕易王沉吟道，「世間有如此蠢人麼？」

「真正揠苗助長者，可能沒有。然做事相類而急於求成者，數不勝數。」

「噢——」燕易王恍然道，「武安君是說，六國合縱不能急於求成？」

「非純然如此。」蘇秦道，「孟夫子這個故事的真意，告誡人做事須得求本，而不是虛張聲勢。根本堅實，聲勢自來。根本虛弱，縱有外勢而依舊枯萎。我王以為然否？」

「也是。武安君似有弦外之音？」如此一個故事，燕易王確實有些茫然。

蘇秦肅然道：「臣之本意：六國君臣大都未能體察六國合縱之本意。」

「合縱本意？難道不是六國抗秦麼？」

「抵禦強秦，只是六國合縱之直接目標，當務之急罷了。」蘇秦雖目力不佳，此時眼中卻是灼灼生光，「六國合縱之根本，在於爭取數年甚或十餘年穩定，使各國能夠搶出一段時間變法圖強，與秦國做根本國力之競爭。但識得這一要旨，便將合縱視為手段方略，而將變法圖強視為真正目的。惜乎六國之中，只有楚國體察了這一要害，否則楚威王不會如此果決地厲行合縱。魏趙韓齊四國，都對利用合縱機遇而變法圖強，沒有絲毫體察。臣今歸燕，似覺燕國朝野亦無變法圖強之籌謀，舉國上下，皆視合縱為擋風之牆、禦敵之盾。而除此之外，究竟該當如何作為，卻沒有思謀對策。如此情景，臣不能不憂心忡忡。」

在發動合縱的遊說中，蘇秦的說辭從來只涉及各國所面臨的威脅、各國間的恩怨糾葛以及與六國共同大敵——秦國的仇恨，從來沒有對任何一個君主說出六國合縱的深遠本意。不是不可說，而是沒有必要說。六國君臣中淺薄平庸顢頇者多，深遠意圖往往會被看作不著邊際的書生空言，何如不說？除了楚國殿堂那場特殊的論戰，蘇秦只用對面君王能夠聽得懂的語言說話，甚至對於四大公子，他也沒有剖陳過六國合縱的本意。今日有感於燕國最初的知遇之恩，真誠坦率地說了出來，一席話顯得分外的沉重。

燕易王卻被蘇秦說得有些懵懂了。他暗自覺得好笑，不就變法強國麼，這也是祕策？一百多年來不知多少人說過了，但凡名士都將變法掛在嘴邊，至於如此鄭重其事？誰不想強大，可那容易麼？燕國連場像樣的勝仗都沒打過，秦國欺負，趙國欺負，齊國欺負，連中山國也欺負，威脅日日不斷，能守到今日已經是罕見了，大勢不穩，誰敢變法？雖作如此想，他卻不能對蘇秦如此說，思忖一番笑道：「武安君說得也是，本王受益匪淺。燕國一旦康寧，立即著手變法如何？當務之急嘛，還是派軍入盟，打敗秦國。兩位將軍以為如何？」

宮他挺身拱手道：「臣以為大是！外敵不去，何論內事？」

「要抗秦，也要變法！」遼東將軍子之只硬邦邦一句話。

蘇秦沉默片刻，突然帶有幾分酒意地大笑起來：「我王已經想到此事，原是臣畫蛇添足也。」少頃似乎醒過了神，笑道，「合縱成軍，燕國何人為將？派軍幾何？」

「宮他為將，出兵五萬。」燕易王爽快脆捷。

子之突然高聲道：「子之請命為將，血戰秦國，為大燕雪恥！」

燕易王似有猶豫，笑道：「此事回頭商議便了。」

「好！將軍請戰，燕國有望！」蘇秦哈哈大笑一陣，「臣，今日醉了……」一言未了，爛泥般軟倒在地氈上。

燕易王大笑：「哎呀，武安君酒量當真淺也。來人，王車送武安君回府。」

一輛華貴的駟馬青銅篷車轔轔駛出了王宮。三月的燕山風浩蕩吹來，車簾啪啪直響，躺在車中的蘇秦霍然坐起，打開車簾，撲面一陣料峭寒意。蘇秦頓覺清爽，猛然長身站上車轅，如同站在軺車傘蓋下一般，斗篷與大袖齊舞，長髮與高冠糾結，空曠寂靜的長街響徹著他的曼曼吟誦：「鐘鼓鏘鏘——河水湯湯——憂心且傷——懷允不忘——」

離開燕國南下的時候，蘇秦已經有了一座武安君府邸，那是一座王族罪臣的抄沒府邸。雖然在窮困的燕國已經是很顯赫了，但就實而言，也就是一座四進六開間的大宅院而已。這座府邸蘇秦只住了不到十日便走了，連庭院中的房屋都沒有時間看完。燕易王接到蘇秦北上歸燕的消息，加緊對這座府邸進行了一番修繕，又從王宮與官署挑選出了二十多名侍女與官僕，在一名王宮老內侍的督導下日夜整修刷洗，使武安君府變得亮堂堂一片生氣。王車到達府門，家老總管領著四名侍女前來迎接，一看武安君醉不可支，立即用軟榻將蘇秦抬了進去。

王車一走，蘇秦立即恢復了常態，飲了幾盞淡茶，在庭院轉了兩遭，驚訝地發現這座不大的庭院已經變得與他離開時有了天壤之別，除了不夠宏闊，完全是一個貴胄府邸了。既然如此，燕易王為何還要另外為他起造新的武安君丞相府？難道這裡不能開府理事麼？對於窮弱的燕國，一座華貴宏大的府邸需要耗費多少民脂民膏，燕王難道沒有想過麼？儘管燕易王今日對他的主張表示了淡漠與嘲笑，蘇秦也不願意初回燕國便與燕王發生摩擦，但蘇秦還是不忍看到燕國在如此衰弱之際做如此的大肆鋪排。思忖良久，蘇秦回到書房，提筆向燕易王上書：

〈諫君相府邸書〉

王欲為蘇秦新起君相府邸，臣心殊為不安。墨子云：國有七患，城郭溝池不可守而治宮室，民力盡於無用，財寶虛於待客，大患之首也。臣之府邸四進六開，僕從數十，修葺一新，開府可也，理事足也，無當新起宏闊府邸。先祖立國之初，燕山荒莽，林草連海。先燕人奮發惕厲刀耕火種而成家園，遂立於北國諸侯之首。當此內憂外患之際，邊卒饑寒，戰車鏽蝕，工匠窮困，農人饑饉，我王當輒思先祖國人之大德，固本用財，聚集國力，激勵民心，以為變法圖強之奠基。《周書》云：國無三年之食者，國非其國也；家無三年之食者，子非其子也。王若虛耗國家財貨，鋪排君臣行止，上不厭其樂，下不堪其苦，國家憂患多矣！

「噹」的一聲，蘇秦擲筆，青銅筆桿撞得玉石硯臺脆響。帷幕後傳來一聲輕輕的歎息。蘇秦霍然起身，沉聲喝問：「誰在帳後？」紗帳一陣婆娑，暗影中走出一個斗笠垂紗裙裾曳地的人來，看那高䠷婀娜的身材，便知是女子無疑。蘇秦心中一動：「你？可是……」只見那人緩緩摘下吊著黑紗的斗笠，現出了那永遠烙在蘇秦心頭的綠色長裙與披肩白紗。

「燕姬……」蘇秦揉揉矇矓的眼睛，「果真是你麼？」

「季子，沒有錯，是我。」燕姬燦爛的笑臉上閃著晶瑩的淚花。

蘇秦端起書案上的風燈，喘息著一步一步挪到近前，凝望著那張不知多少次闖入他夢鄉的面容：烏髮依舊那麼秀美，肌膚依舊那麼皎潔，眼睛依舊那麼明亮，微笑依舊那麼神祕，那，那是……蘇秦顫抖的手指輕輕地摩挲著燕姬眼角細密的魚尾紋，驟然之間淚如泉湧，頹然跌倒，手中的風燈也「咚」地砸在地氈上。

「季子……」燕姬低低驚呼一聲，將蘇秦抱起，放在了日間小憩的小竹榻上。

蘇秦睜開眼睛霍然坐起道：「燕姬，快說說！你是如何過來的？你藏在何處？」

「呀，捏得我好疼。」燕姬輕聲呢喃，又粲然一笑，「你躺下，我再說好了。」

「好。」蘇秦也笑了，「一見你，我竟弱不禁風了。」斜倚在了竹榻靠枕上。

「太操勞了。」燕姬幽幽一歎，「迢迢馳驅，時時應酬，日日應對，夜夜上書，有如此做事的麼？」

「無妨，打熬久了，我撐持得住，先說你。」

燕姬無可奈何地笑了笑，向蘇秦講述了宮闈巨變中她的經歷。

燕文公驟然死去，燕姬大為起疑。文公雖然已經五十多歲，且有老疾纏身，但據太醫的診斷與燕姬自己的體察，燕文公在三五年之內至少不會有性命之憂。可是，就在燕姬陪著太子去舉行春耕開犁大典回來時，老國君已經死在了書房之中，面色紫黑大睜雙眼形容可怖！燕姬立即查究侍奉老國君的內侍侍女，卻找不出任何頭緒。就在她喘息未定的時分，太子竟然帶著三百名精銳甲士與幾名大臣趕到了後宮，絲毫沒有詢問老國君的死因，也絲毫沒有與她商量，立即下書宣布了國公薨去的消息，宣布了國喪，宣布了太子即位。令燕姬驚訝莫名的是，平日裡對她甚是敬重，她也曾多次助其度過危機的太子，竟然在頃刻之間變得冷酷凌厲，對她視若無物。燕姬沉住氣一句話也沒說，離開了寢宮，立即著手清理了自己的物事，做好了隨時離開宮廷的準備。整個國喪的一個月裡，她都沒有離開自己的庭院一步，既不參與葬禮，更不過問國事朝局。突然之間，她這個國后變成了被遺忘的古董，似乎從來沒有存在過。大喪之後，新君宣布稱王，在新御書（註：御書，燕國掌管國君文書的官員，相當於秦國的長史，也就是國君祕書長）清點燕文公書房時，卻發現少了一方最重要的傳國玉印、一幅燕國祕藏圖。

新王氣勢洶洶來找她時，將那座小庭院包圍了。燕姬非但沒有驚惶，反而笑吟吟地向新王申明：她奉天子王命，要重回洛陽王室。新王陰沉著臉說，只要她交出玉印與祕圖，就放她回洛陽。燕姬一陣大笑道：「我不回洛陽，死在燕國又有何妨？」新王無奈，只好摒退甲士，一個人溫言軟語地勸她求她。燕姬全然不為所動，冷冰冰地提出：「先君死得蹊蹺，查明死因，究辦謀逆奸凶，再說此事不遲。」新王萬般無奈，只好連夜與心腹密謀，第二天便將宮中內侍總管與三家大臣滿門斬首，薊城國人一片歡呼。

新王又來見燕姬。燕姬便將玉印交給了這個已經十分陌生的昔日太子。新王又索要祕藏圖。燕姬拿出了燕文公的遺書，遺書上赫然寫著：「祕藏圖交由國后燕姬掌管，新君可酌情支取，不可更改執掌。若有違背，宗廟不容！」新王愣怔半日，長歎一聲道：「國后意欲如何？」燕姬笑答：「唯想隱於祕藏之地，遠離宮廷糾葛，如是而已。」新王道：「若有急處，如何找到國后？」燕姬道：「先君有三隻信鴿，但放一隻，兩個時辰內我便可收到，屆時我自會指明地點。」新王思謀良久，只好答應燕姬離開薊城。

燕國雖國用拮据，但歷代國君都稟承了老周王族的謹細傳統，將一定的剩餘財貨囤積隱藏。六百多年下來，這些祕密藏匿的財寶實在是不可小視。燕國敢於以窮國弱國擺老貴胄架式，一大半原因是因了這些驚人的祕藏。離開這些祕藏，燕國不能應對任何一場像樣的大仗。唯其如此，新君無論如何不敢開罪這位奉先君遺命掌管祕藏圖的國后，反而每隔一兩月便派出信鴿噓寒問暖一番。如此一來，燕姬過起了真正的隱居生活。

「他要跟著信鴿蹤跡找你，豈非大大麻煩？」蘇秦有些著急。

「季子傻也。」燕姬笑道，「不是信犬，不是信鴿，是信鷂。鷂子如蒼鷹，一展翅直上雲中，難覓蹤跡，他卻如何跟蹤？這也是歷代燕君的老法子，從來沒有閃失的。」

「如此便好。」蘇秦長長地舒了一口氣，「荊燕上次回燕，沒有聽到你的消息。今日宴席也沒見你，我真有些急也。」

「新君多權謀，將宮中封鎖得很是嚴密，對外卻無事一般。季子以為新燕王如何？」

「權謀機變有餘，雄心正才不足，不是好氣象。」蘇秦憂心忡忡。

「你還願意將燕國作為根基麼？」

「燕國為合縱發端，天下皆知，還當是立本之國。」

燕姬笑道：「夜深了，這些事擇日再說。」

蘇秦恍然坐起：「你究竟在何處？如何找你？」

「三日之內，按圖來尋。」燕姬微笑著從袖中抽出一方白絹摁到蘇秦手掌中，「保你有說話的好所在。我走了，你別動。這裡的內侍官僕都是我的舊人，出入忒便當。」說完戴上斗笠，一閃身轉入帷幕後消失了。

蘇秦頓時覺得空蕩蕩的，茫然悵然恍惚煩亂，片刻間一齊湧上心頭。睡是無論如何也睡不著了，索性到庭院中閒走。薊城刁斗已經打響了五更，天中月明星稀，橫亙北方天際的那道山峰剪影好像就壓在頭頂。山風還沒有鼓起，天地間萬籟無聲，蘇秦突然生出一種從未有過的窒息感，胸中憋悶極了。

合縱發端便危機叢生：聯軍尚未建立，楚威王就突然病逝了；燕文公、齊威王、魏惠王，幾個對秦國懷有深刻警惕的老國君也都死去了；任何一國，隨時都可能突然生出各種各樣的麻煩。燕易王的言行使他突然悟到：六國合縱的真實意圖，可能永遠都難以被人理解了，更是難以實現了；他所面對的，將是層出不窮地奔波補漏；六國合縱所能起到的唯一作用，很可能只是一張需要不時修補的盾牌。

一想到這裡，一種濃濃的沮喪滲透到蘇秦心頭。在洛陽郊野冰天雪地中構思的遠大宏圖，在今日六國君臣們的狗苟蠅營中，彷彿一場光怪陸離的夢。變法不好麼？強國不好麼？為何這些君主權臣就是不願意做？真是一個天大的謎團。驟然，蘇秦覺得自己疲憊極了，蒼老極了，對世事無奈極了，真想躲進一個世外仙山，仔細地透徹地揣摩一番人世間的奧祕。可是，世外仙山在哪裡？洛陽蘇莊麼？老父故去了，留下的蘇莊只是一片充滿了世俗渴求的故園舊土而已。兩個弟弟期望著二哥將他們帶上入仕的大道，讓他們一展才華；大嫂期盼著他的權力萬世永恆，使蘇氏家族永遠輝煌；妻子倒是期盼他是一介平民男耕女織，可她能給蘇秦的，依然是一種窒息，一種深深陷入田園泥土而不許自拔的窒息。說到底，當你褪盡身上的權力光環時，那片故園舊土給你的便只是蔑視與嘲笑，而絕不會給你一種出世的超脫。夢中仙子一般的燕姬，偏偏又陷入了燕國的宮廷陰謀之中，該當自由的時日，她卻依舊戴著國后的桂冠，並沒有遠走隱世的打算，她似乎註定要在這個陰謀圈子中周旋下去，永遠地留在燕國土地上。果真如此，蘇秦的夢幻也將永遠地化為烏有……

三十歲尚是處子之身的蘇秦，第一次萌生了深刻的迷茫，有些無所措手足了。

「大人！如何睡在這裡？」一個侍女驚惶地喊著。

蘇秦睜開眼睛，看見自己躺臥在水池畔的一張石案上，衣衫潮濕冰涼，露水珠兒尚在晨霧中晶瑩生光。侍女小心翼翼地扶起蘇秦：「大人，家老正在四處找你呢。」蘇秦慵懶地打了個長長的響亮的呵欠，揉揉眼睛問：「有事麼？」

「說是荊燕將軍緊急求見。」侍女低聲回答。

「荊燕？」蘇秦精神一振，霍然起身，大步匆匆向書房而來。

隨著蘇秦歸燕，荊燕在燕國也聲名大振。大宴之時，燕易王下書封荊燕為中大夫。對於一個平民出身的武士來說，原先的千夫長已經是荊燕的最大出息了，封為中大夫而位列朝臣，無異於極身榮耀徹底改換門庭。可荊燕卻紅著臉對燕王說：「荊燕一介武夫而已，不敢位列廟堂之上，願終生為武安君屬吏。」燕易王大感意外，又要在朝堂顯示用賢氣度，倒也著實勸說了幾句，期望他接受王封。可荊燕卻只是紅著臉搖頭，一句話也不說。燕易王掃興又無奈，只好褒獎幾句作罷。蘇秦也頗為困惑，趁席間如廁，於無人處詢問緣故，荊燕卻只木訥道：「心智淺薄，當不得大命。」見荊燕不願多說而又絕無更改的樣子，蘇秦也沒有多問。大宴未完，荊燕南下大梁聯絡去了，如何恁快便回來了？

荊燕正在書房外焦急地徘徊，見蘇秦衣衫不整長髮散亂滿臉青灰地匆匆走來，不禁迎上前去驚訝問道：「大哥如何這般模樣？」蘇秦擺擺手道：「無妨，酒多了而已，出事了？」荊燕低聲急迫道：

「斥候急報：張儀出使楚國！我怕你有新謀劃，便半道折回，你定了主張我立即出發。」蘇秦沉默著沒有說話，思忖片刻道：「你在外廳稍待片時，此事容我仔細想想。家老，給將軍上茶。」說完大步進了書房。

一個時辰後，蘇秦走出書房，手中拿著四個銅管道：「荊燕，你立即分派得力騎士，將這四份書簡分送信陵君、孟嘗君、平原君、春申君四大公子。三日後你隨我南下，你來準備細務，我有一件事需要料理。」

「大哥放心，你儘管辦事，我這便去。」荊燕將銅管插入腰間皮袋，大步出門去了。

蘇秦覺得有些困倦，來到浴房在冷水中浸泡了片刻，神志頓時清爽。這是他在郊野苦讀時形成的習慣，夏日在冰涼的井水中浸泡，冬日赤身在冰雪中打滾兒，那冰涼的氣息直滲心脾，消解困頓最為有效。冷水浴完畢，他又匆匆地吃了一鼎肉汁麵餅，便乘坐一輛四面垂簾的輜車直出薊城北門。到得郊野無人處，換上一匹青灰色陰山駿馬，蘇秦直向大山深處飛馳而去。

三月的燕山，蒼黃夾著青綠，莽莽蒼蒼地橫亙在面前，數不清有多少河谷有多少奇峰。來到一條清波滾滾的河邊，蘇秦一番打量，腳下一磕，駿馬沿著河道直向那道最為低緩平庸的山谷馳去。走得一程，山谷突然由南北向轉為東西向，蘇秦左手馬韁輕抖，進入了西面的山谷。大約走得三五里，山谷漸行漸窄，身上卻覺得越來越熱，燕山特有的那種飽滿浩蕩而略帶寒意的春風，不知不覺間竟變成了和煦溫暖的習習谷風。面前奇峰高聳入雲，地上柔柔綠草如茵，滿山林木蒼翠蔥鬱，與山外直是兩重天地。

蘇秦駐馬張望一番，覺得這道山谷的奇妙景色在燕山之外斷難想到，當真是平中隱奇。突然，他聽到了一種隱隱約約的隆隆之聲，走馬尋著隆隆聲深入山谷，大約里許，迎面一道大瀑布從高高的山峰上跌落，飛珠濺玉，水霧中斷斷續續地閃爍出不斷變幻的彩虹。抬眼四望：瀑布正在山谷盡頭，兩邊奇峰對峙，中間谷地只能可可地容下這片碧綠的深潭；潭邊谷地生滿了野花野草，層層疊疊交相糾結，卻叫不上名字。鳥鳴雖湮沒在隆隆瀑布聲中，但那些靈動出沒於花間草叢樹梢的五彩身影，卻實實在在的是生機盎然。

「天泉谷？好個所在！」蘇秦大伸腰身做了一個長長的吐納，覺得身上酥軟了一般。靜了靜神，他從長衫襯袋裡拿出一只黑黝黝的陶塤吹了起來。這是洛陽人烙在心頭的踏青民謠，在《詩》中便是〈王風〉中的〈黍離〉，是周人在東遷洛陽時西望鎬京廢墟，對部族衰落的迷茫與歎息。這首歌兒，在中原戰國也許已經被人遺忘了，但洛陽王城的子民卻是永遠不會忘記的。

隨著悠揚沉鬱的塤音，谷中突然飄出了悠長的歌聲：

知我者謂我心憂

不知我者謂我何求

悠悠蒼天

此何人哉

……

歌聲蒼涼肅穆，正是〈黍離〉的老詞，那種滯澀的唱法，那種獨特的招魂般的呼喚，不是周人決然不能唱出。

「燕姬——你在哪裡？」

「右首看——」

蘇秦轉身，朦朧看見了山花爛漫的山腰中隨風飄展的一點雪白。雖然目力不佳，他也斷定那是燕姬無疑，打馬一鞭，駿馬長嘶間箭一般向東邊山峰衝來。

「季子！我來了——」山腰一陣清亮的笑聲，一個綠衣白紗的身影輕盈地從山上飄了下來，堪堪地落在了馬背之上。一陣豐滿柔軟的馨香與溫暖頓時從背後包圍了蘇秦，淹沒了蘇秦。一種從未體驗過的奇異感受，閃電般襲擊了他，使他差點兒跌下馬來。猛然，他一把將那豐滿柔軟的綠裙白紗攬了過來，緊緊地箍在懷中，一陣急促的喘息，兩個灼熱的軀體在馬背上重疊了，融化了……

「真是一頭餓狼。」花草叢中，燕姬摩挲著蘇秦的臉頰。

「中山狼！」一陣大笑，蘇秦又將燕姬拉進了懷中。她滿臉紅潮地喘息著，緊緊抱住了津津冒汗黝黑閃亮的結實身軀，任那令人如醉如癡的潮水裹挾著騰騰熱汗，恣意地向她衝擊，在她晶瑩豐滿的身體裡盡情翻湧。她彷彿變成了一葉輕舟在波峰浪谷中出沒，又彷彿一片羽毛在風中飄盪，悠上巔峰，飄下深谷，湮沒在無邊的深深的愉悅裡。她盡情地叫喊著呼喚著尋覓著，卻又更深更深地湮沒了自己……

陽光徜徉到山頂的時候，燕姬醒了。她沒有驚動蘇秦，到山根小溪流中收拾好自己，坐在他身旁，靜靜地端詳著守候著，一任那一抹晚霞從山頂褪去。終於，蘇秦睜開了眼睛：「噫！天黑了？」燕姬親暱地笑著在他臉頰上拍拍：「季子，你是真累了。」蘇秦霍然坐起搖搖頭笑道：「從來沒有如此酣睡過，冷水沖沖，三日三夜也沒事。」燕姬咯咯笑道：「真是頭中山狼。看那邊，山根是小溪，潭中溢出天泉水，只怕有點兒涼。」

「越涼越好。」蘇秦走了過去，躺在了溪中的卵石上，任清涼的山溪嘩嘩流過自己。

「夜來何處啊？山洞？谷地？」燕姬坐在溪邊大石上笑吟吟地喊著。

「都是仙境。」蘇秦仰面朝天躺在水流中，快樂地高聲答著。

燕姬笑著站了起來，打開她的隨身皮囊，支開了一頂白色小帳篷，燃起了一堆熊熊篝火。此時，一輪明月爬上山頂，峽谷的一線天空碧藍如洗，花草的淡香和著瀑布激揚的水霧，混成清新純馥的氣息彌漫在谷中，隱隱水聲傳來，倍顯出一種無邊的靜謐。蘇秦出了山溪，只覺一種從未體味過的輕鬆舒暢，情不自禁地對著天中明月高聲吟哦：「誰謂河廣？一葦航之。誰謂天高？跂予望之！誰謂河廣？曾不容刀。誰謂天高？暮暮朝朝——」

燕姬笑了：「被你一改啊，這首〈河廣〉還真是深遠了許多。」

〈河廣〉原是宋國流浪者的思鄉歌謠。蘇秦心思潮湧，將「誰謂宋遠」一句，改成了「誰謂天高」，意境便大為深遠起來——誰說大河寬廣？一葦扁舟便可渡過。誰說上天高遠，踮起腳來便可相望。誰說大河不寬廣？一葦小舟不容逾越。誰說上天不高遠？暮暮朝朝也走不到。

蘇秦喟然一歎：「今日天堂，只怕是暮暮朝朝也。」

「你呀，先來吃喝了。」燕姬笑道，「只要想走，又豈怕暮暮朝朝？」

「說得好！」蘇秦大笑一陣，猛然聞見一股奇特的酒肉香氣飄來，趨前幾步，見篝火鐵架上烤著一隻紅得流油的山雞，旁邊擺著一罈已經啟封的蘭陵酒與兩只陶碗，不禁大喜過望，「噫！如何有酒肉了？」燕姬笑道：「不出一箭，百物齊備呢，回頭細說。來，先共飲一碗。」「且慢。」蘇秦端起陶碗笑道，「總該有個說辭也。」

「今日得遇君，永世毋相忘。」

「魂魄繞子衿，來生亦相將！」

兩碗相撞，兩人一飲而盡。燕姬的笑臉上掛著晶瑩的淚珠，顧不上擦拭，拿下鐵架上紅亮的山雞用短劍剖開，遞給蘇秦一隻碩大的雞腿。蘇秦一手接過，另一手卻輕輕抹去了她臉頰的淚痕。「季子……」燕姬一陣顫抖，連忙背過了臉去用汗巾堵住了自己泉湧的淚水，回過頭來又是燦爛的笑容。

蘇秦大撕大嚼，燕姬一塊一塊地將山雞遞到他手上，自己卻始終只是默默地凝望著。

「完了？呀！你如何一點兒沒吃？」蘇秦驚訝地攤著兩隻油手叫了起來。

燕姬「噗」地笑了：「看你吃比我吃舒心多了，來，洗洗手擦擦臉。」說著從身後扯過一個皮囊解開，倒水教蘇秦洗手擦臉。收拾完畢，兩人默默相望，一時無話。良久，燕姬低聲道：「幾多時日？」

「還有十二個時辰……」

「還來得及。看看我的住處吧。」

「燕姬，你要在燕國永遠住下去？」

燕姬輕輕地歎息了一聲：「天地雖大，何處可容我身？我的夢想，一半已經破滅了。剩下的一半，將永遠留在我的心裡……燕姬不能嫁給你，不能名正言順地做你的妻。你不能娶我，不能名正言順地做我的夫。可上蒼偏偏教我們相遇，教我們相知，教我們相愛。你說，我們又能如何？縱然無視禮法王權，可你還有剛剛開始的功業，那是你終生的宏圖，我們沒有毀滅它的權力……」

心中一陣大痛，蘇秦生生地咬牙忍住了那幾乎要噴發出來的吶喊，不能！他不能給燕姬留下太過猛烈的傷痛。沉默良久，蘇秦漸漸和緩過來，撥弄著篝火低聲道：「我只是擔心你的處境。」

「季子，我是萬無一失的。對付宮廷權謀，自保還是有餘的。」燕姬目不轉睛地看著蘇秦，「倒是你，太執著，看重建功立業，忽視權謀斡旋，我真擔心你呢。」

「我有預感：六國合縱的真正目標，已經不可能達到了。目下我只有一個願望：促成六國聯軍，與秦國大打一仗，使秦數年內不敢東出函谷關。以鐵一般的事實說話：合縱抗秦，能夠為中原六國爭取時日。白白揮霍浴血爭來的時日，那是六國自取滅亡！真的，我不想將遺恨留給自己……」一陣粗重的喘息過後，蘇秦慨然笑道，「這個願望一成，我便與你隱匿山野，做世外仙人。六國自顧不暇，那時誰來管一個逃匿了的蘇秦？誰來管一個早已消失的國后？」

「季子！」燕姬猛然撲到蘇秦懷裡，緊緊地抱住了他，分不清是笑還是哭。

山月已到中天，那堆明亮的篝火漸漸地熄滅了。

二、怪誕說辭竟穩住了楚國

春申君比誰都焦急，天天以狩獵為名，在郊野官道等候蘇秦的消息。眼看張儀在揮灑談笑間顛倒了楚國格局，新銳人士都有些懵了，人心惶惶，心思靈動者已經開始悄悄向昭睢一邊靠攏了。連小小郎中的靳尚，也成了郢都的熱門人物，昔日的新銳紛紛湊上去小心翼翼地逢迎，求一個穿針引線的門路。若秦國一旦將房陵之地交還於楚國，楚國正式退出六國合縱，楚國變法豈不眼睜睜地就夭折了？第一次，春申君感到茫然無所適從了。對張儀這個人，他實在是揣摩不透，更想不出應對辦法。張儀入楚，春申君與屈原事先都知道，可並沒有在意，其中原由在於：昭睢是張儀的大仇人，張儀一定會藉著秦國強大的威懾力，逼迫楚王殺掉昭睢；昭睢則一定會全力周旋反擊，無論結果如何，昭睢的勢力都會削弱，楚王都會重新倚重新銳人士。他們認定：入楚對張儀是個泥潭，對昭睢是場劫難，對他們卻未嘗不是一件好事。春申君與屈原，那時都不約而同地說出了「作壁上觀」四個字。

誰能料到，張儀靜悄悄地住在驛館，竟能與昭睢化敵為友；竟能滲透宮闈與鄭袖結盟；竟能使楚懷王大失分寸，置先王遺命於不顧而與虎謀皮。等到春申君與屈原挺身而出，血諫抗爭的時候，惜乎大錯鑄定，為時已晚了。對如此一個嬉笑怒罵皆成文章的詭譎莫測之士，屈原也是束手無策，只是反覆念叨：「一定要等蘇秦，此人非蘇秦不是對手，一定要等。」

郢都北門外的山塬已經是鬱鬱蔥蔥了。淮南的春日比中原要來得早一些，風中的寒氣早已消散，和煦的微風中已經有了初夏的氣息。春申君及門客在山塬上追逐著星散的野兔狐鹿，眼光卻不時地瞟一瞟山下伸向北方的官道。

「春申君快看，有車隊南來！」一個門客站在山頭大喊起來。

綠色平原的深處，一股煙塵捲起，正緩緩地向南移動著。正在這時，一騎駿馬從郢都北門飛來，遙遙高喊：「報──武安君書簡到──」隨著喊聲，駿馬已風馳電掣般來到面前。春申君接過書簡打開一瞄，打馬一鞭，向山下飛馳而來。

北方煙塵，正是蘇秦的騎隊。從薊城出發時，蘇秦免去了全部車隊輜重，只帶領原先的一百名剽悍騎士，人各快馬，兼程南下。荊燕乘一匹西域汗血馬早發半日，前行聯絡。馬隊趕到邯鄲，平原君已經在郊外等候；趕到大梁，信陵君也已經在郊野等候。一聲問候，一爵烈酒，蘇秦匆匆安排一番，便馬不停蹄地馳驅而去。一路兼程疾行，竟與先發兩日送信的騎士同日到達。郢都城樓已經遙遙在望，蘇秦看見迎面一騎飛來，那熟悉的黃色斗篷隨風翻捲，不是春申君卻是何人？

「武安君──」

「春申君──」

兩人同時飛身下馬疾步向前，緊緊地抱在了一起。

「噢呀，武安君好灑脫！」春申君一番打量，一陣大笑。原來蘇秦為了疾行快趕，非但親自騎馬，而且是一身紅皮軟甲，長髮披散，身背長劍，斗篷頭盔一概沒有，活脫脫一個風塵劍俠。

「騎術不高，只好利落點兒了。」蘇秦也是一陣大笑。

「噢呀別說，這劍背在身上還當真利落也！蘇秦背劍，日後我也學學。」

蘇秦笑道：「偷懶你也學麼？不常用可背，你等劍士要背劍，急了拔得出來？」

「好，回頭你教我便了。噢呀快走！屈原等急了。」春申君隨著話音飛身上馬，一磕馬肚，箭馳一般飛出。蘇秦騎隊隨後緊跟，片刻間進了郢都北門。

到得府邸，春申君立即命人去密請屈原。屈原這時已經貶為三閭大夫，軍國大政難以參與。但凡大事，春申君卻還是與屈原盡量地先行祕密商議，盡量地不張揚。當屈原到來時，蘇秦剛剛用冷水沖洗完畢，換了一身輕軟的布衣來到正廳。二人見面，四手相握，蘇秦說屈原瘦了，屈原說蘇秦黑了，一番感慨唏噓，直到春申君招呼入席落座。飲了一爵洗塵酒，春申君便將楚威王病逝後的朝局變化與張儀入楚的經過說了一遍。

屈原拍案憤激道：「張儀可恨！昭睢可惡！靳尚可恥！鄭袖可悲！楚王可笑！楚國可憐也！」春申君連忙搖搖手，示意屈原不要過分犯忌，又連忙吩咐家老關閉府門，拒絕造訪。

蘇秦沉默良久，方才問道：「討回房陵，誰先動議？」

「噢呀，那是我王自家先提，本為搪塞我等，不想張儀竟一口應允了。」

「盟約雙方，誰人簽押？有秦國王印相印麼？」

「噢呀，我聽一個老內侍說：張儀只寫了名號，說相印王印皆在咸陽，回去補上了。」

「派出特使交割，是何方主張？」

「自然是楚國。」屈原又憤憤拍案，「張儀忒煞可恨也！」

蘇秦微微一笑道：「看來，事有轉機也。」

「有轉機麼？」春申君大是驚喜，「噢呀，武安君快說！」

蘇秦道：「張儀為人灑脫，行事機變細密不拘常法，不似我等這般拘泥。將合縱撕開一個裂口，是秦國當務之急。當此情勢，楚王提出任何要求，張儀都會先行答應下來，回頭再謀化解之策。以方才幾個事實看，秦國根本沒想歸還房陵。果然有此預謀，張儀自會先有籌劃，將秦國義舉傳揚得天下皆知，更會帶著秦王的印鑒王書與丞相大印。據此推斷：楚國特使一定是無功而返。兩位說說，假若如此，又當如何？」

「噢呀，楚王親口說的：『果真受騙，本王自當統帥三軍雪恥復仇！』」屈原驚訝了：「如此說來，這張儀也忒出格！做了丞相，竟敢拿邦交大事行騙，日後如何立足於天下？豈非奇聞一樁？」

蘇秦笑道：「以王道禮法衡之評判，說張儀是欺詐行騙，也不為過。然則以戰國機謀算計觀之，卻是無可指責了。生滅興亡，無所不用其極，自家昏庸，何怨敵國狡黠？」說罷一聲長長的歎息。

「噢呀武安君，你只說，目下如何走這步棋了？」

蘇秦略作沉思後道：「先說三步：第一步，我拜會楚王，為下一步立定根基；第二步，加快組建聯軍，促使抗秦大局明朗起來，使楚王不致過分鬆動；第三步，房陵騙局一旦大白，立即聯軍攻秦。只要打得一仗，楚王再想變，只怕也難。」

「妙！噢呀呀果真棋逢對手，非蘇秦不能對張儀了！」

屈原也舒展一笑：「第三步若能走成，武安君便挽救楚國了。」

蘇秦笑道：「明日拜會楚王，只我與春申君前去，此中意味，尚請屈兄體諒。」

屈原爽朗大笑，曼聲長吟：「騏驥伏匿而不見兮，鳳凰高飛而不下，鳥獸猶知懷德兮，何云賢士之不處？」

「屈子詩才，天下無雙也！」蘇秦不禁拊掌讚歎。

「噢呀，屈原兄久不開口，今日吟哦，大是吉兆了。」

蘇秦又說了燕趙魏韓四國已經開始著手調派大軍的情勢，以及信陵君、平原君的信心，末了道：「從百年邦交看，中原鎖秦的歷次盟約，軟弱處都在楚齊兩國。楚國之變，因由在於地域廣闊、內亂頻仍，往往自顧不暇。齊國之變，因由在於與秦國相距遙遠，少有直接的利害衝突。目下看來，六國合縱之薄弱環節，依然是楚齊兩國。楚國本是合縱盟主，居於六國合縱之樞要，楚國站在誰邊，誰便有了六成勝算。由此觀之，楚國齊國，乃是天下縱橫的兩大主要戰場。今次第一局，便是爭奪楚國！」

「大是！」屈原恍然道，「武安君，二位該去見楚王了。我去辦另一件事。」

「噢呀，說得入轍，到時辰了。」春申君霍然起身，「武安君，進宮。」

「進宮？」蘇秦笑了，「這是丑時，算哪家時辰？」

「噢呀走吧，車上再說，否則遲了。」春申君說著拉起蘇秦便走。

在四面垂簾的輜車中，春申君一邊搖頭歎息，一邊訴說著楚懷王的怪癖。

芈槐是個謎一般的君主。由於楚威王的嚴厲，芈槐也從軍打過仗，也在低層官署當過小吏，還在楚威王離京時做過監國太子。該經過的都經過了，可依然是一個富貴安樂素無定性的紈袴王子，忽而清醒得出奇，忽而顢頇得滑稽。就說這起居議事，楚威王歷來是雞鳴三遍即起，批閱公文一個時辰，卯時准定朝會議事。那時候，芈槐只要在郢都，每次也都是參與朝會的。可自己做了國王後，竟鬼使神差地大轉彎。夜裡不睡，白日不起，每隔三日，才在午後來到正殿坐上片刻，碰巧有大臣求見便見，若無人求見，便在殿中觀賞一個時辰的歌舞，然後立即回到後宮。即位一年，沒有一次大朝會。大臣要見楚王，就得貓捉老鼠一般守候在大殿外。

春申君有一個門客叫李園，在宮中做主酒吏，深得楚懷王讚賞，成了隨身不離的玩伴兒。每次要見楚王，春申君都要事先找李園打探芈槐的行蹤。蘇秦要來，春申君更是上心，派了一個心腹門客專門與李園聯絡，隨時報知楚王行蹤，否則，想見楚王也見不上。蘇秦聽得大皺眉頭，心中沉甸甸的不是滋味兒。

楚懷王正斜倚在座榻上，觀賞一支新近排練成的歌舞，饒有興致地和著節拍哼唱；卻見一領黃衫的春申君匆匆進來，身後還有一個散髮無冠的紅衣人，不禁大皺眉頭，極不情願地坐了起來，揮揮手教舞女們下去了。

「臣，春申君黃歇參見我王。」

「春申君，此地乃王宮，不是人市，曉得？」楚懷王斜眼瞄著紅衣散髮人，一臉陰雲。

「噢呀我王，此人正是你大為稱頌的六國丞相、武安君蘇秦。」

「啊——」楚懷王長長的驚歎彷彿在吟哦，高低起伏，似乎恍然驚醒一般。隨著悠長起伏的驚歎，笑意終於鋪滿了白胖的臉龐，腳步也移到了蘇秦面前，「武安君大名如雷貫耳，先王屢次說要帶我見你了。」嘴上說著，眼光卻不斷上下打量著蘇秦。

春申君心中清楚，拱手笑道：「噢呀我王，武安君風塵僕僕，剛到郢都一個時辰，沐浴後未及更衣，便來拜見了。」

「噢——」又是一聲長長的吟哦驚歎，「武安君如此奮發，芈槐敬佩不已了。來來來，這廂坐了，慢慢說話，上，上茶了——」芈槐本來想喊上酒，一想這是大殿不宜隨意擺酒，磕磕絆絆地喊成了上茶，結巴得滿臉通紅。

「多謝大王禮遇臣下。」蘇秦恭敬地拱手作禮，表示他完全理解這是楚王的特殊敬重。

芈槐原本不喜歡倨傲名士，如今見赫赫蘇秦這般謙恭有禮，心中大感舒坦，呵呵笑道：「謙謙君子，武安君可人。那個張儀是你師弟？如何忒是氣盛？」

「秦國強大，張儀自然氣盛。」

「秦國強大麼？」芈槐驚訝地睜大了眼睛。

「秦國不強大麼？」蘇秦也驚訝地睜大了眼睛。

羋槐一怔，驟然哈哈大笑：「回得有趣！秦國啊，是強大，虎狼之國嘛。」

「既是虎狼，大王可知是何種虎？何種狼？」蘇秦興致勃勃。

羋槐困惑地搖搖頭：「毋曉得，虎狼就是虎狼，不一樣麼？」

「那是自然。」蘇秦悠然笑答，彷彿一個老人在給一個孩童講說天外奇聞，「是叢林虎，是中山狼。」

「叢林虎？中山狼？好厲害麼？」

「當真厲害。」蘇秦似乎餘悸在心一般，「叢林虎吃人不吐骨頭，中山狼能變身騙人，吸乾人之骨髓。」

「你，見過？」

「見過。」蘇秦點點頭，「我只差被中山狼啃開頭顱，吸了骨髓。」

「噢——」羋槐臉色發青，「那你還活著？」

「明知必死，性命相搏，就活了下來。」

「啊——」羋槐吟哦著恍然點頭，「只要死打，就能活。」

「對對對。」蘇秦大為讚賞，「我可不如大王聰明絕頂，這是一個世外高人告訴我的：中山狼能窺透人心，人無死戰之心，則狼必定要吃了你。若想死戰到底，狼便放你逃生。」

「噢——」羋槐又一次吟哦驚歎，「中山狼，上天派來專吃懦夫？」

「大王聖明！高人正是如此講說。」

羋槐哈哈大笑了一陣：「如何當得，如何當得啊？」舒暢得臉上泛出了紅光。

蘇秦鄭重其事道：「本當聒噪大王，不想大王對秦國本性竟有如此洞察，蘇秦自愧不如，也就不饒舌了。」

「武安君大可放心。」芈槐慷慨拍案，「本王立誓繼承先王遺志！曉得？要不是他等添亂，本王連張儀見也不見！曉得？」

「曉得曉得。」蘇秦連連點頭，「臣只待大王派定軍馬，與秦國決戰。」

「那是。」芈槐挺挺胸膛道，「楚國出十萬軍馬！夠了？」

「大王氣壯山河，蘇秦萬分敬佩。」蘇秦深深地一躬到底。

「還是武安君善解我意，她還說我笨……」芈槐嘟囔一句，突然打住。

春申君拚命憋住笑意，將臉埋在大袖裡猛烈咳嗽了好一陣。出得宮來登上輜車，終於憋不住了，大笑不止道：「噢呀呀武安君啊，這，這便是你等縱橫家的說辭了？」笑著笑著竟軟倒在車榻上。蘇秦悠然吟道：「說人主者，當審君情。因人而發，說之要也。如此而已。」春申君恍然道：「噢呀，還是我等不得法，激烈認真過甚了。」蘇秦笑道：「要在別個君主，也許如此。然在這個楚王身上，我卻沒譜。也許是我的說運好，歪打正著了。」

剛回到府邸，家老捧給春申君一支銅管，說是三閭大夫派人送來的。春申君連忙打開銅帽抽出一頁皮紙，赫然一行大字——吾去安陸五六日還。

春申君大是驚訝，愣怔著說不出話來。旁邊蘇秦問：「安陸？要緊地方麼？」春申君低聲道：「雲夢澤東北岸山城，新軍訓練營地，原是屈原兄掌管。」蘇秦聽罷也是一怔，踱著步子不說話。春申君著急道：「噢呀武安君，這位老哥哥此刻去安陸，會不會有點魯莽，會不會添亂？」蘇秦笑道：「至少不會添亂。屈子大才，豈能沒有這些許分寸？魯莽，大約也不會。至於他究竟想做何事？我卻說不準了。」春申君笑道：「噢呀好，那就先放下，回頭我派得力門客照應便了。走，先用飯再說。」

飯後二人又密議了一個時辰，蘇秦進了寢室。連日奔波疲憊，竟呼呼酣睡到日上三竿方醒，梳洗完畢出門，卻見荊燕匆匆趕來，稟報說馬隊已經開出北門外等候。春申君陪著蘇秦匆匆用飯，飯罷相互叮囑幾句，蘇秦便與荊燕飛馬出城了。

蘇秦的謀劃是：趁楚國特使沒有從咸陽返回，而楚國也不會有明確舉動的這段時日，盡速趕到臨淄穩住齊國，最好能與孟嘗君一起帶出齊國軍馬，趕赴虎牢關聯軍幕府；齊國一定，回頭再照應楚國。

三、門客大盜開齊國僵局

這時的臨淄，一片悠悠然昇平氣象。

齊國地處大海之濱，不在中原腹心，很少受到根本性威脅。齊國所接壤的三個大鄰國——燕國、魏國、楚國，也極少挑釁齊國。除了真切地感到威脅，齊國歷來不願意主動攪進中原的混戰圈子。只要戰火不燒到自家國門，齊國朝野就盡情享受著「遠在天盡頭」的富庶風華。齊威王時期不得已救趙救韓，兩次大勝魏國，奠定了東方強國地位，但卻依然固守著齊國的這個老傳統。蘇秦進入臨淄街市，行過魚市、鹽市、鐵市、農市、百物市，又行過官署國人街與稷下學宮大道，熙熙攘攘一片昇平，平靜奢靡的氣息撲面而來，絲毫沒有國難臨頭的危急緊張氣象。恍惚之間，蘇秦似乎看到了昔日的安邑與大梁。

國人若此，孟嘗君又當如何？難道他也淡漠了六國合縱？

孟嘗君成了大忙人。前些日剛剛搬進修建好的新府邸，原來的府邸改成了門客院。此刻，孟嘗君正與馮驩幾個舍人，忙著商議分配門客的居所衣食的等次。封君之後，孟嘗君名聲大振門客驟增，已經到了三千餘人。

這些門客大體分為三類：一是列國求仕無門的布衣之士，一是流動天下的游俠劍士，一是各種各樣的逃匿罪犯，其中大多數是復仇殺人而逃亡者。就個人說來，這些人大都是各個階層游離出來的能者，身懷一技之長，生性桀驁不馴，將名望與尊嚴看得比生命還重要；但有待遇不周或自感委屈，輕則揚長而去，重則公然訴求攪鬧，絕沒有息事寧人一說。偏是孟嘗君豪俠義氣，不吝錢財，又精明機警長於斡旋，竟使這些昂昂豪徒人人以為孟嘗君只對自己最好。每次接納門客，孟嘗君都要親自接見，一則撫慰激勵，二則詢問其家人親戚恩人仇人的居處下落。所有這些問答，都被屏風後的書吏記載下來。過後，門客的家人、恩人、親戚便會接到一筆安家錢財，門客的仇人也會遭到各式各色的報應。

一次，孟嘗君設夜宴為一個新門客接風。席間，僕人不小心將廳中大燈撞翻，頓時一片漆黑。對這種無心錯失，孟嘗君歷來寬厚，燈滅了倒是一陣大笑：「黑食白食皆是吃，來！再乾了！」新門客卻大起疑心，以為席間賓客酒菜有別，不想教人看見，故意黑燈。於是，門客憤然起身摔碎酒碗，一聲「告辭」，抬腳就走。

「義士且慢。」孟嘗君站了起來，在重新點亮的煌煌燈光下，笑吟吟端著自己的食盤走了過來，「義士，換換如何？」說著便端起了新門客的食盤。新門客回身，見孟嘗君的銅盤中也是一盆魚羊燉，不禁大是羞慚，深深一躬慨然高聲道：「吾以小人之心猜度君子，污人名聲，有虧士道，當還公子一個公平！」說完肅然坐下，拔劍猛然刺入腹中，大睜著雙眼，端端正正地坐著死了。

從此，孟嘗君「客無所擇皆善待」的名聲傳遍天下，列國遊士紛紛來投。雖則如此，門客畢竟還是有別的。大爭之世，養士本來就是為了實力較量，若才能大小一體待之，如何能以功過賞罰激勵才能之士？但如此一來，數千人的衣食住行，就成了一個需要逐一考功的細緻事務。幾十個門客舍人（頭領）排定之後，孟嘗君還得核查詢問一遍。饒是如此，也還有難以預料的突發攪鬧。尤其是有了兩座府邸後，門客的居所顯著變化，需要孟嘗君親自處置定奪的事務更多，忙得不亦樂乎。

「稟報孟嘗君：六國丞相蘇秦到。」家老疾步匆匆地走了進來。

「啊？到了何處？」孟嘗君大是驚訝。

「馬隊駐紮城外，軺車已到了府門。」

孟嘗君霍然起身，向馮驩說一聲「改日再議」，匆匆出門去了。

蘇秦本可徑直進門，無須通報，但他卻按部就班地下車，讓家老去通報，自己在府門外悠然地踱著步子，欣賞這極有氣派的六開間門廳。未及片刻，孟嘗君大步匆匆出門，玉冠也沒戴，紅衫散髮，一派灑脫，老遠便拱手大笑道：「武安君別來無恙乎！」

「天遠海闊，新樓高臥，孟嘗君當真瀟灑也。」

「武安君罵我了不是？咳，也該罵！」孟嘗君一陣大笑端詳，「滿面風塵煙火色，武安君倒是當真受苦了，走！」拉起蘇秦的手一路笑著進了門廳。

少不了海鮮珍奇的接風宴席，在慷慨激昂的高談闊論與花樣翻新的頻頻勸酒中，蘇秦也有了三分酒意。這就是孟嘗君：不管你與他有多少嫌隙恩怨，一旦坐到一起，你都會如坐春風，如對明月，覺得天下一切事情都好商量，於是放開海量飲酒，敞開胸襟說話，所有的怨氣都隨著坦誠的快樂悄悄地消融了。等到孟嘗君吩咐撤去酒席摒退左右，開始煮茶敘談的時候，蘇秦對孟嘗君的一絲不快已經煙消雲散了。

「武安君，田文問心有愧也！」孟嘗君拍案歎息著，「合縱大典歸來，新王對聯軍大事不置可否。田文幾次請見，王顧左右而言他，硬是轉不過話題。緊接著便是啟耕大典、學宮春典、官市解凍等等，凡冠冕堂皇的事都派我去，只是不與我說合縱聯軍。月前，又逢搬遷府邸，雜亂無章，無暇他顧，合縱聯軍竟一無進展。你說，田文奉先王遺命，受六國丞相之命，身為合縱專使，卻是一籌莫展……」說著「咚」的一拳砸在案上。

蘇秦呵呵笑道：「何須如此自責？孟嘗君，你只要做好一件事，便是補天了。」

「武安君但說，田文萬死不辭！」

「盡快教我見到齊王。」

「就這件事？」

「就這件事。」

孟嘗君哈哈大笑道：「武安君哪武安君，你也忒小瞧田文了！莫說今日，便是當初見先王，不也沒費力氣？這算得補天之事？傳揚出去，豈不貽笑大方？」

蘇秦帶著三分醉意搖搖手：「那就試試你的通天手眼了。」

孟嘗君又氣又笑道：「這有何難？用得著通天手眼？你只想好說辭，明日午後進宮便是。」說話間站了起來，繞著蘇秦踱步，「你不說，我替你給田文下令：田文，你要據理力爭，拿到兵符印信，半月內將五萬兵馬帶到虎牢關……咦——武安君，你這是何意啊？」

扯著粗重的呼嚕，蘇秦已經倒在地氈上，睡著了。

孟嘗君一陣大笑，立即吩咐侍女將蘇秦扶到寢室休憩。安頓好蘇秦，孟嘗君依然是精神奕奕毫無倦色，一番思忖便吩咐備車進宮。他要和蘇秦開一個小小玩笑，教他天亮便見齊王，懵懵懂懂的說辭不利落，而後再教他多見幾次，看他還認為這是大事麼？孟嘗君原本豁達豪俠，與門客也時有善意戲弄之舉，越想越覺得此計大妙，想到蘇秦在王殿懵懂黏糊而又驚詫的樣子，不禁在車中大笑起來。

午夜的宮門空曠冷清，孟嘗君的高車特別顯赫。宮門司馬原是孟嘗君的一個門客（註：宮門司馬，齊國掌管宮門警衛的官吏），因其劍術搏擊出類拔萃，且通得些許文墨，孟嘗君便薦舉給齊威王做了侍衛。此人忠於職守，唯王命是從，齊宣王即位便將他拔為宮門司馬。見孟嘗君輜車到來，宮門司馬匆匆迎上，拱手低聲道：「主君何夤夜前來？」

「我有急務，要面見齊王。」

「哎呀，」宮門司馬滿面通紅道，「王有嚴命，三日內不見任何大臣。」

「如何？」孟嘗君大急，「三日不見，究竟為何？」

「在下如何得知？」宮門司馬一臉沮喪。

孟嘗君愣怔片刻，情知劍士門客都是「義」字當先一腔熱血，稍有為難定然是沒有退路，若開口請他疏通，無異於逼他當場自殺。堂堂孟嘗君，用一條將軍人命換得蘇秦面見齊王，還有何面目在天下周旋？想想笑道：「王命便是王命，與你無關。你只告我齊王明日的行蹤，我來設法。」

「齊王嚴命：我等護衛軍士，不得步入二進之內，更嚴禁與內侍宮女接觸。」

孟嘗君搖搖手制止了宮門司馬。他知道，宮門將領並不是國君的貼身衛士，尋常時日也只能從內侍宮女的口中得知國君行蹤，這條路一斷，再要他探聽，便是大犯忌諱的事了。稍有不慎，又是一條人命。心中如此想，嘴裡還不能說，孟嘗君便道：「沒事，三日後也不遲，我走了。」宮門司馬一臉愧疚深深一躬，卻紅著臉說不出話來。

孟嘗君猛然回身笑道：「哎，三日後還要你幫忙也。」

「嗨！」宮門司馬頓時精神抖擻如釋重負。

輜車轔轔碾過長街，孟嘗君第一次茫然無計了。赫赫孟嘗君見不上齊王，有這種咄咄怪事麼？看來，這個族叔新王是有意不見他無疑了。有意不見，便是有意搪塞六國合縱，豈有他哉！六國丞相蘇秦來解這個扣兒，齊國合縱專使孟嘗君，竟連面君程序都啟動不了，顏面何存？這時，他才對蘇秦方才的話體察出意味來了。想想頗覺奇怪：蘇秦事先探聽清楚了臨淄內幕麼？不像。蘇秦做事極是方正，不可能也沒有時間祕密探聽臨淄王宮的內情。看來，蘇秦對齊王的心思是揣摩透了，至少比他這個齊國重臣要清楚得多。一番歎息，孟嘗君雄心陡起，腳下猛然一跺，那輛駟馬輜車在空曠的長街飛馳起來，隆隆轔轔聲勢驚人。

生就的好強好勝，越是常人不能做到的事，孟嘗君越是發力。

記得母親說過，他是五月初五生的，能活下來已是個奇蹟。按照陰陽家的說法：五月子敗家，不利父母。當初，太醫號準了母親生子日期後，父親田嬰憂心忡忡，思前想後終於咬著牙對母親說：「不要了！不要生這個兒子了。」可母親身為小妾，將兒子看成生命，當時雖然沒說話，實際上已經打定主意要生這個兒子。於是，母親與忠實的女僕在臨淄郊野找了個農家住下，將兒子生了下來，寄養在農夫家中。

後來，母親時不時偷偷去探望兒子。五年後，母親祕密託人，將兒子送進了稷下學宮讀書。十歲時，孟嘗君已經長成了一個談吐不凡的英俊少年。有一次，母親鼓起了最大勇氣，將兒子帶到了田嬰面前。田嬰一見，很是喜歡這個英氣勃勃的少年，問可是母親的娘家族侄？母親低聲回答：「不。他是你十年前的兒子，取名田文。」父親驚愕憤怒道：「當日命你不要生，如何竟敢擅自生了？」母親嚇得瑟瑟發抖道：「君若不取，妾身與兒子遠走便是。」少年田文卻昂昂擋在母親身前，向父親一躬道：「君為王族名士，能否見告，何以不要五月子？」田嬰氣呼呼道：「五月子，長大後不利父母，男害父，女害母！」田文高聲道：「人生受命於天？還是受命於家？」父親一聽，愣怔著不說話了。田文昂然高聲道：「我若受命於天，你又有何憂？我若受命於家，則必當光大門戶，無人能止。」父親驚愕沉默良久，終於長歎一聲：「罷了罷了，你，留下便了。」

回歸王族公子的身分後，田文在家族中還是被視為「庶出五月子」，處處受氣。母親為此鬱鬱寡歡。少年田文憋悶極了，心中一百個不服氣，下決心要顯示學問，改變母子處境。一日，四十個兒子濟濟一堂，由父親考校學業。例行問答完畢，父親說：「周旋列國，辯才當先。誰若能問得住我，誰便是田門英才。」錦繡華貴的大小哥哥們爭先恐後地發問，一個也沒有難住父親。父親長歎一聲：
「看來，田門到此為止矣！」
此時，田文霍然起身，高聲發問：「子之子為何？」
「為孫。」父親悠然笑了，兄弟們也哄堂大笑——如此問話，何其淺薄也。
「孫之孫為何？」田文小臉繃得緊緊的。
「玄孫。」
「玄孫之孫為何？」
父親愣住了，搖搖頭：「不知道了。你等，誰個知道啊？」廳中一片搖頭，沒有人再笑了。父親回頭問：「文，你自己知道麼？」
田文高聲答道：「玄孫之孫為來孫，來孫之孫為昆孫，昆孫之孫為仍孫，仍孫之孫為雲孫，雲孫之後，以代計之。此謂人倫梯次也。」
舉廳驚愕，田文一舉在家族中成名。父親對他開始另眼相看了。有次父親問他：「子以為田氏有何缺失？」田文肅然答道：「古云：將門必有將，相門必有相。田氏富豪敵國，門下卻無一賢，誠非大患乎？」父親睜大雙眼看著他，當真是驚訝了。第二天，父親便命田文為掌家公子，主接待賓客招賢納士。幾年之間，田文的豪俠睿智與特立獨行的作派，使諸多名士賓客深為欽佩。田氏敬賢的名聲大起，田嬰家族倏忽成為齊國舉足輕重的勢力。列國諸侯但凡出使齊國，都指名道姓地要求田文做會談特使，末了，竟紛紛請求齊威王與田嬰將田文立為世子。正是在這種聲望下，田文終於成為田嬰家族的繼位棟梁。
孟嘗君沒有失敗過，更沒有在邦交賓客的周旋中失敗過。更何況，這次六國合縱是他功業名望的根基，如何能敗在一個最不起眼的環節上？

回到府中，孟嘗君立即急召門客舍人議事。片刻之間，二十多個舍人聚齊，孟嘗君將事情一說，眾人一片默然。孟嘗君從來不公然指責門客，只是陰沉著臉不停地兜圈子踱步，舍人們你看我我看你，大是難堪。誰都知道「養兵千日，用兵一時」，如今孟嘗君要在這些奇能異士中找一條出路，眾人卻是無計可施，安得不如坐針氈？

良久，馮驩道：「主君，我看可教蒼鐵一試。」

「如何試法？」

馮驩囁嚅道：「只是，主君要失去一件寶物了。」

孟嘗君冷冷一笑：「何物是寶？你倒是好清楚。」

馮驩知道仗義疏財的孟嘗君真是生氣了，連忙如此這般地說了一遍。舍人們紛紛點頭稱是。孟嘗君思忖一番也覺可行，不禁笑道：「好！我這便去見蒼鐵，其餘接應事宜，馮驩調遣。」舍人們散去，孟嘗君便向門客院的車騎部走去。

蒼鐵，出身赫赫大盜，是門客中一個獨一無二的人物。此「盜」，卻非竊賊或尋常搶劫者，而是反抗官府的奴隸叛逆軍。春秋戰國之世，盜軍蔓延最廣泛者，是奴隸制解體最緩慢的楚國。在楚國盜軍中，勢力最大戰力最強的，是「盜跖」軍。跖率領的盜軍，全部是官府罰做苦役的奴隸，臉上烙著永遠的印記，走到哪裡都是永遠的罪犯。逃亡造反後，他們或在楚齊吳越魏幾個大國，或在十多個小國的邊界山地，或在茫茫大湖中流竄，以各種形式襲擊官府，防無可防剿無可剿，一時震動天下。後來，在各國官軍的圍追堵截下，跖終是戰死了。但是，跖的盜軍並沒有銷聲匿跡，而是散成了幾股逃進了高山密林。其中一股近千人的盜軍，從楚國北部山地偷越秦國大散嶺，向北流竄到了陰山草原。

十餘年後，中原大勢漸漸穩定，奴隸制也土崩瓦解了。這股流竄草原的楚國盜軍，在爭奪水草的拚打中只剩下了二三百人，也都到了四十餘歲，日益地思念故土。最後，頭領拍板決斷：回中原！經過一年多的仔細打探，他們選擇了齊國薛邑作為落腳之地。這薛邑，是田嬰家族的封地，與楚國風習相近。當時的田文雖然還未封君，但已掌家多年。他聞得封邑來了一群流民，也沒在意，只下令劃出一大片山林教他們定居。畢竟，在人口稀缺的戰國，沒有人會拒絕流民逃入自己的封地。

一日，孟嘗君率領門客騎士到這片山林去狩獵。剛到山口，便聽得山林中一片響遏行雲的嘶鳴。門客中有一人原是馬賊，斷定這是漠北野馬特有的嘶鳴。孟嘗君大覺奇怪，當即遴選了十名騎術劍術俱佳的門客，隨他進山察看。進得山谷草地，眼前的景象使所有人大為震驚：四匹雄駿的火紅馬駕著一輛龐大的鐵車，在兩山之間來回飛馳！鐵車上的馭手長髮飛舞黝黑精瘦，身包一張斑斕虎皮，彷彿一段生鐵釘在車轅，手抖四根馬韁，口中不時吹出各種呼哨。每到山根，駟馬一齊嘶鳴、一齊急遽轉彎，聲震山岳間比四個人一起反身跑還來得整齊利落。那風馳電掣的車速，任誰也聞所未聞，那幾乎貼著草地飛起來的氣勢，任誰也大為嚮往。孟嘗君情不自禁地高喊：「壯哉猛士！」隨著山鳴谷應的喊聲，駟馬鐵車驟然回頭衝來，又在閃電般的衝擊中，驟然山岳般釘在了距離孟嘗君五尺開外。但見駟馬人立，鐵輪隆隆，草皮大飛，門客們不約而同地跳開，只有孟嘗君紋絲不動地釘在原地。

「閣下有此膽識，可是公子田文？」精鐵漢子在高高的車轅上昂昂拱手。

「正是，閣下高姓大名？」

「在下蒼鐵。」

就這樣，一番快意攀談，一通大肉烈酒，蒼鐵帶著十五條長髮遮著烙印的漢子，做了田文的門客。這蒼鐵，便是漠北盜跖軍的首領。在陰山漠北流竄的近二十年裡，這十六人為了熟悉馬上生涯，練就了一身降伏野馬的高超本領。蒼鐵本是郢都造車坊的苦役奴隸，悄悄跟一個造車工師學了一手高明的造車術。但更為難得的是，蒼鐵對駕車馴馬有著過人的天賦，在盜跖軍中是唯一的馬上猛士。進入漠北，蒼鐵為了使殘餘兄弟在匈奴驃騎下生存，非但教習馬術，而且帶領兄弟們馴服了一批野馬。

為了在進入中原後站穩腳跟，他們在中山國祕密打造了一輛鐵輪車，用馴化的四匹野馬駕拉，由蒼鐵做馭手，可日行三千里。為此，軍中兄弟都說：蒼鐵就是給周穆王駕車會見西王母的造父。後來，蒼鐵便有了「追造父」這個名號。要將如此車馬與如此人物送出去，孟嘗君確實心疼。更重要的是，還不知道蒼鐵是否願意這樣做。蒼鐵不是尋常門客，孟嘗君絕不想使他有絲毫的為難。一個浴血百戰的英雄，一個九死一生的奴隸，任誰都不會輕慢這樣的人物。

半個時辰後，孟嘗君走出了蒼鐵的小院落，回到府中已經是腳下飄浮，倒身榻上便酣睡了過去。

日上三竿時分，齊宣王田辟疆正在湖邊與一個老人對弈。

極為平庸的棋藝，絲毫不影響齊宣王酷愛黑白子遊戲，更不影響他與天下聞名的高手對陣。從做太子時算起，他已經記不清與多少棋道高人切磋過了。奇怪的是，無論切磋多少高手，他的棋藝始終沒有絲毫長進。齊宣王也是絲毫地不放在心上，依舊是每日三局，局後便走進了書房或殿堂。今日對局的老人，是新到稷下學宮的一個陳國棋士。老人布衣白髮，棋風凌厲無匹，眼看殺得黑棋全盤無一片可活。齊宣王竟每死一片便哈哈大笑一陣，卻沒有星點兒繳棋認輸的意思，依然是東一榔頭西一棒槌地橫衝直撞。老人也是怪異，既不生氣，也不懈怠，更無高興，只是石俑一般肅然端坐，一板一眼一刀一槍地應對著，該殺死的絕不退讓，該防守的絕不冒進。齊宣王眼看全盤皆死，大笑拍案：「好棋！再來第二局！活一片我便贏！」

侍女正在收棋，宮外突然傳來一陣響遏行雲的蕭蕭嘶鳴。齊宣王眼睛一亮，正待發問，內侍總管一溜碎步跑來：「稟報我王：宮門外有人獻寶！」

齊宣王霍然起身：「是千里馬麼？」

「我王聖明！不是一匹，是四匹，還有千里雲車！」

「宣他進宮……且慢！」齊宣王突然打住，略一思忖道，「領他到宮城東門等候。」

「謹遵王命。」老內侍答應一聲，一溜碎步消失了。

齊宣王撂下棋士老人，一句話也沒說匆匆走了。對於圍棋黑白子，田辟疆是愛而無心，玩樂而已，但對於良馬名車，田辟疆卻是真正的行家裡手，說愛之入骨也毫不為過。齊國正在最強大的時候，父王也叮囑他不要輕易地將齊國引入戰國糾葛，只要守得住齊國的富庶昇平，與中原列國做長期競爭，齊國便可大成。守定這個宗旨，他有的是閒暇時間，有的是府庫金錢，有的是無上權力，能夠將他的喜好淋漓盡致地展現出來。田辟疆不是昏聵君主，他自認玩樂是有度的：每日三局棋，每日一趟馬，其餘時間處置國務；三局棋是無意消閒，一趟馬卻是極為認真地錘鍊騎術車技，黑白子再輸也不打緊，車馬錘鍊卻務求日有長進。一個騎術車技的環節不精熟，田辟疆絕不罷手。往往是車馬出城時說好的一個時辰完畢，回來時卻已經是掌燈時分了。這幾日為了避開孟嘗君，田辟疆已經多日沒有出城趟馬了，雖覺憋悶異常，卻也是無可奈何。今日有人獻來寶車良馬，聽那響遏行雲的嘶鳴之聲，田辟疆便知絕非虛妄，自然是再也忍不住了。

宮城東門，是個清靜隱祕的偏門，但凡君主祕事都從這裡出入，等閒大臣不會在這裡出現。田辟疆換好一身狩獵甲冑，飛馬來到東門，剛剛在箭樓女牆站定，林間大道中一輛駟馬高車紅雲一般飄過來，轔轔隆隆聲勢驚人，到得箭樓前三丈處戛然煞車，駟馬一車如同釘在地上一般。

「好！」田辟疆拊掌高聲讚歎。

「稟報我王：獻寶義士到了。」車廂中的老內侍尖聲喊著。

「草民蒼鐵，參見齊王！」車轅上一個精鐵般的漢子拱手作禮。

田辟疆高聲道：「蒼鐵義士，箭樓下掉頭，我來試車。」

「嗨！」精鐵漢子答應一聲，馬韁輕抖，駟馬鐵車轔轔走馬向前。堪堪將近箭樓，「嘩啷」一響，前後伸展三丈餘長的車馬竟在城門洞中驟然轉彎掉頭，身後車廂正正地對著箭樓。田辟疆興奮地喊了一聲好，大紅斗篷翻捲，大鷹一般落到了寬敞的車廂之中。

「大王可要試車？」精鐵漢子立在轅頭卻沒有回身。

「如此良車寶馬，豈能不試？」田辟疆興奮地打量著車身與一色火紅的駿馬，「出城！到郊野我來駕車。」

「嗨！」精鐵漢子腳下輕輕一跺，駟馬鐵車「嘩」的一聲飄出了林蔭大道，飄出了臨淄北門，直向大海邊飛去。田辟疆只見兩邊林木飛速倒退，自覺騰雲駕霧一般。饒是行家裡手，他也不禁雙手緊緊握住了鐵柱扶手。片刻之間，車馬到了荒無人煙的茫茫草地，精鐵漢子喊道：「大王車技如何？」

「尚可。」田辟疆已經回過神來，分外興奮。

精鐵漢子又喊道：「先接右手馬韁，對了！再左手馬韁，好——要輕——」

齊宣王挺身站在轅頭，手執四根馬韁，第一次感到了駕車竟是如此美妙。四匹駿馬就像一團火焰在茫茫綠草上飄飛，堅實碩大的鐵輪無聲無息，頭上一團白雲片刻間被拋到了身後。更妙不可言的是，這車駕來分外輕鬆舒暢，手中馬韁只要持平，幾乎不用任何動作便照直飛馳，與尋常駕車者一連串「得兒駕」的吆喝簡直是天壤之別。那種車，王者不能上手，此車卻是天下神物，天生的王車。

「海山——」精鐵漢子一聲大喊，一聲呼哨，駟馬雲車穩穩地釘在了白色沙灘外的山岩頂上。放眼望去，茫茫大海波濤連天，洶湧潮水驚濤拍岸，白色沙灘伸展成遼遠的弧線，駟馬鐵車恰恰佇立在森林葦草覆蓋的蒼綠色山頂。海風撲面，濤聲隆隆，白雲悠悠，海燕翻飛，恍如身在荒莽曠遠的天盡頭。

田辟疆正在癡癡瞭望，身後遙遙傳來駿馬嘶鳴與沉雷般的馬蹄聲，其間還夾雜著隱隱狗吠。憑經驗，他知這是狩獵馬隊在逼近。田辟疆有些驚訝，這裡距離臨淄少說也有二百多里，誰能到此狩獵？

莫非遼東的狩獵部族遷徙過來了？回頭一望，幾面紅色幡旗分明是齊軍旗號，不禁長長地舒了一口氣，吩咐精鐵漢子圈回車馬候在一座小山頭，要看看究竟何人有此雅興？

眨眼之間，一群四散奔突的野鹿野羊出現在綠色的山塬上，紅色大旗也風一樣飄了過來。奇怪，旗上竟然沒有字號。田辟疆不禁有些困惑，心頭又躥出遼東部族的影子。正在猶豫要不要離開，一輛戰車飛快駛來，車上一人斗篷如火手執長弓遙遙高喊：「何人車駕在此？莫非天外來客？」

孟嘗君？如何是他？田辟疆又氣又笑，不想見他，偏又遇他，當真是好沒來由。想飛車走開，未免不倫不類，哪有君主公然逃避臣子的道理？索性不走，他還能在這野荒荒的天盡頭聒噪六國合縱麼？主意一定，田辟疆悠然自得地站定在高車上，笑看孟嘗君追逐獵物而來。

隨著一聲「停車」，隆隆戰車在三四丈外緊急煞住。孟嘗君跳下戰車疾步趨前施禮道：「閒暇狩獵，不想卻遇我王，唐突處尚請王叔恕罪。」

齊宣王笑了：「不期而遇，何來唐突？孟嘗君，你如何到海邊狩獵？」

「稟報王叔：田文款待貴客，邀客人海獵，圖個新奇。」

「噢？何方貴客，勞動孟嘗君親自出馬？」

「稟報王兄：六國丞相蘇秦。」

「你說何人？」齊宣王驚訝了，「蘇秦來了？在哪裡？」田辟疆精明異常，既然蘇秦撞到了面前，若是失敬，那可是大大的不周。蘇秦畢竟是當今天下舉足輕重的風雲人物，等閒國君想見他還真難，過分冷落可是對齊國聲望有損的。

孟嘗君笑著一指遠處的大旗：「那邊。武安君要與我比賽獵獲物，兩路逐鹿了。」

齊宣王道：「來，上我車，拜會蘇秦。」孟嘗君飛身上車。齊宣王一點頭，駟馬雲車嘩啷啟動，在草地上驟然飛了起來。孟嘗君驚訝大喊：「哎呀！這是甚車？風神一般！」齊宣王哈哈大笑：「駟馬雲車！你可曾見過？」孟嘗君搖頭大笑：「哎呀呀，這是天車！如何得見？」話音落點，駟馬雲車已經在狩獵戰車前釘住了。

齊宣王跳下雲車遙遙拱手道：「武安君入齊，田辟疆有失迎候，尚請見諒。」

蘇秦已經下了戰車，也遙遙拱手笑迎：「匆促前來，未及通報，原是蘇秦粗疏也。」

齊宣王一揮手：「孟嘗君，紮起大帳，我等與武安君海闊天空。」

「好！」孟嘗君一聲令下，一頂牛皮大帳片刻紮好，鋪上毛氈，擺上烈酒乾肉，頓時無限風光。

齊宣王先表示了大海洗塵的敬意，接著著實將今日得到的駟馬雲車大大誇讚了一番，請蘇秦回程一試雲車。蘇秦與孟嘗君著意讚歎，帳中一片融融春意。酒過數巡，齊宣王問起蘇秦行蹤。蘇秦便將組建六國聯軍的進展說了一遍，特意細訴了楚懷王的轉變，說到北上入齊，微笑著打住了。

「楚國變回，自然可喜可賀。」齊宣王意味深長地一笑，「然則，秦國還未見分曉，此事仍在變數之中，武安君以為如何？」顯然，楚國的一切齊宣王都是清楚的。

「齊王以為，合縱變數在楚？」

「武安君以為不在楚？」

蘇秦搖頭：「不在楚，在齊。」

齊宣王哈哈大笑：「武安君且說，齊國變在何處了？」

「齊國之變，如同蘇秦的雙眼，常人難以覺察。」

「此話怎講？」

「目力不佳，只看得眼前，十丈之外，一片朦朧。」

「武安君，你是說田辟疆目光短淺？」

「齊王可曾想過，齊國摧毀了魏國的霸主地位，卻為何依然蝸居海濱？三百年前，姜齊絕無今日田齊之富強國力（註：姜齊，春秋時代以姜氏為國君的齊國；田齊，戰國時代以田氏為國君的齊國。後者乃政變奪權），為何卻能尊王攘夷，九合諸侯，成為中原文明之擎天大柱？」蘇秦目光炯炯道，「此中根本，在於田齊淡漠天下苦難，唯顧一國之富庶昇平，以為長此以往他國自會衰落，齊國自會強大。屆時瓜熟蒂落，齊國則坐擁天下。乍然看去，似乎深謀遠慮。仔細揣摩，卻是一條亡國之道。」

「武安君危言聳聽也。」齊宣王對蘇秦直接洞察抨擊先王確定的祕密國策，覺得老大不快，「即便齊國後發制人，如何便是亡國之道？」

蘇秦一轍到底道：「嘗聞齊王飽讀經史，古往今來，可曾有過守株待兔得天下者？諺云：流水不腐，戶樞不蠹。邦國在激盪錘鍊中強大，國人在安樂奢靡中頹廢，此謂多難興邦，千古不變之道也！秦國曾經四面危機，然則奮發惕厲，一朝竟成天下超強。燕國三百餘年矜持自好，素來對中原衝突作壁上觀，卻淪落為連中山國都敢於向其挑釁的最弱戰國。痛定思痛，燕文公方決然下水，發起合縱，舉國民心為之大振。若鼎力變法，燕國富強便在眼前。齊國已經是三十年富強，卻不思進取，以垂暮之靜應朝陽之動，沉淪暗夜便在數年之間。此謂盲人騎瞎馬，夜半臨深池，豈有他哉！」

隨著蘇秦坦誠犀利的剖析，齊宣王靜靜地看著蘇秦，一言不發，良久沉默，之後喟然長歎：「武安君請明示，要齊國出兵幾多？」

「少則五萬，多則八萬。」

「好！八萬。」齊宣王一陣大笑，「武安君解惑有功，回臨淄大宴。」

當晚，齊宣王為蘇秦舉行了盛大宴會，當場下令孟嘗君為齊軍統帥，賜兵符印信。朝臣大是振奮，紛紛請戰。齊宣王當即拍案，准許二十多名王族子弟隨軍磨練。一時間，大殿宴會變成了生機勃勃的議政堂，連預備好的歌舞也沒有人關心了。

次日，孟嘗君立即派出飛騎調集兵馬。三日後，齊國的八萬大軍便在臨淄郊野集中完畢。蘇秦憂慮楚國反覆，立即向齊宣王辭行，與孟嘗君率領八萬大軍浩浩蕩蕩地向虎牢關幕府進發。行至中途，春申君特使飛報：秦國拒絕交還房陵，楚國朝野憤怒，楚懷王卻又猶疑反覆，不敢發兵，請武安君立即南下！

四、積羽沉舟新謀略

回到咸陽，張儀吩咐嬴華將楚國特使送到驛館，自己輕車進宮了。

張儀將出使楚國的經過一說完，秦惠王拍案讚歎：「用間化仇，一舉使楚國混亂，非張卿之瀟灑，不能成此大功也！」又恍然笑道，「只是這歸還房陵之約，可有些棘手。」

秦惠王自然清楚，張儀不可能將房陵真正地歸還楚國，只是總覺得如此做法有些說不出口來。秦人勇武厚重不務虛華，素來崇尚實力較量，蔑視山東六國的詭詐傾軋，一貫地在邦交中坦誠明爭；尤其是秦穆公與百里奚時代，秦國的王道邦交更是有口皆碑；秦獻公、秦孝公兩代被山東長期封鎖，但只要有邦交來往，秦國從來都是信守承諾的。也就是說，秦國朝野對「欺騙」兩個字是深惡痛絕的。在秦國歷史上，商鞅第一次衝擊了老秦人的這種「王道邦交」。在收復河西的大戰中，商鞅以「設宴議和」為名俘獲了魏國統帥公子卬。那時候，山東六國罵商鞅是「小人負義」，老秦人心中也覺得有些不硬正。可商君卻說：「大仁不仁。拘泥些小仁義，置國家利害於不顧，真小人也！」自那以後，秦國朝野已經發生了很大變化，迂腐的王道傳統幾乎已經被人們遺忘了。雖則如此，像張儀這種做法，還是出乎秦惠王預料的。他佩服張儀的超凡才華，竟能在旬日之間將合縱撕開一個裂口，大大超出了他的期望。但是，以「歸還房陵」為名，誘使楚懷王退出合縱，卻明顯是欺騙。秦惠王總覺得道義上有些難堪，卻又不好責備張儀。

「我王儘管隱在幕後，此事張儀一人處置。」張儀淡淡笑道，「我王若對『無所不用其極』六個字沒有體察，連橫便是一句空言。」

「嬴駟不是宋襄公，沒有恁般愚蠢的仁義道德，只是……」

「秦國崛起，六國合縱，秦國與山東皆在生死存亡關頭。」張儀一句話廓清大勢，臉色鄭重起來，「當此你死我活之際，成者王侯，敗者賊寇，赤裸裸冷冰冰豈有他哉！若有一絲一毫之迂腐，連橫之策便會大減鋒芒。昔日宋襄公不擊半渡之兵，大敗身亡；文種以煮熟的種子進貢吳國，而使敵國顆粒無收。古往今來，賢能豪傑之士欺騙敵國者數不勝數，何能以行騙二字掩蓋其萬丈光焰？昏聵顢頇之主，恪守王道仁義者亦不可勝數，何能以誠信二字減少其醜陋滑稽之分毫？況秦為法治大國，肩負統一天下之大任，若對強敵稍存憐憫之心，再求自己沽名釣譽，則強勢崩潰，大業東流，徒為青史笑柄也。我王出於苦難，成於板蕩，若不能理直氣壯地無所不用其極，則王道濫觴，秦國銳氣鋒芒必將大減！此中後患，望我王深思。」

秦惠王聽得心頭直跳，肅然起身一躬：「嬴駟謹受教。」

「我王心堅，臣便意定了。」張儀拱手作禮，「楚國特使，我王只是不見便可。」

「好！便是如此。」

此後幾日，楚國使者三次求見張儀，丞相府領書不是說丞相進宮去了，便是說丞相出咸陽視察去了。楚使無奈，只有求見秦王。可內侍卻說秦王狩獵去了，要十日才回。楚使無計，也顧不得大臣體面，只有日夜守候在丞相府門口等候。

這日三更時分，恰逢張儀車馬轔轔歸來。楚使攔住軺車大喊：「丞相何其健忘啦！房陵盟約已定，何日交割啦？」尖銳悠長的楚調使護衛甲士哄然大笑起來。

張儀下車笑道：「特使何其性急也！一則，我王狩獵未歸，王印未用。二則，楚國尚未履約，房陵如何交割？」

楚使急道：「楚國如何沒有履約啦？」

張儀淡淡道：「楚王承諾退出合縱，並與齊國斷交，退出了麼？斷交了麼？」

楚使紅著臉道：「楚王說，那是交割房陵之後的事啦。」

張儀冷冷道：「盟約是雙方訂立，如何只憑楚王一面之詞？回去問明，楚國若已經退出了合縱，且與齊國斷了邦交，我自然會交割房陵之地。」

楚使一時愣怔，無話可說。張儀大袖一拂，逕自去了。

萬般無奈，楚使又等了十多日，總想見到秦王澄清此事，可無論如何也見不上。楚使無法，只好又守候在丞相府門前，好容易等著了張儀，張儀卻反倒笑著問他：「如此快便回來了？想來楚國已經退出合縱，也與齊國斷交了？」楚使結結巴巴道：「丞相大、大錯啦。我沒、沒有回郢都啦！」張儀哈哈大笑：「那就是說，楚國不打算要房陵了。也好，我也沒有那麼多土地送人。」楚使愣怔間黑著臉喊起來：「你，你是丞相，說話不作數啦！」張儀揶揄笑道：「芈槐還是國王啦，他都不作數，我如何作數啦？」楚使還要攪鬧，張儀大袖一拂，又逕自去了。

絕望的楚使只好星夜離開咸陽，南下回郢都了。

楚使剛走，嬴華便來稟報：郢都商社飛鴿快訊，蘇秦已經趕到楚國，說得楚懷王幾乎就要反覆了回去，立誓拿不回房陵便與秦國血戰。末了嬴華嘟囔道：「我就不明白，你一說芈槐就轉過來，蘇秦一說芈槐就轉過去，是芈槐顢頇糊塗，還是你倆說辭厲害？」張儀哈哈大笑：「如此看去，缺一不可也。」嬴華擔心道：「假若楚國真轉了，丞相大哥豈非勞而無功？」張儀笑道：「你呀，只知其一，不知其二。連橫對合縱，絕非一兩個回合能見分曉的。此乃長期較量，從宮廷到戰場，從邦交到內政，須得拚盡全力、持之以恆地周旋，方能最終戰勝對方。合縱初立，若能一擊即潰，那你也忒小瞧我那師兄了。」嬴華笑道：「喲，那我這行人可就做老了。」張儀呵呵笑道：「青衣小吏做白頭，苦差使也，後悔麼？」「你才後悔。」嬴華滿面通紅，粲然一笑，回身便走。

「哎，你這個行人，回來。」

「有事麼？」嬴華轉了回來，臉頰上紅暈猶在。

「請教了：王族中可有待嫁公主？」張儀悠然地踱著步子。

「你要做甚？」嬴華猛然警覺起來，眼睛一轉卻又揶揄笑道，「若是丞相大哥想做王室快婿，我倒是可以幫忙。」

「那好啊，說來我聽聽，幾個？年齒？相貌？藝能？」

「哼哼，你買牲畜麼？不知道！」嬴華黑著臉一跺腳走了。

張儀愣怔片刻，逕自哈哈大笑：「張儀張儀，你好蠢也。」走進書房去了。

暮色時分，緋雲前來送飯，卻見幽暗的書房裡晃著張儀長大的身影，一個人在默默踱步沉思。緋雲點亮了紗燈，在一張空案上擺好了飯菜道：「吔，老爺大哥，用飯了。」恍惚坐到案前，張儀突然笑道：「你方才叫甚來著？」緋雲撇著嘴道：「吔，是老爺大哥嘛，飯來了，連看也不看人家一眼。」張儀拍著緋雲的頭哈哈大笑道：「緋雲啊緋雲，我看這可人的小女人最厲害，否則，勾踐怎麼拿西施鄭旦做滅敵利劍？」緋雲嬌嗔道：「呸呸呸，你老爺是夫差，我可不敢做西施。別瞎說了，吃飯吔。」張儀拿起玉箸，向書案一努嘴：「請領書來，將書簡謄清存底，立即呈送秦王。」

緋雲走過去一看，書案上攤著一長卷竹簡，簡上墨跡方乾，顯然是剛剛寫成。緋雲連忙去請來執掌機密的領書。領書問過張儀，捲起竹簡到繕寫房去了。

晚飯後，張儀正在書房端詳楚國地圖，宮中內侍匆匆來到，宣召張儀立即進宮。張儀沒有片刻耽擱，上得輜車從府門斜對面的宮牆偏門進了王宮。內侍沒有領他去經常議事的偏殿，徑直將他領到了大書房。張儀自然清楚，到了這裡，便是秦惠王要與他單獨密談了。

秦惠王正在用飯，眼睛卻盯著面前的長卷竹簡：

〈積羽沉舟　長破合縱〉

臣張儀頓首：臣自楚國歸來，嘗思楚芈槐之反覆，以為連橫破合縱乃長期之功，不能畢其功於一役。極而言之：六國不滅，秦國不統，縱橫之爭將永為糾纏。有鑒於此，臣出八字對策：積羽沉舟，長破合縱。即不求一次摧毀六國盟約，而以各式手法不間斷示好分治，以求各個擊破；即或屢次反覆，亦絕不休止。長此以往，六國間積怨日深，合縱則不攻自破也。鴻毛雖輕，積多可沉舟，此所謂積羽沉舟也。以臣之見，燕國與秦無舊仇，可嫁公主而結好；齊國偏遠，可尊其虛號而結好；楚國貪婪，可以利誘之，使其不斷反覆，從而自外於合縱；三晉與我接壤，可軟硬兼施，脅迫之，分化之。若如此，則合縱必可流於無形矣！

看到張儀的上書，秦惠王第一個感覺是驚訝。連橫本來就已經是驚世奇策，且一次出使就動搖了楚國，張儀的斡旋才華與連橫的威力，已經使秦國朝野刮目相看了。誰能想到張儀在一次出使之後，竟能舉一反三，提出更為明晰可行的連橫策略？一眼看完，顧不上用飯，秦惠王立即派內侍宣召張儀。

「我王如此勤政，秦國大有可為。」張儀笑著走進來深深一躬。

秦惠王一推鼎盤站了起來：「勤政算甚來？沒有長策大謀，還不是越忙越亂？來，丞相這廂坐了。」說罷回頭吩咐，「上茶。」待張儀坐定，秦惠王拿過案上長卷，不斷輕彈著慨然讚歎，「讀丞相上書，直如醍醐灌頂，快哉快哉！」

「我王認同，張儀倍感欣慰。」

「積羽沉舟，長破合縱。有此八個字，當真是點石成金也！」秦惠王不禁輕叩書案，擊節吟哦：「六國不滅，秦國不統，縱橫之爭永為糾纏……不求一次摧毀，而以各式手法不間斷示好分治，以求各個擊破；即或屢次反覆，亦絕不休止——丞相可謂一舉廓清迷霧，字字力敵萬鈞也！」

「我王慧眼，臣倒是多了一番憂慮。」

秦惠王少見地大笑起來：「丞相啊，對六國的各種手法，今夜可是要仔細揣摩一番了。定策難，做起來又談何容易。」

張儀不禁喟然一歎：「六國若有一王如此，蘇秦幸何如之！」

秦惠王不意被觸動心思，饒有興致地問：「若蘇秦當年為我所用，卿當如何？」

「一如蘇秦，六國合縱。」張儀沒有絲毫猶豫。

「連橫並積羽沉舟之策，蘇秦可能提出？」

「蘇秦大才，張儀不疑。」

「結局若何？」

「我固當敗。」

「何以見得？」

「時也勢也。蘇秦在秦，蘇秦勝。張儀在秦，張儀勝。」

「莫非蘇秦不明此理？」

「非蘇秦不明也，乃知其不可而為之也。」

「丞相之言，令人費解。」

「仁政井田不可復，孔孟畢生求之。六國舊制不可救，蘇秦全力救之。事雖相異，其理同一。孔孟為天下求一『仁』，蘇秦為天下求一『公』也。」

「強力大爭，焉得有公？」

「給六國一個如同秦國一般重新崛起的時機，還天下大爭以同一起點，此謂『公』也。奈何六國不爭，蘇秦又能如何？」

秦惠王默然良久，終是喟然一歎。

五、媚上荒政殺無赦

這一夜，君臣二人密談到五更方散。

張儀出得宮來，薄霧迷茫，天黑得伸手不見五指，索性棄車徒步而行，片刻出得宮牆偏門，卻見長街樹下黑糊糊一片蠕動。張儀雖然吃了一驚，卻是膽色極正，大步走近一看，竟是一群肥牛當街倒臥，悠閒地噴著鼻息倒嚼，旁邊一張大草席上，橫七豎八地躺著幾條呼嚕鼾睡的漢子。張儀又好氣又好笑，低聲喝道：「嗨！醒醒了！當街臥牛犯法，知道麼？」一個精瘦的身影一骨碌爬起連連打拱作禮：「軍大人恕罪，我等少梁村漢，只草草住得一夜，明日獻了壽牛便走，求大人法外施恩才是。」張儀見是個白髮老人，先軟了心腸，溫和問道：「壽牛？甚個壽牛？給誰獻壽牛？」老人仍是打躬不迭道：「軍大人有所不知，我少梁縣連年大熟，都是託王家聖明福氣。今年少梁縣要給秦王祝壽，每村獻一頭壽牛咧。」

張儀聽得大是詫異——獻耕牛祝壽，這可當真是天下頭一份！

那時候，耕牛比黃金還貴重，除了國家祭祀天地的大典，誰敢用活活的耕牛做壽？再說，張儀身為丞相，尚絲毫不知秦王有祝壽之舉，山野庶民卻如何這般清楚？心思閃爍間張儀笑道：「你等是王室貴戚，好福氣。」一個粗壯漢子連忙搖手道：「不咧不咧，草民能有恁福分？」又一個漢子搶著道：「秦王壽誕呀，有人上心咧，四月初三麼！不知說幾多遍了，少梁誰不知道？」張儀笑問：「那這個人肯定是大貴人了？」漢子正要說，精瘦老人低聲呵斥道：「一邊去！胡咧咧個甚？」回身對張儀躬身笑道：「他是個半瓜，信不得，壽牛自是庶民誠心獻納了。」張儀笑著連連點頭：「那這壽牛，是全村人花錢買的了？」「錯咧錯咧！」一個漢子高聲道，「出錢買牛，那能叫獻牛祝壽？這牛可是咱家自個兒獻上的！」張儀笑道：「一家一牛，都想獻牛祝壽，不就沒有耕牛了？」那漢子臉色憋得通紅，想說話，卻硬生生回過身去了。老人歎息一聲道：「軍大人，看你也是個好人，就莫再問了。王家聖明，子民祝壽，左右不是壞事了。」

張儀思忖著笑道：「倒也是，不說了。老人家，秦國向來是法外不施恩。我看你還是趕緊將壽牛趕到南市去，那裡有牛棚。哎，可不要說在這裡碰見過人。」

「是是是，大人有理。」老人回身低聲下令，「走！各人吆起自家牛快走！」

漢子們捲起了草席，一片「得兒起得兒起」的吆喝聲中將耕牛趕了起來。突然，一個漢子「哎喲」一聲，腳下一滑，摔了個仰面朝天。

「哈（壞）咧哈（壞）咧！牛拉屎咧！」一個漢子驚恐地叫了起來。

秦人都熟悉與日常衣食住行有關的律條，「棄灰於道者，黥。」是誰都刻在心頭的。將柴火灰隨意倒在路邊，都要給臉上烙印刻字，何況牛屎？更何況在王宮與相府間的天街上？一時之間人人驚惶。

「慌慌個甚？都脫夾襖！快！」精瘦老人厲聲命令。

十多個粗壯漢子齊刷刷脫下了厚厚的雙層布衣，這便是「夾襖」，春秋兩季的常衣。見漢子們已經脫了夾襖，老人指點著低聲吩咐：「你等幾個包起牛糞！你等幾個擦乾淨街道！狠勁擦！」漢子們二話不說，在颼颼涼風中光著膀子忙活了起來。老人回頭對著張儀深深一躬：「軍大人，我等草民為王祝壽，無心犯法，還請大人多多包涵，莫得舉發，我全里十甲三百口多謝大人了！」說著噗通跪到了地上，其餘漢子們也光膀子抱著牛屎夾襖一齊跪倒：「我等永記大人大恩大德！」

張儀心中大不是滋味兒，連忙扶起老人，殷切道：「人有無心之錯，既然已經清理乾淨，又髒了衣服，還受了凍，我如何還要舉發？老人家，快走。」

老人一躬，唏噓著與漢子們牽牛走了。靜謐的長街傳來噗沓噗沓的牛蹄聲，張儀的心也隨著一抖一抖。寒涼的晨風拍打著衣衫，恍惚間張儀竟忘記了身在何處，癡癡地兀立在風中，一直凝望著牽牛的農人們遠去。

「丞相，早間寒涼，請回府歇息。」家老早晨出門，見狀連忙跑了過來。

回到府中，張儀不能安枕，覺得少梁獻壽牛這件事實在蹊蹺；又隱隱覺得「壽牛」後邊影影綽綽隱藏著更深的東西，只是吃不準這件事究竟是否應該向秦王提出，尤其是否應該由他提出。古往今來，哪個帝王不喜歡為自己樹碑立傳歌功頌德？雖說秦惠王是個難得的清醒君主，但安知內心沒有此等渴望？若是有人暗中授意，出面勸諫豈非自找無趣？然若佯裝不知，卻又於心何忍？

雖然不是那種以「死諫」為榮的骨鯁迂腐臣子，張儀卻也不是見風轉舵的宵小之輩。縱橫家的本色，是「審勢成事」，不審勢則動輒必錯，即或搭進性命也於事無補。可眼下此等情勢，他卻是兩眼一抹黑。按照商君法制：庶民不得妄議國政。這「不得妄議」，既包括了不許擅自抨擊，也包括了不許擅自進行各種形式的歌功頌德以及對君王與上司祝壽。商鞅變法以來，秦國的各種祝壽便銷聲匿跡，秦惠王難道不清楚？驀然之間，張儀想到了秦惠王車裂商君，不禁出了一身冷汗。安知這位城府極深的秦王不想對商君之法改弦更張？果真如此，那這祝壽莫非是試探？張儀啊，慎之慎之……

睜著雙眼躺臥了一個多時辰，張儀索性起身梳洗，又喝了一鼎滾熱的羊肚湯，吩咐書吏去請行人嬴華前來。
行人本是開府丞相的屬官，官署便在相府之內。由於嬴華常有祕密使命，所以未必總是應卯而來。但只要在咸陽，嬴華還是忠於職守，每日卯時必到自己的官署視事。這也是秦國王族子弟的傳統──但任國事，便守規矩，從不自外。今日嬴華剛進官署，見書吏來喚，依著章法跟在書吏後邊來到了張儀書房，全然沒有以往灑脫親暱的笑意。
張儀揮揮手教書吏退下，笑著問道：「公子可知今日何日？」
「丞相不知，屬下安知？」嬴華一臉公事。
「秦王壽誕。公子不去祝壽？」
「秦王壽誕？」嬴華又驚訝又揶揄地笑道，「丞相靈通，趕緊去拜壽了。」
張儀悠然一笑：「窮鄉僻壤都趕著壽牛來祝壽，身為丞相，焉能不去？」
「壽牛？虧了丞相大才，想出如此美妙的牛名。」
「美妙自美妙，卻不是我想的，是農夫說的。不過，我親眼所見。」
「屬下不明丞相之意。」
「是麼？」張儀悠然一笑，「秦王今日定要大宴群臣，相府關閉，全體屬官隨我進宮祝壽。你嘛，乃王室公子，特許你三日壽假如何？」
「壽假？」嬴華大是驚愕，「六國聯軍正在集結，你倒是給我壽假……」
「上有大壽，臣能不賀？」張儀只是微笑。
「豈有此理？我偏不信！」嬴華一跺腳風也似的去了。

秦惠王正在書房聽樗里疾稟報各郡縣夏熟情勢，卻見嬴華大步匆匆而來，一臉憤憤之色。當年秦惠王重回咸陽，這個堂妹妹是他與伯父嬴虔之間的小信使，可謂患難情篤。嬴華執掌黑冰臺，也是秦惠王親自定名的。不管多麼忙碌，只要這個小妹妹進宮，秦惠王都會撇開公務與她談笑風生。此刻秦惠王向樗里疾示意稍停，打量著嬴華親切笑道：「喲，要哭了，受誰欺負了？王兄給你出氣。」

「沒有別人，就你欺負我！」

「我？」秦惠王哈哈大笑，「好好好，說說看，王兄如何惹你了？」

「今日可是你生日？」

秦惠王一怔：「別急，我想想……是，四月初三，小妹要給我做壽？」

「你不是自己想做壽麼？」嬴華揶揄地笑著。

「我想做壽？」秦惠王又是一愣，索性站了起來，「小妹，誰說的？」

「老百姓說的！壽牛都拉到咸陽了，你不知道？」

「壽牛？甚個壽牛？」秦惠王雲山霧罩，臉卻不由得黑了下來。

旁邊不動聲色的樗里疾一對小眼睛炯炯發亮，嘿嘿笑道：「君上莫急，我看此事有名堂，聽公子說明白了。」

嬴華硬邦邦道：「正當夏熟，農夫們卻要從幾百里外給你獻壽牛！沒有你的授意，誰個敢這樣做！方才我在南市外已經看了，少梁縣四十八頭牛披紅掛綵，正要進宮！你就等著做壽吧。」說完轉身便走。

秦惠王又氣又笑又莫名其妙，攤著雙手「咳」的一聲，愣怔著說不出話來。

「君上，且聽我說。」樗里疾走了過來笑道，「此事我大體揣摩明白，就看君上主意如何了。」

「我的主意，你就沒揣摩明白！」秦惠王冷笑著，臉色很是難看。

樗里疾嘿嘿笑道：「好，黑肥子便說，左右也是我右相的事。少梁縣連年大熟，庶民對國政王家多有讚頌，也是實情。於是，有人鼓動庶民，獻牛給君上做壽。庶民難知詳情，必以為這是官府主意，甚或王家授意，是以有了民獻壽牛之舉。雖有若干細節不明，然臣之揣摩，大體無差。」

「這『有人』是誰？」

「事涉律法，臣須查證而後言。」

秦惠王默然良久，突然厲聲吩咐：「宣召廷尉！」內侍一聲答應，急匆匆去了。

廷尉是商鞅變法後秦國設置的司法大臣，專司審判並執掌國獄。此時的廷尉雖然也是獨立大臣，但卻歸屬於統轄國政的丞相府，由右丞相樗里疾分領。片刻間廷尉趕到，秦惠王陰沉著臉下令：「著廷尉潼孤，十日之內查清壽牛一事！依法定刑，即速稟報。」

潼孤本是商君時的律條書吏，精通律法，忠於職守，一步一步地從「吏」做到了「官」，雖然已經是白髮蒼蒼的老臣子了，骨鯁刻板的稟性卻絲毫沒有改變。聽完秦惠王書令，他肅然拱手道：「秦法在上，此令該當右丞相出，我王自亂法統，臣不敢受命。」

秦惠王又氣又笑，想想卻是無奈，回頭道：「好。右丞相下令。」

樗里疾正要說話，潼孤卻道：「事涉王家，王須迴避，屬下須在丞相府公堂受命。」

「好好好，我走我走。」秦惠王又氣又笑地走了。

「潼孤，隨我到丞相府公堂受命。」樗里疾憋住笑意，大擺著鴨步出了國王的書房。

兩人剛剛走到宮門車馬場，便聽一陣金鼓之聲震耳欲聾。樗里疾急晃鴨步走到宮門廊下，卻見黑壓壓成千上萬的庶民圍在了王宮大街看熱鬧，最前面一幅橫長三丈餘的紅布，黑字赫然斗大——少梁獻牛為王賀壽！橫幅下幾十頭大黃牛披著紅綠綵布，不時的「哞哞」長叫，偶有牽牛者發出驚惶的呼喊：「牛拉屎咧——快接著！」四面哄然大笑，有人便高喊：「壽牛拉屎不犯法！盡拉無妨！」又招來一片哄然大笑。

「嘿嘿，潼孤，此等情形當如何處置？」樗里疾笑著，臉上卻抽搐著。

「律法所無，潼孤不敢妄言。」

樗里疾嘿嘿一笑，晃著鴨步走上門廊外的上馬石墩，臉色頓時黑了下來，大手一揮厲聲道：「宮門甲士成隊！」

「嗨！」宮門兩廂哄然一聲，兩百名長矛甲士鏘然聚攏，瞬間擺成了一個方陣。

秦國宮城禁軍是兩千四百人，每八百人一哨，輪值四個時辰。這八百人按照秦軍的經常編制，分為八個百人隊，頭領是百夫長。八個百人隊為一「校」，頭領職銜為「尉」，習慣稱為宮門尉。也就是說，晝夜十二個時辰，總有八百禁軍守在王宮衝要地帶。宮門最為要緊，每哨必有兩個百人隊守護，而宮門尉往往親自帶隊守護宮門。尋常情勢下，宮門無論發生何種騷亂，若無國君或權臣的特殊命令，只要騷亂者不衝擊宮門，宮門禁軍不得擅動。此時宮門尉正在宮門當值，見庶民雖蜂擁而來，卻是進獻壽牛，自然不敢隨意發動。如今見右丞相發令，立即拔劍出鞘，整肅待命。

「將獻牛人等全部羈押！將耕牛交南市曹圈養，等候處置！」

宮門尉舉劍大喝：「左隊押人！右隊牽牛！」

兩個百夫長手中長劍一舉：「開步！」長矛甲士兩人一組，挺著長矛楔入人群。

圍觀的民眾大是驚訝。誰能想到給國王獻牛做壽者，竟然被拘押起來？許多山東商人立即喊叫起來：「錯了錯了！抓錯了！人家是給秦王賀壽的！」咸陽老秦人也一片呼喊：「獻壽牛不犯法！不犯法——」獻壽牛的農人們也一片叫嚷，幾個白髮蒼蒼的老人亂紛紛嘶聲高喊：「害了牛還害人！冤枉哪冤枉！」「耕牛如命，誰願來獻哪？」

樗里疾連連揮手制止，人群漸漸平息下來。樗里疾高聲道：「國有律法，不會冤枉無辜。一時拘押，正是要徹查違法罪犯！圍觀人等立即散去，毋得鼓譟！三日後，秦王與國府自有文告通報朝野。」

無論是咸陽國人還是六國商賈，都知道秦國律法無情，見赫赫右丞相已經公然承諾「徹查」並將通報朝野，便知此事非同小可，雖然滿腹疑慮，人們還是在一片小聲議論中散去了。四十多頭「壽牛」全部趕往南市圈養，一百多個少梁農夫也已經被全部帶開。

「潼孤，去丞相府！」樗里疾黑著臉跳上軺車轔轔去了。潼孤連忙上了自己軺車緊跟而來。進得丞相府，樗里疾教潼孤先在外廳等候，自己到書房來向張儀稟報。聽樗里疾說完經過，張儀哈哈大笑：「秦有商君之法，便有骨鯁之臣，天興大秦，豈有他哉！」立即與樗里疾來到國政廳，也就是尋常說的相府正堂。

等閒時分，官員來丞相府接受政務指令，都是樗里疾單獨處置。一則是樗里疾本來就一直主持內政，國務嫻熟，文武皆通，除了事後歸總稟報張儀，基本上無須張儀操心。二則是秦國的法制完備，凡事皆有法度可依，依法出令，大體上也無須張儀出面。三則是張儀領開府丞相之職，但其謀事重點卻在秦國外事，也就是全力與合縱周旋，內事盡可能地交給樗里疾去做。這是秦惠王與張儀樗里疾在開府拜相之日，心照不宣的君臣默契，絲毫沒有削弱張儀權力的意味。今日遇見潼孤這等毫無通權達變的執法老臣，張儀樗里疾也就只有以全套法式對待了。

過程倒是簡單。張儀居中一坐，樗里疾右手下坐，站在廳中的領書一聲高宣：「請命官員入堂——」潼孤進得大廳一躬：「廷尉潼孤奉召領命，參見丞相，參見右丞相。」便肅然挺身站在當廳。張儀悠然道：「廷尉潼孤：國發重案，事涉王室，命爾依法辦理此案，受右丞相樗里疾督察。」領書便將寫著命令、蓋著丞相大印的一方羊皮紙雙手呈給潼孤。潼孤接過，拱手高聲道：「廷尉潼孤領命。敢請右丞相督察令。」樗里疾正色道：「本大臣依法督察，廷尉潼孤須得在三日內，查清此案來龍去脈，報請丞相、秦王，會同朝臣裁決。」潼孤高聲答道：「潼孤領命。潼孤告辭。」邁著赳赳大步出廳去了。

樗里疾憋不住，嘿嘿笑了：「少梁縣令一頭老狐，碰在一口老鐵刀上了。」

「颶風起於青萍之末。我看，這股邪風不可能是少梁一家。」

樗里疾一怔，隨即恍然道：「也是，我得趕快訪查一番。」

話音方落，書吏匆匆進門：「稟報丞相：又有六個縣的農夫們來獻壽牛壽羊，聽說右丞相在宮門拘押了少梁人眾，都將牛羊趕到南市去了。」

張儀看看樗里疾沒有說話。樗里疾臉色黑了下來，霍然起身，急忙晃著鴨步走了。

三天之中，廷尉府一片忙碌，飛騎如穿梭般進出，風燈徹夜通明。老潼孤先前以為，此案雖是生平未聞的特異案，案情卻是簡單，只需將獻壽牛的少梁縣查清即可了結。不成想一入手竟是大大麻煩。且不說壽牛之外又來了壽羊壽雞壽豬，更麻煩的是發案範圍從一個少梁縣變成了八個縣。除了偏遠的隴西、北地、上郡、商於，秦中腹心地帶的大縣，幾乎全部都包了進來。獻壽禮者都是樸實木訥的農夫，數百人被拘押在城外軍營更是一件棘手事。時近夏忙，這些人都是村中有資望的耕稼能手與族中長老，如今非但不能領賞趕回，反而被當成人犯關押，日夜大呼冤枉，整個關中都人心惶惶起來。

秦惠王聞報，氣惱得摔碎了好幾個陶瓶，卻也是無可奈何，只有連連催促樗里疾與潼孤盡速結案。

潼孤雖是執法老吏，卻也是生平第一遭兒遇到這匪夷所思的「祝壽案」。涉案者都是勤勞樸實的良民，即或背後有官吏操縱指使，可也全都是縣令縣吏。潼孤之難，倒不在無法定罪量刑，而在於牽扯的官吏庶民太多，範圍之大，幾乎就是大半個秦國。雖說他也親身經歷了商君一次斬決七百多名人犯的大刑場，可那些罪犯都是疲民世族中的違法敗類，如何與如今這些「罪犯」同日而語？潼孤也是秦國平民出身，深知庶民無心犯法，即或那些縣令縣吏，其中也多有政績不凡者，如何能斷然殺之？反覆思忖，潼孤上書丞相府，提出了「放回農人夏收，緝拿少梁縣令勘審」的救急之法。公文呈上，樗里疾卻不在咸陽。潼孤大急，直接面見張儀。張儀略一思忖，教他在府中等候，自己立即進宮。一個時辰後張儀回府，下令潼孤放了農夫，將八名縣令全數緝拿到咸陽勘審。潼孤本想說縣令無須緝拿太多，看著張儀臉色少見的陰沉，終於沒有開口便匆匆去了。

農夫們一放，情勢立時緩解，秦川國人立即淹沒到夏收大忙中去了。八個縣令雖然被押到了咸陽，留下的縣吏們卻是大出冷汗，連忙下鄉分外辛苦地督導收種，農時公務倒是沒有絲毫的紊亂。潼孤便靜下心來，認真勘審這幾個縣令。

這一日勘審少梁縣令，秦惠王與張儀便裝而來，面無表情地坐在了大屏之後。

「帶人犯上堂——」書吏一聲長喝，一個黑瘦結實的官員被兩名甲士押進大廳。

秦法雖刑罰嚴厲，卻極是有度。但凡違法人等，在勘審定罪之前，官不除服，民不戴枷，除了關押之外，與常人無異。這與山東六國的「半截法治」大不相同，與後來的「人治」更有著天壤之別。這時的少梁縣令依然是一領黑色官服，頭上三寸玉冠，神色舉止沒有絲毫的慌張。

「堂下何人？報上姓名。」潼孤堂木一拍，勘審開始了。

「少梁縣令屠岸鍾。」

「屠岸鍾，少梁縣四十八村獻壽牛，你可知曉？」

「自是知曉。龍紫之壽，也是下官曉諭庶民也。」屠岸鍾鎮靜自若。

「何謂龍紫之壽？」

「天子者，生身為龍，河漢紫微，是為龍紫。龍紫者，我王萬歲萬歲萬萬歲也！龍紫之壽，我王萬壽萬壽萬萬壽也！」屠岸鍾慷慨激昂，大念頌詞。

「屠岸鍾昌明王壽，是奉命還是自為？」

「效忠我王萬歲，何須奉命？屠岸鍾一片忠心，自當教民忠心。」

「端直答話！究竟是奉命還是自為？」

「自為。屠岸鍾領全體十八名縣吏，三日遍走少梁四十八村，使龍紫之壽婦孺皆知。」

「獻牛祝壽，可是屠岸鍾授意？」

「無須授意。民受屠岸鍾教化，聞龍紫之壽，皆大生涕零報恩之心，交相議論，共生獻牛祝壽之願。」

「獻牛祝壽，屠岸鍾事先可曾阻止？」

「庶民景仰萬歲之德治，效忠萬歲之德行，屠岸鍾何能阻止？」

「端直說！可曾阻止？」

「不曾阻止。」

「獻牛祝壽，屠岸鍾可曾助力？」

「自當助力。屠岸鍾心感庶民忠貞大德，特許獻牛者議功，以為我王萬歲賜爵憑據，又特許獻牛者歇耕串聯，上路吃住由縣庫支出。」

「其餘各縣祝壽舉動，屠岸鍾是否知曉？」

「下邽、平舒兩縣派員前來詢問，屠岸鍾亦曉諭龍紫之壽。其餘各縣，屠岸鍾並未直面，但卻都知曉也。」

「屠岸鍾，少梁境內三十里鹽鹼灘排水，丞相府可有限期？」

「有。仲秋開始，春耕前完工。」

「如期完工否？」

「尚未開始。」

「因由何在？」

「連年大熟，民心祈禱龍柴之萬壽，豈容瑣事分心？」

「屠岸鍾，你可知罪否！」潼孤溝壑縱橫的老臉一片肅殺。

「說甚來？知罪？」屠岸鍾仰天大笑道，「古往今來，幾曾有過頌德祝壽之罪？三皇五帝尚且許民頌德，何況我王大聖大明大功大德救民賜恩之龍主？爾等酷吏枉法，但知春種秋收，不知王化齊民，竟敢來追究忠貞事王之罪，當真可笑也！」

「大膽屠岸鍾！」潼孤「啪」地一拍堂木，「此地乃國法重地，端直答話，勿得有他！」

「爾等酷吏，豈知大道？屠岸鍾要見我王萬歲萬歲萬萬歲！」

老潼孤氣得稀薄的鬍鬚翹成了彎鉤，堂木連拍。屠岸鍾卻只是嘶聲喊叫著要見「我王萬歲萬歲萬萬歲」，威嚴肅殺的廷尉大堂亂紛紛一團，沒了頭緒。

突然，大堂木屏「嘩啦」推開，秦惠王鐵青著臉走了出來。潼孤顫巍巍站起來正要行禮參見，秦惠王擺擺手制止了他，緩慢沉重地踱著步子走到了屠岸鍾面前。屠岸鍾做了五年縣令，卻偏偏沒有見過秦惠王，見此人雖然布衣無冠卻是氣度肅穆地逼了過來，不禁吭哧道：「你你你，你是何人？」

「屠岸鍾窮通天地，卻道我是何人？」那嚇嚇喘息的喉音與冷笑令人不寒而慄。

「哼哼，你總不至於是我王萬歲萬歲萬萬歲吧？」屠岸鍾傲慢地冷笑著。

秦惠王渾身一個激靈，咬牙切齒地冷笑著：「可惜呀，你運氣不好。看準了，站在你面前的偏偏是秦國君主。不相信麼？」

看著恭敬肅立的潼孤，再看看滿堂肅殺的矛戈甲士，屠岸鍾悚然警悟，心頭狂跳，不禁一身冷汗，慌忙撲倒以頭搶地：「罪臣屠岸鍾，參見我王萬歲萬歲萬萬歲！」

「罪臣？你少梁縣令功德如山，何罪之有啊？」

「屠岸鍾不識我王萬歲萬歲萬萬歲，罪該萬死！」

「不識本王便罪該萬死，這是哪國律法啊？」

屠岸鍾吭哧語塞，額頭在大青磚上撞得血流縱橫：「屠岸鍾一片忠心，唯天可表也！」

「一片忠心？三十里鹽鹼灘不修，四十八耕牛做壽，這便是你的忠心？」

「臣彰顯我王大仁大德，教化民眾效忠王室，無知有他，我王明察！」

「好個無知有他。屠岸鍾，你也是文士一個，這是哪家學問？」

「啟稟我王萬歲萬歲萬萬歲：臣自幼修習儒家之學，畏天命、畏大人、效忠我王！」

「住口！」秦惠王厲聲斷喝，「儒家之學？孔子孟子寧棄高官而不改志節，你如何不學？儒家勤奮敬事，你如何不學？挖空心思，媚上逢迎，龍柴之壽、壽牛壽羊、萬歲萬歲萬萬歲、萬壽萬壽萬萬壽，名目翻新，當真匪夷所思！沽大忠之名，行大奸之實，種惡政於本王，禍國風於朝野。恬不知恥，竟以為榮！如此居心險惡之奸徒，竟位居公堂，教化民眾，端的令人拍案驚奇也。」

「我王誅臣之心，臣卻如何敢當啊？」屠岸鍾奮力搶地嘶聲哭喊。

「如何？你這顆心不當誅麼？」

「屠岸鍾天地奇冤！我王萬歲明察……」

「狗彘不食！」秦惠王勃然大怒，回身搶過甲士一支長矛直撲過來，「再喊一句，洞穿了你！」冰涼閃亮的長矛頂在胸口，屠岸鍾頓時臉色蒼白瑟瑟發抖，大張著嘴巴一句話也說不出來。湩孤雖然年邁笨拙，此時卻大步搶來雙手抓住長矛：「臣奉命勘審人犯，我王不能壞了法度！」

「噹」的一聲，秦惠王擲開長矛，拂袖去了。

就在當日晚上，樗里疾回到咸陽，匆匆到丞相府見了張儀，兩人立即進宮了。樗里疾稟報了走訪秦中八縣的情形，尤其對屠岸鍾的來龍去脈做了備細述說。秦惠王聽罷，久久沉默。

這個屠岸鍾，原是晉國權臣屠岸賈的後裔。春秋時，屠岸賈在晉靈公支持下誅滅了上卿趙盾滿門。誰想陰差陽錯，僥倖被人救出的一個趙氏孤兒卻活了下來，而且鬼使神差地被屠岸賈收作了義子。二十年後，這個趙氏孤兒因了屠岸賈的權勢，做了晉國將軍。此時又是鬼使神差，收養趙氏孤兒的老義士，竟然祕密向這位年輕的「屠岸將軍」揭穿了他的本來身世與滅門大仇。此時恰逢屠岸賈失勢，孤兒將軍憤然聯絡趙氏舊勢力，一舉將屠岸氏剿滅。從此，屠岸氏殘餘人口星散逃亡於列國。後來，趙氏恢復了勢力，與魏韓兩個大族共同瓜分了晉國，有了聲威赫赫的趙國。

趙氏立國，明令以屠岸氏為不共戴天之世仇，鍥而不捨地在天下祕密追殺。屠岸氏族人紛紛改名換姓，一時間，屠岸氏幾乎絕跡。這時，逃到秦國驪山河谷的兩家屠岸氏後裔，也改為「土山」姓氏，徹底地變成了老秦人。幾代之後，「土山」一族已經有了五十餘戶四百餘口。商君變法後聚族成里，土山氏漸漸富了起來。「土山」族長一心想改換門庭，將自己的大兒子「土山鍾」送到了魯國去求學。此子歸來，雄心勃勃，振振有詞地力勸父親恢復屠岸姓氏：「人之生滅在於天，何在於姓氏？趙氏不當滅，雖抄滿門而漏孤兒。屠岸氏當滅，又豈在隱姓埋名哉！」父親與族人被他的勇氣感動，終於議決恢復了屠岸姓氏。於是，「土山鍾」變成了屠岸鍾。

屠岸鍾與下邽縣令在魯國求學時是同窗師兄弟。後來，屠岸鍾在這個縣令薦舉下先做了縣吏，三年後又做了少梁縣令。當時的少梁縣，偏遠荒涼又靠近魏國，尋常文士出身的吏員都不敢去做少梁縣令。屠岸鍾卻是上書請命要做少梁縣令的。樗里疾還記得，他當時便欣然批下了。當時正逢秦惠王在隴西巡視，屠岸鍾未及被召見，便匆匆赴任了。

上任頭三年，屠岸鍾尚算勤政敬事，將少梁縣治理得井然有序。可三年未見升遷，屠岸鍾開始漸漸變得悶悶不樂了。據一個老縣吏說，兩年前的一天，屠岸鍾祕密請來了一個魏國老巫師，用古老的鑽龜之法為他占卜命數。老縣吏也說不清巫師是如何解說龜甲裂紋的，反正從那之後，屠岸鍾便開始邪乎起來了。先是在縣府大堂的庭院立了一座「望王碑」，每日三炷香、三叩拜、三次高聲表白對秦王的耿耿忠心。後來，無論與何人敘談，也無論公事私事，但凡涉及秦王，立即挺身起立，高聲念誦「我王萬歲萬歲萬萬歲」一句，再入座說話，舉座莫不愕然。再後來，屠岸鍾又鐫刻了一座「秦王功德碑」，列出了秦王的「十大功德」。但凡庶民訴訟或吏員公務進入少梁縣大堂，都要在屠岸鍾陪同下先行叩拜念誦一通，否則不能處置任何公務。今年恰逢少梁縣連續三年大熟，屠岸鍾忽發奇思妙想，便有了壽牛壽羊這樁奇案，波及關中八縣，令人匪夷所思。

由於屠岸鍾經年如此，人們也由驚愕疑慮變成了信以為真。漸漸地，屠岸鍾的「大忠」之名傳揚了開來，諸多縣令群起仿效，縣吏與少梁縣的族長們還醞釀給秦王上「萬民書」，請秦王引屠岸鍾入朝「秉持大政，澤被朝野」。

「我王請看，這是老縣吏代為草擬的萬民書。」樗里疾從大袖中摸出一方摺疊的羊皮紙打開雙手遞過。秦惠王順手便丟在案上，看也不看一眼。樗里疾知道秦惠王此刻憋悶窩火，不能聒噪追問，只能慢慢疏導，教國君自己開口，便嘿嘿笑著看看張儀：「丞相以為，這天下第一奇案，如何處置？」

「此案奇歸奇，然並無複雜疑難處。」張儀微微一笑，「此案之難，在於處罰之度。一則，本案涉官涉民，須得有所區分；二則，本案無成法可循。秦法雖有『妄議國政罪』，但卻沒有媚上賀壽歌功頌德之條目，其間分寸，頗難把握也。」

樗里疾飛快地眨巴著小眼睛，又是嘿嘿一笑道：「要黑肥子說來也好辦，奪爵罷官，以儆效尤，畢竟不是殺人放火也。」

張儀盯著樗里疾，眼裡一絲揶揄的嘲諷，一句話也沒說。

「豈有此理！」秦惠王啪地拍案而起，「定要嚴厲處罰，此等邪風，遠勝殺人放火！」秦惠王緩慢地踱著步子喟然歎息，「古諺云：王言如絲，其出如綸。但有絲毫寬宥，無異於放縱官場惡風。秦法無成例，難不倒我等君臣。商君變法至今已近四十年，民情官風皆有變，律法亦當應時而增。況且，匡正朝野，移風易俗，本是商君立法之本意，何能拘泥成法而放縱惡習？」

「好！我王但有此心，何愁國風不正？」張儀頓時滿臉笑意。

樗里疾聳聳肩膀兩手一攤：「我王如此聖明，臣有何說？」秦惠王與張儀頓時想起酒肆第一次謀面時的情境，不禁同聲大笑。

此日，張儀與樗里疾會同廷尉潼孤及商鞅變法時的一班老臣子，對秦法進行了細緻梳理，增加了一百多個條目，報秦惠王做最後定奪。在此期間，潼孤也晝夜忙碌著將「壽牛案」的處置及刑罰分類明確下來：其一，所有涉案庶民，兩年不得敘功，有功不得受爵；其二，所有涉案縣吏，罰俸兩石，兩年不得敘功；其三，八名縣令，屠岸鍾『斬，立決』，其餘七名縣令奪爵罷官，貶為庶人。幾名書吏連夜謄清為三卷，立即呈送王宮。

蓋著赫赫大方王印的批件一發下來，潼孤驚訝得目瞪口呆。

其實，秦惠王只動了一條：屠岸鍾改為剮刑，其餘原封未動。而潼孤的驚訝，恰恰在於這個剮刑。

剮刑，是殺死人犯的一種方法，後人叫作「凌遲處死」。遠古無利器，鈍刀割肉是世間最為痛苦的折磨。於是，用鈍刀對罪大惡極的罪犯一塊一塊地割肉，而後再割除生殖器，再砍開骨架，讓罪犯在漫長的煎熬中活活疼死。教觀刑者毛骨悚然，永遠烙印在心頭。終戰國之世，只有後來的齊湣王田地在逃亡中被民眾一刀一刀地剮死。除此之外，大夫受剮，聞所未聞。戰國時兵器精進，利刀出現，剮刑變得更為殘忍：最甚者可以剮兩到三日，罪犯方最終身亡。但是，剮刑畢竟是一種「非刑」，也就是法律規定的刑罰之外的處刑之法，不是正刑。直到後來的五代十國，凌遲才成了大量使用的常刑。宋代之後，凌遲更成了法律規定的正刑，專一處死那些謀逆類「十惡不赦」的罪犯。這是後話。戰國之世刀兵連綿，人們習慣於轟轟烈烈痛痛快快地去死，對待戰俘罪犯，要殺也都是一刀了事，絕不累贅。剮刑，也只是流傳在獄刑老吏們中間的一個神話而已，見諸刑場，幾乎哪個國家也沒有用過。而今，秦惠王竟要對這個天下奇案的首犯，使用這種曠古罕見的奇刑，老潼孤如何不心驚肉跳？潼孤反覆思忖，本想上書勸阻，驀然之間，卻想到了商鞅被秦惠王車裂的非刑，不禁打了個激靈，終於保持了最後的沉默。

屠岸鍾被押到刑場的那一天，渭水草灘人山人海。

奇怪的是，當亮晃晃的特製短刀割下第一片肉時，屠岸鍾居然還在嘶聲慘叫：「我王萬歲萬歲萬萬歲……」及至一刀割到喉頭，才沉重地呼嚕了一聲，了無聲息。此後兩日，萬千國人眼看著這個赫赫縣令從慘叫喘息，變成了一跳一跳，變成了一抖一抖，又變成了難以覺察的一絲抽搐，卻鴉雀無聲。忍不住者竟跑到河邊翻腸攪肚地嘔吐，直到第三天，太陽枕在了西山之巔，如血殘陽照著那在晚風中搖曳的森森骨架，人們才夢遊般地散去了。

可是，人們又迎頭碰上了張掛在咸陽四門的那張碩大的羊皮王書。官府吏員們打著風燈守在旁邊，一遍又一遍地為人們高聲念誦著：

〈禁絕媚上荒政令〉

秦王書告朝野：為政之本，強國富民。為官之道，勤政敬事。阿諛逢迎，媚上荒政，上負國家，下負庶民，誠為大奸大惡。今少梁縣令屠岸鍾不思勤政報國，專精媚上，揣摩君心，猜度奇巧，歌功頌德，耕牛賀壽，發聞所未聞之邪術，沽大忠之名，行大奸之實，乃曠古罕見之奸佞也。惡習但開，官風大壞，吏治不修，禍國殃民，法制大崩，國將不國！本王今書告朝野：秦法已修，須行郡縣；自後凡不導法度，刻意媚上，一心逢迎而荒蕪政事者，殺無赦。秦王十一年八月

人們聽得感慨唏噓，又驚詫莫名。

古往今來，何曾有過君王不許臣下歌功頌德表忠心者？縱是三皇五帝，也還不是在芸芸眾生的頌揚聲中，才有了接受禪讓的資格？能做到不縱容臣下庶民歌功頌德，就已經是天子聖明了。如今這個秦王，非但剮了這個臨死還在喊萬歲的縣令，而且禁絕一切媚上逢迎歌功頌德，如何不令厚重淳樸的庶民們困惑？春秋戰國以來，多少君王毀在了阿諛逢迎的奸佞手中？英明神武如霸主齊桓公者，不也是被易牙、豎刁兩個割了生殖器的閹臣哄弄得不問國事，最後竟困死深宮，連屍體上都生滿了蛆蟲？流風蠱惑，人們相信了「是人便喜頌歌聲」，以為那是巍巍泰山般屹立不倒的官道人道。可如今，這個秦王卻對這一套如此地深惡痛絕，他是個真聖人麼？人們想說幾句，卻又不敢。轉而捫心自問，如此國王有何不好？只要守法，怕甚來？剮刑殘忍麼？可那剮的是媚上荒政的縣令，又不是剮無辜百姓。仔細想想，國王無非是教官員們看個心驚肉跳，從此永遠絕了這害人之風，說到底，還是對老百姓有好處啊……

想著想著，人們心裡舒坦了，那種莫名其妙的恐懼也消失了。雖然還是不敢像以往那樣忘情地高喊一嗓子「萬歲」，但也是相互豎起大拇指，低聲笑談著消融在炊煙裊裊的村莊，消融在燈火閃爍的街巷。一股凜冽的清風掠過，老秦人覺得天更藍了，水更綠了。

就在這時，傳來了一個驚人的消息：六國大軍雲集函谷關外，要猛攻秦國了！

六、聯軍幕府　春風得意

河外營寨連綿，六大片旌旗軍帳滿當當地塞實了四十里山塬。

大約春秋開始，黃河以南的大片平原便叫作「河外」，黃河以北的山塬便叫作「河內」。這片氣勢驚人的軍營，就紮在大河南岸虎牢山下的河外平原上。以兵家眼光看，這片大軍營地極得地利之便：北臨滔滔大河，東靠虎牢要塞；引河入梁的鴻溝恰恰從虎牢山東麓南流，汜水則從南麓北流入河，三水夾營，大軍取水極是方便；鴻溝與大河的夾角地帶，是天下儲糧最多的敖倉，大軍糧秣路程僅僅只有三五十里。

這便是山東六國的合縱大軍。從六色軍營的駐紮方位看，顯是極具匠心。虎牢山南麓是火紅色的魏國營寨，依山傍水近糧，占盡形勝險要，乃是全軍的輜重樞紐位置，正當身為「地主」的魏軍駐紮。東南的汜水東岸，是草綠色的韓國營寨，背靠太室山，正在韓國邊緣。北臨大河的一片山塬，則是紅藍色的趙國營寨，過河北上二百里便是趙國的上黨地帶，正占據著這裡直通趙國的唯一渡口。汜水東面接近滎陽的山塬上，是紫色的齊國軍營，位置正在韓齊官道的咽喉。東北接近廣武的山塬上，是海藍紅的燕國軍營，正在魏燕官道的咽喉地帶。虎牢山西麓的虎牢關外，是茫茫土黃色的楚國軍營，既是直面函谷關的前敵位置，又是南下楚國淮北地區的最便捷所在。六大營寨各有便利，各得其所，沒有一番折衝周旋，顯然是不可能的。

這片浩大的軍營裡，駐紮著六國聯軍四十八萬，是戰國以來最大的一次性用兵規模。其中魏國精銳步騎八萬，主將晉鄙；齊國步騎八萬，主將田間；趙國步兵六萬，主將肥義；韓國步騎五萬，主將韓朋；燕國步騎六萬，主將子之；楚國兵力最多，十五萬大軍，主將子蘭。

在這片茫茫軍營的東邊接近敖倉處，還有一座小軍營。這座軍營只駐紮著兩萬餘人馬，卻是六色旌旗六色甲冑，大軍帳多，大纛旗多，色彩斑斕分外熱鬧。這便是由六國丞相蘇秦執掌的六國聯軍幕府。軍營中央有一座磚木庭院，被百輛兵車圍起的一個巨大轅門包圍著。轅門口一面六色大纛旗迎風舒捲，上書「六國丞相蘇」五個大字。轅門內外，二百名長矛甲士列成了一個肅殺的甬道，亮晃晃的長矛大戟一直延伸到庭院口。這便是六軍司命的幕府。轅門百步之外，紮著紅黃紫藍四頂沒有轅門的大帳，帳口也是各立一面大纛旗，分別是魏公子信陵君、齊公子孟嘗君、趙公子平原君、楚公子春申君。

這片軍營雖然不是實際意義上的出令統帥部，卻是四十八萬大軍的靈魂所在。故而有幕府之名。幕府者，將軍統轄三軍之府署也。將軍出戰無常處，所到以幕簾為府署，故曰幕府，或云莫府。究其實，幕府便是後世所謂將軍總帳，司令部。或磚石庭院，或牛皮大帳，皆可為幕府，未必有固定法式。

時當落日銜山，幕府庭院裡已經亮起了十多盞紗燈，八名侍女正穿梭般地在院中擺布收拾，厚厚的猩紅色地氈使得她們變成了無聲忙碌的影子。這時，腰懸長劍的荊燕大步匆匆地走了進來，看也不看侍女們一眼，進入幕府徑直掀簾進了後帳。

所謂後帳，是幕府中用小門隔開的一個起居小寢室。此刻，小寢室的軍榻上蜷臥的是蘇秦，那悠長均勻的鼾聲，顯然是沉沉大睡者才能發出的。荊燕稍一猶豫，輕輕拍著軍榻靠背道：「大哥，天快黑了，該起來了。」鼾聲突然停止，蘇秦睜開了眼睛坐起來，伸腰打了個長長的呵欠。荊燕遞過一條汗巾低聲笑道：「大哥真是太乏力了，眼屎涎水都有了。」蘇秦呵呵笑著擦去了眼屎口水道：「心鬆泛了，睡得一個眼屎涎水橫流，解乏。」說著霍然站起，「你先去應酬，我沖個涼水便來。」

在起居瑣事上，蘇秦從來不用僕人侍女。國君們賜給他的侍女，都是專門挑選的侍奉能手，可他都一律婉言謝絕，實在推不掉就送給別人。他慣於自理，也善於自理，對伸手來衣張口來飯的那種貴冑生活極是厭煩，認定那種生活對心志是一種無形的銷磨。此刻他脫光了身子，走到帳角提起一桶冰水便從頭頂猛澆下來。一陣寒涼驟然滲透了身心，頓時便清醒起來，用大布擦乾身子擦乾長髮，換上一套乾爽的長袍，分外地愜意清爽。

尋常時日，蘇秦也不喜歡給頭上壓一頂高高玉冠。只要不是拜會國君，他總是布衣長袍散髮披肩，最多是一根絲帶束了灰白色的長髮而已。此刻長髮未乾，他便布衣散髮悠遊自在地走出了內帳，來到了大帳口。本想到外邊走走，看看落日，可望著庭院中亮晃晃的長矛大戟，他頓時皺起了眉頭。

「百夫長，教甲士撤到轅門之外。日後轅門內無須甲兵護衛。」

兩個百夫長異口同聲：「此乃軍法，小軍不敢擅動！」

「誰的軍法？回頭我自會向荊燕將軍說明，撤出去。」

兩個百夫長一舉短劍：「轅門之外，列隊護衛！」矛戈甲士鏘鏘然退了出去，轅門內頓時清淨寬敞了許多，彷彿一個別致的庭院。蘇秦踱步「庭院」，遠眺晚霞照耀下錦緞般燦爛的大河遠山，心頭泛起一種說不清的滋味兒。

秦國食言，楚國憤怒，使眼看就要夭折的合縱驟然有了轉機。當蘇秦風塵僕僕地趕到郢都時，楚國朝野正在一片憤憤然的混亂之中。楚懷王大感屈辱，一連聲地叫嚷要殺了張儀。可真到了決策關頭，卻莫名其妙地又軟了。蘇秦與屈原、春申君聯絡楚國新銳勢力的三十多名將軍，一起晉見楚懷王。在蘇秦的苦心說辭與屈原春申君並一干將軍的慷慨激憤中，楚懷王終於當場拍案，決意起兵。眼看國人洶洶，新銳拚命，鄭袖不得不沉默了。

老狐般的昭雎一反常態，連夜進宮，向楚懷王痛切責罵張儀與秦國，薦舉自己的族侄子蘭做楚軍統帥，要一雪「國仇家恨」。顢頇懵懂而又自以為精明過人的楚懷王，立即欣然贊同，當場向子蘭頒賜了兵符印信。屈原與春申君大是不滿，連夜邀蘇秦共同進宮。誰知楚懷王振振有詞：「昭氏封地的兵員最多，糧賦最多。子蘭為帥，軍兵糧秣不受掣肘，有何不妥？再說昭氏與張儀有仇，他能不死力奮戰？」屈原憤激，歷數昭睢禍國殃民勾連張儀的劣跡，斷言：「子蘭為帥，喪師辱國！」楚懷王聞言大發雷霆，呵斥屈原「敗言不吉，滅楚志氣」。春申君立即頂上，自薦為將。楚懷王只說了一句「未戰先亂，居心叵測」，鐵青著臉不再吭聲。蘇秦擔心事情弄僵，楚懷王又再度反覆，便婉言周旋，表示贊同楚懷王，提出春申君做監軍特使。楚懷王很不情願地答應了下來，這才算勉強收場。

誰知屈原怒氣不息，對蘇秦頗有辭色，連夜南下，以「新軍整訓未了，不成戰力」為由，將正在北上的八萬新軍調入屈氏封地駐紮。昭睢大為不滿，聯絡幾個老貴族大臣請殺屈原「以解朝野之恨」。楚懷王素來不懂軍旅之事，根本不清楚少了新軍又能如何，只是打定了主意要不偏不倚，對昭睢打著哈哈不置可否，回頭便下書另行調兵。

這次，蘇秦對屈原的做法不以為然，說屈原是「以小怨亂大局」。屈原憤激異常，拍案而起道：「八萬新軍乃楚國精華，能教子蘭狗才揮霍新軍之鮮血？真正的楚秦大戰還在後頭，八萬新軍不能交給奸邪之才！」春申君只是沉重歎息默默不語。蘇秦也沒有再和屈原認真計較。畢竟，屈原是楚國新銳勢力的靈魂，他那卓越的才華、噴薄的激情、犀利的見解與堅韌的心志，無不給楚國少壯人物以巨大的感召。雖然屈原貶官做了三閭大夫，可訓練新軍的實權仍然在手，實際影響力遠遠大於春申君。更重要的是，屈原是楚國支持合縱最堅定的棟梁人物，蘇秦無論如何也不能因不發新軍而與屈原對立。

楚國一出兵，齊國不再猶豫。楚齊一動，魏趙燕韓大見踴躍，兩個多月便完成了大軍集結。遙望大軍營帳，蘇秦卻總有一種奇異的感覺：秦國弱小時，山東六國多次合謀瓜分，可始終沒有一次真正的行動；偏偏在秦國強大而成致命威脅之後，山東六國才真正地結盟合縱，成軍攻秦。此中意味，直是教人想到天意，想到冥冥之中誰也無法揣摩的那些神祕。

在六國君臣看來，那時沒滅秦國，此時一戰滅秦，也不為太晚。說到底，六國都認定了可以一戰必勝，一戰滅秦。每個人都擺出了不容辯駁的數字：秦國差強二十萬新軍，除了必須防守的要塞重地，能開上戰場的充其量十五六萬；四十八萬對十五六萬，幾乎四倍於敵，焉能不勝！

蘇秦素來不諳兵家，甚至連張儀那種對兵器軍旅的好奇興趣也沒有。但生於刀兵連綿的戰國，哪個名士對軍旅戰事都會有些基本知識。蘇秦了解秦國，也了解六國，自然不會像六國君臣那般信心十足。但是蘇秦仍然認為，這場大戰至少也有六七成勝算。兵力上，六國是絕對優勢。將才上，秦國有司馬錯。楚國的子蘭統帥四十八萬大軍雖然差強人意，但有頗通兵法的信陵君贊襄，當不會有大的失誤。縱然如此，蘇秦還是極力主張設置了六國幕府，為的就是教通曉軍旅戰陣的四大公子起到軸心作用，彌補六國大將的平庸。令蘇秦感慨的是：四大公子個個可以為將，偏偏個個都沒有拜將，卻不約而同地被國王任命為「陣前監軍兼領合縱特使」，與蘇秦共同組成了這座六國幕府。

「噢呀呀，武安君好興致，看日頭落山了？」

「春申君啊。」蘇秦回身笑道，「你看這長河落日，軍營連天，晚霞中旌旗茫茫，戰馬蕭蕭，當真令人感慨萬千也。」

「噢呀呀，要出第二個屈原了！我可是看不出啥個感慨來。」春申君笑著笑著猛然壓低了聲音，「噢呀武安君，我總是放心不下了。」

「何事啊？」看著詼諧機智的春申君神祕兮兮的樣子，蘇秦不禁笑了。

「子蘭為六國總帥，蝦蟹肉了，硬殼一剝全完。噢呀，我看要教信陵君做總帥。這一仗，可是六國大命了。」

「蝦蟹肉？好描畫。」蘇秦笑容一閃而逝，「按照合縱盟約，出兵多他國一倍者為統帥，有何理由換將？」

「噢呀，我是百思無計。你是六國丞相，執掌幕府，不能想個妙策了？」

「臨陣換將，事關重大，晚間與信陵君一起會商，再做定奪。」

此時一陣馬蹄如雨，信陵君、孟嘗君、平原君三騎不約而同地飛馬而至。三人騰身下馬，一色的斗篷高冠軟甲長劍，高聲笑談著連袂進入轅門，一陣英風撲面而來。

「四大公子人中俊傑，當真軍中一景也。」蘇秦遙遙拱手笑迎。

平原君拱手笑道：「武安君布衣散髮統大軍，才是天下一景也。」

「噢呀呀，平原君一鳴驚人了！我如何想不出此等好說辭來？」

眾人哄然一陣大笑，蘇秦拱手道：「諸位請進帳，今日盡興。」

蘇秦幕府沒有將帥氣息。將臺令案兵符印劍，帳外聚將鼓，帳內將軍墩，這些威勢赫赫的物事統統沒有。一圈六盞與人等高的碩大風燈，將大帳照得分外通明；厚厚的猩紅色地氈上，六張長案排列成了一個馬蹄鐵般的半圓；每張長案上都已經是鼎爵盆盤羅列，連同案旁三個酒桶與一個跪坐的侍女，每張大案都形成了一個單元。蘇秦居中，信陵君平原君居左，孟嘗君春申君居右。

蘇秦笑道：「今日聚宴，皆由信陵君安排，由他先交代一番了。」素來不苟言笑的信陵君神采飛揚，大手一揮道：「無忌藉地主之便，代為武安君綢繆，就近取材。今日是三國菜三國酒：楚魚、齊雞、魏麋鹿，趙酒、燕酒、蘭陵酒。誰個另有所求，立時辦來便是。」春申君煞有介事地低頭盯著滿案鼎盤，笑叫道：「噢呀呀，滿案珍奇，我倒真想叫個秦苦菜來啦！」眾人大笑。信陵君一拱手道：「敢請武安君開席。」

所謂開席，便是打開席間最主要的食具，而後再舉爵致辭開宗明義。蘇秦聞言笑道：「信陵君辦事，總歸有章有法。」說著拿起手邊兩支精緻的銅鉤深入鼎耳之下，將熱氣蒸騰的青銅鼎蓋鉤起，再連銅鉤一起置於侍女捧來的銅盤中；而後舉起已經斟滿的銅爵，環視座中一周，慨然笑道：「合縱得遇四大公子，蘇秦之幸也！蒙諸君鼎力襄助，終得大軍連營。久欲聚飲，跌宕無定。今日一聚，終生難得。來，為聯軍攻秦，旗開得勝，乾此一爵！」

「聯軍攻秦，旗開得勝！乾！」五爵相向，盡皆一飲而盡。

蘇秦笑道：「諸君性情中人，今日但開懷暢飲，無得拘泥，雞魚鹿，來！」

「噢呀呀且慢，」春申君晶瑩光潔的象牙箸點著銅盤中紅亮肥大的烤雞，驚訝地嚷嚷起來，「孟嘗君啊，我楚國雞才鴿子般大，這齊國雞如何這般大個？這能吃麼？」

「楚國倒有何物是大個了？」孟嘗君哈哈大笑道，「你說的『鴿子』，原是越雞。齊國雞，原是魯雞。莊子說了：『越雞不能孵鵠卵，而魯雞固能矣。』說的就是越雞小，魯雞大。越雞細瘦肉精，宜於陶盆燉湯。魯雞肥大肉厚，宜於鐵架燒烤。這烤整雞可是我齊國名菜之首，保你肥嫩酥軟香，大快朵頤，滿嘴流油。來！象牙箸不行，猛士上手，哎，對了。」孟嘗君兩手抓住兩隻雞腿一撕，一口吞去了半隻雞大腿。

春申君看得目瞪口呆，突然拍案：「噢呀呀，來勁啦！」丟掉象牙箸，上手大撕張口狼吞，幾口下去，腮邊流油噎得喉頭咯咯響。眾人哄堂大笑，侍女使勁兒憋著笑意，連忙用打濕的汗巾沾拭他滿臉的油漬。春申君撫摩著胸口喘息道：「噢呀呀，好噎好噎啦。」孟嘗君笑得連連拍案：「快！大個蔥，最，最是消噎爽氣。」說著拿起銅盤中一根肥白粗大的小蔥（註：小蔥為中國固有，大蔥為西漢後由西域傳入），咯吱咯吱咬了下去。春申君如法炮製，一口下去卻叫了起來：「噢呀呀，不爽也罷，辣死人了！」

哄笑聲中，春申君揶揄道：「噢呀，齊人如此吃相，大是不雅，諸位且看我楚國人如何吃魚了？」說著拿起象牙箸，扎住了銅盤中一條金色小魚，「噢呀，看好了，此乃雲夢澤小金魚，鮮嫩清香，偏是魚刺極多了。」說話間幾條小金魚已被象牙箸分成若干小段。一段入口，只見春申君文雅地閉著嘴唇，只是腮幫在微微蠕動，銀絲般的魚刺便從嘴角源源不斷地流了出來，片刻之間，幾條小魚全部下肚。

四個人都饒有興致地瞅著春申君，及至魚盤頃刻乾淨，不約而同地「啊——」了一聲。看著面前的魚盤，卻沒有一個人敢下箸。春申君樂得哈哈大笑：「噢呀如何？你那大個兒肥雞，可有這般風味了？少不得呀，我要為諸位操勞一番了。」說著對幾個侍女笑道：「將案上魚盤，都端到那張空案上去了。」又對自己身邊的侍女吩咐道，「你去剔除魚刺了。」那名黃裙侍女飄然過去，一刀一箸玉腕翻飛，須臾之間接連剔出四盤魚肉。各座侍女捧回案上，盤中整齊碼放的精細肉絲絲毫不亂。

「噫——」最年輕的平原君長長地驚歎一聲，「楚人如此吃法，天下還有魚麼？」

「嘩」的一聲，滿帳大笑。蘇秦悠然道：「民生不同，南北各有專精，聯體互補，便成天下了。」

「武安君此言，不敢苟同。」平原君笑道，「衣食住行出性情，可不能弄成了一鍋肉粥。譬如趙勝，生就的馬肉烈酒，若是吃小魚，飲蘭陵酒，只怕一筐魚一車酒也沒個勁道。」

「噢呀呀，平原君一頓幾多馬肉，幾多烈酒了？」

「看如何說法，草原與匈奴大戰，一次戰飯，馬肉五六斤，烈酒一皮囊。」

「噢呀，一皮囊幾多了？」

信陵君笑道：「騎士皮囊，五六斤上下。」

「噢呀，都是趙酒麼？」

平原君大笑：「若是楚酒，冰天雪地中能有滿腔烈火？」

「噢呀好！趙酒一爵，乾！」眾人哄然笑應，一齊大爵飲下。

信陵君道：「為了這趙酒，楚國還和趙國打過一仗，春申君可是知曉？」

春申君皺眉搖頭：「噢呀大仗小仗不斷，這酒仗，可是不記得了。」

「久聞信陵君精熟戰史，說說。」孟嘗君興味盎然。

「我如何也不知道？快說說。」平原君叩著長案催促。

信陵君悠然一笑：「五十多年前，楚宣王會盟諸侯。趙國沒參加，卻獻了一百桶窖藏五十年的上等好酒，示好楚國。楚國主酒吏品嘗後對趙酒大是讚賞，然卻硬說趙酒藏期不夠，酒味淡薄，責令趙國掌管酒食的宰人另送一百桶來。趙國宰人大是叫苦，反覆申明陳年趙酒已經全數運來，趙國再也沒有這麼多五十年陳酒了。楚國主酒吏卻以為趙國宰人不懂孝敬規矩，便使出了一個小小計謀。」

「何等計謀？」幾人不約而同。

「主酒吏偷天換日，將民間淡酒換裝進趙國酒桶，搬上了宴席。楚宣王極為喜歡烈酒，及至飲下，寡淡無味，怒聲責問這是何國貢酒。主酒吏惶恐萬分地搬來酒桶，指著那個大大的『趙』字說不出話來。楚宣王勃然大怒，認為趙國蔑視楚國，當即興兵北上，只要趙酒五百桶。趙敬侯也發兵南下，針鋒相對，偏偏就不給趙酒。」

孟嘗君不禁拍案：「噢嗬，這仗打得稀奇，後來如何？」

「後來？在河外相持半月，誰也沒討得便宜，偃旗息鼓了。這便是曠古第一酒戰。」

平原君深深吸了一口氣，輕聲道：「為一百桶酒開戰，匪夷所思也。」

信陵君道：「亙古以來，有幾戰真是為庶民社稷打的？好生想想。」

「噢呀，這楚國主酒吏可是個小人，臉紅。」

「臉紅何來？小人暗算君子，此乃千古常理也。」孟嘗君笑道，「孔老夫子多受小人糾纏，臨死前大呼：唯小人與女子為難養也！」

「噢呀呀，誰道這是孔夫子臨死前喊的，偏你看見了？」

舉座大笑一陣，又藉著酒話題大飲了一陣。蘇秦笑道：「信陵君是準備了歌舞的，要不要觀賞一番？」平原君立即接口：「不要不要，再好也膩了，聽說孟嘗君春申君善歌，兩位唱來多好？」話音落點，舉座齊聲喊好。

「誰先唱？」蘇秦笑問。

「孟嘗君——」舉座一齊呼應。

孟嘗君酒意闌珊，額頭冒著熱汗道：「好！我便來。只是今日難得，我也唱支踏青野歌。」

「好！我來操琴。」信陵君霍然起身，坐到了琴臺前。

「齊國〈海風〉。」孟嘗君話音落點，琴聲叮咚破空。孟嘗君用象牙箸在青銅鼎耳擊打著節拍，陡然一聲激越的長吟：「東出大海兮，大海蒼茫——」

別我麗人　漁舟飄盪
海國日出　遠我故鄉
雲遮明月星斗暗
水天無盡路長長
西望故土　思我草房
念我麗人　我獨悲傷
忽聞麗人一朝去
魂歸大海永流浪

人們聽得入神，肅靜得竟忘了喊好喝采。

蘇秦黯然道：「漁人酸楚，當真令人扼腕也。」信陵君笑道：「倒是沒想到，孟嘗君有如此情懷。」孟嘗君連連搖手道：「慚愧慚愧，我是跟一個門客學唱的，他把我唱得流淚了。」平原君揉揉眼睛道：「好了好了，一篇翻過，該春申君了。」

「噢呀，我是公鴨嗓，可沒孟嘗君鐵板大漢勢頭了。」春申君神祕地眨眨眼睛笑道，「我看呀，我用南楚土語唱一支。誰能聽懂我唱的詞兒，我就送他一樣禮物。若舉座聽不懂，每人浮一大白。如何？」

蘇秦一指周圍的歌女琴師與侍女：「那可得連她們也算進來。」

「噢呀，也行了，我看看她們。」春申君打量了一圈笑道，「她們也不行，我準贏。」

平原君道：「你就唱吧，我正等浮一大白。」

春申君對女琴師笑道：「塤，吹〈陳風〉了。」女琴師點點頭，拿起一只黑幽幽的塤吹了起來。塤音空靈縹緲，〈陳風〉委婉深沉，倒是正相得宜。春申君咳嗽一聲，也用象牙箸擊打著節拍唱了起來。只見他面含微笑，一副情意綿綿的陶醉模樣，口中卻是咿呀啁啾嗚嗚噥噥彷彿舌頭大了一般，忽而高亢沙啞，忽而婉轉低沉，一時極為投入。

戛然打住，春申君笑道：「噢呀完了，聽懂了麼？」

眾人瞠目結舌，驟然哄堂大笑，連連指點著春申君，笑得說不出話來。

「噢呀呀，不行吧。」春申君得意地笑著，「這叫寸有所長，舉爵了。」

突然間「可——」的一聲，編鐘後一個女樂師走了出來道：「小女聽得懂。」

「好——」舉座一片叫好，分外興奮。春申君笑道：「噢呀呀，你是楚人了？」女樂師道：「非也，小女薛國人。」「噢呀呀！」春申君大是驚訝，「薛國人如何能懂了？真的假的？」女樂師輕聲道：「小女雖不懂南楚土語，但卻通曉音律。人心相通，只要用心去聽，自能聽得懂。」春申君沉默了片刻道：「姑娘能否唱得一遍？」女樂師點點頭，陶塤再度飄出，柔曼的歌聲彌漫開來：

投我以木桃兮　抱之以瓊瑤
非為生恩怨兮　欲共路迢迢
投我以青苗兮　抱之以春桃
非為生恩怨兮　欲結白頭好

女樂師一身綠衣，一頭白綢紮束的長髮，亭亭玉立，人兒清純得如同明澈的山泉，歌聲深情得好像篝火密林的訴說。眾人聽得癡迷，都眼睜睜地看著春申君，等他說話。

春申君站了起來，對女樂師深深一躬道：「噢呀，他鄉遇知音了。姑娘如此慧心，黃歇永生不忘。」一說罷從腰間甲帶上解下一柄彎月般的小吳鉤，雙手捧上，「這柄短劍乃天下名器，贈與姑娘。若有朝一日入楚，此劍如同令箭，暢通無阻了。」美麗清純的女樂師接過吳鉤，輕聲念道：「投我以青苗兮，報之以春桃。小女也有一物，贈與公子。」說著從貼胸的綠裙襯袋中摸出一個紅綢小包打開，露出一只綠幽幽圓潤潤的玉塤：「這只玉塤，乃小女家傳，贈與公子，以為念物。」春申君接過玉塤捧在掌心，又是一躬，女樂師也是虔誠地一躬。不意二人的頭卻碰在了一起，女樂師滿臉通紅，眾人不禁哈哈大笑。

平原君學著春申君口吻笑道：「噢呀，變成孔夫子啦，如此多禮啦？」

信陵君舉爵道：「春申君野歌唱得好，有果！來，共浮一大白。」

「噢呀呀，我輸了，浮三大白。」春申君與眾人飲盡，又連忙再飲兩爵，嗆得面色脹紅，連連打嗝。

孟嘗君豪氣大發，拍案高聲：「酒到八成，來一局六博彩！」

「好！六博彩！」帳中一片呼應。

蘇秦笑道：「信陵君是六博高手，你等還不是輸？」

孟嘗君高聲道：「誰說我今日要輸？來！我與信陵君對博，諸位人人押彩，如何？」

「好——」樂師侍女們也跟著喊起好來，顯然是分外興奮。

「六博」，是流行當時的博弈遊戲，坊間市井流行，宮廷貴胄更是喜歡。這種遊戲的特異之處，正在於無分男女貴賤，在場有份，呼喝嬉鬧，毫無禮儀講究。齊國的滑稽名士淳于髡，曾對齊威王如此這般地描繪六博遊戲：「州閭之會，男女雜坐，行酒稽留，六博投壺，相引為曹，握手無罰，目眙不禁，前有墮珥，後有遺簪……日暮酒闌，合尊促坐，男女同席，履舄交錯，杯盤狼藉。」當真是一幅生動鮮活的男女行樂圖。如此可以放縱行樂的遊戲，如何不令這群年輕男女怦然心動？

平原君高喊：「擺上曲道！」

兩個侍女歡天喜地地抬來了一張精緻的紅木大盤，擺在正中一張長案上。這便是六博棋盤，叫作「曲道」。盤上橫豎各有十二線交織成方格，中間一行不劃格，叫作「水道」。水道中暫時只有兩條精緻的魚形銅片，這是「籌」，由勝方得之兌錢。一旦開始，各種大小銅片便會都投在「水道」中。

曲道擺好，人人離席聚到了曲道大案兩邊。孟嘗君與信陵君是博主，隔案對坐。蘇秦與春申君打橫對坐，平原君擠在孟嘗君與春申君之間。其餘十餘名豔麗妖嬈的侍女樂手擠挨在各個縫隙裡，或趴在哪個男人的背上，或坐在哪個男人的腿上，一時鶯聲燕語，大是熱鬧。只有那個綠裙女樂師靜靜地微笑著，趴在春申君背上抱著他的脖頸，卻不往人堆裡擠。

信陵君笑道：「武安君做賭正，如何？」

「好——」一聲呼喝，一片笑聲，算是當局者全體贊同，相信了蘇秦的公道。

「好了，我便做了。」蘇秦故意板著臉道，「先立規：賴賭金者，重罰！」

「好——」女子們喊得最響，得遇四大公子這樣的豪闊賭主，她們的彩頭往往是難以預料的，再加上六國丞相做賭正，賴賭重罰，誰不歡呼雀躍？

孟嘗君大笑：「大丈夫豈有一個『賴』字？請擲彩。」

六博行棋，先得擲彩。所謂擲彩，便是用兩粒玉骰子決定行棋先後。骰子六面：兩面白兩面黑，一面「五」（五個黑點），一面「塞」（畫一塊石頭）。兩粒同擲，「五白」最貴（一白一五）。但有「五白」，眾人齊聲大喝「彩——」，這便是喝彩。其餘的五黑、全黑、全塞、五塞，都不喝彩。擲出彩來，除了擲彩者先行棋，對方還要先行付給在場所有當局者一定的彩頭。這便是「五白」一出，齊聲喝彩的原因。

蘇秦將兩粒亮晶晶的玉骰子噹啷撒進銅盤：「誰先擲？」

「我半個地主，孟嘗君先擲了。」信陵君笑著謙讓。

「好！我先來。」孟嘗君拿起兩粒骰子在大手掌中一陣旋轉，猛然抛向空中，待「叮噹」落盤，大手順勢搗下，掌下猶有噹啷脆響。孟嘗君手掌移開，五白赫然在目。

「彩——」諸般男女一齊忘形大叫。

信陵君微微一笑，揀起兩粒骰子，手腕一抖摔入大銅盤中。但見兩粒骰子在銅盤中光閃閃蹦跳如同打鬥一般。「哎喲喲！骰子活啦！」女子們驚叫起來。此時信陵君單掌猛然搗下，盤中一陣叮噹不絕，待手掌拿開，又是一個五白。

「彩啊——彩——」一陣尖叫笑鬧哄然爆發。

蘇秦哈哈大笑道：「兩白相逢也，都付彩頭！記下了。」

「人各十金！」孟嘗君高興得贏了一局一般。

「跟上。」信陵君呵呵笑著。

蘇秦高聲道：「六博將開，先行押彩——」

平原君搶先道：「我押信陵君，百金。」向水道中打下一個刻有「百金」二字的銅魚片。

「噢呀，孟嘗君我押啦，百金！」春申君也打下一個銅魚片。

蘇秦對四周女子笑道：「賭正抽成。你等押了。」

女子們笑著叫著押了起來，十金二十金的小銅魚片紛紛落入水道。春申君大笑：「噢呀呀，小小啦！對他們兩個要狠點啦。」趴在春申君背上的女樂師尚未押彩，突然笑叫起來：「我跟春申君，押孟嘗君，五百金啦！」一條肥大的銅魚片「噹啷」一聲打入水道。

「呀！這個應聲蟲，好狠也！」孟嘗君驚訝地叫了起來。

「轟嘩——」一聲，男女們大笑著前仰後合地疊在了一起。

蘇秦拍掌喊道：「肅靜，開始行棋，布陣——」

六博共有十二枚棋子，黑白各六，實際上是一種遠古軍棋。按照古老的軍制，六子分別是梟（帥）、盧（軍旗）、車、騎、伍、卒，後四者統稱為「散」；梟可單殺對方五子，對方五子聯進包圍，則殺梟；但在行棋之時，棋子有字一面一律朝下，無字一面朝上；兩子相遇，賭正翻開棋面定生殺，梟被殺為最終失敗。由於雙方都在黑暗中摸索，只能憑已經翻開的棋子判斷形勢，所以即便有事先布陣，也仍有諸多難以預料的戲劇性結局。正是這種難以預料的戲劇性，才使六博棋具有賭的特殊魅力。

孟嘗君執白，信陵君執黑，兩人各自在案下一個小銅盤裡擺好陣形。小銅盤端上，身邊偎依的侍女原封不動地將棋子移上大盤。孟嘗君高喊一聲：「梟來也！」興匆匆將一枚圓圓的玉石白子推過水道。信陵君哈哈大笑：「五散來迎！」手掌一伸，推出了擺成弧形的五顆玉石黑子。六博行棋原是可以任意呼喊，但輸贏卻要在翻開字面後決定，所以也便有了兵不厭詐的亂喊名目。蘇秦酒量小，又不飲烈酒，最為清醒，左右一打量，不動聲色地先翻開了五顆黑子。

「啊！果真五散！」男女們驚詫笑叫。

蘇秦又翻開了那顆孤身過水的白子。

「啊喲！果真是梟！」又一陣更響的驚叫笑鬧。

「聯兵殺梟了——贏了——彩——」押信陵君的男女們頓時抱在一起叫了起來。

蘇秦笑道：「聯兵殺梟？好！孟嘗君立馬兌彩！」

「好口彩，聯兵殺梟！輸得快活！兌彩——」孟嘗君哈哈大笑。

一片笑鬧中，綠裙女樂師驚訝地叫了起來：「噫呀！日光半山了——」

眾人抬頭，亮煌煌的陽光已經撒滿了軍帳，帳中頓時顯得酒氣薰天，亂作一片狼藉。說也是怪，正在笑鬧的男女們一見明亮的日光，頓時橫七豎八地倒在了猩紅地氈上，一片呼嚕聲大起。蘇秦心中有事，霍然起身，想將春申君與信陵君叫到一邊說話，掃了一眼，不見春申君，仔細搜尋，卻發現春申君正埋在一片綠裙下鼾聲大作。信陵君雖未倒地，卻也趴在長案上結結實實睡著了。豪俠的孟嘗君與年輕的平原君，則都裹在色彩斑斕的裙裾中喃喃地說著夢話了……

蘇秦走出了帳外，秋風吹來，一陣蕭瑟寒涼的氣息滲進燥熱的心田，頓時清醒了許多。想想帳中情景，蘇秦對幕府司馬叮囑了幾句，便飛身上馬，向楚國軍營去了。大戰在即，他實在放心不下子蘭。秦國的司馬錯，子蘭究竟知道多少？更有他的師弟張儀與司馬錯合力，六國大軍勝算究竟有得幾多？驀然之間，蘇秦感到了一種巨大的隱憂。

第十章 張儀風雲

一、咸陽宮君臣合璧

六國聯軍集結的時候，秦國大軍也在祕密移動。

司馬錯不是一個只懂得「兵來將擋，水來土屯」的將領，而是一個審勢為戰的統帥。這個將門家族的《司馬法》，大部分都是在說打仗的基本準則，也就是「戰外之道」，對於具體戰法陣法的論說倒是篇幅很少。這就是司馬兵家的特殊之處：著力錘鍊將領的全局眼光，不脫離大勢，不純然打仗。《司馬法》最後的論斷是：「大善用本，其次用末，執略守微，本末唯權，戰也。」說的便是高明統帥要善於運用戰略（本），其次善於運用戰術（末），能夠堅定地推行戰略，微妙地把握戰術，權衡本末而用於戰場，這才是最高明的戰法，才能稱之為「戰」。司馬錯天賦極高，且深得先祖兵法精髓，他的藍田幕府自然不會放過函谷關外的絲毫動靜。

六國兵馬尚未開出本國的時候，散布在各國的祕密斥候流星般報回消息，與張儀丞相府送來的黑冰臺消息相印證，司馬錯已經大體上清楚了各國兵馬的情勢。他給掌管斥候探馬的中軍司馬下了命令：「立查六國軍情：主將、兵力、兵器、輜重，務求詳盡，作速稟報。」同時下令秦軍各部，「作速稟報傷病人數、兵器殘缺、糧秣輜重之詳情。」

兩道命令一下，司馬錯沒有急於調動兵馬，而是飛馬趕赴咸陽。

司馬錯到咸陽，不是要晉見秦惠王，而是要見張儀。司馬錯很清楚，打仗只是秦國連橫的一個環節，他要對合縱連橫的大勢做到心中有數，打仗才能有分寸；張儀對六國情形的了解，比他更為詳盡深刻，與六國大戰而不向如此一個人物請教，實在是極不明智的。

身為上將軍的司馬錯，與丞相爵位幾乎等同。按照戰國傳統，除了輜重糧秣軍俸等軍務事宜，上將軍在戰事上完全獨立，既可以不徵詢國君「高見」，更可以不徵詢丞相「指點」。這是「將在外，君命有所不受」，是大將權力的極限。然則事在人為，大將主動徵詢於國君丞相，自然是沒有任何限制的。自古以來，大將對這種權力都很難把握分寸。遇到剛愎自用的君主，大將堅持獨立，往往會有殺身之禍；遇到奸佞權相，便會將相衝突事事掣肘，勝仗也得打敗。唯其如此，生出了無數的名將悲劇。戰國大爭之世，人們看一個國家是否穩定強盛，一個重要標誌便是將相兩權是否和諧。在刀兵連綿的時代，上將軍獨立開府統轄軍事，權力與丞相幾乎不相上下，國君—丞相—上將軍，是國家權力的三根支柱。將相不和，國家必然混亂。當然，司馬錯沒有想到這些，他只清楚一件事：拜見張儀，對這場大戰是必需的，是有好處的。

張儀正在與樗里疾議論這場大戰，恰逢司馬錯來到，自是分外高興。司馬錯將來意說明，張儀樗里疾不約而同地哈哈大笑。司馬錯道：「兩位丞相胸有成算，司馬錯願聞高見。」

「上將軍準備如何打法？可否見告？」樗里疾嘿嘿笑著反問了一句。

「大軍未動，尚無定見。」

樗里疾知道司馬錯性格，沒有思慮成熟絕不貿然出口，也不追問，逕自拍案笑道：「我只一句話：放手去打，準保大勝。」

「好主意。」司馬錯淡淡笑了，「王命一般，甚也沒說。」

「甚也沒說？」樗里疾嘿嘿揶揄道，「我倆等你高見，你要我倆高見，究竟誰有高見？」三人一陣大笑，司馬錯道：「還是丞相先點撥一番，廓清大勢，打仗便有辦法。」

張儀笑道：「疆場戰陣，上將軍足為我師也。張儀所能言者，七國縱橫大勢也，上將軍姑妄聽之。」對生性極為高傲的張儀而言，這種口吻可謂十分罕見。其原因在於司馬錯的奇襲房陵，使張儀在兵事謀劃上第一次大受挫折，張儀對司馬錯的軍事才能自然佩服了。司馬錯卻一直認為，房陵奇襲成功，乃楚國邊備荒疏所致，張儀謀劃之失並非根本，反倒以為張儀的兵家眼光是名士中極為罕見的。見張儀如此自謙，司馬錯連忙拱手道：「丞相此言，實不敢當。為將者，貴在全局審勢。丞相縱橫天下，洞悉六國，堪為戰陣之師，司馬錯正當受教。」

「都是心裡話，也好，我便說。」張儀一揮手，「此次六國聯軍出動，乃合縱第一次成軍，也是近百年來山東六國第一次聯軍攻秦。對六國而言，這一戰志在必得，欲圖一舉擊潰甚或消滅秦軍主力，即使不能迫使秦國萎縮，至少也鎖秦於函谷關內，消除秦國威脅。對秦國而言，此戰則是能否破除合縱、長驅中原的關鍵。秦國戰勝，六國舊怨便會死灰復燃，連橫破合縱，便有了大好時機。若秦國戰敗，連橫便會大受阻礙，下步的連環行動便要擱置。山東六國也將獲得一個穩定喘息的機會，期間若有趁勢變法強國者，天下便會重新陷入茫無頭緒的戰國紛爭。秦國大出天下，幾將遙遙無期。」

「嘿嘿嘿，不能給六國這個機會，不能教這幫小子喘息！」樗里疾拳頭砸著長案。

「丞相以為，六國聯軍長短利弊如何？」司馬錯更想聽到實際軍情。

「六國聯軍，兩長三短。」張儀敲著座案，「先說兩長：其一，初次聯軍，恩怨暫拋，將士同心，多有協力之處。譬如六國軍馬皆不帶糧草輜重，而由魏國敖倉統一供給，過後六國分攤。若在往昔，這根本不可能。其二，兵勢強大，四十八萬大軍，多我三倍有餘。再說三短：其一，相互生疏。六國長期互鬥，軍事各自封鎖，更無聯兵作戰之演練，雖有名義統屬，實則自守一方，很難形成渾然一體之戰力。其二，軍制不一，裝具各異，步兵騎兵戰車兵相互混雜。其三，將帥平庸，疊床架屋多有掣肘。楚軍主將子蘭為聯軍統帥，此人年輕氣盛，志大才疏，實則一個華而不實喜好談兵論戰的貴冑公子，毫無眾望，難以駕馭大軍。此外，六軍統帥之外，還有一個六國幕府，由蘇秦與四大公子坐鎮，監督諸軍並統決大計。如此章法，必然行動遲緩，縫隙多生。」

「嘿嘿，還有一條：除了魏國五萬鐵騎與齊國三萬鐵騎是新軍外，六國聯軍都是步兵車兵老式大軍。我軍嘿嘿嘿，可都是清一色的騎步新軍。」樗里疾插了一條。

「丞相之見，我軍當如何打這一仗？」

張儀笑道：「上將軍有此一問，必是已經有了謀劃。」

「丞相總是料人於先機。」司馬錯笑道，「如此打法，兩位丞相看如何？」說著移坐張儀案前，拿過鵝翎筆，在案上寫下了四個大字。

「妙——」張儀樗里疾不禁拊掌大笑。

稍一沉吟，張儀道：「此計之要，算地為上。『知天知地，勝乃可全。』不知軍中可有通曉此地之將？」司馬錯道：「目下沒有，須得依賴斥候與得力鄉導（註：鄉導，春秋戰國對領路鄉民的稱謂，即今人說的嚮導）。」樗里疾道：「孤軍深入，等閒鄉導都是外國人，只怕誤事，可否教得力大將事先踏勘一番？」司馬錯道：「此事我來設法，兩位丞相無須分心了。」

張儀卻慨然拍案道：「我來！河外之地，張儀無處不熟。」

「如何如何？你不行！」樗里疾驚訝地叫起來，「我去！黑肥子好賴打過幾仗。」

「你？」張儀笑道，「先畫一張虎牢敖倉圖出來再說。」

司馬錯莊重地一拱手道：「丞相涉險，老秦人無地自容了，司馬錯萬不能應承。」

「哪裡話來！」張儀霍然起身，「張儀雖不是老秦人，可秦國是結束天下連綿刀兵之指望，是破除合縱、統一華夏之根基！張儀對秦國之忠誠，何異於老秦人？縱然獻身，何足道哉！」司馬錯見張儀動情，大是歉疚，站起肅然一躬：「司馬錯大是失言，請丞相恕罪。」

樗里疾嘿嘿笑道：「上將軍未免當真。張兄是借你個靈堂，喊自己冤枉，理他做甚？不能去還是不能去。」張儀哈哈大笑道：「還是樗里兄，一針便扎破了我這氣囊。」言罷卻又正容拱手道，「上將軍，此戰鄉導非張儀莫屬，你便收了末將。」

司馬錯厚重不善詼諧，又見樗里疾直是搖頭擠眼，思忖道：「事關重大，我須得進宮，請准君上定奪。」

「然也！」樗里疾搖頭晃腦，「司馬錯，真良將也。」

司馬錯不禁笑了：「如此便是良將，未免也太容易了些。」

張儀彷彿沒聽見一般：「好！我也進宮，走。」

三人立即進宮晉見秦惠王，各自說了一篇理由。秦惠王笑道：「國君重臣親赴戰陣，在戰國原是不少，秦國更是尋常。丞相之請，並非橫空出世。右丞相上將軍攔阻，亦是關切之心也。」

張儀笑道：「君上卻是甚也沒說。」

樗里疾嘿嘿一笑：「君上是有混淆之嫌。國君大臣統兵出戰，原是尋常。然重臣做鄉導，卻是聞所未聞，還當真是橫空出世。君上當斷然否決才是。」

「只戰事需要，重臣為何做不得鄉導？《孫子》有言，不用鄉導者，不能得地利。我對河外瞭若指掌，定然事半功倍。」張儀分外執著。

秦惠王一直在若有所思地踱步，此刻擺擺手道：「上將軍，如丞相這般洞悉六國者，對戰事可有裨益？」司馬錯肅然拱手：「丞相對六國洞若觀火，司馬錯獲益良多。」

「如此便好。」秦惠王一揮手，「請丞相做你軍師如何？」

「君上明斷！」司馬錯大是欣慰。

「君上不當也！」張儀急迫搖手道，「臣在幕府，無端攪擾上將軍，豈非事與願違了？」

秦惠王笑意褪去，臉色凝重起來：「探馬報來，我便反覆思忖。此戰事關重大，嬴駟本欲親臨軍陣。然上將軍與兩位丞相同心合議，倒使嬴駟頗有感慨：將相同心，為國家根本。今卿等有如此氣象，秦國何懼之有？然據實而論，秦國兵力畢竟少了許多，要想獲勝，一個環節也出不得毛病。糧秣輜重兵器馬匹衣甲等，務求通暢充足；六國軍情探測，務求精確及時。凡此種種，都得有人著力督導，仔細核查，方可保得一支精兵能將戰力發揮到十分十二分。唯其如此，我意：丞相親赴軍前，輔助上將軍督導軍務，贊襄軍機；嬴駟與右丞相督導後方，務求軍需輜重並一應急務快速解決。《孫子》云，上下同欲者勝。我等君臣，但求事成，心中無須有他。」一口氣說罷，笑得一笑，「嬴駟沒有過軍旅戰陣生涯，大要言之，共同議決，卿等以為如何？」

張儀三人一時肅然沉默。進宮之前，三人所議所言，畢竟還是各司其職的一種徵詢。張儀請做鄉導，也只是一件單純行動的輔助。從心底裡說，三個人都沒有將這一仗看成舉國大戰，自然也沒有看成是三人之間的共同大事。秦惠王卻梳理綱目，一舉從根本上整合了君臣力量配置，確實觸及要害，且頓時使秦軍作戰的基礎大大強固。張儀三人皆是當世英傑，自是立即掂出了分量，對秦惠王的這一番調遣從心底裡敬佩。更有難能可貴處，在於秦惠王沒有絲毫的剛愎自用，而是自認「沒有軍旅戰陣生涯」只是共同議決而已，相比於六國君主，當真是令人感觸良多。

「君上所言極是！」三人不約而同地高聲贊同。

「但求事成，心中無他。」張儀笑著重複了秦惠王這句話，「君上點睛之筆，張儀記準了。」

「臣亦銘刻在心。」司馬錯慨然補充。

秦惠王大笑：「好！我等君臣如此這般，山東六國能奈我何？」

二、六國聯軍的統帥部

清晨起來，子蘭練了一趟箭術，百步之外連射二十支長箭，箭箭上靶，且有十支正中鵠心，引得晨操的護衛騎士們一片歡呼驚歎。剎那之間，子蘭豪氣頓生，健步登上了帥帳外三丈多高的雲車，要瞭望一番敵情。

秋日朝陽正在身後山頭，遙遙西望：函谷關只是大山中一個影影綽綽的黑點兒而已，關外更是空闊明朗，除了沉沉大河，便是蒼黃的原野，連大片軍營的影子也沒有。子蘭感到困惑：四十八萬大軍壓境，秦國如何竟沒有動靜？斥候探馬沒有發現秦軍集結，咸陽楚商也說秦國平靜如水，連這咽喉要塞函谷關也是毫無異常，當真是匪夷所思。按照在郢都發兵時的估計，凶狠的虎狼秦國絕不會坐等六國大軍進攻函谷關，一定是傲慢地擺開陣勢與聯軍酣戰，從而潰敗湮沒在無邊無際的六國聯軍海洋裡。可如今連秦軍的影子也見不到，子蘭還真有些茫然，一時竟想不出從何下手來啃這塊硬骨頭。

隱隱約約的，遠方山塬上的蒼蒼草木，化作了莽莽叢林般的旌旗矛戈，使他驀然一個激靈一身冷汗。靜下神來，子蘭不禁啞然失笑，四十八萬對十五萬，何至於此？抬頭再看，卻見營寨之外的官道上兩騎快馬揚塵而來。漸行漸近，卻見為首騎士紅衣散髮，既無甲冑又無冠帶，一時看不出來人路數。莫非是咸陽商家趕來報訊？心念一動，子蘭連忙下了雲車。

「稟報柱國將軍：聯軍幕府荊燕將軍營門候見。」軍吏趕來高聲稟報。

「荊燕將軍？噢，蘇秦那個護衛啊，教他進來。」子蘭很膩煩「聯軍幕府」這幾個字，聽說是幕府來人，臉上頓時暗淡下來，丟下一句話轉身走進大帳。

營外來者，正是蘇秦與荊燕。想到自己沒有帶儀仗護衛，為免麻煩，蘇秦教荊燕報名，沒有顯露自己身分。片時得軍吏允許，兩人交了馬韁步行進寨。楚國軍營東依虎牢山，西臨洛水，正卡在大河南岸的衝要地帶。軍營內軍帳連綿，按照車兵、騎兵、步兵分為三大內寨。子蘭的中軍大帳設在最大的車兵營寨，軍帳之間兵車羅列戰馬嘶鳴，氣勢十分宏大。

「荊燕，楚國軍容如何？」蘇秦打量笑問。

「一片熱鬧，沒聞出殺氣。」荊燕皺著眉頭。

蘇秦一怔，一路走來不再說話。轉過一個小山包，便見一座兵車包圍的中軍大帳，氣勢大是顯赫：外圍是兩千騎兵的小帳篷，第二層是二百輛兵車圍出的巨大轅門，第三層是一座土黃色的牛皮大帳，足足頂得十幾座兵士帳篷，轅門口肅然挺立著兩排長矛大戟的鐵甲衛士，一直延伸到軍帳門口。轅門兩邊，兩面三丈多高的大纛旗獵獵飛動，一面大書「大楚柱國將軍昭」，一面大書「六國上將軍子蘭」。即或是不諳軍旅的人隨意看去，這座將軍帳的規模與氣勢，都要比蘇秦的六國幕府大多了。

「六國上將軍？誰封的？莫名其妙！」荊燕黑著臉嘟囔了一句。

蘇秦微微一笑：「報號。」

荊燕大步上前：「聯軍幕府司馬荊燕，請見子蘭將軍！」

轅門口的帶劍軍吏板著臉道：「六國上將軍正在沐浴，轅門外稍待。」

見荊燕一副想發作的神氣，蘇秦指著轅門內高高矗立的一架雲車問：「這是攻城利器，擺在中軍大帳卻是何用場？」

「哼哼，這裡又沒有敵城，觀賞山水罷了。」荊燕一臉輕蔑的冷笑。

蘇秦看了荊燕一眼，正想叮囑幾句，轅門內突然傳來一聲楚人特有的尖銳高宣：「燕國司馬荊燕進帳！」一嗓子傳來，蘇秦便覺得不是味道，看看荊燕，臉色益發難看。蘇秦低聲道：「沉住氣了，走。」跟在荊燕身後要進轅門。

「且慢！此乃六國上將軍大帳，小小司馬豈能再帶隨從？退下！」隨著一聲呵斥，一柄彎彎的吳鉤閃亮地指到了蘇秦胸前。

「大膽！」荊燕一聲怒喝，疾如閃電般伸手拿住了軍吏手腕，輕輕一抖，吳鉤「噹啷」跌落。軍吏臉色驟變，尖聲大喝：「拿下了！」兩排甲士「嗨」地一吼，一片長矛大戟森然圍住了兩人。

荊燕高聲長喝：「六國丞相蘇秦駕到！子蘭將軍出迎！」

軍吏甲士不禁愕然，一時不知如何是好。突然，大帳口傳來一陣大笑：「原是丞相到了，子蘭失敬。」隨即又是一聲威嚴的呵斥，「成何體統？退下了！」隨著笑聲與呵斥聲，全副戎裝斗篷拖地的子蘭大步走了出來。蘇秦在轅門外笑道：「人說大將軍八面威風，果然不虛也。」子蘭一拱手道：「身負重任，不敢荒疏，敢請丞相恕不敬之罪。」蘇秦也是一拱手笑道：「匆忙前來，未及通會，原是我粗疏也。」子蘭連連道：「丞相此言，子蘭不敢當。」說著便請蘇秦進入了大帳。

中軍大帳很是整肅，帥案前的兩排將墩直到帳口，足足有三十多個；大帥案正中橫架一口楚王劍，左邊兵符印信，右邊令旗令箭；帥案背後立著一個巨大的本色木屏，屏中一隻黑色的九頭猛禽。蘇秦知道，昭氏祖居於雲夢澤東部的大江兩岸，那裡有龜蛇兩山夾峙江水，是楚國中部的險要形勝；可能是降伏龜蛇的願望所致，中部楚人向來信奉久遠傳說中的九頭猛禽，以這種怪鳥做保護神。子蘭的中軍大帳也以九頭鳥為帥記，可見這種猛禽在中楚的神聖。

「軍中不上茶，丞相要否飲酒？」子蘭坐進帥案，濃濃的笑意遮不住矜持與威嚴。

「身在軍營，自當遵守軍法，茶酒皆免了，蘇秦唯想聽聽將軍謀劃。」蘇秦被軍吏領到帥案左下側的軍師席上。荊燕看得直皺眉，蘇秦卻坦然微笑渾然無覺。

「既設六國幕府，運籌謀劃自當由幕府出之。子蘭為將，唯受命馳驅戰陣而已了。」

「將軍既有此言，蘇秦當坦誠以對。」蘇秦原先也預料到子蘭可能對六國幕府心有不快，卻沒想到如此耿耿於懷，推心置腹道，「合縱有約：軍雄者為將。六國幕府之設，原為斡旋糧秣輜重，督導協力作戰，並非調遣大軍戰事。柱國身為六國統兵上將軍，既無人取代，亦無人掣肘。尚望將軍以大局為重，與六國幕府同心協力。若將軍心有隱憂，蘇秦即刻撤去六國幕府。」

「子蘭原是笑談，丞相言重了。」子蘭心中大是舒坦，臉上卻是一副憂戚，「傳言春申君力主換將，大敵當前，卻有此等陰謀，令子蘭寒心。」

蘇秦大笑一陣：「將軍多心了。春申君原是要你坐鎮六國幕府，做大元帥，如何竟成了換將？傳言者該殺也。」

子蘭哈哈大笑道：「丞相見笑了。」岔開了話題道，「丞相以為，我軍當如何應對？」

「蘇秦不諳軍旅，全賴將軍謀劃。只是秦國兵馬不動，我心不安，不知將軍如何看待？」

子蘭一怔，隨即大笑：「無非畏懼我四十八萬大軍，又能如何？」

蘇秦看看子蘭，凝神沉思著不再說話。

「丞相毋憂。」子蘭笑道，「無論秦人如何智計百出，打仗總是要兩軍對陣了。秦國總是沒有妖法，能靠躲避取得勝利麼？彼不來，我自去。明日我軍便猛攻函谷關。」

「函谷關間不方軌，狹長幽深，關下至多容得數千人，四十八萬大軍如何擺布？」

子蘭原是鼓勇之間脫口而出，被蘇秦一問，難以回答，期期艾艾道：「輪番猛攻，看，看他能撐得幾日？」

蘇秦幽然一歎：「子蘭將軍，請到幕府一趟眾口，出良謀也。」

子蘭面色通紅道：「要商議軍機，也當在中軍大帳了，六國幕府算……」卻生生打住了。

「好。」蘇秦輕輕叩著長案，「今晚，我等來中軍大帳。」

正在此時，帳外馬蹄聲疾，斥候沉重急促的腳步直入大帳：「稟報六國上將軍：秦軍出動了！函谷關外遍地營寨！」子蘭拍案大喝：「當真胡說！方才還沒有蹤跡，難道秦軍是神兵？」斥候喘息道：「不，不敢假報，上將軍一看便知。」子蘭陰沉著臉霍然起身，也不看蘇秦一眼大步出帳。蘇秦已經出了大帳，跟著子蘭便上了雲車。

高高的雲車上，眼界分外開闊，向西望去，但見函谷關外漫山遍野都是黑色旌旗，連綿營寨，埋鍋造飯的裊裊炊煙，在明淨的藍天下如在眼前。蘇秦雖然目力不佳，也確定無誤地看出了那是真正的軍營，而不是虛妄的幻覺。子蘭大皺眉頭，逕自不斷地嘟噥：「哪來得如此快捷？鬼魅一般，當真鬼魅一般。」蘇秦肅然道：「子蘭將軍，秦軍出戰，我軍當速定對策，我與四公子午後便到。」說完也不等子蘭回答，逕自下了雲車。

回到幕府，正當中飯時刻。偌大幕府雖然已經收拾乾淨，但四公子依舊個個酣醉如泥地倒臥在後帳，鼾聲一片，酒氣沖天。蘇秦立即給侍女領班下令：「小半個時辰，讓他們立即清醒過來，辦不好軍法從事！」

侍女們立即忙碌起來，醒酒湯、冰塊浸汗巾、涼茶、冷水、按摩拿捏，能用的辦法一齊上，終於使四公子醒了過來。雖然醒了，卻都是頭重腳輕胸悶噁心，春申君噢呀呀一陣嘔吐，其他三人也立即跟著大吐起來，帳中污穢酒臭一片。侍女們掩鼻侍奉，四個人猶自軟在地上。蘇秦不堪忍受，一個人在庭院踱步，幕府內動靜卻聽得清楚，走進來吩咐道：「脫去衣服，冷水澆身！」

侍女們一陣愕然，但見蘇秦陰沉肅殺的模樣，只好紅著臉將四公子脫光，人各一桶冷水向四公子兜頭澆下。大帳中立即流水淙淙，變成了一片泥濘。此時，只聽一陣噢呀啊噫的叫聲，四個人終於完全清醒過來了。待四人換好乾爽衣物收拾齊整，蘇秦已經命人將酸辣羊肉羹擺好，四人稀里呼嚕地喝下，出得一身熱汗，才精神了起來。

「噢呀呀武安君，你這是何苦來哉！如此痛飲，不大睡三日，如何過得了？」

蘇秦揶揄笑道：「莫非要做了秦軍俘虜再醒來？」

「秦軍出動了？」孟嘗君大是驚訝。

蘇秦沉重地歎息了一聲：「函谷關外已經大軍雲集，子蘭尚沒有定見。」

信陵君面色通紅，啪地拍案而起：「我等幾時做了酒囊飯袋？不用說了，走！」大步出帳，上馬飛馳而去。

五騎快馬到達楚軍營地，正是未時末刻。尚未進營，便見六國軍營間的官道上不斷有快馬飛來。平原君趙勝眼尖，揚鞭高聲道：「肥義？看，五國大將都來了。」孟嘗君笑道：「好！子蘭總算醒過來了。」片刻之間，五國大將一一到了營門，最前面的平原君一抖馬韁要進營，不防總哨司馬舉著一面令旗攔在當道：「軍營不得馳馬！各位將軍交韁進營！」

孟嘗君笑道：「軍中法度沒個變通麼？真個東施效顰。」

「六國上將軍大令，誰敢不遵？軍法問罪！」總哨司馬聲色俱厲。

平原君揶揄笑道：「我只道有個六國丞相，竟還有個六國上將軍？」

「噢呀呀，你等毋曉得，再說也沒用，下馬交韁了。」春申君又氣又笑，將馬韁擲給士兵，昂昂大步進了營門。五國大將原是奉緊急軍令趕來，不想子蘭如此章法，個個面色陰沉，竟無一個抬腳。蘇秦苦笑道：「諸位皆是將軍，人人都有軍法，莫要計較了，走。」燕將子之道：「武安君，非是我等計較，楚營廣闊，到中軍大帳得走小半個時辰。究竟軍情緊還是軍法緊？」蘇秦豁達地笑了：「早晨我已經走過一遍了。」將軍們頓時一怔，趙將肥義高聲道：「六國丞相都走了，我等武夫走不了？走！」馬韁一丟，氣昂昂走了進去。

走到中央營地的轅門前，甲冑齊全的將軍們已經是大汗淋漓，剛剛酒醒的四大公子更是腳下虛浮面色蒼白。除了蘇秦，這些人個個都是頤指氣使慣了的，誰個受過如此無端窩囊？此時個個面色陰沉，連素來持重的信陵君也是牙關緊咬。

「鳥！還立大纛旗？還六國上將軍？誰認你個小子！」韓朋先罵了起來，他不像其他四位將軍還顧忌本國公子在場，全然口無遮攔。

「韓將軍，大敵當前，大局為重。」蘇秦聲音很低，神情卻很肅穆。

「呸！」肥義、子之、田間、韓朋一齊向大纛旗啐了一口，連老成穩健的魏將晉鄙也哼哼冷笑著瞪了大纛旗一眼。突然，轅門中一陣隆隆大鼓，軍務司馬站在大帳口高宣：「聚將鼓響！大將魚貫入帳——」

蘇秦看見，轅門內的楚軍將領已經進帳，便知子蘭聚集了全部將領，看陣勢是要聚將發令。按照蘇秦想法，子蘭至少應當與幕府五人商定方略，而後調兵遣將，匆忙聚集所有將領，卻又沒有五國其他將軍，但有歧見，豈不難以收拾？然則已經來了，能不進去麼？看看眾人陰沉沉地沒一個動彈，蘇秦低聲對信陵君道：「走。」信陵君咬咬牙大喝一聲：「入帳！」率先進了轅門。

三通鼓罷，蘇秦一行堪堪最後入帳，依次坐定，兩排將墩滿滿當當一個不空。

「六國上將軍升帳——」軍務司馬矜持得就像天子的禮賓大臣。

隨著悠長尖銳的宣呼，子蘭從碩大的九頭猛禽後走了出來。前排的四大公子側目而視，卻見子蘭頭戴一頂無纓金帥盔，熠熠生光的盔槍足有六寸，身穿土黃色象皮軟甲，腰懸一口新月般的吳鉤，一領金絲斗篷映得滿帳生輝。蘇秦向帳中瞄了一眼，見人人皺眉，心中不禁一沉。

楚國將領一齊站起：「末將參見上將軍！」

五國將領卻只是坐著拱手道：「參見子蘭將軍！」四大公子默不作聲。

蘇秦見子蘭難堪，一拱手笑道：「上將軍首次聚將，實堪可賀。」

「丞相駕臨坐鎮，子蘭實感欣慰。」子蘭拱手還禮，肅然入座道，「諸位將軍：本上將軍升帳聚將，諸位將軍無分職爵高下，須得一體聽從本上將軍軍令，若有違抗，軍法不容！」話音落點，楚軍將領轟然一聲：「嗨！」前排的聯軍將領與四公子卻無聲無息。

「本上將軍發布軍令……」

「且慢！」燕國大將子之霍然站起道，「敢問子蘭將軍，這是六國聯軍，還是楚國一軍？」

「子之將軍，此言何意？」子蘭頓時沉下臉來。

子之本是燕國世家子弟，長期駐守燕國邊陲，與陰山、遼東的胡人作戰，所部六萬是燕國唯一一支拉得出來的勁旅。燕易王決意子之率軍南下後，便調子之回到薊城做了亞卿。燕國亞卿職爵不高，卻是軍政實權位置，與秦國的左庶長一般。六國合縱是燕國最露臉的一件事，燕易王反覆思忖，才改派幹練機警的子之做了大將。子之要為燕國爭光，更想在天下打出自己的聲望，便對戰事做了事先謀劃，一心要在大將會商時爭得主戰重任；不想子蘭如此作派，一副誰的帳也不買的跋扈模樣，尤其是不尊蘇秦讓子之惱火。雖說蘇秦是六國丞相，可本職卻是燕國武安君，按通例便是燕職燕人，子之身為燕國大將，不能維護蘇秦尊嚴，等於使燕國蒙羞，這如何能教子之忍受？

但子之並非魯莽武夫，他冷冷問道：「若是六國聯軍，便當先聚六國大將於六國幕府，謀劃妥當之後，再由各國大將分頭回營下令。如今有楚國營將，卻無五國營將，莫非子蘭將軍蔑視五國大軍不成？」

「還有，將幕府五魁與楚國營將等同待之，這是哪家軍法？」趙國肥義也霍然站起。

「敵情不明，打法未定，便要貿然行令，這是打仗麼？」齊國田間也昂昂質問。

「敢問子蘭將軍打過仗麼？」韓朋更是一臉的嘲諷揶揄。

子蘭面色鐵青，想發作卻又心虛。畢竟是六國聯軍，雖然楚國兵力最多，但在近百年的戰國歷史上，中原三晉與齊國的戰力戰績都遠遠強於楚國，若非楚國與秦國衝突最烈，盟主未必就是楚國，若由自己攪散了六國聯軍，昭氏在楚國如何立足？退讓吧，方才已經申明軍法，日後如何坐帳行令？子蘭兩難之間，五國大將連串質問，子蘭的心腹營將大覺尷尬，人人怒目相向，大帳中立時緊張起來。

「諸位少安毋躁。」蘇秦面色肅然地站了起來，對五國大將道，「軍無大將不行，如此紛爭，成何體統？」蘇秦一貫的穩健坦誠，在六國君臣中聲望極高，五員大將雖憤憤不平，但還是坐了回去不再糾纏。蘇秦回身對子蘭一拱手道：「上將軍，依蘇秦之見，我軍各方主將當先行會商，議定戰法，而後上將軍號令全軍出戰，似可如臂使指，上將軍以為如何？」

子蘭舒了一口氣：「便依丞相主張了。」回頭下令，「楚國營將回帳，厲兵秣馬，準備大戰。」營將們哄然一聲，退出了大帳。子蘭回身對眾人一拱手笑道：「子蘭一時粗疏，丞相並諸位公子、將軍見諒了。」

蘇秦笑道：「聯軍初成，原無定規，說開便了，誰能計較？」

「噢呀呀，我的心都要跳出來了。」春申君一句，滿帳一片笑聲。

平原君笑道：「子蘭將軍，我等口乾舌燥，可否來幾桶涼水了？」眾人已經聽荊燕說了子蘭大帳不得上茶的「軍法」，聞言又是一陣大笑。

子蘭回身吩咐軍務司馬：「上大桶涼茶來。」

「好！有茶便有說的，我看信陵君先說。」孟嘗君大飲兩碗，立即來了精神。

「豈有此理？」信陵君笑道，「還請子蘭將軍先展機謀，我等拾遺補缺。」

子蘭卻拱手笑道：「既是會商，還是毋得拘泥，子蘭願先聞諸位高見。」

「哼哼！」子之冷冷一笑。在他看來，這個金玉其外的年輕統帥，壓根兒就是個花花公子：劍器、甲冑、斗篷、戰靴，樣樣都金光燦燦，像打過仗的行伍將軍麼？作派十足而胸無一策，明明沒有謀劃，還要裝模作樣地「先聞諸位高見」，如此之人竟做了六大戰國的統帥，當真令人齒冷。

「子之亞卿可有謀劃？」燕齊老鄰，孟嘗君素聞子之才幹，見他橫眉冷笑，便知就裡。

子之從將軍墩站起，從容道：「六國丞相、諸位公子、將軍，子之以為：六國聯軍雖眾，然亦有不足處。最大缺陷，是老兵車與老步兵太多，無法與風馳電掣的秦軍鐵騎抗衡。若依成例戰法，擺開大陣迎敵，聯軍戰車與老式步兵，非但必成秦軍魚肉，且也是我軍累贅，極難取勝。」子之寥寥數語便擊中聯軍要害弱點，眾人不禁一怔。

「唯其如此，須得出奇制勝。」子之胸有成竹，「其一，六國聯軍須立即精編，遴選各軍鐵騎與鐵甲步兵，使聯軍能夠與秦軍打得硬仗！其二，不必拘泥於函谷關外決戰，可將聯軍分為三路：第一路由楚國戰車步卒與韓國步兵組成大陣，在函谷關外吸引住秦國大軍，能戰則戰，不能戰則守；第二路由燕國遼東鐵騎與趙國步兵合成，北上襲擊秦國北地郡；第三路由魏齊騎步合成，從西南襲擊崤山，可從背後拿下函谷關，並對秦軍主力前後夾擊。若得如此，秦軍必敗！」

大帳中一片沉默。公子、將軍們雖然都贊許點頭，然卻沒有人說話。

在子蘭看來，這明擺著是將楚軍看作廢物，將子蘭的統帥權力變成了無足輕重的留守，將楚國的合縱盟主地位一筆抹殺。雖然不滿，但基於方才難堪，子蘭卻不想第一個反對。在蘇秦看來，這確實是一個極具才華的構想，不禁很是讚賞這位燕國亞卿。但想到自己畢竟不通兵家，不能首肯，便等著別人說話。在四大公子看來，謀劃是不錯，實行起來卻很難：譬如魏國派出的只是五萬步兵，且主要守在敖倉要道，主將晉鄙則是墨守成規唯君命是從的那種人，要按子之戰法，魏國就要增兵換將，否則不可能攻下崤山重地；然則要增兵換將，必然要大費周折，大敵已在眼前，如何容得你從容周旋？趙將肥義本是很有膽識的軍中幹才，卻也慮及趙國派出的步兵不足以奇襲作戰，而要調來防禦匈奴的精銳騎兵，又絕非他說了能算，也緘口不言。田間、晉鄙、韓朋，則都是平庸之輩，不置可否。如此等等，一時間大帳中竟無人呼應。

「信陵君，還是你來說說。」蘇秦瞅準了最合適的評點者。

信陵君沒有推辭，慨然一歎道：「子之將軍之謀劃，確是上乘戰法。六國若能如此分頭攻秦，何能有得今日？然則，以聯軍實情而言，謀劃雖好，卻極難實施。精編大軍、增兵換將、糧秣輜重、探察地形、預備鄉導、更換兵器，凡此等等，牽涉六國，皆非旬日之功。秦軍便在眼前，張儀司馬錯容得我等半月一月？」說著又是一聲沉重的歎息，「為今之計，只能就目前軍力，謀劃可戰可勝之法，忠於職守，恪盡人事，豈有他哉！」

「噢呀，信陵君，你就說如何打了？」

「對呀，好賴也是四十八萬，怕他個鳥！」孟嘗君粗豪地罵了一句。

「信陵君但說，我聽你！」平原君立即毫無保留地敞明瞭與信陵君的堅實紐帶。

信陵君笑道：「武安君、子蘭將軍，無忌以為：既不能奇計取勝，便當同心協力，戰陣對之。具體戰法，仍當以子之謀劃為根基，略作變通而已。決戰之日，子蘭將軍率楚韓大軍居中成陣，魏齊大軍從西面進攻，燕趙大軍從東面進攻；三路大軍成犄角之勢，相互策應，即或不能大敗秦軍，也當將秦軍壓回函谷關。」

「好！簡單易行！」孟嘗君立表贊同。

「噢呀，那可是要立即變動軍營位置了。」

子蘭豁達地笑道：「只要能打勝仗，軍營變動何難？」

子之沉重地歎息了一聲，閉上眼睛不再說話了。

「那就如此這般了，我看可行！」平原君說得果斷利落。

肥義道：「還是六國丞相定奪，六國聯軍聽憑號令！」分明沒有將子蘭放在眼裡。

蘇秦看看無人爭辯，便道：「信陵君與子之亞卿的謀劃，合我軍情，甚是妥當。若沒有歧見，請子蘭上將軍發令。」

子蘭心中頓時踏實，對蘇秦拱手一禮，走到帥案前肅然端坐，發下令旗令箭，限令五國兵馬在明日內移營到位：魏齊大軍於楚軍西北紮營，燕趙大軍於楚軍東北紮營，韓國兵馬在楚軍西側並立紮營；三營各推進三十里，於函谷關外形成犄角陣勢。

號令完畢，已經是明月東升。蘇秦一行出得楚軍大營，走馬沿著大河東來，沒有絲毫的激動與奮，河水滔滔，馬蹄達達，沒有一個人說話。良久，孟嘗君哼起了古老的戰歌，伴著嗚咽的大河濤聲，分外的沉重憂傷。人們怦然心動，跟著哼唱起來。古老的戰歌被濤聲馬蹄聲攪成了無數的碎片，彌漫在清冷的月光下，散落在蕭瑟的古道上：

我車既攻　我馬既同
弓矢既調　王師既征
蕭蕭馬鳴　獵獵旆旌
披堅執銳　烈士大成

三、河外大戰　張儀偏師襲敖倉

函谷關的中軍大帳徹夜通明，探馬如梭，軍令聲聲，一片緊張忙碌。

第一次置身大軍之中，張儀分外振作。他幾乎忘記了自己是以丞相之身參贊軍機，只是如饑似渴地觀察著大軍運行的每一個環節，品味著，感悟著，甚至在短暫的睡夢裡也揣摩著自己的心得。身為軍旅家族的後裔，張儀少年時候對沙場征戰充滿了嚮往，對兵家名將更是奉若神明。在莽蒼蒼的王屋山，當老師第一次問他欲操何業時，張儀毫不猶豫地回答：「兵家。」可老師卻說他「命中乏金，入軍必敗」，派他與蘇秦專修了縱橫之學。雖則如此，張儀對兵家的嚮往與對鐵馬生涯的興趣卻沒有稍減。今日如願以償，自是精神抖擻，處處刻意揣摩。在中軍大帳，他對司馬錯頻繁的調遣、命令從不過問，只是看，只是想。

目下，張儀覺得司馬錯集結大軍的方式，與他所想像的大是不同。

秦國共有二十萬大軍。依張儀所想，如此關乎連橫成敗的大戰，自然要聚集全部重兵到函谷關外決戰。可從咸陽趕到藍田幕府調遣大軍時，司馬錯卻將秦軍分成了五支：西部大散關與陳倉要塞留守一萬，東南武關留守一萬，這兩萬留守軍全部是步兵；藍田大營駐紮四萬，全部是精銳鐵騎；其餘十四萬大軍分為三支：第一支主力大軍十萬，步騎混編，全部開出函谷關紮營；第二支步騎混編兩萬，祕密開進崤山東南部河谷紮營；第三支兩萬，全部精銳鐵騎，祕密開進函谷關外大河南岸的山谷中紮營。司馬錯嚴令：「兩日之內，各軍務必到位紮營。除函谷關大營，其餘各部務求駐紮無形，絕不能被敵軍覺察！」

晚來更深，明月高懸在函谷關箭樓，刁斗聲聲，山原倍顯幽靜。張儀布衣散髮，悠閒地踱進了中軍大帳。司馬錯笑道：「丞相好灑脫。請坐了。」張儀笑道：「入得將軍帳，方知軍旅事，張儀特來討教一二。」司馬錯坦然笑道：「丞相不明，但問便是，何敢言教？」

「西南無戰事，何以留守兩萬？」

「戰國多突發之戰，我能襲敵，敵亦可襲我。有險無守，天塹也是通途。此所謂有備無患也。」

「既有留守，何以盡皆步兵？」

「固守險關，步兵強於鐵騎。一旦遇襲，我唯固守，步卒足矣。」

「關中無事，何留四萬鐵騎於藍田？」

「凡大戰，必有不測之變。四萬鐵騎居關中，專一策應不測之危，是為萬全。」

「崤山河外兩軍，何能做到駐紮無形？」

「六國軍營難以無形。秦軍獨可：熟肉乾餅，不起軍炊。」

「以十萬當四十八萬，若敵軍山海壓來，何以應之？」

「函谷關外山塬，堪堪容得二十餘萬兵馬馳騁，敵方若人海而來，必自為魚肉。」

張儀哈哈大笑：「啊，不想如此簡單，卻害我好生揣摩。」

司馬錯笑道：「凡事明則簡單，不明則奇詭。譬如連橫之先，舉國困惑，丞相一旦敞明，豈不也很簡單？」

「言之有理！」張儀慨然拍案，「道理雖簡單，事中人卻多有迷惑。運用之妙，存乎一心，非天才不能為之也！當年房陵之錯，不正在於有險無守麼？」

「丞相悟性，令人佩服。」司馬錯拱手笑道，「我倒是正要求教丞相：六國幕府多有英才，他們可能如何謀劃？」

張儀道：「六國幕府以蘇秦與四大公子坐鎮，此所謂幕府五魁。幕府之下，是六軍統帥子蘭，再次是五國主將。論兵家才能，幕府五魁大體與張儀不相上下，都是半瓶水。其中唯有信陵君通曉兵法，然此人遭魏王嫉妒，從來沒有提兵戰陣的閱歷。至於上將軍子蘭，更是拘泥成例的貴胄公子，既無軍旅行伍之錘鍊，更無統帥大軍之才能，唯知弄權而已。此人為帥，不能服眾，只能生亂。下餘五國主將，三平兩能：三平庸者，晉鄙、田間、韓朋，兩能者，肥義、子之。肥義雖能，職爵卻低，又兼依附平原君，只能以平原君馬首是瞻，不會出謀。子之位高權重，又是燕王心腹，建功心切，最有可能出謀畫策。歸總而論，信陵君與子之是左右戰陣大計的兩個人物。」

「丞相以為，六國幕府會生亂麼？」

「生亂必不可免，然有蘇秦在，不會亂得沒有頭緒。」張儀踱步思忖道，「兩個人物能拿出甚個妙計？我目下若明若暗，想不清楚。」

「其實，丞相已經說清楚了。」

「噢？我說清楚了？」張儀大笑搖頭，「如何我還在霧中？」

「計自人出，人必有本。」司馬錯微微一笑，「子之是與胡人作戰的能將，所謀必不能離開騎兵。騎兵所長，在於快速奔襲。若子之謀我，必不在正面硬仗撐持，而在襲我北地與崤山，使我首尾不能相顧，然則也有一難。」

「難在何處？」

「燕國派兵六萬，騎兵卻只有一萬。若要奔襲，須得增加魏國鐵騎。而魏國又恰恰沒有派出騎兵。丞相以為，六國重新增兵甚或換將，有可能麼？」

「斷然不可能。」張儀一揮手，「六國成軍，乃利害算計之結果，誰肯以一將之謀亂格局？」

「如此，我便踏實了。」司馬錯舒了一口氣，「無奔襲之危，下面的棋便由不得他了。只是，司馬錯要有求於丞相了。」

「噢？要我做甚？說便是！」張儀一下子興奮起來。

司馬錯低聲說了一陣，張儀哈哈大笑：「好！我張儀便真灑脫一場！」

軍師大帳便在中軍大帳旁邊，張儀回帳一說，緋雲高興地跳起來收拾。嬴華卻直愣愣道：「你真要領軍？」張儀笑道：「還有假麼？快去收拾甲冑。」嬴華道：「可知秦軍軍法，無端敗軍者斬？」張儀道：「無端敗軍，自要斬首。與我何干？」嬴華急紅了臉：「別裝糊塗了，不是戰陣之才，何須無辜涉險！」張儀笑道：「樗里疾老調，君上都沒贊同，還說個甚？」嬴華道：「正是君上嚴令：我必須保護你安然無恙。」張儀揶揄笑道：「那就整日價睡大覺完了。」嬴華又氣又笑道：「秦軍將才多的是！」張儀笑道：「然則，誰有我熟悉河外？」說著拍拍嬴華肩膀，慨然高聲道，「有如此大軍，如此統帥，如此謀劃，我張儀竟連走馬戰陣的膽識也沒有，何顏對秦國父老？何顏居丞相大位？」嬴華默然片刻，粲然一笑道：「好！隨你了。」便進了後帳。

片刻之間，嬴華緋雲出帳，看著帳中鐵塔也似的一條大漢，不禁相顧愕然。原來張儀已經披掛整齊：頭上一頂帶護耳護目的無纓鐵盔，身上一副大護肩的將軍鐵甲，腳下一雙牛皮鐵頭戰靴，手持一口越王吳鉤。張儀本來身軀偉岸，一身黑色鐵甲上身，雙眼在護目小孔中晶晶發亮，加上彎月形吳鉤，在燈下無聲矗立，頓顯威猛可怖。

猛然，嬴華緋雲咯咯笑作一團：「吔！活活一個江洋大盜！」

張儀這身披掛，是秦軍的戰將鐵甲，全副重量達六十餘斤，若加上弓箭兵器連同乾糧乾肉，當在百斤上下。僅此一點，可知做秦軍猛將之難。張儀此刻鐵甲上身，頓時湧出一股無堅不摧的力量快感，大是暢快。聽得兩人笑聲，張儀一拱手道：「末將甲冑在身，不能全禮了。」嬴華緋雲更是笑得不亦樂乎。

「噫！你如何不披掛自己的上將甲冑？也輕便點兒。」嬴華很是驚訝。

「此乃奇襲，帥甲斗篷招搖過甚。噢——好英武的少年將軍！」

嬴華與緋雲，卻是一身牛皮銅片軟甲，足下戰靴，頭頂銅盔，身上斜背一個牛皮袋，當真是纖細英武的少年將軍一般。張儀對兩人叮嚀了此行要點，三人大步出帳，恰逢司馬錯派來的隨行軍務司馬也剛剛趕到帳外，四人就著上馬樁跨上戰馬，飛馳出了大營。

秦軍的主力營寨紮在函谷關外的崤山北麓，六國聯軍的新營地已經推進到洛陽以西的山塬地帶，中間相距不過數十里之遙。而秦軍的一支騎兵已經插到了六國聯軍的身後，隱蔽在虎牢山西面的山谷之中。張儀要去的地方，正是這支騎兵隱藏的無名谷，地形不熟，當真是難以尋覓。

張儀原是魏人，修業的王屋山也在魏國，天下遊學時首先踏勘的也是魏國，對河內河外地形自然極為熟悉。他離開秦軍營地，立即向東北方向飛馳。不消半個時辰，便到了大河南岸的茫茫草灘。時當仲秋，大河進入枯水季節，河灘齊腰深的茫茫葦草已經變黃變乾，沙灘泥地，已經變成了潮濕的硬板地。戰馬飛過，彈性十足的地面非但消解了馬蹄聲音，茫茫葦草又遮掩了騎士蹤跡，莫說朦朧月色下難以發現，縱是白日，一里之外也難以覺察。張儀選的這條「時令大道」確實快捷，放馬奔馳，月到下弦之時，四人已經越過孟津渡口。又過半個時辰，便進入了虎牢山地。

虎牢山扼守大河南岸，四周多有丘陵山谷，雖然不算險峻高山，卻是林木蒼莽曲折迴環。按照軍務司馬說的方位，張儀沒費力氣便找到了虎牢山東北的這條山谷。進入谷口，緩轡走馬，幽靜異常，絲毫沒有人馬跡象。

突然之間，一聲長長的狼嗥掠過了山谷。軍務司馬一撮嘴唇，立即發出三聲短促尖銳的鴞（註：鴞，古人對貓頭鷹的叫法）鳴。叫聲方落，山道兩旁黑黝黝的小樹突然倒下，兩個長大身影倏忽冒出在馬前，低聲喝道：「東有虎牢！」軍務司馬低聲道：「西有函谷。」一個身影低聲道：「隨我來。」一大步向谷中走去，另外一個身影又立即變成了黑黝黝小樹中的一棵。

拐了兩個山頭，來到一道不起眼的山谷。月色之下，但見滿山林木，卻無一頂軍帳，沒有人聲，沒有馬嘶，與尋常幽谷沒有兩樣。張儀大是疑惑，兩萬騎兵如何能隱藏在這裡？尋思間已經隨著「小樹」摸黑進了一座山洞。洞口很小，洞中卻頗為寬敞，隱隱傳來一片沉重的鼾聲。

「小樹」咳嗽了一聲，沉重的鼾聲突然煞住。一個身影霍然冒出：「軍令到了麼？」軍務司馬低聲道：「白山將軍，丞相到了。」「啊！」對面身影輕輕地驚呼了一聲，低聲道，「騎右將白山，參見丞相！」張儀笑道：「免了免了，目下沒有丞相，只有將軍張。記住了？」

「嗨！」白山答應一聲道，「請隨我來，到亮處說話。」

拐過幾塊巨大禿圓的山石，一縷月光灑在了洞中，在習慣了黑暗的來人眼裡，倒是分外的清爽。幾個人在禿圓的石塊上坐定，一名軍士拿來了四個皮囊與一個布袋，白山道：「丞相……不，將軍張，這是虎牢泉水乾牛肉，先墊補墊補了。」張儀搖手道：「我等與騎士一樣，自帶軍食，日後無須專供。就地取水，倒是可以享用一些。來，先痛飲一袋，虎牢山泉水甜美聞名。」四人咕咚咚飲罷，軍務司馬道：「白山將軍，上將軍有令：奇襲戰由丞相決方略路徑，你只管打仗。打得不好，軍法是問！」

「嗨！但請將軍張下令，末將主戰便是。」

張儀笑道：「白山將軍，我來軍前，只因我對河外熟悉，並非我通曉戰陣韜略。上將軍雖有如此將令，你卻只將我看作一個鄉導。我有計策便說，若有不妥，你便不要聽。萬勿心存上下芥蒂，因而痛失戰機。老秦人本色不作假，是麼？」

白山拱手慨然道：「丞相如此襟懷，末將疑慮頓消。右騎兩萬，全數郿縣孟西白子弟，打仗斷無差錯！丞相，不，將軍張但決謀略路徑便是。」

「好！」張儀笑道，「再隱蔽一日，可有保障？」

「斷無差錯。」白山信心十足，「這道山谷是前哨，戰馬騎士都隱蔽在後面一道三面環山的絕谷。不支軍帳，不起軍炊，馬入山林餵料，人入山洞就食，再隱蔽三兩日也可。」

「騎士軍食還可支幾日？」

「三日。」

「遊哨放出多遠？」

「周圍十五里。」

「好！明日大睡，養足精神，往後幾日只怕想睡也沒得空了。」

「嗨！」白山應命一聲又道，「丞相鞍馬勞頓，也請休憩。我去拿幾條軍毯？」

「不用。將軍處置軍務去，有事隨時報我便了。」

白山答應一聲，出了山洞。張儀笑道：「睡吧，動靜越少越好。」四人卸下甲胄打開軍毯裹住身子睡了過去，片刻之間，一片鼾聲。

正當午時，秦軍大營前飛來兩騎快馬。距營門一箭之地勒馬，一人遙遙高喊：「我是聯軍特使，來下戰書，作速通報上將軍！」

「特使稍待——」秦軍寨門一聲回應，馬蹄如雨而去。片刻之後，一騎飛出營門高聲道：「特使隨我來。」話音落點，馬頭已經回轉，帶著兩騎飛馳進了營寨。

中軍大帳空蕩蕩的，帳外只有兩名甲士，帳內也毫無肅殺之氣。兩名特使坐定，一名軍吏捧來陶壺陶碗，斟滿涼茶請特使慢飲。兩特使相顧困惑，一人昂昂道：「我等來下戰書，要見上將軍！」軍吏拱手道：「上將軍正在午眠，請稍待片刻。」一特使笑道：「噢呀，好灑脫了。」軍吏道：「夜受賊風，上將軍偶有小疾而已。」另一特使笑道：「定是巡查風寒，崤山寒症可是厲害也。」軍吏板著臉道：「兩軍敵對，請勿閒話。」兩特使便不再說話。

小半個時辰後，後帳傳來一陣沉重的咳嗽喘息，接著聽見腳步聲，一個身著軟甲外罩絲披風的黝黑瘦子走了出來，目光向兩人一掃，卻是炯炯有神。他緩步走到帥案後坐定：「你等便是聯軍特使？」聲音中帶有明顯的嘶嘶喘息。

兩特使站起，身材高大者道：「聯軍特使景餘、田鋒，參見上將軍！這是我六軍統帥子蘭上將軍戰書。」軍吏接過戰書，抽去布封套，將一卷竹簡捧送到帥案之上。

黝黑瘦子矜持地一手展開竹簡，瞄得一眼笑道：「子蘭有古風也，下戰書，司馬錯可是頭一遭遇到，要何日決戰啊？」

「戰書寫得明白，明日決戰！」

司馬錯笑道：「既學古人，便當學像。戰書隔三，子蘭不懂麼？」說著提起銅管鵝翎筆在竹簡上大書了「三日後決戰」五個大字。軍吏上前捲起竹簡，交還特使。

特使昂昂道：「我上將軍有言：天下皆云秦國虎狼之軍，我獨不懼！但受戰書，便是堂堂之陣正正之旗，兩軍對陣決戰，不得施偷襲慣技！」

司馬錯哈哈大笑，嗆得咳嗽起來，嗞嗞喘息一陣，滿面潮紅聲音嘶啞道：「好！對陣決戰，教六國輸得心服口服。」

「上將軍保重，本使告辭！」兩位特使赳赳大步出了中軍大帳，一陣馬蹄出營去了。

後帳轉出精神奕奕的司馬錯：「山甲將軍，虧了你這個現成病號，竟在如此兩個人物面前周旋，還行！」黝黑瘦子喘息著道：「不就兩個軍使嘛。」司馬錯搖頭微笑道：「一個孟嘗君，一個春申君，大人物也。」黝黑瘦子高興得一跳：「哎呀！山甲病得值了！」帳中一片大笑。

子蘭的中軍大帳頓時熱鬧起來了。

孟嘗君春申君回來將經過備細一說，帳中頓時歧見紛紛。下戰書探營，原是蘇秦的主意，本意是想試探秦軍能否答應這種正面陣戰。因為楚軍的兩千輛兵車與各國二十餘萬步兵，最適合列陣而戰；若能以兵車步兵列成正面大陣，兩翼輔以騎兵突襲包抄，則勝算在握。這是聯軍幕府反覆商定的最佳戰法。如今帶回的消息大是令人意外：司馬錯非但答應列陣決戰，而且在三日之後；更重要的是，司馬錯似乎患了「崤山寒症」——這是崤山狩獵山民的一種怪病，一旦染上，嗜睡厭食，月餘則枯瘦如柴。若果真如此，豈非六國大幸也！使幕府魁首與將軍們驚喜的是這一點，產生分歧的也是這一點。

子蘭最是激動，主張拖延旬日，待司馬錯病勢沉重時一舉猛攻，務克全功。趙將肥義則認為，拖延下去有可能使秦軍換將，不如將計就計，就在三日後如期決戰。魏將晉鄙、齊將田間、韓將韓朋都支持肥義，認為這是萬全之法。燕國主將子之則提出驚人主張：明晚發動突然襲擊，一舉擊潰秦軍主力。子之雄辯地說了三點理由：其一，兵不厭詐，安知司馬錯不是裝病？其二，六國聯軍協調費力，不宜久拖而宜速戰；其三，所有事態中，只有司馬錯批回「三日後決戰」這一事實可信無誤，三日內秦軍戒備必然鬆弛，是聯軍戰勝的唯一機會。

經過一番激烈爭辯，誰也駁不倒子之的雄辯理由。立足司馬錯病情，顯然是一種僥倖，而且極可能上當，連子蘭也不再堅持了。從各方面看，提前突襲都是一種可行的戰法。最後，終於得到了所有人的一致認可。

「好！」平原君笑道，「司馬錯善於偷襲，今日也教他嘗嘗偷襲的滋味。」

「噢呀，以其人之道，還治其人之身，房陵之仇得報了！」春申君更是高興。

「別忙。」孟嘗君笑道，「戰場詭詐，我能襲人，人也能襲我，先想想自己的軟肋為是。」

「孟嘗君所言極是。」蘇秦道，「六軍之要，在於糧道。敖倉到六軍營寨一百餘里，每日都有輜重車隊在道，信陵君以為安全否？」

信陵君沉吟有頃道：「晉鄙將軍拖後，為的就是護衛糧道。再說，敖倉之西是虎牢要塞，虎牢之西我營寨連綿，此等重地，應當沒有險情。」

「也是。」平原君道，「若是六國分頭運糧，道路遙遠，防守拉開，難保不失。如今糧道只有一條，且敖倉乃魏國根本，不說晉鄙大軍，敖倉令的軍營還有五千鐵騎。再說函谷關到敖倉兩百餘里，險道要塞均有防守，秦軍根本無路可走。」

「背後如何？」蘇秦問，「從河內南下不行麼？」

「武安君多慮了。」素來寡言的晉鄙道，「河內南下只有兩個渡口：孟津渡口乃周室洛陽要塞，我軍也近在咫尺；白馬渡口乃衛趙水道，歷來是趙國重兵守護，斷無差錯。」

「噢呀，南邊更不可能，除非秦軍插翅飛過三川，再飛過韓國了。」

「如此便好！」蘇秦拍案，「子蘭將軍，你下令了。」

子蘭興奮地升帳發令：齊韓趙三國步兵以田間為將，分三路夜襲秦軍大營；燕齊楚三國騎兵以子之為將，在秦軍大營外兩翼截殺；其餘楚國大軍由子蘭親自統領，在正面的廣闊地帶封堵秦軍；信陵君與孟嘗君率領精銳步兵五萬，趁亂抄後，攻下函谷關；裡外左右，四面夾擊，務求一舉殲滅秦軍主力。蘇秦坐鎮幕府，記功督察。

幕府五魁與將軍們掂量一番，都覺得這是一場很有氣勢的大戰，盡皆贊同。於是立即各自回營，準備明晚突襲大戰。

太陽剛剛到得山巔，山谷中幽暗下來。

午後，張儀醒了過來，用短劍劃開一張乾麵餅，再塞進一大塊醬乾牛肉，狼吞而下，再灌了半袋山泉水，頓時精神抖擻。召來白山與軍務司馬，三人躲在山洞角落又是畫又是說，整整折騰了一個時辰有餘。白山與軍務司馬不熟悉河外之地，隨軍的兩個鄉導也只能在你說清地名後準確帶路，不會完整地將虎牢、敖倉方圓百里的地形描述出來，更不會畫圖描述。而對於一個率領兩萬騎兵，要完成一場大奔襲的將軍來說，完整地熟悉地形道路之間的關聯是極為重要的。張儀與白山說得幾句，立即覺察出這個致命弱點，於是不厭其煩地從當下所在的山谷畫起，詳細解說了所有山頭、河流、大路、小路的關聯，又教白山多次複述演練，大費了一番工夫。虧了白山是郿縣白氏世家子弟，家道雖在商鞅變法時中落，卻也識文斷字頗有天賦，總算確定無誤地弄清了這一帶地形道路的全貌。

說完地形又議戰法。白山的主張很簡單：找到地方猛攻而入，燒了糧庫便撤。張儀笑道：「如此只能騷擾六國聯軍，可惜了兩萬鐵騎。聽我說……」張儀一五一十地說了一遍，末了笑問：「如何？說實話了。」話未落點，白山跳了起來連叫：「好好好！聽丞相的，兄弟們人人立功！」嬴華緋雲被驚醒過來，聽得軍務司馬一番學說，高興得立即吃喝收拾，做好了夜襲準備。

天一落黑，白山下令收攏遊動步哨。山林中長長的三聲狼嗥之後，白山帶著張儀一行出了山洞，拐過兩個山頭，進入了一道長長的峽谷。白山低聲道：「丞相，這是一面谷，只有這一個出口。」張儀一路打量，只見這山谷越走越寬，最裡面竟是一片環山盆地，山坡上的林木在黑夜裡一片黝黑。

張儀笑道：「人馬都在山坡密林中？」

白山道：「正是。下令集中。」

「且慢。」張儀猛然想到一件事，向白山低聲交代了幾句。白山高興得連連點頭：「這樣好！弟兄們一定更起勁。」說罷兩手搭上腮邊，頓時一聲虎嘯在山谷迴盪開來。接連三聲虎嘯，山坡密林中黑影連串成片地湧下，輕微急促的腳步聲在谷中像連綿細雨落在了無邊荷塘。片刻之間，谷地中聚起兩個巨大的騎士方陣，沒有絲毫的人喊馬嘶。方陣列定，軍吏將張儀四人的戰馬牽了過來。張儀一看，馬口銜枚，馬蹄裹布，鞍韂也都固定得緊趁利落毫無聲息，不禁對秦軍鐵騎油然生出一種欽佩。

白山走馬陣前低聲喝道：「各千夫長，下傳全體騎士：今夜奇襲，由丞相親自領軍！」回身便道，「敢請丞相訓示全軍。」張儀走馬前出，低聲道：「下傳全體騎士：此戰關係秦國存亡，務求大勝，人人立功！張儀決與全軍共榮辱！」話音落點，騎士方陣一片低沉激昂的轟嗡聲，瞬間又恢復了肅靜。

「左陣一萬，隨丞相先行！右陣一萬，隨我押後！」

白山軍令一發，張儀揮手號令：「左陣出動！」腳下輕觸馬鐙，那匹「黑電」便無聲地飛了出去。但見朦朧月色下，黑色方陣流水般湧出了峽谷。

出得虎牢山地，張儀仍然上了大河南岸的時令大道，從茫茫葦草灘直向東北而來。大約小半個時辰後，白山的一萬鐵騎也在時令大道尾隨飛馳。行三十餘里後，張儀前軍折向東南，進入鴻溝堤岸下的谷地，從鴻溝北岸的護渠荒田疾進。白山的後軍則繼續馳向東北。

秦軍的襲擊目標是敖倉。

敖倉，魏國最大的糧倉與物資重地，也是天下最大的糧倉與貨倉。其所以在這裡修建最大的糧倉，一是這裡地勢險要，二是這裡交通便捷。在黃河與濟水分流處的三角谷地，有一座敖山。敖山並不高大險峻，事實上只是一座丘陵山地，但因為孤立於兩條大河之間的平原，所以險要易守。除了兩條大河，敖山西面又有魏國開鑿的引黃河入大梁又南通淮水的最大人工河流——鴻溝。如此一來，敖山三水環繞，更兼臨近大梁，陸路官道暢通，物資集散極為便捷。

從魏武侯起，魏國在敖山開始修建糧倉，經過近百年擴建完善，整個敖山建成了一個城堡式的糧倉，山下則是十多個臨時集散的小倉場。由於規模龐大，魏國人呼為「敖倉城」。魏國在敖倉設置了敖倉令，爵位官職與郡守等同，有五千精銳鐵騎長期駐守。後來秦國統一天下，仍將這裡擴建為天下最大的糧倉，以致「敖倉」成為天下糧倉的代表稱謂。這是後話。

一個多月來，由於敖倉要供應六國聯軍四十八萬人馬的糧食物資，大大繁忙起來。山下十幾個倉場堆滿了隨時準備裝運的糧貨，人聲鼎沸，夜夜火把，加上正常進出的出糧繳糧車隊，往往是晝夜不息地大開著城堡。敖倉令與所有的部屬吏員、倉工都忙得團團轉，一有空閒連忙躺倒打盹。山下軍營的五千騎士晝夜警戒，時間一長，也是混混沌沌了。今日暮色時分，守軍接到敖倉令命令：「歇倉一夜，明日卯時開倉。」於是一片歡呼，晚飯之後全營倒臥，敖山上下一片酣睡。

正是子夜時分，張儀的一萬鐵騎抄到了敖倉背後的山坳。奇怪的是，天色突然陰沉下來，厚厚的烏雲淹沒了月亮，秋風嗚嗚地颳了起來，近在咫尺的敖倉一片寂靜，除了點點軍燈，山上山下一片黝黑。出發時，張儀已經接到黑冰臺密探的報告，知道了敖倉今日歇倉，但仍然沒有料到，敖倉竟如此死寂。

十個千夫長聚來。張儀一陣低聲吩咐。千夫長們立即歸隊，分成了大小不等的三個方塊。張儀令旗一劈，三個方陣譁然散開，也不喊殺，風馳電掣般衝向了三個方向。最大的一路是六千鐵騎，全力撲向了山下的魏國軍營。第二路兩千鐵騎，衝上敖山城堡。第三路兩千鐵騎，殺進了山下倉場與敖倉令官署。

魏軍騎士正在沉沉大夢之中，連營門哨兵也昏昏欲睡，突遭暴風驟雨般的秦軍鐵騎衝殺，當真是山崩地裂般恐懼混亂。許多人還沒有醒來便身首異處，及至人喊馬嘶，五千騎士已經傷亡大半。軍營奔躍吶喊之時，山下倉場與官署立即躥起了大火。片刻之間，敖山上的城堡主倉也成了一片火海。大火一起，白山的一萬鐵騎從北面漫山遍野衝了過來，一路向鴻溝，一路向濟水，大半個時辰後，便見滾滾滔滔的大水撲向了敖山谷地。

張儀一聲令下，攻入敖倉的秦軍騎兵立即向北方的大河岸邊飛馳。到得渡口，三千騎士下馬，在小半個時辰內徹底摧毀了敖倉碼頭，鑿沉了停泊岸邊的百餘艘糧船。此時，遙見敖山已經陷在一片火海之中，滔滔洪水正在轟轟隆隆地湧向敖山。張儀與白山聚頭，清點人數，只有二十多名輕傷，可謂全勝而歸。

「回兵！」張儀一揮手，沿著大河南岸的時令大道向西飛馳而去。晨曦時分，鐵騎越過了孟津，遙聞遍野殺聲。

張儀登上山頭一望，只見六國聯軍正與秦國的黑色兵團在曠野上糾纏衝殺，聯軍旗幟混亂，但卻並未潰敗。白山高聲道：「丞相，那裡是燕齊鐵騎，我從背後殺過去！」張儀道：「好！打出戰旗！號角準備！」一揮手，二十名牛角號手已經立馬山頭，一面「秦」字軍旗與一面「白」字將旗已經排在白山馬後，二十面千夫長將旗也在陣中獵獵展開。

張儀手中令旗一劈，二十支牛角號尖厲地劃破秋霧。白山高舉長劍大吼：「殺——」一馬衝出，萬馬奔騰，雷霆般壓下原野。

就在張儀偏師奔襲敖倉的時候，六國大軍也對秦軍主力發動了夜襲。可是，當田間率領三國步兵一片吶喊，攻進秦軍大營時，卻發現偌大的營寨空空蕩蕩。田間愚蠢地以為秦軍怯戰逃跑，喝令燒毀秦軍營帳，順著營地山谷追擊。沒追得二三里，秦軍鐵騎從兩邊山塬漫山遍野衝殺下來，幾乎只是一個衝鋒浪潮，三國步軍便蜂擁潰敗著向來路逃跑。當子之率領三國騎兵掩殺到秦營兩側的山麓時，卻遇到了埋伏在山麓溝壘之後的步兵大陣的猛烈阻擊，箭如疾雨，石如飛蝗，聯軍騎兵不能越雷池半步。子蘭的兩千輛兵車在正面已經擺好了橫寬三里的大陣，等待截殺秦軍，但卻只聞幾條山谷中殺聲震天，就是不見秦軍倉皇逃出。子蘭心中焦躁，又是立功心切，斷然喝令車陣前推，全部封堵秦軍營寨。

遍野火把下，兵車大陣隆隆向前推進的時候，秦軍營寨裡潮水般湧出了潰逃的聯軍步兵。無論子蘭如何號令，恐懼的步卒們全然不顧，只是一味尖叫著四散逃命，將子蘭的兵車大陣衝得混亂不堪。正在子蘭要下令兵車後退到寬闊原野時，萬千黑色鐵騎如怒潮般從山谷中呼嘯撲來，衝進車陣猛烈砍殺。片刻之間，兩千輛兵車互相衝突，向身後平原奪路狂奔。車戰之法，每輛戰車都有二三十名步兵追隨，一則保護戰車，二則在戰車甲士號令下衝鋒，形成一個戰鬥單元。兩千輛戰車，實際上便是五萬多兵力。如今戰車混亂奪路，車下步兵成了秦軍鐵騎的劍樁，但見大劈的劍光在黑夜中霍霍閃亮，遍野都是慘烈的號叫。

不到半個時辰，楚國戰車後退了二十餘里，數百輛兵車已經車毀人亡，車下步卒幾乎全數被殺。子蘭大是恐慌，如同夢魘一般。正在此時，子之率領聯軍騎兵撤回，與楚國戰車會合，子蘭方稍稍覺得心安，卻是實在想不出該如何號令三軍。

子之大怒，拋開子蘭，厲聲喝令軍馬集結，列成兩個大陣。亂軍敗退，最是需要主將膽識。主將但有勇氣，敗軍猶可收拾。子之久在遼東作戰，極具實戰經驗，在他威猛的號令下，剩餘可戰的近一千輛楚國戰車，竟重新列成了大陣。子之將剩餘的四萬多騎兵，在兵車大陣左右兩翼列成兩個方陣，舉劍大呼：「敗退死路一條！殺——」率先反身殺回。楚國戰車與兩翼騎兵一聲吶喊，竟隆隆海嘯般衝了回來，迎住了秦軍的黑色浪頭。這些戰車騎兵雖然也是敗兵，陣形更是混亂，但人懷必死奪路之心，比前大不相同，生生地與秦軍五萬鐵騎糾纏混戰起來。

正在晨曦初露秋霧濛濛兩軍相持混戰的時刻，聯軍身後突然爆發出震人心魄的喊殺聲。但見黑色大旗招展，漫山遍野的黑色鐵騎竟從身後殺來。正面的秦軍騎兵精神大振，一陣吶喊衝鋒，便將聯軍戰車騎兵混雜的陣形徹底衝垮。聯軍後退之間，白山的兩萬最精銳鐵騎堪堪趕到，硬生生將潰逃的戰車騎兵堵了回去。兩面夾擊，不到半個時辰，被包圍進來的戰車騎兵幾乎全數被殺。

原野上寂靜下來。

子蘭方才並未隨同衝殺，只木呆呆地在戰車上觀望。從其他方向潰逃的楚國步兵，漸漸在他旗下聚攏，一時有數千人之多。當白山的兩萬鐵騎發動衝鋒時，子蘭徹底絕望，不顧一切地率領殘兵逃跑了。將到大營，忽有殘兵來報：信陵君與孟嘗君偷襲函谷關的五萬步兵，被埋伏在崤山河谷的秦軍截殺，大敗逃走；秦軍伏兵轉道淮北，要抄楚軍後路，全部斬殺楚軍。子蘭嚇得心膽俱裂，嘶聲喝令：「快！立即逃回楚國！」一帶著數千殘兵落荒向南去了。

太陽升起的時候，坐鎮幕府的蘇秦已經什麼都清楚了。

信陵君與孟嘗君狼狽逃回。信陵君連連歎息。孟嘗君則大罵司馬錯「賊將老狐」。蘇秦卻只是淡淡一笑，一句話也沒說。正在一片默然的時候，斥候飛馬來報：子蘭丟棄大軍逃回楚國。春申君頓時氣得跳腳大罵，罵聲未落，又是斥候飛報：敖倉被秦軍襲擊，糧倉大部燒毀，敖山四面汪洋。

頓時，信陵君面如死灰般跌坐在地，大帳中死一般的沉寂。蘇秦依舊淡淡一笑，踱步帳外，凝望著血紅的秋日，雙眼一片模糊。

四、大才機變修魏齊

河外戰勝，張儀沒有稍歇，立即東出函谷關趁熱打鐵。

此時山東深為震恐，聯軍自行潰散，六國朝局都陷入了相互指責的紛爭之中。張儀向秦惠王稟明，須趁此時機一舉摧毀合縱根基，不使合縱死灰復燃。秦惠王只說了一句話：「卿乃開府丞相，但放手行事便了。」並當殿特加張儀一千鐵騎護衛並全副特使儀仗，以增張儀出使聲威。張儀通盤權衡了六國大勢，第一個目標直奔魏國。

大梁街市蕭條，國人惶惶，全沒有了以往的繁華興旺氣象。戰國年頭，人們對大戰已經習慣了麻木了，一戰死傷幾萬人也都是尋常事了。況且對於殷實富強的魏國來說，六萬步兵的損失根本不足以使朝野恐慌。可是敖倉被毀，對魏國的打擊卻是太大了。那裡儲存著魏國十之八九的糧食與物資，自李悝實行平糴法以來，敖倉便是魏國平抑物價賑災救荒的寶庫。如今，糧食物資被大火燒毀十之七八，整個敖山被大水包圍，臨近渡口全部被毀壞，洪水竟然漫流到了大梁城外。如此一來，整個魏國的物價在旬日之間飛漲了十倍，糧價更是一日數漲，難以抑制。私家糧棧乾脆關閉，準備將餘糧留下自家度日。官府糧棧雖勉力支撐，也架不住國人搶購如潮，雖然沒有關閉，也是眼看無糧可以上市了。眼看著北風漸緊，窩冬期臨近，從來沒有操心過糧米短缺，也很少存糧的大梁國人，第一次感到了恐慌。人們東奔西走地討糧債，欠糧的人家則千方百計地躲債，更多的大梁人則紛紛出城，到鄉野去偷偷買糧。一時間，大梁這個令魏國人傲視天下的商市都會，亂得人人沒有了方寸。

魏襄王窩火極了，整日陰沉著臉不說話。

民以食為天，國以糧為本。國倉沒有了糧食，比任何災難都可怕。以目下情勢，沒有百萬斛（註：斛，古代糧食單位，戰國時一斛十斗，一斗十到三十斤不等）糧米，難解這大災大難。可是，冬期將至，倉促間到哪裡去謀如此多的糧食？原本六國有盟約：大戰後其他五國加利償還魏國供應的軍糧與物資，魏國顯然有一筆不小的收益。可如今兵敗山倒，聯軍作了鳥獸散，連統帥子蘭都棄軍逃跑了，六國丞相蘇秦也悄悄回到燕國去了，到五國找誰討糧去？縱然想討，以魏國目下處境，五國落井下石倒是大有可能，誰還肯認這筆帳？向中小諸侯國借糧麼？昔年它們多受魏國欺凌，避之猶恐不及，誰還能雪中送炭？百思無計，魏襄王只好召集了幾個親信大臣祕密商議，有人主張將信陵君也召來，魏襄王卻連連搖頭。

在密殿裡商議了整整一天，誰也想不出好辦法。魏襄王無明火起，拍案怒喝：「個個都是高爵厚祿，事到臨頭，一個沒用！都下去！」這時，丞相惠施突然高聲道：「魏王，臣有謀劃。」

「是何謀劃？快說！」魏襄王急不可耐。

「進攻洛陽，奪王室糧倉！」

大殿中人人瞠目，沒有一個人回應。惠施昂昂然道：「瀕臨危境，豈能坐等滅頂！」

司土先轢吭哧道：「怕，怕是難，此時不宜輕動。」

魏襄王眼珠轉了半日，終究長歎一聲：「去去，癡人說夢也。」他心裡清楚，此時興兵，無異於火中取栗，焉知秦國不會以「尊王」這個古老的名義，呼喝列國攜手滅了魏國？

正在魏國君臣團團亂轉惶惶無計的時候，宮門急報：「秦國丞相張儀，請見我王——」

「張儀？」魏襄王驚得一激靈，「他，意欲何為？」

惠施連忙道：「無論意欲何為，我王都不能慢待。」

魏襄王猛然醒悟，大袖一揮：「走！隨本王出迎。」

一陣煞有介事的迎賓大禮，張儀踩著厚厚的大紅地氈與魏襄王並肩進入了魏王宮。看張儀身後跟著兩個英武俊秀的帶劍衛士，惠施幾次想說不能有帶劍衛士進宮，可看看魏襄王與掌典大臣渾然無覺，也就生生地嚥了回去。畢竟，張儀這個煞神不能得罪，惹火了他，此時興兵攻魏如何了得？

對張儀，魏襄王可是久聞大名了，在他還是太子的時候，便親眼目睹了張儀舌戰孟子而被父王趕出王宮的情景。後來，隱隱約約地聽說張儀死在了楚國。不想在蘇秦合縱之後，張儀卻突然冒了出來，而且一出山便是秦國丞相。一開始誰也沒在意，都說這個魏國布衣平常得緊。做過敖倉令後來做了司土的先轢，更是哈哈大笑：「張儀算得甚來？一個敗落布衣，當初還求靠我等，想謀個小吏也。」不成想正是這個張儀，定連橫長策，一舉撼動楚國，再舉大破六國聯軍，竟在一夜之間成了令山東六國談虎色變的人物。大梁的市井國人將張儀奇襲敖倉的故事傳得神奇極了，也恐怖極了。奇怪的是，竟沒有幾個人罵張儀，卻都說，這是上天對魏王不識賢愚的報復。如今想來，若有張儀，魏國何至於此？魏襄王硬是弄不明白，如此一個扭轉乾坤的大才，父王如何就糞土般掃了出去？而且就在魏國朝臣的眾目睽睽之下？細細想來，自己當初也在場，又何曾想到過勸阻父王？

今日之張儀威風八面，魏國君臣個個小心翼翼地看張儀臉色。那個嘲笑張儀的司土先轢，遮遮掩掩地始終不敢與張儀照面。魏襄王心中酸澀難禁，坐定之後，竟神不守舍地恍惚起來。

「敢問丞相，是過道魏國，還是專程而來？」丞相惠施趕忙插上圓場。

「張儀奉秦王之命，專程為秦魏修好而來。」張儀直截了當。

舉殿愕然沉默。雖然沒有了秦國攻打的恐懼，卻也不知道如何應對這突如其來的「秦魏修好」。秦魏宿敵，魏國對秦國邦交，除了連綿不斷的圍堵，只有兵戎相見，幾曾想到過與這個先蠻夷後虎狼的不世仇家修好？即便這次戰敗，魏國君臣想的也只是怕秦國趁勢猛攻，禮遇張儀，也只是不想激怒秦國而已，根本沒有想到過修好。正因為匪夷所思，張儀乍一說出，魏國君臣一片木然。

良久，魏襄王道：「請問丞相，可，可是有所圖？」

「魏王明智之人也。」張儀從容笑道，「魏國只需不再參與合縱便是。據實而論，合縱沒有給魏國帶來任何好處，帶來的，只是大災大難。」

魏襄王喟然一歎：「秦王盛情，丞相好意，魏嗣心領了。只是目下舉國惶惶，修好之事，容徐徐圖之。」

「魏王可否見告，魏國難在何處？」

「丞相心明如鏡，魏國大饑大荒在即，如何顧得合縱？請告秦王，但放寬心便是。」

「度過饑荒，魏國須得幾多糧米？」張儀只是微笑。

「司土何在？」魏襄王突然高聲，「先轢，職司所在，你對丞相說。」

躲在惠施身後的先轢出了一身冷汗，莫非魏王要拿自己討好張儀？心中七上八下地硬著頭皮走了出來，向張儀深深一躬道：「小吏先轢，往昔開罪於丞相，敢請丞相恕罪。」張儀大笑著扶住了先轢：「司土言重了，故舊之交，何罪於我？你我舊事，改日再敘，但請司土先說國事。」先轢頓時去了惶恐之情，拱手道：「無百萬斛糧米，魏國難解饑荒。」張儀慷慨道：「兩國修好，魏難便是秦難。秦國出糧百二十萬斛，如何？」

「此言當真？」魏襄王精神陡然振作，霍然站了起來。

張儀一陣大笑：「食言自肥，張儀何以面對天下？我這便修書一札，請魏王派出特使，立即到咸陽丞相府見右丞相樗里疾，辦理運糧事宜。」

魏襄王向張儀深深一躬：「丞相大恩，魏嗣銘記在心。」

張儀連忙扶住魏襄王笑道：「張儀原是魏人，桑梓有難，何能旁觀？」

魏襄王對殿中大臣高聲道：「曉諭朝野：秦國借糧於我，解我國難，自此之後，魏秦修好，若有再言合縱者，殺無赦！」

朝臣們感慨唏噓，紛紛點頭稱是。丞相惠施自請為特使，立赴咸陽。司土先轢自請為監運大臣，匆匆去徵發牛車。大臣們人人覺得解了自己的危難，爭相做事，一時間效率奇高，彷彿起死回生一般。

糧米有了來路，魏襄王立即有了膽氣，當晚在王宮大湖的明月島舉行了名為「兩強修好」的盛大宴會。魏國司禮大臣充分揮灑了大梁的富貴排場傳統，兩千多盞風燈掛滿水邊林木。湖光山色，雅歌聲聲，任誰也想不到這是一個剛剛遭受了夙敵猛烈一擊而幾乎被災難淹沒的國家。張儀心中大不是滋味，藉著如廁，在竹林迴廊上獨自佇立，望著燈火下的粼粼波光，有些恍惚起來。

「丞相好興致，這里正好看得王宮夜景。」

「呵，原是魏王，張儀正要告辭。」

「請稍待。」魏襄王猛然壓低聲音道，「丞相可願回魏國，同樣做丞相？」

張儀一怔，迅即笑道：「魏王何出此言？張儀可是秦國臣子。」

「蘇秦能做六國丞相，丞相何不能兼做魏國丞相？」魏襄王顯然為自己的出新而興奮，急迫道，「若得如此，一則可挽回父王當年大錯，二則有利於秦魏長期修好，一舉兩得也。」

張儀笑了笑：「魏王雖是好意，只怕張儀沒得工夫。」

「不誤丞相大計。」魏襄王殷殷笑道，「丞相只管掌控邦交大事，不必時時守在魏國。」

「然則，這俸祿府邸？」

「本王心中有數。」魏襄王突然有些矜持起來，「秦國官俸太低，魏人如何得慣？本王定丞相一等年俸、一座府邸，外加在丞相的安邑故居再起一座府邸；若有大功，本王定然封丞相百里之地兩萬戶，如何？」

「好！」張儀滿足地笑了，「但有錦衣玉食，張儀自當為魏王效力。」

「然也，然也，張卿大是明白人也！」魏襄王也滿足地笑了。

次日清晨，張儀正在梳洗，魏襄王派內侍送來了一件密札。嬴華打開一看，先自笑了：「喲！魏王端起來了。你聽了，張儀我卿：但留大梁旬日，受丞相府邸官俸璽印，再定行止可也——」嬴華拖了一個長長的腔調。正在擺置早茶的緋雲道：「吔，昨日還蔫草兒似的，兩滴露水就抖起來了？」張儀搖頭笑道：「這就是魏嗣。難怪老孟子到處嘮叨，說他不像個國君，教人無法敬重。」嬴華道：「如何回他？要等那丞相大印麼？」張儀道：「我行我素，理他做甚？」

早茶之後，張儀派嬴華給魏襄王送去了一封辭行柬，先行啟程走了。嬴華趕上來時，張儀已經出了大梁東門外的迎送郊亭。嬴華走馬車旁，備細說了魏襄王的驚訝與失望，說一定要張儀返回時折道路經大梁，接受丞相大印。張儀笑道：「世間偏有魏嗣父子這等國君，只相信俸祿官邸的威力。多可惜也，本來好端端一個魏國。」嬴華道：「你可惜得完麼？到了齊國，說不定更覺得可惜。」張儀搖頭道：「不過，齊國這個田辟疆，可是比魏嗣難對付多了。」嬴華笑道：「我看呀，還是你最難對付。」張儀不禁哈哈大笑。

魏齊官道雖然是千里之遙，但路途卻是平坦暢通。官道沿著濟水河谷直向東北，沿途幾個小國，歷來都不敢在這兩個大國間的官道上設卡，更不敢攔阻虎狼秦國的特使車隊。倒是每到小國邊界，必有使臣置酒做過境迎送，說些大而無當的官話，表示不敢得罪，等等。張儀簡單處置，凡有迎送，一律賞賜使臣百金，贈國君藍田玉璧一雙。雖然略有耽延，也是第五日到了濟水入海段，向東南沿著淄水河谷的官道走得半日，便遠遠地望見了臨淄城的箭樓。

前行斥候飛報：「稟報丞相：臨淄郊亭有大臣迎接。」

車馬將近郊亭，一輛六尺車蓋的青銅軺車轔轔飛來，車上一人紅衣高冠玉佩叮噹，遙遙拱手道：「孟嘗君田文，恭迎丞相。」話音落點，已經跳下軺車大步迎了上來。

張儀很有些驚訝，孟嘗君做使臣出迎，顯然便是仍舊參與國政，這齊王田辟疆當真比魏嗣高明。

他也停車下車，拱手笑道：「久聞孟嘗君大名，果然英雄非凡。」四手相握，孟嘗君哈哈大笑：「被人殺得落花流水，還英雄非凡？狗熊一個。」張儀不禁笑道：「勝敗兵家常事，誰敢說孟嘗君不是英雄了？」孟嘗君慨然一歎：「秦軍陣仗，田文不得不服啊，尤其是丞相奇襲敖倉，匪夷所思也！」張儀大笑：「不敢貪天之功，那是司馬錯運籌帷幄，張儀馳驅奔波罷了。」孟嘗君高聲讚歎：「好！丞相有氣度，田文喜歡如此人物。請丞相登車。」

張儀剛剛上得軺車，孟嘗君跳上車轅對馭手道：「你下去，我來駕車。」馭手看著車旁騎馬的嬴華不敢下車。嬴華正要婉言謝絕孟嘗君，張儀豪爽笑道：「孟嘗君車技超群，難得有此雅興，張儀卻之不恭了。」孟嘗君大笑：「田文曾為六國丞相駕車，為何不能為兩國丞相駕車？」張儀道：「孟嘗君，消息何其快也！」孟嘗君又是大笑：「如今天下，誰不盯住蘇秦張儀，誰心裡就不安生。」一言未了，軺車轔轔啟動，風馳電掣般向臨淄飛去。

王宮正殿正在舉行策士朝會，爭辯得很是熱鬧，竟至有些面紅耳赤了。

在做太子的時候，田辟疆就以名士自居，經常化名易裝去稷下學宮與那些名士大家論戰。做了國王後，田辟疆最上心的一件事，是擴大學宮規模，廣召天下學人名士來學宮講學修業。每有名士入稷下學宮，一律以上大夫規格賜六進大宅，年俸五千石。而在齊威王時期，唯有孟子這樣的顯學大師才能享受六進大宅。齊威王晚年，稷下學宮本來已經人才凋零，可田辟疆即位沒有幾年，稷下學宮又蓬蓬勃勃地恢復了生機。原先離開的名士如慎到、鄒衍、淳于髡、田駢、許行等回來了，新銳名士如荀況、接予、環淵、田巴、徐劫、莊辛等也紛紛來投，一時間人才濟濟，僅享受上大夫禮遇的便有七十六人，全部學子多達數千人，齊宣王文名大盛。

可田辟疆很奇怪，從來不給這些名士官做，而只教他們對國政參與議論。這便是天下有名的「不治而論」。每有大事，齊宣王便將那些一等一的名士大師召來議論，他與幾個主政大臣只是聽，既不表態，更不參與議論。往往是幾日爭論，莫衷一是，最後也是散了就散了。孟嘗君感到奇怪，曾問：「我王整日聽名士清議，何不教他們任職為治？豈不強如那些平庸小吏麼？」齊宣王笑道：「卿養門客三千，本王便養不得名士三千？卿之門客何不做官？」孟嘗君恍然，笑道：「臣今日方得明白，稷下學子，乃我王門客也。」齊宣王大笑。

今日「門客」朝會，是議論一個大題目：河外戰敗後如何應對秦國？如何應對張儀來齊？三十六位各派名士整整議論了一天，越論越分歧，最後擺開論戰架式，當殿吵得不亦樂乎。

幾個大師級的老名士說，秦本蠻夷弱小，驟然暴發幾年何足為奇？魏國強大過，楚國強大過，甚至韓國都強大過，齊國更是始終強大，何獨對秦國一時的強大如此惶恐？竟要聯合六國抗秦？完全是擾民擾國，多此一舉。老學宮令鄒衍一言以蔽之：「與其合縱勞民，何如積聚國力，靜觀待變？不出五年，秦國便會自亂自衰。戰國以來，莫不如此。」

新銳名士卻激烈反對說，秦國根基已成，其志在吞滅六國，絕非短暫強大，更不會自亂自衰；蘇秦合縱是最為高明的謀略，首先要合縱抗秦，同時要變法強國，才不至於亡國滅族。剛剛入齊的年輕名士荀況最為直截了當：「秦國雖為敵國，卻當為六國之師。師秦而抗秦，當今大謀也！」

老名士們哄堂大笑，尖刻的嘲諷夾著老成的訓誡連綿撲來。

新銳們在挺身爭辯中又分立成了兩派。已經小有名氣的辯士田巴，嚴厲斥責「師秦」一說，認為：「抗秦之要，在於反其道而行之。」荀況反唇相稽：「反其道而行之？莫非你田巴要恢復王道井田，做孟子門徒麼？」老名士們在反駁荀況中也分立了。老法家名士慎到對「師秦抗秦」大是激賞，慷慨激昂道：「法家挽救了秦國，何以不能挽救天下？師秦之實，在於法家治國，上上之策也！」於是，新老糾纏，各家紛爭，又是一個活生生的學派戰國。

齊宣王聽了大半日，越聽越亂。他對這些名士們動輒這道那道這家那家，本來就膩煩，加上有人經常引經據典，一席話倒有大半都是聽不明白，更是不得要領。聽來聽去，還是那個荀況說話結實，無經無典，那「師秦而抗秦」倒也不失為一種辦法。但是，那麼多人反對圍攻荀況，齊宣王又糊塗了，一種千夫所指的謀略，能說他高明麼？身為大國之王，不能衡平各方，縱有謀略，說到底還不是無法推行？

「稟報我王：秦國丞相張儀到。」

齊宣王正在煩亂，一聽老內侍稟報，站起來向外便走。這種情勢往日也遇到過好幾次，名士們都是趁勢散去。可今日一聽是張儀到來，稷下名士們誰也沒有挪動，都想看看這位攪亂六國的連橫權相的本領氣度，更有一班新銳紛紛低聲議論，猜測張儀與蘇秦的不同。

在這片刻之間，齊宣王與孟嘗君一左一右陪著一個人走了進來。那人談笑自若地走在中間，一領黑斗篷，六寸黑玉冠，絡腮鬍鬚，身材偉岸，一條微瘸的左腿使他的腳步有些不易覺察的拖沓點閃。然而，恰恰是這種殘缺，使他的整個神態滲出了一種別有韻味的滄桑與剛毅，竟有一種難以撼動的氣象。稷下名士非但沒有絲毫的嘲笑，反倒在沉默的注視中流露出幾分欽敬之情。

齊宣王見名士沒有走，先是一愣，心思一轉便笑了，轉身對張儀笑道：「這些都是稷下名士，方才正在與本王議論治學之道。」又轉身高聲道，「諸位，這位便是名動天下的秦國丞相，名士張儀。」眾人拱手齊聲道：「久仰。」張儀也是一拱手：「久仰。」彼此竟都沒有做官場禮節。齊宣王笑道：「先生請入座。」孟嘗君將張儀讓進了王案左首的長案前，自己則坐在了王案右首。

「敢問齊王，我等欲向丞相討教，不知可否？」辯士田巴高聲請示。

「但憑丞相了。」齊宣王笑著看看張儀。

張儀道：「有幸相逢，自是客隨主便。」

「在下田巴，敢問先生：秦國欺凌天下，猖狂至甚，丞相不以為有違天道麼？」

張儀悠然一笑：「久聞稷下名士見多識廣，何如此閉目塞聽？當初，圖謀瓜分秦國者，山東六國也；重兵圍堵秦國者，山東六國也；商旅封鎖秦國者，山東六國也。如今，合縱鎖秦者，仍是山東六國；四十八萬大軍攻秦者，還是山東六國。誰恃強凌弱，誰猖狂至甚，誰有違天道，豈不一目了然？」

「在下環淵。秦國妄圖吞滅天下，先生為狼子野心張目，這是何家之學？」

張儀大笑道：「一統天下便是狼子野心？當真曠世奇談！天下統一而後安，天下分裂而戰亂。唯其如此，我華夏皆視一統天下者為聖王雄主，萬古流芳。以足下奇談，三皇五帝，商湯周武，不也是狼子野心了？放眼當今，哪個國家不想一統天下？魏國嘗試過，楚國嘗試過，齊國更嘗試過。雖然都失敗了，但有識之士都讚賞他們曾經有過的勇氣與雄心。如今秦國也在努力嘗試，何以便橫遭貶斥？一統華夏為亙古正道，但凡有識之士，無論所持何學，皆應順時奮力，為一統大業助力。張儀自不能外，且以此為無上榮耀！莫非足下之學，是專一的復辟分裂之學？專一的以反對一統為能事之學？」片刻之間，兩個憤激滿腔的新銳名士鎩羽而歸，大殿中一時驚愕沉默。猛然，一人高聲道：「在下接予。先生入齊，意欲何為？」

「秦齊修好，豈有他哉！」

「與秦修好，對齊國有何好處？」

張儀揶揄笑道：「敢問先生，與六國合縱，又有何等好處？」

「立我國本，保我社稷，大齊永不淪亡。」

「先生之言，何其荒謬也！」張儀正色道，「合縱若是立國之本，秦國何以強大？齊國強大之時，又何曾與人合縱？不思發憤惕厲，卻一味地將國家命運綁在別家的戰車上，這便是稷下學宮的強國之道麼？

一黃衣高冠者憤然高聲道：「在下莊辛。先生做了秦國丞相，又做魏國丞相，首鼠兩端，吃裡扒外，不怕天下笑罵麼？」

張儀縱聲大笑：「莊辛妙人也！先生本是楚人，卻在齊國做事，莫非也是吃裡扒外首鼠兩端？六國合縱，蘇秦身佩六國相印，豈非也是吃裡扒外首鼠六端？我秦國正欲請孟嘗君為相，莫非孟嘗君也要吃裡扒外首鼠兩端了？身在戰國，卻不知戰國之事，先生好混沌也。」

稷下名士一片難堪之時，一個人從容站起拱手道：「在下荀況。秦國變法，本是強國正道，天下之師。敢問先生：秦國連橫，是否欲圖攪亂六國，奪其變法機會，而使一己獨大？」

張儀見此人敦厚穩健，問題來得極是正道，不禁肅然拱手道：「連橫之要，在兩國互不侵犯，共同康寧。秦國決然不干盟友國政，何能攪亂盟友朝局？自古以來，亂國者皆在蕭牆之內。我自不亂，何人亂我？我自不滅，何人滅我？若欲真心變法，便是秦國，又奈我何！」

「如此說來，先生不怕盟友與秦國一爭高下？」

「天下雖大，唯有道者居之。堂堂正正地變法，堂堂正正地與秦國一爭，自是雄傑之邦。若無勇氣與如此對手一爭，秦國便當滅亡而已，豈有他哉！」

荀況肅然躬身：「秦國氣度，可容天下。齊秦修好，荀況大是贊同。」大殿中一片愕然。誰也想不到荀況竟公然贊同秦齊修好，但奇怪的是，卻沒有人再發難詰問了。齊宣王猛然醒悟，哈哈笑道：「丞相好辯才！好辯才！孟嘗君，設大宴，為丞相接風洗塵。」

在這一場盛大夜宴的觥籌交錯中，稷下名士紛紛與張儀切磋周旋，齊宣王卻一直與孟嘗君喁喁低語著。兩個多時辰的宴會，張儀只是痛飲高論，誰上來便應酬誰，沒有說一句與使命相關的話。

次日，齊宣王在孟嘗君陪同下正式召見張儀，直截了當地表示願意與秦國修好，請張儀擬定盟約。張儀笑道：「一東一西，兩不搭界，要說盟約，只有三句話：不動刀兵，不結合縱，不涉內政。」孟嘗君笑道：「如此簡單，約法三章？」張儀道：「簡單者易行，只要信守承諾，此三章頂得千軍萬馬。」

齊宣王原本擔心張儀脅迫齊國，漫天要價，譬如要齊國與合縱魁首楚國斷交、攻打燕國並組拿蘇秦等，也教孟嘗君準備好了應對條款與萬一翻臉的準備。今日一談，不想張儀的盟約卻如此簡約，實際只有一句話：不聯合他國與秦國打仗便了。如此齊國便避開了最大的尷尬——親秦而開罪五國，絲毫不會因與秦國修好而得罪昨日盟邦。從長遠說，秦國又不干涉齊國內政，齊國絲毫沒有附庸之嫌，依舊是一個堂堂大國。

齊宣王頓時輕鬆，呵呵笑道：「丞相當真大手筆也！目下便立盟約如何？」

「好！目下便立。」

齊宣王一拍掌：「太史，出來。」

高大的木屏後面走出了一個白髮蒼蒼的老臣，手中捧著兩張很大的羊皮紙道：「臣啟我王：此乃我王與丞相議定的盟約。」說著便將羊皮紙擺在了王案上。齊宣王瞄得一眼，三五行字立即看清，笑道：「請丞相過目定奪了。」太史又將羊皮紙捧到張儀面前，張儀笑道：「便是如此，齊王用璽可也。」齊宣王拍案笑道：「宣掌璽大臣。」內侍一聲長呼，一個捧著銅盤玉匣的中年大臣走了進來，將銅盤擺在王案上，向齊宣王深深一躬。

「齊秦盟約，用璽。」齊宣王一指羊皮紙。

「謹遵王命。」掌璽大臣向銅盤玉匣深深一躬，高聲長呼，「史官載錄：齊秦盟約，用璽存館！」然後恭敬地打開玉匣，捧出一方六寸綠玉大印，雙手提住了大印龜紐，神情莊重地蓋在了羊皮紙上，卻是鮮紅奪目的朱文古篆。

「齊秦盟約，秦國丞相用璽！」

張儀伸手向腰間鞶帶上一摁，卸下了一個玉帶鉤，打開了玉帶鉤上一只精緻的皮盒，露出了一方四寸銅印。他抓住印背鼻紐在書案玉盒印泥中一蘸，提起摁在了羊皮盟約上，卻是紅底白文古篆印，與齊宣王的朱文大印恰成鮮明一對。

「史官載錄：齊秦盟約成！」掌璽大臣將盟約恭敬地呈給了齊宣王與張儀各一張。

「好！」齊宣王打量著盟約，「本王欲贈丞相一方上等寶玉做印料，丞相笑納了。」

山東六國以玉印為貴。齊宣王之意，顯然是說張儀的銅印與丞相身分不配。張儀卻悠然笑道：「秦人多有馬上征戰，玉印質脆易碎，徒有其表，不受摔打了。」

孟嘗君及時跟上道：「難怪秦國有藍田玉不用，卻是此等緣故，還是秦人務實也。」

齊宣王脫得尷尬，連連笑道：「好好好，先生不愧秦國丞相也。」

張儀大笑一陣：「齊王若放孟嘗君到秦國任相，也得一個秦國丞相了。」

「自然好事。」齊宣王笑道，「只是聯軍新敗，孟嘗君須得收拾一番殘局，此事一了，孟嘗君便可如約前往，丞相以為如何？」

「好！張儀便等與孟嘗君共事了。」

孟嘗君哈哈大笑，沒說一個字。

張儀回到驛館，嬴華匆匆前來，將一個長約兩寸比小手指還細的密封竹管遞給他。張儀笑道：「你打開，我做不來這種細活兒。」嬴華笑道：「黑冰臺密件都是青鷹傳送，越輕越好。」說著已經將管頭封泥剝下，細巧的小指撬開了管蓋兒，從中抽出了一個極細的白卷，打開鋪在書案上，卻是一方一尺白絹，上面畫著兩行古怪的符號。嬴華笑道：「喲，這是甚畫？河圖洛書一般。」張儀走過來一看不禁笑道：「這是金文古篆，樗里疾真能出奇。」嬴華高興道：「好啊，日後黑冰臺都用這金文古篆傳信，等閒人識不得了。」張儀笑道：「說得容易，可惜天下沒幾個人寫得。你看：『燕事已妥，三日後上路，公可徑赴燕國，會齊入薊。樗里。』啊，好，好！」

「想好了？甚時啟程？」

「明晨啟程。」

「今日辭行？」

「不用了。你給孟嘗君送去這件物事便是。」張儀說罷，走到書案前寫了幾行字，嬴華封好拿起走了出去。

次日清晨，張儀的快馬軺車出了臨淄。儀仗護衛原本駐紮城外，此時已經在官道邊列隊等候。嬴華一聲號令，馬隊收起旌旗矛戈，變成了一支精銳的輕裝鐵騎，護衛著張儀轔轔北上。由於燕齊兩國多年不睦，商旅幾乎杜絕，過了郊亭，道中車馬行人頓見稀少，一眼望去，大是空曠蕭瑟。正在這時，卻見一人站在道中遙遙招手。馭手緩轡，張儀拱手道：「足下何人？何事擋道？」那人拱手道：「在下乃孟嘗君門客馮驩，奉命有請丞相。」張儀笑道：「孟嘗君麼，在何處啊？」馮驩道：「敢請丞相隨我來。」張儀便命馬隊原地等候，下車與嬴華隨著馮驩進了道邊小山。樹林中多有暗哨，顯然是警戒森嚴。

密林深處，孟嘗君迎了上來：「臨淄多有不便，專程在此等候丞相。」

「正事已畢，孟嘗君何須多禮？」

「田文素來蔑視繁文縟節，實是不得已而為之。」

「孟嘗君有話對我說？」

「正是。」孟嘗君點點頭，將張儀拉到一棵大樹後低聲道，「兩件事：其一，齊國可能生變，望公留意。其二，子之凶險，公去燕國，須多加防範。」

張儀心中頓時一沉，沉默片刻拱手道：「孟嘗君大義高風，張儀不敢相忘。」

孟嘗君慨然一歎：「河外大敗，丞相入齊，荀況之言。若無這三件事，田文對秦國也是一如既往的偏執仇視。敗六國者，非秦也，六國也。田文當真希望齊國師秦友秦，變法強大。惜乎孤掌難鳴。此中難處，尚望體察，莫笑田文優柔寡斷。」

張儀素來灑脫明朗，此時卻覺得心中堵塞，看著孟嘗君無言以對。良久沉默，張儀道：「孟嘗君但有難處，知會張儀便是。」

「但願不會有那一日。」孟嘗君笑道，「丞相上路，恕田文不遠送。」

「後會有期。」張儀一拱手，大步出了山林。

五、張儀蘇秦都祭出了古老的權謀

三日之後，張儀馬隊到達易水渡口，在南岸紮營，等候咸陽北上的車隊。

自秦立為諸侯，與燕國來往最少。一則距離遙遠，中間隔著魏國、趙國、中山國，幾乎從來沒有直接的利害衝突。二則秦燕相輕，相互瞧不起對方。燕國是西周老牌王族諸侯，說秦國是王化未開的蠻夷之邦；秦國是東周開國元勳，說燕國是死氣沉沉的殭屍之邦。同樣是距離遙遠，秦國與齊國聲氣相通，常有使節來往，與燕國卻幾乎是老死不相往來一般冷淡。然而，恰恰是這個生疏的燕國，卻做了合縱抗秦的發動者，做了蘇秦的根基之邦。

如此一來，秦國想不理睬燕國也不行了。燕國疲弱，燕國遙遠，燕國經常沒有動靜，但也恰恰是這樣的條件，使燕國成為戰國中最有可能爆出冷門的國家。張儀的謀劃，就是要消除這個躲在大山背後抽冷子暴起的禍根。以秦國目下的戰力，對於燕國這樣的疲弱之國，揮師北上，完全可以一戰擊潰肢解，使燕國名存實亡。然則螳螂捕蟬黃雀在後，有中原戰國虎視眈眈，秦國便不可能興師遠征，去對付這個疲弱而又抽搐不定的爆冷國家。唯一的辦法，就是籠住它安撫它，使它不要瞄著秦國抽冷子發瘋。

秦惠王最頭疼燕國，說：「燕如羊腿骨，食而無肉，棄而可惜。」

「燉湯也許鮮美。」張儀笑答。

「燉湯？如何燉法？」

「細柴文火，慢工打磨。」

秦惠王品咂片刻，恍然大笑：「丞相是說，聯姻？」

「最古老，又最可靠。」

「好！」秦惠王拍案，「當年秦晉聯姻，保了三十年結盟。而今便與燕國聯姻。」

後來，秦惠王委託嬴華在王族中物色適合遠嫁的公主。嬴華用了一個月的時間，才定下了人選。奇怪的是，她沒有先稟報給秦惠王，卻先來說給張儀。

「哪個公主啊？」

「櫟陽公主。」

「報給君上了麼？」

「還沒有。」嬴華莫名其妙地有些臉紅。

「噢，卻是為何？」

「想先說給你聽嘛，你不向我打聽公主麼？」

張儀大笑一陣：「哎呀呀，好記性，我早忘到渭水裡去了。」

「甚也不記，好沒心！」嬴華粲然一笑，跑了出去。

公主人選一確定，張儀便與樗里疾商議如何來做。樗里疾嘿嘿笑道：「這種上門之事，要等個茬口才好做。這茬口，就是秦國要在縱橫之爭中大占了上風。要不，上門聯姻只能自討沒趣。」張儀深表贊同，將此事的先期斡旋交給樗里疾辦理，自己匆匆趕到河外參戰去了。樗里疾老謀深算，明白聯姻的關鍵是要燕國前來求親，否則，強大的秦國要將一個公主硬塞給人家，豈不貽笑天下？一番思謀，樗里疾緊急修書隴西大駝部族的老酋長，請他暗中斡旋。

這大駝族是樗里疾的祖籍老根，雖然勢力不大，卻與陰山草原的匈奴素有淵源。匈奴諸部又是燕國與趙國北部最大的威脅，也是兩國的夙敵。大駝老酋長接到樗里疾密件，立即帶著一頭名貴的火焰追風駝與一百名駱駝兵，兼程趕到了敕勒川草原。匈奴老單于一見一團火焰般的紅駱駝，高興得笑個不停。大凡草原部族，對大駝族的火焰駝歷來都是垂涎欲滴。這種駱駝非但馳騁賽過駿馬，而且能幾天幾夜不吃不喝地奔馳，在草原大漠戈壁中確實比雄駿的戰馬更是名貴。

但在祕議之間，匈奴老單于還是開出了條件：十年內秦國不能對匈奴用兵，匈奴占據秦國上郡北部的幾百里土地，三年後再歸還秦國。大駝老酋長思慮一番，欣然答應了為匈奴斡旋。此時，正逢合縱聯軍大敗，六國一片混亂。匈奴老單于親自趕到薊城西北的于延河草原，並邀來了燕國遼東夙敵——東胡部族的首領，共同約見燕易王。

老單于開門見山道：「燕王兄，我大匈奴已經與秦國修好結盟了，可燕國卻烏鴉一樣，在秦國後邊呱呱亂叫。燕王兄要能與秦國一家人，就是我匈奴與東胡的朋友。要不，就是匈奴東胡的敵手，老夫就要騎著火焰追風駝，住到薊城去了，啊哈哈哈哈！」

燕易王與子之密商了一天一夜，終於答應了老單于。旬日之後，燕王特使便到了咸陽，向秦惠王呈上了燕易王「求親修好，永不為敵」的國書。秦惠王「躊躇」了一番，欣然允諾，對燕國特使道：「一月之後，丞相張儀護送公主到燕國成親。兩國盟約，由丞相全權處置。」硬是留個尾巴，讓燕國特使忐忑不安地回去了。

張儀在易水渡口等了兩日，咸陽的送親車隊方才轔轔到達。正好是已經升任前將軍的白山率領三千鐵騎護送，與張儀的兩千鐵騎儀仗會合，正是合乎禮儀的王室送親規格。張儀與白山寒暄一陣，帶著嬴華來見櫟陽公主。進得公主營區，一名女子正在帳前草地上練劍，紅衣短裝，劍光霍霍，一股英武之氣。

張儀笑道：「孤身入燕，帶如此一個貼身侍衛也好。」

「才不是，她便是櫟陽公主了。」嬴華說罷笑叫，「平姊姊，丞相來了。」

劍光猛然收煞，練劍女子面色脹紅地說了聲「稍等」，風也似飄進了大帳。片刻之間，一個女子迎出帳來，寬袖長裙，秀髮如雲，竟是與方才練劍女子截然不同的一個麗人。張儀驚訝地揉揉眼睛：「她？是方才的櫟陽公主麼？」

「喲！那能有假麼？」嬴華笑道，「櫟陽姊姊琴劍詩酒，無一不精。」

張儀拊掌笑道：「王室有此奇女子，秦國之福也。張儀參見公主。」

櫟陽公主笑道：「丞相多禮，請進帳說話。」

到得帳中坐定，張儀將所知道的燕國情況與燕易王性情、宮廷糾葛等做了一番備細敘說，末了道：「公主孤身遠嫁，任重道遠。嬴華已經在薊城建了一家燕山客棧，做公主祕密護衛，公主但放寬心便了。」櫟陽公主笑道：「不打緊，嬴平不會有事，也不會誤事。」張儀心中一動道：「公主熟悉燕國？」嬴華笑道：「平姊姊在燕國長到十五歲，說是燕國人也不為過。」張儀恍然笑道：「噢——公主是回歸的北嬴族？」櫟陽公主道：「丞相說對了，族人落葉歸根，嬴平也心無牽掛了。」張儀大是高興：「天意天意！秦人國運來也。」

嬴秦部族在商王朝滅亡後流散西部，主流一支一直與西部戎狄長期拚打，有兩支流落到了燕國與晉國。數百年之後，進入晉國的一支已經是晉國的趙氏部族了，以致天下有了「秦趙同源同姓」的說法；進入燕國的一支稍小，卻始終頑強地保留著嬴秦部族的姓氏與獨有的生活習俗，被秦人稱為「北嬴」。不知道是何緣故，北嬴始終沒有回到秦國。秦國變法強大後，秦孝公為了增加人口，陸續派出了三名嬴秦部族的元老到北嬴祕密聯絡，策動北嬴重返家園。北嬴族長提出了一樁舊時冤案：當年秦獻公一方發動宮變時，北嬴老族長正在雍城，被即位後的秦獻公以「亂國同黨」斬首；若要北嬴回歸，便須了結北嬴這塊心中創傷。秦孝公與商君未及處置，接連去了。其後，祕密聯絡的三個嬴秦元老，又因捲入甘龍叛亂而被新君嬴駟誅殺，這件事又擱置了下來。直到張儀入秦嬴駟稱王，秦惠王才重派密使聯絡，談好處置方法，北嬴兩萬餘口才繞道九原，從北地郡回歸秦國。歸秦之後，秦惠王舉行了隆重盛大的慶典，以「壯大嬴氏血脈」為功名，封贈了北嬴大小首領百餘人以各等爵位；並在太廟祭祖，下〈嬴氏王室罪己書〉，對先祖錯殺表示了譴責懺悔。自此，北嬴重返老秦，秦國的精銳騎士驟然增加許多，王室世族的力量也大為增強。

嬴平是北嬴族長最鍾愛的小女兒，被秦惠王冊封為櫟陽公主。她原本便是父親的外事臂膀，不但熟悉燕國民情風習，而且與薊城官場人物多有交往。尋常公務，這個嬴平都是一身男裝，英姿颯爽，不讓鬚眉。回到秦國，才恢復了女兒裝束，做起了無所事事的公主。嬴華逐一對王族公主摸底試探時，嬴平意外地興奮，非但立即答應，還主動請見秦惠王請求遠嫁。秦惠王與已經是「王叔」的北嬴老族長磋商，老族長也欣然答應了。

於是，這個生於燕國長於燕國的秦國公主，就成了遠嫁燕易王的最佳人選。

看看如此一個公主，張儀原本想好的諸多叮囑都省去了，只說了一句話：「燕國但有大亂，秦國力保公主返國。」櫟陽公主爽朗笑道：「不會有事。我姓嬴，我是秦國公主，這就夠了。」

張儀哈哈大笑：「公主見事透徹，有秦國後盾，入燕萬無一失也。」

次日，張儀派出快馬使者飛報燕王，隨後拔營渡河，過了易水，向薊城浩浩蕩蕩開來。將近薊城百里之遙，黑冰臺安插在薊城的祕密斥候飛馬來報：蘇秦與子之聯姻結盟，密謀在薊城截殺張儀，重組合縱，請丞相不要入燕。嬴華臉色立變，力主張儀返回咸陽，由她以「行人特使」身分護送櫟陽公主入燕。張儀思忖片刻，斷然道：「果真如此，目下便是一舉安定燕國的絕佳時機。不冒大險，焉得成事？走！」

這時的燕國，迷霧重重。

聯軍大敗後，子之率領燕國殘兵連夜從孟津渡河，進入河外方才紮營歇息。一清點人馬，南下的六萬步騎竟然戰死了三萬，重傷萬餘，餘下的一萬多人馬也幾乎人人帶傷狼狽不堪。尤其是帶去的精銳騎兵，竟然只有不到一萬人生還。子之自己也身中一劍一箭，劍砍傷了左手臂，箭射到了右肩背。雖然都不是要害部位，也不是毒箭，但卻使子之吊著左臂袒著右肩，加之臉上擦傷淤血，一副死裡逃生的血人模樣。

但子之顧不得仔細打理自己的傷口，他全力去做的第一件事，是用重金從大梁祕密請來三個善於療傷的高明醫師，連同軍中三個醫師，不分晝夜地給士兵包紮上藥。最後，終於是保住了餘下的一萬多人馬沒有流播惡疾。士兵們全部療傷之後，子之才教醫師給自己療傷敷藥，只是此時傷口已經潰爛，人也高燒不退。三名醫師精心守護三日三夜，用盡了所有方法，才使子之度過了險情，但人卻仍在昏迷衰弱之中。燕國將士們大是感動，萬餘人圍坐在大帳周圍，不吃不喝不睡，就是要守候著亞卿醒來。十二個時辰後，子之終於醒轉過來，聽中軍司馬一說帳外情形，奮然起身，搖搖晃晃地走出了大帳。

萬餘將士霍然起立，紛紛高呼：「將軍平安！亞卿萬歲！」

騎兵將軍上前高聲道：「全軍將士請命立即拔營回燕，作速救治亞卿！」

子之搖搖手：「不能走。要等武安君，一起回燕國。」

「荊燕將軍的兩百鐵騎沒有參戰，毫髮無傷，武安君不會有事！」

「不，不能。」子之粗重地喘息著，「你等要走便走，我要等，等武安君……」

將士們沉默了，突然，萬眾齊聲高呼：「追隨亞卿！效忠亞卿！願等武安君！」

子之向將士們抱拳拱手，要開口說話，卻又突然昏迷了過去。

這支殘兵在河外一直駐紮了十日，待一名騎將軍帶著蘇秦人馬趕來時，軍糧已經沒有了。蘇秦立即下令荊燕，將隨帶軍食分出共用，又立即派荊燕帶著自己手書趕到邯鄲，向平原君討來了幾百石軍糧。

紮營當晚，臥榻不起的子之與蘇秦密談了兩個時辰。子之坦然說明了兩人的困境：自己戰敗而歸，喪師大半，很可能從此在燕國失去軍權，也難保不被問罪斬首；蘇秦則失去了合縱根基，所謂六國丞相也成了泡影，唯一的根基便是燕國武安君這個爵位，若在燕國不能立足，便將成為水上浮萍，合縱大業也將永遠地煙消雲散。

「此等情境，敢問武安君何以解困？」

子之所言，蘇秦心中當然清楚。聯軍大敗，最痛苦的莫過於蘇秦。誰都可以將罪責推到他的身上，唯獨他不能向任何人推卸罪責。儘管他不是統帥，也不是某國將領，坐鎮幕府也只是協調六軍摩擦而已。但在四十八萬大軍血流成河之際，誰能為他這個六國丞相、幕府魁首說一句公道話？將軍們是決然不會的，他們只有歸罪於蘇秦，才能解脫自己。四大公子在國內本來就有權臣勁敵，目下與自己處境也相差無幾，自保尚且費力，又何能為蘇秦挺身而出？縱然有之，又何能使六國君主與權臣們相信不是與蘇秦沆瀣一氣？在六國大營紛紛席捲而去作鳥獸散的時刻，蘇秦幾乎徹底絕望了。突然之間，他看到了六國的腐朽根基，看到了六國無可救藥的痼疾，覺得要聯合他們做一件驚天動地的事情，簡直就是癡人說夢。四大公子各自匆忙回國了，原先各國給他的鐵騎護衛，竟也悄悄地各自走了，只留下荊燕率領的燕國兩百名鐵甲騎士一個沒走。

蘇秦的軍帳，在遍野屍體的戰場一直駐紮了五日。遼闊山塬間不斷起落著啄屍的鷹鷲，落日暮色中，成群的烏鴉遮天蔽日地聒噪著，秋夜明淨的月亮也有了腐屍的腥臭味兒。蘇秦漫無邊際地在蕭瑟的戰場轉著，他渴望秦國軍隊突然衝來，殺死自己了事。可是，那黑色的旌旗始終只在函谷關城頭上飄揚，始終沒有呼嘯著衝殺出來。他不明白，司馬錯大軍為何不清理戰場？為何不收繳這些有用的兵器？三日之中，蘇秦原本漸漸復黑的鬚髮又一次驟然變白了，白如霜雪，嚇得荊燕幾乎要哭叫起來。那時的蘇秦，覺得自己沒有臉面到任何一個國家去。他教荊燕不要管他，只管帶著騎士們回燕。可荊燕就是不聽，只咬定一句話：「大哥死，我也死！大哥不怕死，荊燕怕個鳥！」只日夜跟著他在蕭瑟的戰場上轉來轉去，要不是子之的騎兵將軍找來，荊燕還真是沒奈何。

如今，子之的頑強啟動了蘇秦麻木的靈魂。蘇秦巡視了子之的軍營，看到瀕臨絕境的傷兵們在子之的努力下已經恢復了活力，不禁怦然心動。身為統兵大將，子之的確具有過人之處。他的戰場謀劃沒有被採納，但在危急關頭，卻依然挺身而出拚死抵抗，敗退之後又全力救治傷兵，寧可自己在最後療傷。凡此種種，都使蘇秦驀然想起了自己在洛陽郊野的頑強掙扎——頭懸梁錐刺股，一腔孤憤，從來沒有想到過「失敗」二字。蘇秦啊蘇秦，你的那種精氣神到哪裡去了？

「以亞卿之見，我當如何應對？」多日來，蘇秦第一次露出了一絲笑容。

「穩定燕國，站穩根基，捲土重來！」

「如何站穩根基？」

「你我聯手，穩如泰山。」

蘇秦沉默了。在他看來，戰國大爭之世，名士以功業立身無堅不摧。如同所有志存高遠的名士一樣，他蔑視權力場中的朋黨之爭，從來都沒有想過，要在哪個國家與權臣結盟而立身，更沒有想過與哪個將軍結盟，以軍旅實力來鞏固自己的權力地位。在此之前，若有人對他提出這樣的動議，他一定會大笑一通嗤之以鼻，可今日，他卻久久沒有說話。

「武安君。」子之蒼白失血的臉如同一方冰冷的岩石，「你有合縱功業，有六國丞相之身，有燕國朝野人望，是一個天下人物。可是，這些都是虛的，就像天上的雲彩。一旦功敗垂成，這些資望都會煙消雲散。瞬息之間，你的腳下便無立錐之地。」子之沉重地喘息著，慘淡地笑著，「我，子之，六代世族，身為實權亞卿，長期統軍抗胡，外有遼東鐵騎，內有目下的萬餘死士，算得一個有實力有根基的大臣。但是，我也有政敵，有對手。這次戰敗回燕，若他們聯手，再拉過燕王，我是必然要被整垮，甚至全族都要被殺掉。武安君，子之所言你我困境，可是實情？」

「既然如此，如何聯手？」蘇秦在帳中緩慢地踱著步子。

「你有能力化解朝臣攻訐，阻擋燕王與舊族結盟。我有實力，保薊城不會發生宮變，不會動搖你的爵位權力，更不會有人對你暗中動手。」

「亞卿啊，你在合縱大戰中是有功之臣，何怕攻訐？」

「欲加之罪，何患無辭？」子之慘然一笑，「武安君還是不知燕國也。」

「罷了。」蘇秦歎息一聲，「那就一起往前走。」

子之雖然臥榻，頓時目光炯炯：「好！立即做明，教薊城知曉。」

「做明？如何做明？」蘇秦大是困惑，這種事能大張旗鼓地對人說麼？

子之笑道：「你有一個小弟，我有一個小妹，兩家聯姻，便是做明。」

「有用麼？」蘇秦苦笑，他歷來蔑視這種官場俗套，更不相信這種老掉牙的世俗透頂的辦法，能威懾政敵而改變一個人行將淹沒的命運。

「武安君。」子之從軍榻上站了起來，「如公與張儀者，信念至上，聯姻自是無用。然則，天下官場憑信念做事者有幾人？歷來權臣多庸碌，他們就是相信這種血親聯姻，相信這才是割不斷打不爛的。你我一旦做明，便無人在你我中間挑唆生事，連燕王也會顧忌三分。武安君，相信我。我早看透了這群鳥獸！」

「然則，我說起話來不是自覺氣短麼？」

子之哈哈大笑一陣：「武安君啊，古人有話：外舉不避仇，內舉不避親。你放膽去說，名頭只會更響！」

蘇秦無奈地笑了：「好，聽你一回。」

當夜，蘇秦在子之催促下給三弟蘇代修書一封。荊燕派快馬騎士，連夜送往洛陽蘇莊。子之也派出心腹司馬先行趕回薊城安排。蘇秦歇息後，子之又召集將士祕密計議了兩個時辰。諸事妥當，第二天拔營回燕。

薊城早已流言四起，狐疑紛紛，宮廷朝野都亂了方寸。

燕國老世族原本就認為燕國不宜涉足中原，只可固守燕山遼東並相機向胡地擴張，像當年秦穆公西進稱霸一樣。這在世族中稱之為「北圖大計」。對於燕文公重用蘇秦發動合縱，世族歷來是反對的。可燕國兵力大部分是公室部族掌控，老世族也無可奈何。蘇秦合縱成功，燕國威望驟然增長，老世族便見風使舵，連忙跟著鼓譟，擁戴燕易王出兵聯軍抗秦，意圖從滅秦大功中分一杯羹。正在人人興高采烈之際，噩耗突然傳來：聯軍兵敗，子之戰死，燕國六萬兵馬全軍覆沒。

消息傳開，薊城朝局大亂。老世族立馬急轉彎，聚相大罵蘇秦誤國，子之敗軍。上書燕易王，請求「驅逐蘇秦，斬首子之，以安國人」。原先力主合縱的子之實力派，也裂為幾撥各找出路，紛紛附和老世族，怕子之連累他們也做了刀下冤魂。燕易王原本是想通過合縱振興燕國，所以才將與東胡對峙的六萬主力軍投入聯軍，如今六萬精銳全部覆沒，對他簡直就是當頭一棒。抗胡大軍本是王室根基，有這支大軍在，老世族的私家兵馬便不足掛齒，可沒有了這支大軍，薊城周圍老世族的私家兵馬頓時成了封喉利劍，如何不教燕易王芒刺在背？想來想去，燕易王只有屈尊斡旋，與世族大臣一起大罵蘇秦大罵子之，磋商如何妥善處置罪臣，如何重整「北圖大計」。

正在一團亂麻的時候，又傳來消息：子之未死，只是重傷難治；還有一萬多傷兵，也都是奄奄一息；蘇秦羞於回燕，已經在戰場自殺。老世族更是同聲相慶，聚相痛飲。蘇秦死活，老世族本不在意。令人高興的是，沒有了蘇秦的子之，縱然活著帶兵回來，也只能是上法場的魚肉而已。燕易王更加蔫了，蘇秦與子之，一個有主見，一個有實力，一個是他的靈魂，一個是他的膽量；如今一個死了，一個也快要死了，他這個國王再到哪裡去找如此兩個大才？燕易王徹底絕望了，親自駕車出宮，要與老世族開價了。

車行宮門，又傳來消息：蘇秦安然無恙，已經與子之合營休整；子之創傷痊癒，仍然握有一萬多精兵。燕易王一聽，立即轉頭回宮，下令三千禁軍嚴守宮門，決意要等到真相大白再說。這個消息一傳開，大臣們又開始了微妙的變化。老世族狐疑紛紛，難辨真假，可相聚會商之後，仍然堅持聒噪，一片聲請求燕王立即問罪蘇秦子之，形成「既決」之勢。可燕易王偏偏生了熱寒急症，不能理事，老世族急得熱鍋上的螞蟻一般。忙於尋找門路投靠的子之同黨卻嗅到了一絲另外的氣息，連忙停止了奔波，有的索性不再出門了。

旬日之間，又一個消息傳遍了薊城：武安君與亞卿戰場患難，已結聯姻血親，誓同生死，效忠燕王。兩三日之間，薊城朝局立轉，老世族甚囂塵上的聒噪頓時變成了竊竊議論，蝸居的子之同黨開始逢人便喊「亞卿冤枉」。文臣名士也開始念叨起武安君的蓋世才華，只是王宮依然沉寂，燕易王依然熱寒未退不能理事。

這一日快馬飛報：武安君與亞卿班師回國。燕易王傳下了一句話的王令：「本王帶病郊迎。」並沒有要求全體大臣跟隨。可在郊迎的那天，薊城所有的官員卻都出動了，連百工國人也空巷而出，人們都想看看這支敗軍之師究竟如何了。

君臣國人望眼欲穿地守候到日暮時分，突見前方煙塵大起，鼓角齊鳴，旌旗招展，馬蹄如雷，兩面大纛旗當先飄揚。眼尖者紛紛叫嚷：「呀——快看！六國丞相武安君蘇！」「還有一面！燕國亞卿子！」更有國人失驚出聲：「看哪！鐵甲騎士！足有兩萬！」「還有步卒方陣！三個，少說也有五六千！」國人們為燕國在大敗之後仍保有如此一支精兵激動了，一時間紛紛高呼：「武安君萬歲！亞卿萬歲！燕王萬歲！」

朝臣們懵了，燕易王也懵了。恍惚之間，弄不清昨日是夢今日是夢？燕易王狠狠忍住了自己，幾乎沒有說話，只是按照禮賓大臣的引導完成了儀式。奇怪的是，蘇秦與子之以及迎接的朝臣，也都幾乎沒有說話。直到王宮大宴，君臣們才漸漸清醒過來，才開始仔細掂量對面的人物，才開始小心翼翼地試探。

「武安君啊，河外大戰死裡逃生，本王與眾臣工為你等壓驚。來，乾了。」

蘇秦飲下一爵，肅然拱手道：「啟稟燕王：蘇秦身為六國丞相，已經將河外大戰情形備細記載，分送六國。蘇秦在燕國有武安君之爵，所以將送燕一卷親自帶回，敢請燕王明察。」說罷一揮手，荊燕將一個木匣恭敬地捧到了燕王書案。

燕易王打量著木匣：「傳言紛紛，真偽難辨，本王與諸位臣工，皆莫衷一是也。」

「今日大宴，容我當眾說明。」蘇秦便從各國兵力、主將說起，說到幕府謀劃，說到戰法改變，說到大戰經過，說到敖倉被襲，尤其詳細地講述了子之在謀劃戰法與挽救戰場危局中的柱石作用，末了道：「聯軍之敗，根源有四；其一，蘇秦不善兵事，整合六軍不力；其二，子蘭徒有其表，調度失當；其三，六軍戰力參差不齊，軍制互不相統；其四，魏國懈怠，敖倉被襲。」

大殿中一時沉默。蘇秦將戰敗罪責首先歸於自己，倒使燕國君臣一時無話可說了。誰都知道，蘇秦本來就不是軍旅統帥，雖然是坐鎮幕府，也只是為了協調六軍摩擦而已。若蘇秦強詞奪理，將罪責全部歸於別人，老世族也許會揪住不放，畢竟他是六國丞相、聯軍幕府魁首啊。但蘇秦一身承擔，意圖刁難的老世族倒是要琢磨一番，不敢輕率發難了。

「六軍傷亡如何？」燕易王開始試探最要害處了。

「具體而論，六軍傷亡不一：楚軍一觸即潰，損傷最為慘重，十五萬大軍幾乎全軍覆沒，唯餘子蘭率殘兵一萬餘逃回；燕軍戰力最強，損傷最小，六萬步騎尚有三萬餘精銳完整歸來。正因如此，這次合縱大軍雖然失敗，燕國卻是軍威大振，洗刷了『弱燕』之名。燕軍能有如此作為，皆賴亞卿子之之膽識謀略也。」

殿中頓時轟嗡一片。燕國朝野早已聽慣了「弱燕」說法，久而久之也認為燕國就是弱，就是不如中原戰國。今日，蘇秦竟然說「燕軍戰力最強」、「軍威大振」、「洗刷了弱燕之名」，能不令人吃驚麼？

「果真，如此麼？」燕易王心頭一震，不敢相信自己的耳朵。

「蘇秦有信陵君、孟嘗君、平原君、春申君的書簡。敢請燕王過目。」

燕易王拍案道：「御書，念！高聲念！」

御書從荊燕手中接過四卷竹簡，展開一卷高聲念道：「魏無忌拜上武安君：河內大戰，若按子之謀劃，可出奇制勝也，燕軍有此人為將，燕國之福也……」又展開一卷：「黃歇拜上丞相：楚軍潰陣，若非子之將軍率燕軍浴血奮戰，六軍將無一生還者！人言燕弱，今卻見強燕一端，令我楚人汗顏……」又展開一卷：「武安君臺鑒：今次大敗，唯燕軍孤軍力戰，力挺危局，田文感慨萬端……」展開最後一卷，卻猶豫地看著蘇秦，蘇秦笑道：「念吧，燕王自有明斷。」御書便高聲念道：「趙勝頓首：聯軍之戰，趙人當對燕軍刮目相看。天下皆說燕國孱弱，誰知燕軍竟是如此強悍？趙燕相鄰，趙勝從此不能安枕也……」

四卷念罷，殿中大臣都死死地盯著胳膊吊帶上還滲著鮮血的子之，彷彿盯著一個不可思議的怪物一般。子之的凌厲果敢殺伐決斷，朝臣們倒是都隱隱有所聞，老世族也正因為如此才將他看作隱患。但子之畢竟是個邊將，升任亞卿還不到一年，許多重臣對他還都是一知半解，甚至遠不如對宮他熟悉。今日看來，此人在幾十萬大軍陣前能打出威風，自是大大的非同小可。老世族想的是：還能不能除掉他？新進大臣想的是：如何在這個人面前辯解自己？

「諸位卿臣，武安君所言如何？」燕易王完全清醒了，但並沒有激動。

一個老臣顫巍巍站了起來：「臣忝為太師，以為武安君所言縱然實情，也難掩兵敗盟散之後果。武安君身為六國丞相，又執掌幕府，當對兵敗擔承些許罪責，我王亦應給予適當處罰。否則，只恐難以安撫朝野。」

「太師以為，當如何處罰？」

「如何處罰，尚請我王與眾臣公議為宜。老臣只是動議，尚無定見。」

「臣以為，至少當削爵減俸，書告朝野。」一有試探，立即有老世族附和。

「差矣！老夫以為，奪爵罷職。」

「老朽以為，蘇秦喪師辱國，當罰為苦役，流徙遼東！」有人慷慨激昂。

「蘇秦本非燕人，大罪誤國，當滿門斬首！否則，難息國人之憤，愧對將士亡魂！」

瞬息之間，殿堂風雲突變，燕易王頓時愕然了。他本來已經完全清醒，也很振奮，其所以沒有立即封賞蘇秦子之，只是認為大局已定，想教朝臣擁戴一番。不想老世族當殿發難，一個比一個氣勢洶洶，燕易王心中又沒底了。說到底，王族兵力遠在邊地，老世族的封地軍兵卻都聚集在薊城周圍，燕易王與子之還沒來得及做任何溝通，誰知子之對蘇秦如何看待？安知他不恨蘇秦？一旦僵持，最危險的還是王室。此情此景，燕易王如何敢貿然說話？

「啊哈哈哈哈！啪！」突然，殿中一陣長笑，吊著一隻胳膊的子之拍案而起，竟在大殿中悠然地踱著步子，「好個燕國啊！自命王族戰國，別的不會，卻會中傷功臣，會自毀長城，會奪爵罷職，會滿門斬首，還會聒噪著誣陷天下名士！」揶揄的笑臉突然變得殺氣騰騰，指著滿堂老世族厲聲罵道，「一窩蠹蟲！一樹黑老鴉！一群酒囊飯袋！武安君萬里馳驅，奔波合縱，爾等哪裡去了？武安君親臨戰陣，嘔心瀝血，爾等哪裡去了？大軍敗退，武安君獨守戰場，三日復生白髮，爾等哪裡去了？今日，武安君顧全燕國安危大局，不去他邦，獨來燕國，如此大忠大貞，爾等竟敢做狂犬吠日？真有膽色啊！子之今日正告爾等：誰敢對武安君惡意中傷，子之不答應！我三萬六千鐵甲銳士不答應！爾等不是有兵麼？來呀，明日擺開戰場，看誰家血流成河！」

子之臉色鐵青，單臂一揮，一陣沉雷似的腳步聲轟隆隆壓進大殿，兩個鐵甲方陣立時森森然矗立在殿中。子之冷笑著單臂一指：「將士們都是百戰餘生，跟著子之從死人堆裡爬出來不知幾回，爾等有話，對將士們說！」

大殿中死一般的寂靜。

這一番嬉笑怒罵，當真是雷霆萬鈞。所有的虛與周旋都被撕扯得乾乾淨淨，只剩下赤裸裸的實力較量了。饒是蘇秦見多識廣，也想不到子之竟在王宮之中當著燕王用如此手段，如此震懾朝局。饒是燕國臣僚風聞子之凌厲，也想不到此人竟如此狂悖，如此威猛。且不說子之是燕國聞名的戰將，最可怕的是，隨他征戰多年又浴血逃生的幾萬亡命甲士便戳在宮外，森森矛戈便在眼前。老世族封地的全部甲兵聚集起來，也當不得這些久經惡戰的精兵一陣衝鋒，當此情景，誰不膽戰心驚？誰還敢大聲喘息？

「好！」燕易王卻笑著站了起來，「本王自有公斷：武安君功勳卓著，對燕國忠貞不貳，加封地一百里，任燕國開府丞相！子之浴血奮戰，揚我國威軍威，爵封成義君，職任上卿上將軍！班師將士，兵士賜爵一級，千夫長以上者晉爵兩級！方才攻訐武安君者，各削爵兩級，減封地三十里。上卿啊，命甲士們下去。」

「臣，謹遵王命！」子之一揮手，兩個方陣隆隆出了大殿。

一場滅頂之災就這樣過去了。燕易王與蘇秦、子之重新結成了穩固的君臣同盟，蘇秦做了開府丞相，子之做了上將軍外加一個監理政務的上卿，燕易王的地位也空前鞏固。燕國老世族在這場短兵相接的較量中完全失敗了，完全蟄伏了。燕易王與蘇秦、子之連續會商三日，決意君臣同心，整飭吏治，訓練新軍，使燕國真正崛起。

就在這時候，張儀的和親車隊到了。

燕易王述說了與秦國聯姻的來龍去脈。蘇秦是贊同的，認為時勢所迫也只能如此，況且也能夠給燕國爭取一段時間，只有等燕國喘息過來，才能再圖合縱大計。子之也贊同聯姻，但卻主張藉此除掉張儀，說話是一如既往地直截了當：「張儀，六國禍亂之外源，武安君之死敵！不殺此人，六國永無寧日，合縱大計終成泡影。」

對子之這種動輒赤裸裸訴諸殺戮的做法，蘇秦本來就覺得有些不對味道，如今子之竟要殺掉張儀，不禁令他震驚了。蘇秦沉著臉道：「上將軍所言，大是不妥，邦國相爭，依靠暗殺而取勝者，未嘗聞也。燕國若開殺戮使節之先河，將自毀於天下。」

燕易王呵呵笑道：「上將軍啊，張儀就那麼好殺？此事還是罷了。」

「好。」子之爽快拍案道，「臣心思粗疏，未想到張儀是秦國使節一層，武安君既然反對，子之就此作罷。」來得快去得也快。

但是，蘇秦仍然不放心，他知道子之一旦認定某事，必要做成方肯罷休，殺張儀絕非他臨機閃念，也許在河外戰場大敗時他就恨上了張儀。蘇秦反覆思忖，派三弟蘇代以商議婚期為名，到上將軍府留心察看。蘇代去住了一宿，回來說沒有發現異常動靜。蘇秦還是半信半疑，只有吩咐荊燕私下多多留心，便忙自己的事去了。

三月初三，張儀的送親軍馬在薊城南門外十里紮下了大營。

按照禮儀，燕易王在約定日期將秦國公主迎進王宮成親，張儀才能進入薊城入住驛館，開始邦交活動。在此之前，只能在薊城外等候迎親。張儀雖然不急，但也不想夜長夢多。大營紮定，立即修好國書，派行人嬴華進入薊城與燕易王約定日期。嬴華午時出發，日暮時分轔轔歸來。燕易王派出了司正（註：司正，春秋諸侯國執掌禮儀的官員。燕國為老諸侯國，保留了許多舊官職，此為其一）隨同嬴華前來，撫慰送親軍馬，帶來了一百隻羊、十頭牛、三十頭豬並六十罈燕山老酒。司正帶來的國書確定：三日後燕王迎親，舉國大酺。

當夜，張儀下令軍士殺牛宰羊，特許每個甲士飲酒一大碗。軍中歡呼不斷，立即炊煙裊裊熱氣騰騰，料峭的春日寒風頓時減了威力。在滿營歡聲中，張儀與嬴華、白山並櫟陽公主議定了若干送親事務，不知不覺間已到了三更時分。

「稟報丞相：帳外有一商人求見。」軍務司馬匆匆進來稟報。

「商人？教他進來。」

白山霍然起身：「且慢。我先去看看。」便大步出帳。片刻之後，白山帶進來一個年輕的後生，雖是布衣風塵，卻生得沉穩英秀。張儀眼睛一亮：「你？你是蘇代？」

後生深深一躬：「張兄果然過目不忘，小弟正是蘇代。張兄別來無恙？」

張儀哈哈大笑，過來拉住蘇代：「哎呀呀，我師說蘇氏當有三傑，果然應驗！蘇厲如何？」

「蘇莊兄嫂們尚須照應，四弟一時不能離開。」

「好好好，來，坐了慢慢說。」

「多謝張兄。」蘇代一拱手，「小弟時光無多，張兄看了此信我便走。」說罷從腰間摸出一方羊皮紙遞過，「二哥一番苦心，望張兄體察。」

張儀連忙打開羊皮紙，兩行熟悉的大字分外清晰——

薊城有不測風險，張兄當作速離開，毋得強自犯難，切切。

張儀笑道：「好。蘇代啊，我想見蘇兄一面，可行麼？」

「二哥說，各謀其國，各忠其事，未分勝負，不宜相見。」

張儀默然片刻道：「也好。代我向蘇兄致意，也轉告蘇兄：三日後張儀便入薊城，非不領蘇兄之情義，時也勢也。」

「如此蘇代告辭，張兄保重。」

「且慢。」張儀從腰間大帶上抽出一把皮鞘短劍，「這是我為蘇兄物色的一把利器，合於蘇兄劍路，目下燕國正在動盪之中，望蘇兄多加防範。」

「張兄……」蘇代接過短劍深深一躬，匆匆去了。

大帳中一時無話。白山送蘇代回來，見幾個人都低頭沉思，忍不住道：「丞相，連夜回咸陽吧，末將派三千鐵騎護送。燕國不敢傷及公主，他們只要害丞相。」

「白山，坐下。」張儀笑道，「誰說我要走了？你我好賴也一起打過仗了，張儀貪生怕死麼？」白山著急道：「丞相，不是你貪生怕死，是秦國不能沒有你！」張儀搖搖頭道：「每一個秦人都是秦國子民，我張儀也是。白山，你當知道，邦交也是戰場，也需要勇氣膽識，貪生怕死者，打不了勝仗，也辦不好邦交。」

「丞相教誨，白山明白！」白山深深一躬，「我這五千騎士寧可粉身碎骨，也保得丞相公主平安！」

「我看沒事。」櫟陽公主笑道，「燕國就是這個子之，防住他，一切了結。」

嬴華走過來道：「白山將軍，你軍中可有鐵鷹劍士？」

「有，正好十個。」

「好！全數給我。你只管打仗，丞相公主不用你分心。」

「是，末將明白。」

張儀笑道：「如此妥當，還有何好怕？好了，三日後進薊城。」

六、四陣三比　秦燕結盟

第四日正午，薊城南門大開，鼓角喧天，燕易王全副車駕出城迎親。秦軍轅門大開，儀仗整齊，三十名長裙侍女，護衛著櫟陽公主的軺車轔轔駛出。張儀率領全副儀仗與一千鐵騎甲士，隨著櫟陽公主的軺車方隊跟出，在轅門外與燕易王車駕遙遙相對。燕國司正與秦國行人走馬交換了聯姻國書，接著鼓樂大作，燕易王與櫟陽公主的軺車並駕前行，張儀率領秦國儀仗護衛隨後，燕國儀仗壓陣，浩浩蕩蕩開進了薊城，開進了王宮。

婚典進行完畢，燕易王偕同櫟陽公主，在王宮大宴送親賓客與國中大臣。張儀座席在燕王左下首，飲酒間看來看去，殿中卻沒有蘇秦。

「丞相莫看，武安君不會來了。」一個帶劍將軍悠然來到張儀身旁。

張儀淡淡笑道：「敢問閣下何人？」

「燕國上將軍子之，見過秦國丞相。」

張儀揶揄笑道：「上將軍帶劍赴朝，八面威風也。」

子之哈哈大笑：「論起威風，子之只在面上。何如丞相，偷襲敖倉，顛覆合縱，不在暗夜之中，便在宮闈之內，子之甘拜下風。」

「是麼？」張儀嘴角露出輕蔑的笑容，「偷襲在戰場，邦交在廟堂，張儀所為，天下無人不知。何如子之上將軍，奪心於營，結盟於私，威壓於朝，卻神鬼不覺，令張儀汗顏也。」

「丞相此言，子之不明白。」子之突然語氣陰冷。

張儀一陣大笑道：「上將軍，頭上三尺有神明，總該明白了？」

子之突然一轉話題：「丞相，河外之戰，子之輸得不服。」

「何處不服？」

「戰力不服，若是秦燕兩軍對壘，勝負未可知也。」

「上將軍是說，聯軍牽累了燕軍戰力，所以致敗？」

「丞相明斷。」

「張儀冒昧揣測：上將軍想與我軍單獨較量一番？」

「丞相有此雅興否？」

張儀大笑道：「為燕王婚禮助興，客從主便，但憑上將軍立規。」

「丞相果真痛快！秦軍擅長技擊，較量技擊術。」

「上將軍百戰之身，兩軍陣前，莫非是攻敵所長？」

「莫非丞相要明告秦軍所短？」

「秦軍無長無短，男女皆戰，人皆善戰。」

「任燕軍挑選較量？」

張儀笑著點點頭。

「好！」子之扳著指頭說出了自己的安排，張儀依舊只是笑著點頭。

子之大步走到燕王身邊，「啪啪」拍了兩掌高聲道：「諸位肅靜了：方才我與秦國丞相商議，為給燕王與櫟陽公主婚典助興，秦燕兩軍比試戰力。兩日比四陣：第一陣女兵，第二陣劍術，第三陣騎士，第四陣步卒搏擊。今日當殿比試前兩陣，明日南門外比試後兩陣。諸位以為如何？」

「好——」所有的燕國大臣都興奮地鼓掌叫好，秦國賓客卻都只是笑了笑。

燕易王大出所料，皺著眉頭道：「公主，這，妥當麼？」

櫟陽公主笑道：「上將軍主意已定，我王只好與臣民同樂一番了。」

燕易王看看子之，想說什麼卻又終於沒有說出來。子之卻連燕易王看也沒看，一揮手高聲下令：「宴席後撤三丈！紅裝武士成列——」

「嗨！」大殿中一片清脆的應答，原先鶯聲燕語的侍女們齊刷刷脫去了細紗長裙，人人一身紅色短裝軟甲，腰間一口闊身短劍，疾風般列成了一個方陣，當真是英姿颯爽。燕易王大是驚訝，臉色不禁驟然沉了下來。子之上前躬身低聲道：「子之事前未及稟報，我王恕罪。」燕易王沉聲道：「恕罪？寡人侍女何處去了？」子之道：「都在四周，一個不少。」燕易王沉思片刻道：「上將軍，日後不得這般造次。」「遵命！」子之答應一聲，回身走到張儀面前笑道，「丞相，教秦國女兵出陣。」

張儀淡淡笑道：「看來，上將軍有備而來啊。」子之道：「丞相見笑，這些女子都是遼東獵奴，在軍中做雜役，略通劍道而已。為兩國聯姻助興，子之何能當真？」

「張儀卻聽說，上將軍在遼東軍中，有一支『鐵女百人旅』也。」

「丞相多慮了，鐵女沒有隨軍南下。」

張儀大笑：「多慮個甚？要是鐵女，我便比試；要不是鐵女，莫草菅人命。」

子之也笑了：「既然如此，算是了。」

「好。嬴華聽令。」

「嬴華在！」

「命你全權調度前兩陣比試，一切規矩，但憑上將軍。」

「遵命！」嬴華大步走到櫟陽公主面前，「稟報公主，在下借你侍女一用。」

櫟陽公主做了個鬼臉笑道：「喲，都是些洗衣做飯的三腳貓，她們行麼？」

「秦人男女皆戰，百業皆戰。她們雖非精銳，但可一戰。」

「好好好，借給你。」

「多謝公主。侍女列隊！」

「嗨」的一聲，三十名侍女長裙瞬間離身，人人一身黑色布衣短裝，腳下牛皮短靴，雖無軟甲，也是精神抖擻。「上劍！」嬴華一聲令下，十名秦國軍吏各捧三劍從隊前穿過，片刻之間，侍女們人手一劍。

「雙色劍在前，長劍在後，短劍居中。列冰錐劍陣！」

「嗨！」三十名侍女一聲脆生生答應，刷刷刷一陣移動，站成了一個錐形劍陣：前六人站成了一個「一二三」的尖端；接下來每排增加一人，最後排的錐座九人；尖端六人是雙色劍，中間三排十五人是闊身短劍，後座九人卻是幾近三尺的長劍。煌煌燈下，九口長劍森然奪目。這種長劍本是顯貴人物的佩劍，極少裝備軍旅。今日秦國侍女也用上了長劍，其威風凜凜之勢，不禁令燕國大臣驚訝。十五口短劍則比燕國女子手中的短劍寬了三分，彷彿一片雪亮的大刀。但最令人矚目的，還是那六口雙色劍的奇異光芒——劍身金黃，劍刃雪白！

子之目光一掃劍陣，呵呵笑道：「丞相啊，這當頭六劍如此怪異，是何名目？」

「上將軍久歷戰陣，不識墨家雙色劍？」

子之恍然笑道：「久聞墨家首創銅錫嵌鑄雙色劍，不想今日得見，開了眼界。」

張儀意味深長地笑了：「看來，上將軍心思不在兵器戰陣之間也。」

「丞相當知，戰心出戰力。決戰決勝之道，並不在兵器戰陣之間。」

「好！今日一睹上將軍戰心。」

嬴華大步走過來道：「敢問上將軍，是點到即止，還是生死不論？」

子之淺淡一笑：「燕人非生死不能鼓勇，死戰。」

「遵命。請上將軍發令。」

子之走到兩陣中間，左右一打量：「兩陣聽了：比試戰力，以方圓十丈為界，不得越出；生死不論，一方先死十五人者為敗。明白沒有？」

「嗨！」兩陣齊聲答應。

「開始！」

話音方落，燕國鐵女陣搶先發動，頭領一聲喊殺，三十名紅甲鐵女散開隊形撲殺過來，彷彿一團火焰，聲勢極是威猛。秦女劍陣的雙色六劍跺腳齊喝：「開！」三十名黑衣女子輕盈無聲地分成了六個五人小錐，每錐都是三劍齊備：雙色劍打頭，短劍居中，長劍壓陣。轉瞬之間，五把黑色的錐子插入了紅色火焰之中。

燕國鐵女原本都是獵戶出身，又在與東胡激戰中多經磨練，個個體魄強健，格殺本領高強，歷來都是與胡人同樣戰法——散兵衝殺，各自為戰。秦國這批「侍女」，卻是嬴華的黑冰臺劍士，原本人人都是劍道高手，經常各自單獨到山東探密。但只要有機會，嬴華便聚集她們訓練陣戰之法，以備不時之需。此次入燕，要保護櫟陽公主，嬴華將女劍士們全部集中扮為侍女，不想竟然派上了如此一個用場。這冰錐劍陣，本是從司馬錯為秦軍步兵百人隊創設的「鐵錐陣」演化而來，靈動快速，配伍嚴密，最適合小隊形格殺。加上黑冰臺劍器精良，使這冰錐劍陣威力奇大。此刻兩陣搏殺，黑色劍錐轉圜自如，雙色劍尋敵定向，短劍只是專一搏殺，長劍則重在保護。若人數相當的五六個鐵女來攻，根本不能近前，於是只有八九個或十來個人攻一個劍錐。但如此一來，總有一兩個劍錐成為無人圍攻的機動力量，不斷與另一個被包圍的劍錐形成裡外夾擊。雖然如此，可嬴華有言在先，盡量不殺燕女，所以燕國鐵女雖然手忙腳亂，覺得有力不能使，卻也是一人未傷。

子之哈哈大笑：「丞相，秦女劍陣也是中看不中用也。」

「上將軍，果真好眼力。」張儀揶揄地笑了。

嬴華臉色頓時陰沉，一個尖厲的口哨，場中形勢立刻大變：冰錐劍陣立下殺手，片刻之間，五六個鐵女便倒臥在血泊之中。子之一怔神間，已經有十多個鐵女中劍不起。

「停——」嬴華高喊一聲，回頭道，「上將軍，十六具屍體，夠了麼？」

「好！這一陣秦國勝了。」子之哈哈大笑，「拖走屍體，下一陣！」

嬴華見張儀只是微笑不語，一揮手下令：「鐵鷹劍士成列！」十名劍士鏘然站成一排，人人全副鐵甲鐵盔連帶著護鼻護耳，臉上竟然只露出一雙眼睛與嘴巴；右手闊身短劍，左手牛皮窄盾，左臂佩戴一枚鐵鷹徽記，宛如一座座黑色鐵塔矗立在大紅地氈上。與輕身帶劍的游俠劍客，顯然大大不同。

子之端詳著一座座黑鐵塔笑道：「全用鐵皮包起來，這便是鐵鷹劍士？」

「上將軍。」張儀笑道，「自秦穆公創鐵鷹劍士，至今已有百餘年。兩年一選，幾十萬大軍往往只選得二三十人而已。秦軍的鐵鷹劍士不是游俠劍客，而是重甲猛士。他們這一身甲冑便有八十餘斤，上將軍可曾見過如此鐵皮？」

子之久與東胡、匈奴作戰，歷來崇尚輕靈剽悍，何曾見過如此「笨重」的戰場劍士？不禁哈哈大笑：「此等劍士嘛，金瓜斧鉞一般，只做威風擺設可也，何能打仗？」

「上將軍要如何試手？」

「自然是一對一。」

張儀大笑：「一對一？十對一，你出一個百人隊。」

「秦人太得狂妄。」子之冷笑道，「若敢讓我砍得一劍，便十對一。」

「好！鐵鷹劍士只許顯示防守力道，不許還手。上將軍，隨便砍哪個都行。」

子之抽出長劍，一道弧形青光閃過，帶出一陣鳴金震玉之聲，顯然是非同凡響的利器。燕國大臣不禁一陣低聲驚歎：「胡人劍形刀！」張儀素有劍器嗜好，熟悉天下兵刃，知道這劍形刀是胡人匈奴最有名的馬上戰刀，單刃厚背，卻如劍一般細長，最適宜馬上猛砍猛劈，威力奇大。再說子之悍勇精明，自然不想以上將軍之尊與劍士纏鬥，只要藉手中這口利刃一刀劈開鐵鷹劍士的牛皮盾牌，給吹噓鐵鷹劍士的張儀一個難堪。

「鐵鷹劍士，防好了！」子之大步走到中間一座黑塔面前，根據他的軍旅經驗，中間一個總是這種小隊形中薄弱的一環。

黑鐵塔只是哼了一聲，算作答應。突然間，子之一聲大喝，雙手舉刀從斜刺裡猛力向盾牌劈下。

這是馬戰最宜於著力的大斜劈，尋常戰場上，一個勇猛騎士的大斜劈可以將對手連人帶馬劈為兩半，堪稱威猛絕倫。此刻，卻聽得猛烈的一聲鈍響，連著一聲奇異的摩擦嘯聲，只見那張窄長的棕色盾牌一劃一挺一舉，子之「哼」的一聲飛出了三丈之外。那口劍形長刀帶著哨音直飛上大殿穹頂，「砰」的一聲悶響，顫巍巍地釘到了大梁正中。那尊黑鐵塔卻紋絲未動，依舊巋然矗立。

再看子之，不偏不倚地飛到了大臣群中方才自己的宴席座案前，咣噹丁東一陣大響，重重地跌落到地氈上。殿中不禁一片混亂，紛紛上來圍住了子之。

「好端端的，何須嚷嚷？都坐回去！」子之站了起來，猶自覺得臀肉生疼，一瘸一瘸地走到張儀面前，「丞相，我出百人隊了。」

「悉聽尊便。」張儀淡淡地笑著。

不想殿中卻轟嗡起來，大臣們紛紛上來勸阻子之。子之正要呵斥，一個將軍高聲道：「上將軍，要比試，明日比真正的軍陣！此等微末小技，勝敗又能如何？」

子之略一思忖笑道：「好，今日便罷。丞相啊，明日比試軍陣。」

「悉聽尊便。」張儀還是淡淡地笑著。

一場迎親大典，便這樣在刀光劍影中散去了。張儀一行沒有再去驛館，而是連夜出城，回到了南門外留守的軍營，招來白山與五個千夫長計議。將領們一聽說與燕軍較量，頓時人人亢奮，眼睛放光。白山搓著手掌道：「丞相，你只給個分寸，白山分毫不差！」張儀笑道：「這個子之，只認強力，不要留情，一定要打得他心疼。要教燕國君臣知道，依靠子之是抗不住秦國的。」白山激動得身子一挺：「末將明白，一定教他心疼！」張儀道：「明日馬軍較量，子之可能要親自領軍。白山，我軍由你統領作戰，臨機處置，無須請令。」

「嗨！」白山慷慨應命。

嬴華笑了：「子之若要拚命，也殺了他？」

「不。對子之可輕傷，不可誅殺。記住了？」

「能否活擒？」白山皺著眉頭。

「不能。子之是燕國唯一的臉面。」

「難辦。但末將做得到。」

領了張儀命令，白山立即回到自己帳中，召來屬長以上全部將官，將近百人，滿當當一帳。商鞅建立的秦國新軍行連保制：五人一伍，頭目稱伍長；十人一什，頭目為什長；五十人為一屬，頭目稱屬長；百人一閭，頭目為閭長，俗稱百夫長；千人一將，頭目稱「將」，俗稱千夫長；萬人成軍，頭領為各種將軍。這種軍制後來被魏國的尉繚載入兵法，成為《尉繚子·伍制令》，漸漸成了戰國中期以後的通行軍制。白山雖然目下只有五千騎兵，但本職卻是統帥兩萬精銳鐵騎的騎兵前將軍，也就是後來人說的先鋒大將。這種大將必須具有兩個長處：一是勇冠三軍，二是有極為豐富的實戰經驗與臨機決斷能力。尋常作戰，白山這樣的前軍主將，只需將將令下達給兩員副將，最多下達到千夫長，就完全可以雷厲風行了。可這次事關重大，尤其是既不能誅殺又不能活擒對方主將，這在激烈拚殺的戰場可當真極難做到。白山聚來大小將佐層層商討，直說了一個多時辰，方才散去分頭準備。

次日午後，燕易王與櫟陽公主率領燕國君臣，在子之五千燕山鐵騎的護衛下，隆重地開出了南門。昨日大宴後，燕易王本想終止與秦軍做這種有傷和氣的較量。以他目下的權威，控制子之還是能夠做到的。可在昨夜三更時分，他卻突然被老內侍從睡夢中喚醒。他極不情願地離開了櫟陽公主下榻，老內侍低聲道：「蘇相國密函。」他立即警覺，在燈下打開了那方羊皮紙，蘇秦那熟悉的字跡赫然在目：

臣啟燕王：子之者，燕國盾牌也，若得燕國安寧，毋阻子之示威於秦。

燕易王在迴廊轉了半個時辰，終於放棄了制止子之的打算。早膳後，當子之進宮稟報與秦國訂立盟約的細節時，燕易王只說了一句話：「上將軍啊，與秦軍只比一陣算了，既要結好，不宜過分才是。」子之沒有執拗，爽快應道：「我王所言極是，臣遵命。」

秦軍五千將士全軍迎出大寨，整肅無聲地排列成三個方陣，宛如三方黝黑的松林。秦軍營寨前正好有三座小山，面北對著薊城南門，其間正好形成了一片開闊的谷地。燕國的五千燕山鐵騎在北面列成了一個大方陣，紅藍色旌旗招展，戰馬嘶鳴，人聲鼎沸，一看便是人強馬壯的氣勢。張儀乘軺車與燕易王見禮後，陪著燕易王車駕上了東面的小山。看著全副甲冑的子之，張儀笑道：「上將軍，張儀不通軍旅，較武事宜有白山將軍，與他立規便了。張儀只在這裡觀戰。」

「丞相雅興。子之老行伍，卻是要見識見識秦軍。」

「素聞燕山鐵騎威震東胡，張儀也想開開眼界。」

子之大笑著策馬馳下了山崗，飛馬到秦軍陣前高聲道：「白山將軍何在？」

高處的聲音彷彿從雲端中飛來：「末將在！悉聽上將軍立規！」秦軍中央方陣前立著一輛高高的雲車，白山在雲車頂端站立著。

「好！秦軍將士聽了：今日規矩，兩軍一戰，無計生死！明白沒有？」

「嗨！」轟雷般的短促應答山鳴谷應。

子之飛馬馳回燕軍陣前，一陣指令叮囑，高舉戰刀大喝：「起號！殺——」驟然之間數十支牛角號嗚嗚長鳴，燕山鐵騎第一個浪頭吶喊著颶風般衝殺了過來。燕山鐵騎原本排成了一個寬約一里的方陣，五千騎士分為三個梯隊：前軍一千騎，中軍三千騎，後軍一千騎。這種衝鋒陣法，是燕軍在長期與匈奴騎兵大戰中錘鍊出來的戰法，子之稱為「海潮三波」：第一波，前軍一千長矛騎士，人手一支長約一丈的輕銳木桿長矛，腰間一口戰刀。這時的騎兵極少使用長兵器，往往被這種長矛騎兵一衝即亂。而這第一陣衝鋒的真正意圖，恰恰在衝亂敵騎陣形，給中軍主力斬殺敵人創造有利條件。子之的長矛騎兵，在與匈奴大戰中屢見奇效，這次也照樣搬來，要教名震天下的秦軍鐵騎嘗嘗滋味兒。第二波，戰刀騎士，這是主力軍，全部由騎術高超刀法精良的勇士組成，每人腰間都有一口備用戰刀，專一搏擊砍殺。第三波，短劍騎士，這是追擊逃竄之敵的輕銳騎士，座下戰馬特別出眾，輕兵良馬，疾如閃電颶風。

燕軍發動之時，秦軍雲車上大旗劃出一個巨大的弧形，隨之十面牛皮大鼓隆隆響起。左右兩個黑色方陣搶先發動，從兩翼插向燕國前軍中軍的斷續部位，而中央方陣的三千鐵騎則展開成一個巨大的扇形，迎著燕軍的長矛前鋒兜了上去。燕山鐵騎是大致有陣，三波衝鋒之間並非緊密相連。尤其是兩軍初戰，子之要看看秦軍騎士在長矛兵面前的抵抗力，所以沒有連續下達第二波衝擊命令。

雖在片刻之間，但對於疾風暴雨般的騎兵而言，第一波之後已經出現了一個空闊地帶。秦軍的兩翼鐵騎繞過長矛兵，恰恰立即插入了這個短暫的空白地帶。黑色兩翼先行展開之時，子之已經有所覺察，立即下令中軍主力發動第二波衝殺。可是已經遲了。兩股黑色浪潮已經呼嘯著在空白地帶重疊，將燕軍截為首尾不能相顧的兩部分。此刻，雲車上大旗左右招展，重疊匯聚的黑色浪潮立即分為兩股，一股壓著長矛兵後背殺來，一股迎著燕軍主力殺來。

燕軍長矛兵戰力雖強，但因為是長兵器，所以相互間總有一馬之隔，只能散開成漫山遍野的一大片衝殺過來。迎上來的秦軍主力，則只有中間的一面大旗正面接敵，兩面的兩千騎士則掠過長矛兵外圍，壓上去截殺燕軍主力。如此一來，戰場形勢發生了陡然的變化：秦軍兩千騎士，前後夾擊一千燕軍長矛兵；秦軍三千騎士，正面迎戰燕軍主力三千；燕軍被從中間分割，後軍窩在原地，前軍陷入兩倍兵力的包圍夾擊，頃刻便有覆沒危險。若要扭轉這種大格局的被動，只有後軍馳援前軍，形成兩大塊勢均力敵的對抗，而後真正比拚實力。

子之久經戰陣，立即看出了這種危急局面，戰刀一舉：「後軍騎士，跟我殺——」一馬當先，親率後軍來馳援前軍。雲車上，白山大旗左右兩掠，秦軍的截殺主力立即喊殺聲大起，左右加倍展開，將後軍攔在了正面。雲車上的白山一見子之出動，立即將大旗交給了司馬，飛身從三丈高的雲車上躍下，恰恰落在那匹神駿的汗血戰馬上。白山一觸馬身，金紅色的汗血馬長嘶一聲，平地飛起，閃電般衝向中央戰場。

兩方中軍主力正在鏖戰，秦軍本來大占上風。但分兵一千堵截子之後軍，中軍成了兩千對三千，立即成了拚死力戰。白山飛馬趕到後軍戰場，大喝一聲：「鐵鷹百人隊隨我殺！其餘回中軍戰場！」吼聲落點，一支鐵甲騎士隨著白山箭一般插向子之大旗。這是白山與將領們事先商議好的戰法：若子之出動，立即纏住。其餘的燕軍騎士無論流向哪裡，都不能根本改變戰場大勢。為有效纏住子之，白山以全部十名鐵鷹劍士為主力，組成了一個特殊的百人隊，由自己親自率領截殺子之。

白山本是前軍大將，勇猛絕倫，這個百人隊更是秦軍精華。猛烈衝殺之下，所向披靡，立即將子之及其周圍騎士圈堵在正面，其餘秦軍騎士又潮水般捲回了主戰場。戰國軍法通例：戰場之上主帥戰死者，從卒皆斬。子之被堵截，燕軍騎士自然大舉圍來，要最快殲滅這個不要命的百人隊。但是子之極為清醒，一眼便看出了秦軍意圖——寧可少數傷亡，也要全局獲勝。身為主將，子之自然也是如此打算。他圈馬高聲大喝：「留一個百人隊！其餘馳援前軍！違令者斬！」燕山鐵騎號令森嚴，主將一聲令下，大隊騎士立即風馳電掣般飛出了小戰場。於是，這裡成了兩個百人隊的殊死拚殺。

子之的謀劃是：一定要在各個戰場形成對等兵力的搏殺。只要對等，他堅信燕山鐵騎絕不輸於秦軍鐵騎。哪怕打得平手，燕軍也將揚威天下。這便是他只留一個百人隊而嚴令大隊馳援前軍的原因。

他明白，這種不過萬人的小戰場，不會有更複雜的變化，只要保持大體均衡的格殺，不輸於格局大勢，便不會落敗。

但是，兩個百人隊一接戰，子之立即感到了巨大的壓力。面前這個百人隊，簡直就是鐵馬銅人，馬戴面具，人穿鐵甲，縱然一刀砍中，幾是渾然無覺。然則，這個百人隊卻沒有秦軍騎士五騎並聯的戰法，竟人自為戰，與燕軍展開了真正的散兵一對一搏殺。只見他們橫衝直撞，長劍劈殺，片刻間便將燕軍十餘名騎士劈落馬下。子之怒吼一聲：「斬首一名，賞千金！殺——」戰刀揮舞，猛烈砍殺前來。但奇怪的是，這一百個騎士雖然也在猛烈拚殺，從此卻沒有斬殺一個燕軍，只是比拚劍術一般，哪怕將對手的戰刀擊飛，也不下殺手。憤怒的子之與兩名護衛勇士，被白山親率兩名鐵鷹劍士如影隨形般截殺圍追，卻無論如何也傷不了這三座黑鐵塔。纏鬥良久，子之大吼一聲，戰刀擲出，一道青光直奔中間白山咽喉撲來。白山眼疾手快，長劍斜伸，堪堪搭住了子之戰刀，長劍一攪，戰刀竟倒轉著飛了回去，「噗」地釘進了子之戰馬的眼睛。戰馬長嘶悲鳴，一個猛烈的人立，轟然將子之掀翻在地。

此時，一騎飛馬衝到，高聲喝道：「燕王有令：終止較武，秦軍勝——」

子之艱難地站了起來，四面打量，突然嘶聲大笑：「好啊！秦軍勝了！勝得好！中軍司馬，燕軍傷亡多少？說！」

「稟報上將軍：前軍戰死五百，傷三百；中後軍戰死兩千，傷一千五百；總共戰死兩千五百，傷一千八百。」

「秦軍傷亡？說！」

「秦軍戰死一百餘人，傷一千餘人。」

子之臉色鐵青，雙眼血紅，提著頭盔瘸著步子，艱難地走到了燕易王車駕前道：「燕王，盟約用印。子之無能！」

「回宮。」燕易王淡淡地說了兩個字，全副儀仗轔轔回城了。

當夜，燕易王偕櫟陽公主召見了張儀，在〈秦燕盟約〉上蓋下了那方「大燕王璽」的朱文玉印。子之雖然還瘸著腿，但依舊昂昂然地參加了結盟儀式，絲毫沒有半點兒頹喪的樣子。

「此人直是個魔鬼！」嬴華在張儀耳邊低聲說。

「燕國從此休得安寧也。」張儀深深地歎息了一聲。

櫟陽公主來到張儀面前道：「丞相、華妹明日離燕，一爵燕酒，櫟陽為兩位餞行了。」嬴華笑道：「甚個兩位？一個行人，能與丞相並列麼？」櫟陽公主咯咯笑著貼近嬴華耳邊道：「我有眼睛，並列事小，只怕還能並肩齊眉呢。」「櫟陽姊姊！」嬴華滿臉通紅，卻又「噗」地笑了。張儀在旁哈哈笑道：「兩姊妹盤算甚，我可飲了。」說著一飲而盡。櫟陽公主笑道：「偏你急，沒交爵就獨飲了。」嬴華笑道：「我也獨飲。」也一飲而盡。櫟陽公主嗔道：「非禮非禮！來，我為你倆斟滿一爵。對，交爵！好！」看著嬴華與張儀碰爵飲下，櫟陽公主才自己飲了一爵，高興得滿臉綻成了一朵花兒。

張儀從大袖中拿出一個銅管：「公主長留燕國，請設法將它轉交蘇秦。」

「這有何難？交給我。」

正在此時，書吏匆匆走來，在張儀身邊低聲說了幾句。張儀霍然起身，立即向燕王辭行，連夜出城南下了。

第十一章 郢都恩仇

一、張儀臨危入楚

初夏時節，風調雨順的渭水河谷豔陽高照，晴空萬里。

一個黑點正從高遠的藍天悠悠飄來，飄過了南山群峰，飄進了渭水谷地，飄過了咸陽城高高的箭樓，帶著嗡嗡哨音消失在北阪的蒼茫松林中。片刻之後，一騎快馬飛出松林，飛下北阪，直入北門箭樓，飛進了氣勢巍峨的咸陽宮。

長史甘茂一看竹管端口，封泥上有蒼鷹徽記與三支箭頭，臉色一變，立即停下手頭忙碌，飛步向東書房奔去。秦惠王正在那幅〈九州山水圖〉前發愣，忽聽背後急促腳步，沒有回頭便問：「甘茂，有事了麼？」甘茂急道：「稟報君上：黑冰臺青鷹急報。」秦惠王霍然回身：「打開。」甘茂走到大書案前，用一把細錐熟練地挑開封泥，打開竹管，抽出一個白色的小捲抖開。秦惠王接過只掃了一眼，眉頭皺了起來：「甘茂，立即宣召右丞相。」

片刻之後，右丞相樗里疾匆匆趕到。秦惠王指著書案上那幅白絹：「看看，楚國又變過去了。」樗里疾拿起白絹，一片篆文赫然入目：

青鷹密報：楚國君臣消除嫌隙，發誓向秦復仇。昭睢父子蝸居不出，老世族盡皆蟄伏。春申君北上燕國，屈原重新掌兵。

「嘿嘿，芈槐又抽風了。」

「黃歇不遠千里，到燕國做甚？」

「燕國無力援楚，只有一事可做：找蘇秦。」

秦惠王踱步點頭道：「蘇秦南下，與楚國合力，齊國便有可能反覆。齊國反覆，合縱便有可能死灰復燃。楚秦近千里邊界，楚國發瘋，秦國背後可是防不勝防。」

「君上所料不差，樗里疾以為：當立即急召丞相回咸陽。」

「丞相回來之前，不妨先試探楚國一番。」

樗里疾拍拍大頭笑道：「臣一時想不出如何試探。」

「派甘茂為特使，歸還房陵三百里，與楚國修好。」

「也好，左右土地是死的，到芈槐手裡也長不了。」

次日，長史甘茂帶著秦惠王的國書匆匆南下了。與此同時，一騎快馬星夜飛馳燕國。張儀接到秦惠王手書密件，連夜率領五千鐵騎南下，不想卻在漳水南岸被平原君攔住，盛情邀請張儀進入邯鄲，商談修好事宜。原來趙肅侯在聯軍大敗之後一病不起，半月前病逝，太子趙雍即位，著意要與秦國訂立修好盟約。張儀歸心似箭，卻又實在不能放棄這個大好時機，便命嬴華率領一千鐵騎先行趕回，他隨平原君進了邯鄲。

邯鄲一日，張儀對趙雍的意圖瞭若指掌：趙國正在疲軟凋敝之時，深恐秦國與老冤家燕韓魏聯手進攻趙國；目下趙國的當務之急，是穩住秦國這個最強大的敵人，以求渡過新老交替這道關口。雖則如此，但對秦國也是一件好事，趙國一靜，秦國東北兩面全無戰端之憂，便可全力化解楚國這個背後大敵。張儀沒有說破趙雍的心思，在一片交相讚譽中，同趙國訂立了互不犯界的盟約，一場大宴後只睡了一個時辰，天濛濛亮出了邯鄲，一路晝夜兼程，不消三日趕回了咸陽。

這時候，甘茂也剛剛從楚國回來，上將軍司馬錯也奉命從函谷關趕回。秦惠王立即在東偏殿召見幾位重臣商討對策。

甘茂帶回來的消息很簡單，但卻大出君臣預料：楚懷王看了秦惠王國書，拍案大叫：「不要房陵三百里！我只要張儀！」非但不與甘茂做任何正式會談，而且只許甘茂在郢都停留一日。甘茂本想與王妃鄭袖和昭睢父子會面，探查一番楚國的變化內情，無奈驛館被嚴格看守，根本無法私下走動，只好匆忙回國。

「嘿嘿嘿，芈槐這小子還鉚上勁了，非和丞相過不去？」

甘茂道：「合縱兵敗，楚國傷亡最慘，楚王惱羞成怒，歸罪於丞相，一時確實難解。以臣之見，不理不睬，後發制人可也。」

「嘿嘿，不行！」樗里疾道，「你是不理不睬，可芈槐正在抽風，屈原黃歇蘇秦與一班新銳必然抓住這個機會不放。哼哼，以我黑肥子看，這幫小子又在密謀攻秦了。」

「若來進攻，正好趁機一舉擊垮楚國，根除背後大患！」甘茂很是氣壯。

司馬錯道：「打敗楚國不難，難在楚國發兵之日，必是蘇、黃策動六國重組合縱之日。若再次合縱，六國不會聯軍出動，而會分頭出兵攻秦，這種局面最為危險。」

甘茂道：「丞相剛剛與五國立約修好，變臉豈有如此之快？」

「嘿嘿，山東六國，變臉比脫褲還快，關鍵是有楚國這個瘋子打頭。」

秦惠王一直在用心傾聽，漸漸覺得確實為難：被動等待與楚國決戰吧，有幾路受敵的危險；主動攻楚吧，又與秦國目下的連橫修好宗旨大相徑庭，更會加劇山東列國對秦國的戒懼之心，再說連橫局面剛剛形成，一旦攻楚便會前功盡棄。春秋戰國的傳統，只要主動割地，哪怕是天大的仇恨都能化解。可目下這個芈槐，竟然連三百里故土糧倉都不要，而只要張儀，還真是沒有個好辦法對付。看張儀一直沒有說話，秦惠王心中一動，笑道：「再議議看，除了丞相不能入楚這一條，甚辦法都可商量。」

「我有黑冰臺，派刺客，殺了這個抽風芈槐！」甘茂眼睛突然一亮。

樗里疾搖搖頭：「還是丞相設法穩住中原五國，由上將軍準備對楚國決戰。」

司馬錯道：「只有舉國發動，再徵發至少十萬壯丁成軍，臣力保不敗。」

秦惠王拍案一歎：「看來，秦國到了一個真正的危急關口。也罷，舉國一戰，與山東六國魚死網破！」一言落點，殿中氣氛頓時凝重起來。

「君上。」張儀悠然一笑，「臣去楚國。」

三位大臣驚愕地看著張儀。秦惠王不悅道：「丞相哪裡話來？堂堂大秦，豈能拿自己的丞相遷就仇敵？丞相無須如此，本王自有定見。」

「君上，列位，張儀在燕國得報，便已開始謀劃，並非輕率，且容臣一言。」

「嘿嘿，聽聽也好，丞相大才，化腐朽為神奇也未可知。」

「君上，列位。」張儀侃侃道，「一國之君，將邦國衰落記恨於外國大臣，又置邦國大利於不顧，而一味索要仇家，此種瘋癲只意味著這個君主的昏亂無智。昏亂思慮總是不穩定，容易改變也。屈原、黃歇皆清醒權臣，他等聽任楚懷王要張儀而不要房陵，只能說明：一則，這不是君臣共商的國策，而只是楚懷王的一己昏亂；二則，芈槐與屈原黃歇一班新銳並不同心，君臣猜忌依然存在，屈黃無法勸阻，只能利用芈槐的仇恨，先奪回失去的權力；三則，黃歇北上燕國求助蘇秦，意在請蘇秦南下，真正扭轉芈槐；而蘇秦一旦南下，芈槐真正死心抗秦，則君臣同心，秦國很難扭轉。唯其如此，目下扭轉楚國，正是唯一時機。若得如此，非張儀莫屬。張儀不入楚，秦楚化解無從入手。君上、列位以為然否？」

殿中一時沉默。張儀的剖析句句在理，可要張儀孤身赴楚，畢竟是誰也不願意的。

甘茂打破沉默道：「丞相說得在理，然則丞相身繫秦國安危，豈能如此冒險？甘茂願代丞相赴楚，扭轉危局。」

「嘿嘿嘿，不是黑肥子小瞧，你那兩下子不成。」樗里疾笑道，「此事要做，還真得丞相親自出馬。丞相是塊大石頭，一石入水千層浪，能激活死局。他人，嘿嘿，誰都不行。」

司馬錯道：「臣可率精兵十萬，開出武關，使楚國有所顧忌。」

「列位無須為我擔心。」張儀笑道，「自來邦交如戰場，大局可行則行，不擔幾分風險，焉得成事？臣望君上莫再猶豫。」

「好。」秦惠王拍案，「丞相入楚，嬴華負護衛全責；司馬錯率大軍前出武關，威懾楚國；甘茂東行，穩住齊國，無使楚齊結盟；樗里疾坐鎮函谷關，祕密封鎖楚燕通道，延遲蘇秦南下，並策應各方。」

「臣等遵命！」

會商結束，四位大臣立即各自行動。秦惠王又與張儀密談了整整一個時辰，張儀方才回到丞相府，召來嬴華緋雲吩咐一陣，兩人立即分頭準備去了。次日清晨，張儀的特使馬隊駛出了咸陽東門，馬不停蹄地出了函谷關，輜車轔轔，晝夜兼程，直向楚國大道而來。張儀謀劃的是：一定要在蘇秦南下楚國之前，先大體穩住楚國，而後再圖周旋。

二、蘇秦別情下楚國

春申君犯難了，子之也大皺眉頭。

急如星火的北上，為的就是要盡快請蘇秦南下，這是屈原與春申君的共同想法。只有蘇秦能夠扭轉楚懷王這種朝三暮四的反覆，也只有蘇秦，能夠化解張儀那智計百出的斡旋手段。沒有蘇秦，楚國的抗秦勢力很難穩定地占據上風。可來到薊城兩日了，卻連蘇秦的面也沒見上。子之大是著急，他很希望蘇秦出山南下楚國，促使楚國與秦國強硬對抗，只要秦楚對抗一形成，他在燕國才有大展身手的機會。可自從張儀入燕，蘇秦就離開了薊城，原本說好的旬日便回，可到如今已經是兩旬過了，蘇秦還沒有回來。子之大是困惑，以蘇秦的誠信穩健，斷不會無端食言，定是有甚隱情。百思無計，子之只好陪著春申君來找剛剛成為自己新婚妹夫的蘇代。兩人對蘇代說了半個時辰，蘇代終於答應帶春申君去找蘇秦了。

燕山無名谷正是鳥語花香的時節，蘇秦與燕姬也實實在在地過得逍遙愜意。日間放馬，追捕一兩頭野羊。傍晚時點起篝火，烤羊飲酒恣意暢談。月上中天，或在草地小帳篷露營，或在半山石洞中安歇，往往是日上東山，兩人依然高臥不起。

「唯願兩人，永遠做這般神仙。」燕姬快活極了。

「心下不清淨，隱士也不好做。」蘇秦卻顯得神情恍惚。

「季子啊，當日拿得起，今日也要放得下。」燕姬知道蘇秦心事，殷殷笑道，「你首倡合縱，為六國自救找到了一條大道。可六國不自強，上天也救不了。敗根不除，縱有十個蘇秦，又能如何？」

蘇秦一聲歎息：「我還是想試試，這敗根究竟能否得除？」

「季子又要出新招了？說說。」

「扶持強臣當政，刷新吏治，造就新邦。」

「季子，有這種強臣麼？」

「北有子之，南有屈原。」

燕姬撥弄著篝火久久沉默，眼中慢慢溢出晶瑩的淚花：「季子啊，我熟知燕國，子之是個凶險人物，靠不住。」

「子之過分張揚，但畢竟是個實力幹才，他能掃除燕國陳腐，教燕國新生。」

「季子。」燕姬聲音發顫，「莫非你想與子之聯手宮變？」

「田氏代齊，魏趙韓代晉，都催生了新興戰國。」

「季子莫得糊塗。」燕姬很是著急，「此一時彼一時，齊國田氏取代姜氏，積累了一百多年。魏趙韓分晉，積累了兩百多年。子之沒有根基，只是燕國一個小部族，只有幾萬軍馬，縱然當國執政，也只能將燕國攪亂，使燕國更弱更窮，如何能使燕國新生？你要三思而後行。」

「依你之見，蘇秦只能無所作為？」

「季子，為名士者當知進退。合縱之敗，不在君無才，而在六國衰朽。連橫之勝，不在張儀之才，而在秦國新生啊。」燕姬輕輕歎息一聲，「合縱大成之日，你身佩六國相印，已經是功成名就了。聯軍攻秦，你更走到了名士功業的頂峰。天不滅秦，秦不當滅，你蘇秦又能如何？難道沒有縱橫天下的顯赫，蘇秦就不會做人了麼？」

「燕姬，我也想隱居遨遊，可總是心有不甘。若大勝一次，我會毫無牽掛地回到你身邊。沒有一次像樣的勝利，立而無功，此生何堪？」

「季子，明智者適可而止。燕姬不如你這般雄才，可燕姬知道，功業罷了還有人生。你如此執拗求成，可是如何罷手？」

「燕姬，教我好好想想……」

谷風習習，山月幽幽，兩人對著篝火，一時默默無言。

朦朦朧朧中太陽已經在山頭了，燕姬跳起來嚷道：「呀，好太陽！走，到山外轉轉去。」蘇秦霍然站起，看明媚日光灑滿山谷，也頓時振奮起來：「好！出山看看。」兩人到山溪邊梳洗一番，收拾好帳篷，從山洞馬廄裡牽出馬來。

突然，谷口隱隱傳來急促的馬蹄聲。

「上山！」燕姬迅速將馬拉進山洞，兩人立即登上了山腰一片小樹林。這片樹林外，有一座象鼻般伸出去的岩石，站在上面，谷口情形一覽無餘。上得岩石一望，燕姬愣怔著只顧端詳。蘇秦目力弱，只看見谷口影影綽綽幾個人馬影子，又見燕姬怔神，連忙問：「來人可疑麼？」燕姬道：「頭前年輕人，身形與你相近，另外那個人，黃衫高冠，很眼生。看來，不是燕王找我。」蘇秦道：「定是蘇代有急事。走！下去。」

谷口兩騎已經走馬入谷，左右張望，黃衫高冠者喊道：「噢呀武安君，你在哪裡了——」

「春申君——我來了——」

春申君聞聲下馬，跑過來抱住了蘇秦：「噢呀呀武安君，你做神仙，想煞黃歇了！」

蘇秦大笑道：「一樣一樣！哎，你黃歇飛到燕山，總不是逃難了？」

「噢呀呀哪裡話？好事。大大的好事了！」

「好事？」蘇秦一副揶揄的笑容，「楚國能有好事？」

「噢呀呀，我可是又饑又渴，你這神仙洞府難找了。」

「來來來，坐到溪邊去。三弟，到那個山洞去拿。」蘇秦興奮地將春申君拉到山溪邊大石上坐下，「先說事，少不了你酒肉！」

「噢呀呀，還是武安君了！屈原還怕你沒得熱氣了。」春申君將光光的大石頭拍得啪啪直響，「給你說：楚王決意抗秦復仇！昭睢父子一干老對頭，都做縮頭龜了！」

「呵呵，太陽從西邊出來了？」蘇秦反倒淡漠下來，「楚王是要找張儀復仇而已。」

「噢呀，洞若觀火了。」春申君急迫道，「老實說了，楚王覺得合縱兵敗是奇恥大辱，發誓復仇；秦國願歸還房陵三百里，請求修好；楚王拍案大怒，說不要房陵，只要張儀！並立即恢復了屈原的大司馬兵權，又立即派我聯絡齊國共同起兵。你說，向張儀復仇，向秦國復仇，這有何區別？」

「千里北上，是屈原的主張？」

「也是楚王之命了。」春申君紅著臉辯解道，「屈原上書楚王，主張請武安君出面斡旋齊楚，楚王贊同，黃歇便星夜北上了。」

「明白了。」蘇秦笑道，「你老兄先吃酒肉，容我揣摩揣摩。」

「噢呀，你就揣摩了。蘇代，來，先吃飽喝足再說。」春申君向蘇代一招手，兩人狼吞虎嚥起來。

蘇秦逕自過了山溪，順著山林小道走進了那座隱祕的山洞。他知道燕姬的心思，但也想教她聽聽春申君帶來的新消息，說說自己該如何應對。可山洞裡靜悄悄的，外洞裡洞都沒有那個熟悉的身影。猛然，蘇秦看見銅鏡中有一方物事。一回身，長大的石案上果然有一張羊皮紙，拿起一看，墨蹟竟還未乾：

君經坎坷，心志不泯。燕姬無意奮爭。君可自去，毋得牽掛。

頹然跌坐在石案上，蘇秦一時心亂如麻。愣怔半日，長歎一聲，蘇秦將那方羊皮紙摺疊好仔細裝進貼身皮袋裡，環視洞中物事，一陣酸楚難耐，咬牙舉步間猛然醒悟，回頭提筆，在洞壁上大書兩行，「噹」地丟下大筆，大步出了山洞。

蘇代迎上來低聲道：「這是二哥的衣物，還有這把劍。」

「你看見她了？」

「沒有，東西放在酒窖邊上。」

春中君臉上露出罕見的莊重，向著山洞方向深深三躬，高聲喊道：「燕姬夫人，深情大義，楚國恩人了——」悠長的聲音在山谷久久迴盪著。

蘇秦長歎一聲，接過包袱短劍：「不說了，走。」

三騎飛出谷口，卻聞身後一陣長長的駿馬嘶鳴。三人回頭，只見一騎紅馬正立在谷口山頭，馬上一人舉著一方紅巾遙遙晃動著。蘇秦立馬，雙眼頓時一片朦朧，嘶聲高喊：「燕姬——等我——」頭也不回地飛馬去了。

日暮時分，三人到了薊城郊野。蘇秦將蘇代叫到一邊低聲叮囑了一陣，蘇代便回薊城去了。春申君笑道：「噢呀武安君，你還是回薊城見見子之，我在軍營等你一晚了。」蘇秦斷然道：「不用。我等得連夜南下，還得走齊國一路。」春申君驚訝道：「噢呀，你還想在這時候策動齊國？」蘇秦笑道：「策動齊國，那要回頭再說，這是借道齊國。」春中君更是不明所以了：「噢呀呀，這不是捨近求遠麼？多三日路程了。」蘇秦低聲笑道：「似慢實快。你不覺得，有人會截殺阻道麼？」春申君恍然大笑：「噢呀，黃歇懵了。對！就走齊國了。」

月亮初升，春申君帶來的兩百護衛騎士立即拔營。蘇秦與春申君也棄車乘馬，這支沒有任何旗號的馬隊直插東南，沿著大海邊人煙稀少的地帶向齊國飛去。

三、明暗雙管 張儀巧解第一難

三更時分，郢都長街已經斷了行人車馬，連往昔的夜市燈火也沒有了。

秦楚結仇，眼看就要打仗，郢都人心惶惶。天一黑，民人商旅便窩在家裡不出來了。加之中原各國兵敗後紛紛封鎖國界，進入楚國的客商大大減少，慣於夜間逍遙的官府吏員，也因了朝局緊張，不敢輕易拜客走動了。不到半年時光，郢都前所未有地蕭條了。

靜夜長街上，卻有一輛四面嚴實的紫篷車轔轔走馬，駛到了一座顯赫府邸的偏門前。身著紫色長衫的馭手下車，上前拍了三下門，一重兩輕。木門開了一條縫，一顆雪白的頭顱伸了出來，紫衫馭手低聲說了幾句，旁邊的車馬門無聲地拉開了。篷車輕快地駛了進去，高大的車馬門又無聲地關閉了。

昭雎已經蝸居幾個月了，由頭是「老疾發作，臥榻不起」。每日梳洗之後，他都在這片兩三畝地大的水池邊漫步，常常是月上中天了，還在悠悠地走著。當初六國合兵，他力薦子蘭為上將軍統兵，是認為秦國根本不可能戰勝四十八萬六國聯軍，只要聯軍一戰獲勝，他就會擺脫張儀的挾制，重新成為楚國舉足輕重的權臣。那時候，清除屈原黃歇一班新銳，是不用費力氣的，掌控平庸無能的芈槐更是易如反掌。幾個回合，昭雎便可成為楚國的攝政王，過得十數年，昭氏取代芈氏而成為楚國王族，幾乎是無可置疑的。誰想一戰大敗，大勢立刻逆轉。子蘭成了敗軍之將，按照楚國歷來的規矩：折兵五萬者，大將必得處斬，舉薦大將者，也得罷官除爵。楚王怒罵不休，朝野一片復仇之聲，屈原黃歇一班變法派更是甚囂塵上，要「殺子蘭，除昭雎，以謝天下」。若不是昭氏樹大根深，聯結鄭袖軟化楚王，又忍痛將昭氏封地二百里祕密割讓給王族，並答應不問朝政，這場大災大難實在是難以躲過的。痛定思痛，全部錯失都在於一點：低估了秦國。要不是低估秦國，當初則可以反對出兵，或者稱病不言，如今豈不是順理成章地清除了這班新派政敵？正因為低估了秦國，自己人掛帥，才使政敵死灰復燃，而且使昭氏陷入了泥潭……

「稟報令尹：西方祕使求見。」

昭雎一激靈，又迅速平靜下來：「領入竹林茅屋，四面巡查，不許一人靠近。」

「是了。」家老轉身快步去了。

片刻之後，兩個紫衫客被家老領到了池邊竹林的茅屋之中——月光幽幽，一頭霜雪的昭雎拄著一支竹杖坐在廊下，彷彿世外仙人。

「參見老令尹。」為首紫衫客深深一躬。見昭雎沒有作聲，紫衫客道，「本使乃秦國公子嬴華，職任行人，奉我王與丞相之命，特來拜會老令尹。」

昭雎心中一動，此人曾與子蘭比劍，他如何不記得？只是他無論如何想不到，此人竟是秦國王族公子，且是行人之職。身為密使，公開本來身分，這是罕見的，看來秦國一定有大事相求了。他淡淡笑道：「老夫識得公子，有話便說。」

「秦王口書：我丞相入楚，敢請老令尹關照，後當重報。」

「如何？張儀要來楚國？」昭雎大是驚訝，蒼老的聲音顫抖了。

「正是，三日後便到郢都。」

昭雎突然冷笑：「張儀自投羅網，老夫愛莫能助。」

「老令尹，昭氏部族岌岌可危，沒有秦國援手，只怕滅頂就在眼前。」

「公子危言聳聽了。」昭雎淡淡冷笑，「昭氏六世興盛，目下小挫也已平安度過，何來滅頂之災？又何需他人援手？」

「故作強橫，兩無益處。」嬴華笑道，「老令尹該當明白，蘇秦不日南下，便是昭氏大難臨頭之時。若無張儀抗衡蘇秦，楚國朝局只怕要顛倒乾坤了。」

「老夫倒想聽聽，秦王如何報我？」

「一年之內，老令尹在楚國攝政。」

昭雎大笑：「秦王以為，他是楚王？」

「秦王固非楚王，可更能決定昭氏部族之生死存亡。」

「老夫願聞秦王手段。」

「歸還房陵三百里，與楚國罷兵，與屈原黃歇新派修好；內外夾擊，促使楚王連根斬除楚國老世族。老令尹以為如何？」

昭睢長歎一聲：「老夫心意，只是不想受人挾制而已。」

「兩相結盟，兩相得益，談何挾制？老令尹多慮了。」

昭睢顫巍巍站了起來：「好了。老夫盡力而為，只是公子還得辛苦了。」

「但憑老令尹吩咐。」

昭睢低聲說了一陣，嬴華連連點頭。

次日暮色時分，郢都水門即將關閉。一葉小舟飄了過來，出示了中大夫靳尚的送物令牌，悠悠出了水門，飄進了一片汪洋。小舟在汪洋中飄盪了整整一個時辰，直到月上東山，才掉轉船頭向雲夢澤北岸飛快地駛來。看看將近岸邊的大石碼頭，船艙中走出了一個白衣人，從容地在船頭臨風而立，月光下分外瀟灑。

「好個美小哥！靳尚有禮了。」岸上一人高冠帶劍，笑語頗顯輕薄。

「靳尚，我給你的物事如何？」白衣人很矜持。

「小哥有心人，那物事太金貴了，靳尚受寵若驚。」

「那還聒噪個甚？走。」

「小哥慢行，還有兩句話說。」靳尚笑得甜膩膩的，「不瞞小哥，自小哥上次隨張儀來過後，王妃念叨不休，想教小哥與靳尚一道，做王妃貼身侍衛，也做中大夫，比做張儀僕從可是風光多了。王妃還說，小哥要不滿意，儘管開價。」

「還有麼？」白衣人眼中閃出一道淩厲的光芒。

靳尚不由自主地一顫：「大，大體如此，小哥意下如何？」

「不勞你操心，我自會對王妃說。走。」

「好好好，隨我來，小哥走好。」靳尚邊走邊殷勤嘮叨，「小哥，王妃有王子了，更美了，水靈白嫩得仙女一般，真是口好菜，你小哥比我靳尚可是福氣了。」

白衣人猛然站定，森森目光盯住了這個俊秀聰靈的中大夫：「靳尚，你好好給我辦事，我便成全你這口福，本公子沒有趣味。否則，我教楚王活剮了你。」

靳尚渾身一激靈：「是是是，小人明白！公子？你，你不是張儀僕人麼？」

「休得聒噪！頭前領道。」

剎那之間，靳尚的輕薄無影無蹤，溫順得像一頭綿羊，顛顛兒地領路向前，到得山前明亮的庭院廊下，靳尚輕柔地顛著小步進去稟報了。

「毋曉得貴人來了，快快進來。」片刻間廳中傳來驚喜柔暱的笑語，一個婀娜身影輕盈地迎了出來。「在下參見王妃。」白衣人深深一躬。鄭袖笑吟吟扶住道：「好小哥曉得無？你可是我的貴人也。上次一來，我就有了王子，大王整日說要重謝小哥。來，進來了。」

進得舒適幽雅的廳中，侍女輕柔利落地將茶捧了上來。白衣人坐在了鄭袖對面，一個捧匣黑衣人肅然立在身後。靳尚也笑吟吟地站在鄭袖座後，眼睛卻不時地四處打量。鄭袖瞄著白衣人笑道：「曉得無？震澤東山茶，碧綠清香，秦國沒有的了。」

「天下有名的吳茶，在下多謝王妃盛情。」

「曉得就好，我是從來不給人上茶的了。」鄭袖眼中突然生出了一種奇異的光芒，「小哥，到楚國如何，我保你做大官了。」

白衣人目光一閃，一陣朗聲大笑：「不瞞王妃，在下乃是秦國公子嬴華。身為王族，官居行人，身不由己也。」

奇怪的是鄭袖並沒有絲毫的難堪，反倒一臉驚喜：「真毋曉得呢！也是，等閒人哪有這般氣象？不管你是誰，我都看著順眼，只是有點兒可惜了。」

「王妃，有朝一日嬴華在秦國失勢，定來楚國。」

「曉得了！秦國還是靠不住了，你看，我在楚國便不會失勢。」

「王妃差矣！嬴華此來，正是奉丞相差遣，要給王妃密報一個消息。」

「張儀麼？曉得了，說也。」

嬴華正色道：「秦國想與楚國修好罷兵，提出歸還楚國房陵三百里，可楚王不要房陵，只要張儀。秦王如何肯教自己的丞相送死？於是，秦王祕密遴選了二十名美女，其中有十名絕色胡女，要送給楚王。交換條件是，楚王不再記恨張儀。丞相念及與王妃素有淵源，差我密報王妃留意。秦胡美女入楚，王妃豈能安寧？」

鄭袖燦爛的面容頓時暗淡下來：「秦胡女上路了麼？」

嬴華掐著指頭一陣默算：「三日後上路。」

「曉得了。楚王主意若變，秦王能否取消秦胡女入楚？張儀敢不敢來楚國結盟？」

「丞相已經到了函谷關，隨時準備入楚。」

鄭袖歎息了一聲：「曉得了，張儀好人呢。」

「丞相送給王妃兩樣禮物，呈上來。」嬴華接過一只精美的銅匣打開，「這是一方藍田玉枕，妙在兩端嫣紅，中間碧綠，夜間別有光彩。」又拿起一個形制粗樸的陶瓶，「這是給楚王的強身胡藥，王妃定能多子多福。」

鄭袖淡淡一笑，撫摩著藍田玉枕愛不釋手，不防卻突然轉身，「嘩啦」一聲將那只陶瓶摔碎在地。靳尚連忙碎步跑了過來，趴在地上撿拾碎片與藥丸。鄭袖咯咯咯一陣長笑，點著靳尚的額頭道：

「斬尚啊，曉得無？日後這藥丸就是你的了！」

三日後，張儀的特使車馬大張旗鼓地進入了楚國。

一過淮水，「秦國特使」與「丞相張儀」兩面大旗引來沿路楚人爭相圍觀，都想看看這個上門送死的秦國丞相是何等模樣。張儀從容端坐在六尺傘蓋之下，任人指點笑罵，依舊是泰然自若。馬隊儀仗也毫無表情地行進著，對道邊動靜似乎全然喪失了知覺。堪堪行進到距離郢都百餘里的人煙稀少處，卻見迎面煙塵大起，一支騎隊飛馳而來。張儀腳下輕輕一跺，車馬儀仗停在了道邊一片樹林旁。來騎漸行漸近，正是嬴華率領的「商社」騎士。張儀車馬一出函谷關，嬴華便率黑冰臺兩名得力幹員飛騎先行了。到達郢都的當晚，嬴華立即點出了多年囤積在商社以備急用的各種奇珍異寶，派出了商社一班「老商」，攜帶各色貴重禮品登門造訪楚國重臣，探查動靜；而後又親自造訪了昭雎與鄭袖兩處要害，兩件事辦妥，正好得到張儀將到淮水的密報，帶領「商社」騎隊飛馬迎來。

張儀與嬴華在樹林中密談了一個時辰，諸事議妥，軍士戰馬也就食完畢，立即啟程向郢都進發。一路不疾不徐，恰恰在暮色時分趕到了郢都北門外。此時楚國王宮所有的官署都已經關閉，城門守軍與一應留值吏員，也都是按照慣例放行禁止。秦國特使入楚本是大事，在尋常白日，當急報令尹府或國王定奪後，方可按照禮儀迎接入城。張儀車隊儀仗突然而來，城門將領軍士與國人一樣，也風聞了楚王要殺張儀復仇，雖然對秦人側目而視，但未奉王令，誰敢對這個虎狼大國的特使無禮？

「放行——」北門將軍終於可著嗓子喊了一聲。

按照天下通例，五百馬隊在城外紮營，張儀只帶領二十名護衛劍士並幾名吏員進了郢都。驛館丞見是秦國特使，不敢怠慢，立即安排到最寬敞的一座庭院。嬴華的「商社」多年來已經將驛館上下吏員買得通熟，一班人馬剛剛住下，飯食茶水立即送到了各個房間。嬴華喚來驛丞吩咐：「自明日起，此院自己起炊。對外不要洩漏，我自會重謝你等。」驛丞連連答應著顛顛兒去了。諸事安排妥當，張儀酣然大睡。緋雲說嬴華勞累，堅持教她歇息，自己卻不敢大意，堅持在張儀寢室外值夜守護，直到東方大亮。

清晨卯時，楚懷王被內侍從睡夢中喚醒，大是不悅道：「又不早朝，聒噪何來？滾了！」

內侍惶恐道：「稟報我王：秦國張儀宮外請見。」

楚懷王一骨碌翻身坐起道：「如何如何？張儀來了？何時來的？」

內侍低聲道：「方才聽說，昨夜入城。」

「好個不怕死的張儀！」楚懷王立即站起，「更衣！」

可是等穿戴整齊，楚懷王卻猶豫了。自從堅持向秦國要張儀以來，他一心等待秦王交出張儀，一心督促屈原厲兵秣馬，督促春申君策動齊國，已經多日不舉行朝會了。卯時早朝的規矩，也早在他即位後不久取消了。黎明清晨，對於他是最寶貴的時光，與光鮮白嫩的鄭袖折騰一夜，那幾個時辰可是酣睡正香的時刻。可鄭袖這幾日卻帶著小王子去了別宮，楚懷王耐不得寂寞，昨夜將兩個侍寢侍女賞玩了大半宿，此時站起來還覺得暈乎乎的。但楚懷王的猶豫卻不在此，而是確實沒料到張儀竟然敢來，更沒有想過，張儀來了如何個殺法。他只有一個心思：張儀絕不敢來，他一定要揪住秦王要張儀！而今張儀突然來到了面前，立即殺麼？好像不太對。要殺張儀，總得有個隆重的復仇儀式，至少須得全體大臣到場，祭拜天地宗廟而後殺了張儀。非如此，何有王者威儀？何以重振楚國雄風？可目下，屈原在外練兵，黃歇在外斡旋齊國，昭睢一班老臣又一直臥病不起，驟然早朝，來的也只能是些小官小吏，悄悄殺個張儀，豈不大折了威風？

「傳令宮門將，著張儀單獨入宮，在東偏殿等候。」楚懷王終於拿定了主意。

內侍急忙出宮，對宮門大將低聲說了幾句。宮門大將昂昂走到張儀軺車前道：「楚王有令：張儀單獨入宮——」

嬴華一陣緊張，正要上前理論。張儀卻在車上咳嗽了一聲，隨即從容下車，對嬴華低聲道：「沉住氣，按既定謀劃行事。」大袖一擺，隨內侍去了。

東偏殿冷冷清清，既無侍女上茶，又無禮儀官陪伴，只有殿外甲士的長矛大戟森森然遊動著。張儀自顧踱著步子，觀賞著窗外的竹林池水。

「好好看了，看不了幾天了。」楚懷王冷笑著走了進來，一隊甲士立即守在了殿門。

「秦國丞相特使張儀，參見楚王。」

「張儀，你知罪麼？」

「敢問楚王，張儀何罪之有？」

「你！張儀！」楚懷王將王案拍得啪啪響，「騙我土地，折我大軍，害我君臣失和！竟敢說無罪？好大膽子你！」

「楚王容臣一言。」張儀微微一笑道，「先說許地未果：春秋以來四百年，大凡割地皆需國君定奪。張儀與楚王協約，原為修好結盟，不意秦國王族激烈反對割地，秦王與張儀亦不能強為。但是，大秦與大楚修好之意終未有變，是張儀力主，這才有歸還房陵三百里糧倉之舉。奈何楚王不解張儀苦心，反而仇恨張儀，委實令張儀不解。另外兩罪，張儀不說，楚王也當知曉是佞臣虛妄之言。其一，是六國聯軍進攻秦國，而不是秦國進攻六國；六國兵敗，歸罪於張儀，豈非貽笑天下？其二，張儀使楚，全為兩國結好。是否結好，當在楚王與大臣決斷。若因此而君臣失和，只能說有權臣與楚王國策相左，惡意諉罪於張儀而已。楚王若信以為真，張儀也無可奈何。臣言當否，楚王明察。」

楚懷王嘴角抽搐，臉色青一陣白一陣，突然拍案喝道：「來人！將張儀打入死牢！」說罷轉身便走，一個趔趄差點兒絆倒在門檻上。出得東偏殿，在湖邊轉了許久，他才平靜下來，卻又感到心中一片茫然。

「稟報我王：大司馬屈原緊急求見。」

「屈原？教他進來。」

片刻之間，屈原匆匆來了，一身風塵一頭大汗：「臣，參見我王。」

「屈原，你不是說一兩個月都回不來了？」

「臣聞張儀入楚，心急如焚，兼程趕回。」

「急得何來？怕本王處置不了張儀？」

屈原急迫道：「臣啟我王：張儀乃凶險之徒，實為天下公害，宜盡速斬決！臣怕有人為張儀暗中周旋，貽誤大事，是以心急如焚。」楚懷王心中一動，笑道：「屈原啊，張儀入楚，本王也是剛剛知曉，你如何早早知曉？還有時間趕回郢都了？」屈原道：「張儀大張旗鼓入楚，沿途村野皆知，巡騎斥候在邊界親眼所見，前日便飛報軍中。我王如何今日方才知曉？臣以為，此中大有蹊蹺。」楚懷王不耐煩地擺擺手：「好了好了，動輒『大有蹊蹺』，教本王如何理國當政？」

屈原沉重地喘息著：「臣請我王，立即斬決張儀！」

「立即斬決？」楚懷王一臉嘲諷，「屈原啊，你與春申君如何總是急吼吼毛頭小兒一般？大國殺敵國大臣，總得有個章法，至少得教張儀無話可說，是了？」

「楚王也！」屈原憤激得滿臉通紅，「張儀天生妖邪，言偽而辯，心逆而險，若教此人施展口舌，大奸也會變作大忠。我王寬厚，其時被張儀巧言令色所惑，必致後患無窮。為今之計，我王當效法孔子誅少正卯，不見其人，不行儀典，立行斬決！屈原自請，做行刑大臣，手刃張儀！」

「好了好了，曉得了。」楚懷王很是不耐，「大司馬回去了，容本王想想再說了。」說完一擺大袖，逕自去了。屈原愣怔半日，長歎一聲，頹然跌倒在草地上。

回到後宮，楚懷王心緒不寧，又煩躁起來。本來拿定的主意，被屈原一通氣昂昂的攪擾，又亂得沒了方寸。想想屈原說的話，對秦國對張儀的新仇舊恨又翻滾起來，也是，立即殺了張儀，芈槐便是敢作敢為的君主，一定大快人心，舉國同仇敵愾，安知不是振興楚國的大好時機？

「稟報我王：王后回宮了。」一個侍女輕輕走來低聲稟報。

「啊？」楚懷王一陣驚喜，「幾時回宮了？」

「我王登殿時王后回宮。王后病了，臥榻不起。」

侍女還沒有說完，楚懷王已大步流星地走了。鄭袖只走得幾日，他立時覺得沒了那股舒坦勁兒，整個後宮似乎都變得冷冷清清，國王的尊榮奢華似乎也都索然無味了，夜來睡不好，白日食不安，心頭時時湧動的那股煩躁，竟怎麼也解消不了。說到底，這個女人對他是太重要了，不但使他快樂無邊，還給他生了唯一的一個王子。說也奇怪，鄭袖從來不阻止芈槐與其他「宜於生子」的嬪妃侍女尋歡取樂，有時還哄著他縱容他去嘗鮮。可所有侍寢的嬪妃侍女，竟然都沒有生出一個子女來。芈槐也就越發認定，鄭袖是上天賜給他的女寶，沒有鄭袖，他就不是一個真正的男人。鄭袖病了，不是要他的命麼？

寢宮裡帳幔低垂，雖是白日，卻依舊點著雪白的紗燈，豔麗舒適得令人心醉，一身綠紗長裙的鄭袖側臥假寐著，婀娜曲線在朦朧的紗帳中更顯迷人。突然，一陣沉重急促的腳步聲傳來，鄭袖立即嚶嚶抽泣起來。

「鄭袖啊，你病了麼？快來，我看看！」楚懷王疾步衝了進來，走到臥榻邊撩開紗帳抱起了鄭袖。可一向馴順的女人卻掙開了他的懷抱，大聲地哭了起來。

楚懷王當真是手忙腳亂了：「哪裡疼？快，快叫太醫！」

「不要哦！心疼……」鄭袖趴在大枕上傷心地哭泣著。

「哎呀，我的王后，你就好好說話，如此哭法，急殺我了！」

鄭袖抹著淚花從榻上坐了起來，點著楚懷王額頭道：「曉得你威風哦！不想要我們母子了，是也不是？」楚懷王急得一頭霧水道：「哎呀這是哪裡話？說個明白！」鄭袖圓睜雙眼道：「曉得你有本事哦，打仗打不贏，便要殺張儀！秦國丞相那麼好殺哦？曉得無，人家在武關外已經聚了三十萬大軍，就等著你殺了張儀，秦王好來趁機滅楚呢！要殺張儀你殺，我母子可不跟你做刀下冤魂了！明日清早，我母子到蒼梧大山去哦……」說著說著，聲淚俱下地一頭栽倒在臥榻上了。

楚懷王連忙坐到榻邊，拍著鄭袖肩頭又哄又勸。好容易鄭袖不哭了，楚懷王輕聲問：「王后啊，你如何得知武關外屯了三十萬大軍？」

「老令尹說的哦，他族中有多少人在軍中？曉得無你？」

「他為何不對我說？」

「你教老令尹閒居哦，人家敢報麼？你該問屈原哦，他是大司馬，軍情該他稟報！他為何不報哦？曉得無？有鬼哦！」

楚懷王一下子懵了。昭睢部族的軍中子弟極多，所言斷然不差。屈原是大司馬總攬軍務，應當知道武關外秦國屯軍，也是明白不過的。可屈原剛剛見過他，為何就不稟報如此重大的軍情？猛然一驚，他出了一身冷汗，急急地踱著步子搓著手：「是了是了！他要我立斬張儀，逼秦國大舉攻楚！好……好……」對屈原的圖謀，他卻怎麼也說不清楚。

鄭袖接道：「好藉機清除對手，獨掌大權哦！曉得無？」

楚懷王頹然跌坐在臥榻上，雙手抱頭臉色發青，一句話也說不出了。鄭袖過來將他輕輕放倒在榻上，又蓋上了一床錦被，輕步走到廊下對靳尚輕聲道：「沒事哦，去了。」靳尚機警地點點頭，匆忙大步去了。鄭袖又回到榻邊，為楚懷王輕柔地寬衣解帶，然後笑吟吟地偎到帳幔中去了。

張儀被押入郢都死牢，嬴華第一個緊張，回到驛館對緋雲悄悄一說，緋雲立即跳了起來，拉著嬴華要去救張儀。嬴華摁住緋雲低聲道：「他說了：若不出來，三日內不要輕舉妄動。目下要緊的，是兩樁事。」

「快說，哪兩樁？」

「探查各方動靜，買通牢中獄吏。」

「吔，姊姊分派，我能做甚？」

「我去商社坐鎮，你去城外軍營，若有不測，只有拚死冒險！」

緋雲一陣酸楚，哽咽失聲道：「大哥在楚國兩次坐牢，苦了他……」

嬴華攬住了緋雲肩膀：「緋雲啊，丞相大哥說，邦交如戰場。別哭了，記住，不能教吏員軍士看出我等心緒不寧。」「嗯，記住了。」緋雲點點頭，抹去了淚水，「姊姊，我這就去。」

緋雲剛走，書吏便來稟報：有一蒙面客商求見。嬴華來到廳中，一看黃衫客商的身形便笑了：「中大夫，直面相向吧。」客商揭去面紗，果然便是靳尚。他拱手笑道：「公子啊，靳尚今日可是領賞來了。」嬴華道：「是麼？我聽聽，價值幾何？」靳尚壓低聲音道：「王后傳話：沒事哦。靳尚揣測，明日當有佳音。」嬴華矜持地笑道：「也是，本來就沒甚事。不過啊，念起中大夫辛苦，略表謝意。」說著從面前書案上拿起一個精緻的棕色皮袋一搖，嘩啷啷金幣聲清脆異常：「這可是洛陽尚坊的天子金幣，先拿著。」靳尚俊秀的臉龐溢滿了甜膩的笑容，驚喜地跑過來接了錢袋道：「多謝公子，明日的賞賜，公子也當準備好了。」嬴華笑道：「中大夫也，餵不飽的一隻狗了。不過，本公子有的是稀世奇珍，只要你撐不著。」靳尚依舊是甜膩地笑著：「公子罵我，我也舒坦了，靳尚就喜歡美女人罵了。」嬴華臉色一變，冷冰冰道：「靳尚，你要壞規矩麼？」靳尚連忙躬身笑道：「不敢不敢，在下告辭了。」戴上面紗一溜碎步出去了。

嬴華立即去了商社，派出幹員到要害官署、府邸探查情勢，又親自出馬祕密會見了郢都獄令。在一箱燦爛的金幣珠寶面前，獄令信誓旦旦：只要張儀在牢獄一天，他都會待如上賓，絕無差錯。到得晚上，各方匯聚消息，沒有發現異常動靜。只有探查大司馬屈原府的人稟報：被買通的屈原府書吏說，屈原從王宮回府後惱怒異常，一面立即派飛騎北上，接應蘇秦春申君，一面派軍務司馬南下軍營了。嬴華仔細思忖，飛騎北上，一定是催促蘇秦黃歇早日到達郢都，與屈原合力敦促楚王誅殺張儀；可飛騎南下軍營，意圖何在呢？交代軍務還是另有所圖？嬴華一時想不清楚，下令嚴密監視屈原府，不惜重金，收買大司馬府的樞要吏員。

四更時分，緋雲祕密潛回商社，報告說城外騎士三百人已經化裝進入郢都，分別以商隊名目住在國獄周圍的客棧裡，另外二百名騎士也做好了接應準備，屆時一舉攻占北門。商議完畢已是五更雞鳴，兩人和衣睡去了。

「稟報公子：丞相要回來了！」

「在哪裡？快說！」嬴華緋雲一齊翻身坐了起來。

「楚王剛剛下令，中大夫靳尚奉命到國獄去了。」

「緋雲快走，接他去！」嬴華一回頭，緋雲已經在門口笑了：「吔，說個甚？快走。」

靳尚和國獄令簇擁著張儀剛剛出得高牆，嬴華緋雲帶領的全副車馬儀仗已經開到。張儀笑著向國獄令與靳尚一拱：「多謝兩位，張儀告辭。」跳上軺車轔轔去了。

「丞相，我看還是回咸陽。」嬴華有些後怕，雖然一臉笑意，臉上卻汗津津的。

「豈有此理！」張儀高聲笑道，「盟約未結，楚國未安，如何走得？」

嬴華低聲道：「蘇屈黃即將合力，我怕再有危險。」

「我就是要等蘇秦來，更要會會屈黃二位，與他等共弈天下！」張儀笑得神采飛揚。

四、點點漁火不同眠

屈原接到快馬急報：蘇秦與春申君已經過了琅邪，明晚將到郢都。並說兩人本來要進臨淄晉見齊王，並邀孟嘗君一同入楚，一聞大司馬急訊，已放棄入齊徑直南下了。屈原大是振奮，立即著手祕密準備，要在蘇秦黃歇到達郢都前將一切料理妥當。

此日掌燈時分，一支商旅打著齊國旗號進了北門。一名管家模樣的護車騎士與守門將軍小聲嘀咕了幾句，那輛遮蓋嚴實的篷車未經查驗便入城了。一進城，貨車與護衛去了客棧，篷車卻七拐八彎地到了大司馬府門前，直接駛進了車馬進入的偏門。

「武安君、春申君，一路辛苦了！」屈原笑著迎了出來。

「一別經年，屈子多有風塵之色也。」蘇秦大是感慨，與屈原四手相握。

「噢呀，一個黑瘦了，一個白髮了，一般辛苦了。走！先痛飲一番再說。」

三人進得廳中，三案酒菜已經擺好，屈原敬了兩人洗塵酒，便酒中侃侃起來。春申君說了一番尋找蘇秦的經過，蘇秦說了一番燕國情勢，屈原不斷地詢問著，自是一番感慨唏噓。春申君笑道：「噢呀屈兄，如何教我等這般神祕兮兮地回來？不想教楚王知道麼？」屈原道：「不是不想教楚王知道，是不想教張儀知道。」「噢呀呀，張儀關在大牢裡，他卻如何知道？」屈原搖搖頭一聲沉重的歎息：「楚王已經將張儀放了。」

「噢呀，那張儀不是跑了？放虎歸山了！」

「張儀沒走，還在郢都。」

「噢呀，這個張儀，好大膽子了！死裡逃生還賴著不走？」

蘇秦微微一笑：「這便是張儀，使命未成，永不後退。」

「武安君，楚國已經到了生死存亡的十字路口也。」屈原歎息了一聲，「楚王能放張儀，便能重新倒向老世族一邊，向虎狼秦國乞和。果真如此，楚國真的要亡了。武安君你說說，如何才能將楚王扭過來？」屈原很悲傷，雙目卻炯炯生光。

「蘇秦一路想來，楚國的確危如累卵。」蘇秦先撂下一句對大勢的評判，又道，「楚王向無主見，容易被蠱惑，也容易意氣用事。面對如此國君，不能操之過急。蘇秦以為：一則，不要再逼楚王誅殺張儀，以免陷入無可迴旋的僵局。二則，大司馬應當離開郢都，暫時避開縱橫漩渦，全力以赴地訓練新軍。十萬新軍一旦練成，楚國有了根基，必是另一番天地。三則，由我與春申君全力穩住楚王，至少不使楚王轉向老舊勢力。一旦楚王穩定，便可聯齊聯燕，再度恢復合縱。」

「噢呀，武安君言之有理了。這大王啊，是得磨上一段。否則他朝令夕改，變過來也是白變。」春申君一路與蘇秦多有商討，立即表示贊同。

屈原默然不語，良久一聲歎息：「武安君，一番大敗，你變化很大了。」

蘇秦明白屈原不無嘲諷，卻只是淡淡一笑：「屈子啊，燕國子之使我想了許多。誰有實力，誰便有權力，往昔所以失敗，都是我等沒有實力。」

「所以，武安君主張屈原埋頭訓練新軍？」

「看來，屈子很不以為然。」

「不是。」屈原霍然站了起來，「我有一個更簡潔直接的謀劃，一舉穩定楚國！」

「噢呀，那快說說了。」

屈原到廊下看了看遠處戒備森嚴不斷遊動的甲士，關上門回身低聲道：「秦國司馬錯親率二十萬大軍，屯紮在武關之外，意在威懾楚國，保護張儀。我沒有稟報楚王，呵，也是沒來得及稟報。我的辦法是：祕殺張儀，逼秦攻楚。只要楚國全力抗秦，楚國就有希望！」

「啊——」春申君驚訝得連那個「噢呀」話頭都沒有了，「這？這主意好麼？」

「好！」屈原拍案道，「這正是武安君說的實力對策。不能永遠與楚王只是說說，要逼著他做。我有預感：楚王不久又要罷黜你我，錯過這個機會，楚國就永遠任人宰割了！」

春申君一時愣怔得無話，只是木呆呆地看著蘇秦。蘇秦臉上已經沒有一絲笑容，淡漠得有些木然，見春申君盯著他，只默默地搖了搖頭。屈原入座，微微一笑道：「蘇子啊，同窗情誼，天下大局，還要權衡？」蘇秦還是沒有說話，卻默默站了起來，拉開關上的大門，看了看四面遊動的甲士，回身笑道：「屈子啊，看來你是早有定見了，能否容蘇秦一言？」

「噢呀呀，這是哪裡話？快說快說。」春申君素知屈原稟性，生怕他意氣上心執拗起來，連忙先插出來圓場。屈原一笑道：「能說給蘇子，還能聽不得蘇子一言？」

「無論對手是誰，都不當暗殺。」蘇秦正色道，「自古以來，沒有一個國家，靠暗殺戰勝敵國，更沒有一個國家，靠暗殺穩定了自己。」蘇秦喘息了一聲，坐到了案前，「再說屈子，你殺得了張儀麼？張儀此時入楚，秦王能將二十萬大軍開出武關，安知沒有諸多防備？一旦殺不了，楚國大局將立即陷入混亂，後果不堪預料。屈子啊屈子，為楚國大計，為天下大計，你可要三思啊。」

「噢呀屈兄，我看是得想想了。」

屈原思忖一陣，突然朗聲大笑道：「好！武安君說得也對，原是心血來潮，不殺便不殺。不過蘇子啊，你可不能說給張儀，給我種一個仇人了。」

「那是自然。」蘇秦笑著點了點頭。

這時屈府家老走進來稟報說：有個人送來一封密札，請交武安君。蘇秦接過泥封竹筒，打開一看笑道：「啊，是張儀書信，約我明晚在雲夢澤一聚。」

「噢呀，那如何去得？不能不能！」春中君連連搖頭。

「春申君莫擔心。」蘇秦笑道，「鬼谷子一門，公私清白得很，情誼而已，不會有事。」

屈原道：「要不要派幾個人駕船護衛？」

「不用不用。」蘇秦笑道，「一葉扁舟會同窗，足矣！」

三人一直說到四更天方才散去。蘇秦連日奔波勞累，一覺睡到日上三竿方起，剛剛梳洗完畢，春申君匆匆進來道：「噢呀武安君，楚王派內侍來了，要召見你。」蘇秦驚訝道：「楚王如何知道我來了？」春申君苦笑道：「噢呀呀，說不清，楚國現下真是出鬼了。」蘇秦略一思忖道：「好。我去，你等我回來。」

楚懷王對蘇秦很是敬重，特意在書房單獨會見。雖然聯軍戰敗，但合縱並沒有正式解體，蘇秦的六國丞相畢竟在名義上還保留著。楚懷王還是一口一個「丞相」地叫著，顯得很是親切。蘇秦先行述說了六國兵敗的諸多原因及戰後各國變化，尤其對燕趙齊三國的變化做了備細介紹，認為這三國的合縱根基仍在，只要楚國穩定不變，合縱抗秦的大業依然大有可為。楚懷王極有耐心地聽完了蘇秦的長篇大論，末了淡淡一笑道：「丞相啊，那些事就那樣了，從長計議。我想請問丞相，武關之外可有秦國三十萬大軍？」

「有。不過是二十萬，也可能不到二十萬，由司馬錯親自統帥。」

「丞相如何得知？」

「大司馬屈原告知。」

「丞相啊，這個屈原是本王的大司馬，為何不向本王稟報？」

「楚王恕蘇秦直言：屈原兼程回到郢都，正是要稟報這個緊急軍情，請命楚王如何處置的，不料卻因請斬張儀而與楚王爭執。楚王拂袖而去，致使屈原未及稟報，及至回府，屈原便鬱悶病倒了。」

楚懷王長吁一聲：「這個屈原啊，一見本王就急吼吼先說張儀，就是不分輕重！若非丞相說明，本王如何向朝臣說話？」

「大司馬忠心耿耿，願楚王明察。」

「不說也罷。」楚懷王似乎一肚子懋悶，敲著書案道，「丞相啊，你說我這國王好做麼？這邊說東好，那邊說西好，個個都鬥雞般死咬住一個理不放。我，我不細細掂量行麼？」

蘇秦笑道：「臣有一法，楚王姑且聽之。」

「快說，本王要聽。」

「去內去老，一心獨斷。此乃戰國君王成功之祕訣也。」

「丞相是說：不聽後宮，不聽老臣，只自己決斷？」楚懷王飛快地眨著眼睛。

「據臣所知，楚王獨斷之事，無不英明。」蘇秦點頭笑著。

楚懷王長吁一聲：「本王何嘗不想獨斷……咳，不說也罷。」

蘇秦回到春申君府，說了晉見楚王經過。春申君聽罷，立即驅車來到大司馬府邸，偏偏屈原不在。春申君急了，找來平日掌管大司馬文書的舍人將情勢說了一番。這個舍人是屈原親信，精明機敏，立即將武關急報找了出來，附上屈原上呈楚王的批語，並加蓋了大司馬印，親自飛馬呈送給王宮。

蘇秦放下心來，馳馬出城，登上春申君為他準備的快槳小舟，悠悠出了水門。

夕陽銜山時，一葉扁舟進得雲夢澤水面。一片汪洋變成了金紅色的燦爛錦緞，點點島嶼恰似一簇簇燃燒的篝火。俄而晚霞散去，夜空幽藍，一輪明月玉盤一般鑲嵌在點點島嶼之間，燦爛錦緞倏忽變成了萬點銀光灑在汪洋碧波之上，那一簇簇燃燒的篝火也變成了一座座黝黝青山。山下飄盪著的點點漁火，在山影裡恍若天上無數的小星星。一葉扁舟飄飄盪近島嶼山影，似在天國夢境一般。

「來者可是蘇兄——」山影裡飄來一聲長長的呼喚。

「前面可是張兄——」蘇秦舉起風燈大幅地擺動著。

一盞同樣擺動著的風燈，在一陣笑聲中悠悠迎來。終於，兩隻船頭上的身影在兩只風燈下清晰了。在漸漸靠攏中，兩人都站在船頭相互打量著對方，久久沒有說話，突然，兩人不約而同地大笑起來。

「蘇兄，前面好去處，痛飲一番！」

「好！並頭快船。」點點漁火中，兩葉扁舟飛一般向小島漂去。

「蘇兄，這是田忌島，張儀當年避禍之地。」

「好地方！一波三折話當年。」蘇秦大笑一陣。

笑聲中，船已靠近了島邊石條。兩人棄舟登岸，沿著石板小道拾級而上，來到山腰一間茅亭下。亭中石案上已經擺好了兩罈酒、兩方肉、兩只陶碗。蘇秦笑道：「看來張兄是有備而來啊。」張儀笑道：「我先入楚，揣摩蘇兄也要來，自然要做地主。」蘇秦聳聳鼻子指點道：「啊，好酒，好肉，好家什，樣樣本色，好！」張儀大笑道：「老規矩：你蘭陵佳釀，我邯鄲烈酒；你正肉一方，我牛肉一塊；粗陶碗兩只，不分上下。」說著打開酒罈，分別咕咚咚倒滿笑道：「來，蘇兄，先乾一碗重逢酒！」兩人舉碗相撞，一聲「乾了」！咕咚咚一飲而盡。

時當天中明月高懸，山下大澤一片，亭中谷風習習，湖中漁火點點。蘇秦不禁慨然一歎：「雲夢澤多美啊，真想永遠地留在這裡，像田忌那樣做個漁樵生涯，有朋自遠方來，便做長夜聚飲，不亦樂乎！」

「蘇兄啊，田忌固然是隱居了。」張儀也是一歎，「可一波三折，最終還是被拖回去了。一旦捲將進去，脫身談何容易？」

張儀拍案：「好！蘇兄酒量見長，乾！」也是一氣飲乾。

「來，不說也罷，再乾！」蘇秦舉起大陶碗，一氣飲乾了。

「張兄，失敗痛苦時，你想得最多者何事？」

「成功！皇皇成功。」

「蘇兄啊，我也問你一句：這些年坎坷沉浮，你最深之體察何在？」

蘇秦哈哈大笑：「看來啊，你我只此一點相同也。」

「人，永遠不能圓最初的夢想。你？」

「名士追求功業，得到了，不過如此。」

「好！再乾了！」蘇秦飲下一碗，盯住了張儀，「這個回合，你勝了。」

「我勝了？」張儀大笑搖頭，「機遇而已，若不是楚威王、齊威王、魏惠王這三巨頭驟然去世，勝負可是難說。」

「青史只論成敗，不問因由。沒有機遇，誰也不會成功。」

「蘇兄，你是在等待下一個機遇？」

「是的，這個機遇一定會出現。」

張儀喟然一歎道：「蘇兄，我等都熟悉秦國，更是熟透山東六國，兩相比較，這個機遇不會有了。你我初衷，都是要腐敗舊制加速滅亡，而今何以要助其苟延殘喘？」

「張兄莫要忘記，你我還有一個初衷：使天下群雄同等大爭。」

「蘇兄。」張儀急切道，「還是到秦國去！那是個新興法治國家，你我攜手，輔助這個新國家盡快一統天下，豈不是人生一大快事？」

蘇秦笑了：「張兄，上天教你我錯位了：當初我想到秦國，卻被逼回了山東；你想到齊國，卻被逼到了秦國。命運如此，各就各位了。蘇秦何能逆天行事？」

張儀默然良久：「也好，你守一個初衷，我守一個初衷，只有爭一番高下了。」

「正道，未必只有一條。你我，都沒有背叛策士的信念。」

「蘇兄，我是知其可為而為之，你是明知不可而為之。你比我更苦，更難。」

蘇秦舉起了大陶碗：「不說也罷，來，乾了！」兩碗一撞，兩人咕咚咚一飲而盡。

酒中話越說越多，時而慷慨激昂，時而忘情唏噓，說到了王屋山的同窗修習，說到了永遠不能忘記的老師，說到了出山以來的種種坎坷，說到了成功路上的萬千滋味兒，不知不覺的，天將亮了。汪洋雲夢澤水霧蒸騰，天地山水都埋進了無邊無際的魚肚白色，只有那微弱的點點漁火，在茫茫水霧中閃爍著溫暖的亮色，悠長的漁歌隨著風隨著霧，漫漫地在青山綠水間飄盪著：

碧水長天兮　昭昭日月不同弦
知向誰邊兮　點點漁火不同眠
青山如黛兮　幽幽吳鉤共秦劍
孤舟一葉兮　化作了淡夢寒煙

「好！點點漁火不同眠！」蘇秦大笑著，張儀大笑著，兩人都醉了。酒興闌珊之際，你攙著我我扶著你，一路大笑著磕磕絆絆地下山了。

五、張儀遭遇突然截殺

嬴華與緋雲絲毫不敢大意，兩人真是著急了。

張儀要去見蘇秦，兩人力勸張儀不要冒險。誰知張儀生氣了：「這也不敢，那也不敢，要這條命甚用？」見勸阻不行，嬴華要親自帶領商社武士護衛，張儀更是動了肝火：「縱是兩軍交戰，還有個不斬來使！老友相約，要護衛做甚？擺架式麼？我一個，誰也不帶！」硬邦邦撂下話，逕自飛馬去了。

嬴華無可奈何，立即命令商社三個幹員便裝尾隨，又吩咐緋雲守在驛館隨時待命，自己去商社坐鎮探聽郢都動靜。五更時分，緋雲正坐在廳中打盹兒，一陣沉重急促的腳步聲將她驚醒，睜開眼睛，一個商社武士已在眼前：「稟報少庶子：楚軍動靜有異。公子命你立即出城，帶領軍營騎士到十里林東口相機行事，公子接應丞相去了。」

話音未落，緋雲已經霍然起身，消失在庭院了。

張儀將蘇秦送上小船，又搖搖晃晃上山了。他在自己曾經住過的茅屋裡轉了一圈，託看守老僕給老暮之年的田忌帶去了他的一封書簡。從田忌山莊下來，正是太陽未出的清晨時分，晨霧彌漫，山野一片朦朧，跨上那匹純黑色的神駿戰馬，他從半島山後的陸路回郢都了。這匹戰馬叫「黑電」，是河外大戰時司馬錯特意為他挑選的，非但奔馳如風馳電掣，更有一樣好處，走馬極為平穩。這條路來時走過一遍，張儀信馬由韁，任黑電在大霧中不斷噴著鼻子走馬而去。雖是大霧彌漫，黑電也在片刻之間出了山谷，來到一片大樹林前。

這片山林實際是兩座渾圓小山包，中間一條小道穿出去，距郢都北門只有十里之地，當地人稱「十里林」。此時酒力發作，馬背上的張儀有些朦朧起來，一個恍惚，伏在馬背上呼嚕了起來。

突然，黑電不安地咴咴噴鼻，低低地嘶鳴幾聲，請示著主人的命令。見張儀依舊呼嚕著，黑電驟然人立，長嘶一聲，連連倒退。張儀驚醒，使勁揉揉眼睛，瞄著大霧中黑黝黝的山林，嘿嘿笑著拍拍馬頭道：「黑電，走，身經百戰了，還怕這鳥樹林子？」黑電又是一聲長嘶人立，不斷噴鼻倒退，顯然更為緊張。

張儀驟然一身冷汗，右手一伸，那口閃亮的越王吳鉤已經出鞘：「黑電，幾個山賊擋不住我，衝出去！」正在此時，一聲尖厲的口哨，右側山梁上一隻黑色猛犬與一道白影掠地飛來。張儀未及反應，白影已經飛上馬背抱住了張儀，同時伸手一圈馬韁，黑電倏地轉身，那條猛犬已經順斜刺裡衝上山坡。黑電長嘶一聲四蹄騰空，風馳電掣般追隨猛犬而去。

便在此時，突然一聲吶喊，山坡上立起兩隊甲士，箭如飛蝗擋住了去路。猛犬黑電靈異般飛轉回來，密密叢林中已經湧出了一片森然無聲的甲士，弧形包圍了上來。千鈞一髮之時，叢林中殺聲大起，一支騎兵從山林中吶喊衝出，人人頭戴青銅面具手執闊身長劍，在清晨迷霧中顯得威猛可怖。面具騎隊衝開甲士弧陣，與迎面而來的黑電猛犬堪堪相遇。

騎隊中一個清脆的聲音高喊：「殺上山坡！黑電快走——」

騎隊立即旋風般捲了過來，一個衝鋒便將山坡上的弓箭手殺散。緊隨其後的黑電一聲長嘶，與那隻猛犬飛出了包圍圈。堵在山坡上的面具騎隊吶喊大起，反身壓了下來，與山林中的步兵甲士殺在了一處。步兵甲士卻如潮水般不斷湧出，弓箭手也重新聚攏，三面圍住了死戰不退的面具騎士，漸漸地，面具騎士在箭雨中一個個倒臥在血泊之中……

黑電飛出伏擊圈，眼見一個轉彎便是官道，卻聞突然一聲低吼，彎道兩邊山頭凌空飛下一片黑影，吳鉤霍霍迎面撲來。黑電久經戰場，突然一個人立嘶鳴，馬背白色身影已經凌空躍起，揮劍一個橫掃，立時幾聲慘叫，敵手已沉悶墜地。張儀早已清醒過來，一聲怒吼，跳下馬殺入戰圈。白衣嬴華高聲喊道：「快上馬！步戰危險！」張儀卻怒火中燒，憤怒罵道：「陰險楚賊，背後下手，殺光你等！」吳鉤連劈，竟有兩三個黑衣人倒在了面前。

嬴華一瞄，猛醒張儀不會馬戰，立即一劍蕩開身邊強敵，一聲口哨飛身躍起，黑電堪堪衝到，正好坐上馬背。嬴華本是馬背長大，手中那口奇特的彎劍又是天下聞名的蚩尤天月劍，一旦躍上神駿無比的黑電，頓時成為威猛難當的騎士。攔截黑衣人只剩下二十多個，她一聲怒喝，黑電嘶鳴著衝進人圈。嬴華也不一個個劈殺，只是伏身將長劍連續橫掃，天月劍光華大展，幾乎整個人圈都被一片森森青光籠罩。

張儀縱身跳出戰圈，顧不得胳膊傷痛，只是連聲高喊：「殺得好！殺！」

此時，那隻被黑電甩在身後的猛犬剛好趕到，凌空躍起撲入了戰團，不偏不倚恰恰撲中了呼喝吶喊的頭目咽喉。只聽一聲長長的慘嚎，頭目的脖子竟被血淋淋咬斷。大駭之下，剩餘幾個拔腿便逃，卻被黑電與猛犬兜頭圈住，在天月劍青光下立時斃命。

遙聞山後馬蹄如雷，嬴華大喊：「大哥上馬！」張儀右腿本來有傷，加之方才又被殺手刺中一劍，急切間無法縱躍。嬴華飛身下馬，情急神力，竟將張儀一舉上馬。黑電發動間，嬴華已經飛身躍上馬背，黑電大展四蹄，颶風般捲出了彎道。

山口官道邊正有兩名商社騎士與一輛駟馬篷車等候，見黑電飛馳出山，立即迎了上來。嬴華一躍下馬，將張儀抱下馬來道：「立即護送丞相回館療傷，我不到館，不許任何人出入！」不容張儀分說，嬴華將張儀抱進了篷車，一聲「快走」，騎士篷車嘩啦飛了出去。嬴華卻飛身上了黑電，一聲呼哨，猛犬前衝，繞向了另一條山道。

晨霧彌漫的十里林中，楚國軍兵已經消失得無影無蹤，連屍體都沒有了。只有面具騎士們的屍體與戰馬糾纏夾裹在一起，遍地一片血腥。嬴華馳馬林口，望著遍地青銅面具，只覺眼前一黑，從馬上倒栽了下來。黑電嘶鳴噴鼻，猛犬立即在嬴華臉上猛舔……嬴華一個翻身坐了起來，從懷中掏出一方汗巾湊到了猛犬鼻頭前：「猛子，聞仔細了。」猛犬咻咻幾下，箭一般躥進了林間屍體中。一陣急嗅，猛子突然狂吠起來。

嬴華搖搖晃晃站了起來，走到猛子狂吠的屍體前，只見一具屍體的雙腿被馬腿壓在下面，肩頭兩腳竟分別中了四箭。嬴華連忙伏身打開了屍體頭上的青銅面具，一綹長髮頓時散了出來。嬴華驚叫一聲：「緋雲！緋雲……」緋雲卻沒有聲息。嬴華連忙將手探到緋雲鼻翼，立即感到了一股微弱的熱氣。此時，猛犬已經全力拱開了壓在緋雲身上的馬腿，嬴華顧不得細想，摘下了那副青銅面具，雙手一伸，便將緋雲托了起來。黑電立即沓沓走到了一塊大石旁邊，嬴華費力上了大石，跨上了馬背，左手將緋雲抱在身前，右手握住馬韁，一聲輕輕的呼哨，黑電飛出了晨霧彌漫的山林。

張儀的劍傷在左上臂，雖不致命，卻也挑開了兩寸多深。幸虧嬴華事前已有準備，派商社幹員從震澤島請來了一個專治各種創傷，人稱「萬傷神醫」的隱居老人。老人仔細看了傷口：「狠了些，卻是無毒，不妨事。」用自製藥汁為張儀清洗了傷口，敷藥包紮後又用一副白布吊住了胳膊。張儀腿上本有楚國老傷，經此激戰顛簸，竟有些發作起來，便拄了一支竹杖在庭院中強自漫步，等待嬴華消息。正在焦躁間，門口馬蹄聲疾，黑電與猛犬從車馬門直接衝進了庭院。張儀聞聲上前，見嬴華抱著長髮散亂的緋雲走了過來。

張儀臉色蒼白：「她，傷得很重麼？」

嬴華低聲急促道：「四箭兩刀！你如何？」

「我沒事。緋雲……」

「快請萬傷老人。」

張儀猛然醒悟：「快！快請萬傷老人來！」

緋雲被平展展地放在了一張竹榻上。嬴華輕輕地解開了緋雲血跡斑斑的衣甲，顫巍巍的四支長箭不斷帶出傷口鮮血，大腿上的兩處刀傷翻著三寸有餘的慘白傷口，令人心驚肉跳。張儀看得咬牙切齒，拐杖頓得篤篤直響。萬傷老人察看完傷口，皺起了眉頭道：「刀箭無毒，傷口也醫得，只是這箭桿礙事，很難挖出箭鏃了。」嬴華猛然醒悟：「前輩退後，我有辦法。」說罷橫托著天月劍喃喃禱告：「天月劍啊，當年你為公祖父去箭有功，今日可是四箭，嬴華拜託你了。」話音落點，天月劍「嗡嗡」鳴金震音，觀者無不驚詫。

嬴華站起，天月劍倏地出鞘，青光劃出一個閃亮的弧線，四支箭桿竟被劍鋒立時掃斷，卻是毫無聲息。萬傷老人大是驚歎：「如此神兵利器，傷者之福也！」老人虔誠地對天月劍拜了三拜，便開始治傷：幾滴濃稠的藥汁滲入箭鏃傷口，一把雪亮的三寸匕首「噌」的一聲插進肌膚，手腕一旋，「噹」的一聲，銅盤中便多了一個血糊糊的箭鏃。箭鏃挖完，幾滴藥汁又進傷口，然後包紮妥當。大腿傷口雖然可怕，老人卻說沒傷著血脈不打緊，創口一清洗，撒上些許白色藥末，便用兩幅大白布裹了起來。臨了老人說：「三日一換藥，半月之後當可痊癒。」張儀向老人深深一躬，吩咐嬴華贈送老人醫資百金。老人卻只拿了兩金，笑呵呵道：「山野之人，多金多累。一金衣食，一金製藥，足矣足矣！」竟自揚長去了。

張儀心一鬆，頹然跌在座榻，鐵青著臉死死沉默著。嬴華備細說了事件經過：楚國出動了一千新軍甲士，一名被俘獲的頭目供認，新軍奉大司馬屈原緊急軍令而來；秦騎護衛傷亡二百零八人，商社探員騎士傷亡十五人。

「你說，蘇秦真的不知道此事？」只此一句，嬴華驟然打住了。

張儀臉色難看極了，牙齒將嘴唇咬得幾乎要出血。突然，張儀霍然起身道：「進宮！」拿起竹杖篤篤篤到了廊下。嬴華連忙追出來扶住他：「大哥，明日再去，你有傷！」張儀一甩胳膊：「就要今日！死了那麼多人，張儀忍心？」嬴華不再勸阻，高喊一聲：「備車！」輅車來到面前，嬴華扶張儀上車，跳上車轅，親自駕車出了驛館。

時當正午，楚懷王正在觀賞著例行的飯後歌舞，聽得張儀進宮，不禁大皺眉頭——他最不喜歡在觀賞歌舞時被人打擾。可聽內侍一陣低語，頓時驚得臉都白了：「下去下去！快！扶本王迎接丞相。」剛到宮門，便見吊著胳膊拄著拐杖一臉怒容的張儀篤篤走來。

「幾日不見，丞相何得如此啊？快！來扶著丞相！」楚懷王確實有些慌亂了。

張儀一甩胳膊，逕自篤篤進了大殿。楚懷王快步跟進來要扶他入座，張儀卻昂昂然挺立在殿中道：「秦國丞相張儀稟報楚王：楚軍在郢都北門外十里林截殺張儀，我方救援將士死傷二百餘人！敢問：可是楚王下令？」

「啊？」楚懷王驚呼一聲道，「斷無此事！斷無此事！本王要殺丞相，丞相入楚時不就殺了麼？何須暗殺了？」

「我想也是如此。」張儀冷笑道，「然則，此事何人主使？楚王必須在三日內查明嚴懲！否則，我大秦國兵臨郢都，可是師出有名！」說完頭也不回地去了。

楚懷王連忙追了出來：「敢問丞相，你知道何人主使麼？」

「我只知道是楚軍！」

楚懷王眼睜睜地看著張儀去了，臉上青一陣白一陣，當真焦躁極了。暗殺出使丞相，這在戰國還真是頭一遭，殺成了還則罷了，殺又沒殺成，豈不成為天下笑柄？成為令人不齒的「不堪邦交」之國？秦國一旦發兵，別國如何敢來援救？這不是葬送楚國麼？楚懷王越想越怕，大聲吼叫起來：「找屈原！給我找屈原！快了！」

片刻之後內侍回報：屈原前日返回了新軍營地，大司馬府連書吏也跟著去了。楚懷王一聽頓時懵了，這軍務上的事，除了屈原還能找誰？忽然心中一亮，高聲道：「找蘇秦、春申君！快！」內侍剛跑出宮門便又跑了回來：「稟報大王：武安君、春申君自己來了！」

「快領他們進來！」楚懷王鬆了一口氣，稍一愣怔疾步坐回了王案，胸脯卻還在大喘不息。蘇秦、春申君剛剛進門，尚未走到行禮參見的距離，便聽楚懷王高聲問道：「黃歇！屈原哪裡去了？快說！」

「噢呀我王，大司馬留下書簡，說奉了王命趕回新軍營地，臣卻如何知曉？」

楚懷王拍案怒喝：「豈有此理！本王何時命他去軍營了？分明是暗殺張儀不成，負罪逃亡了！是也不是？」

春申君大驚道：「噢呀不會！臣啟我王：謀殺張儀之事尚須查實問罪，何能倉促指人？」

「查查查！」楚王拍案喝道，「如何查？誰來查？張儀只給三日，否則大兵壓境！」

剎那之間，殿中空氣凝固了一般。一直沉默的蘇秦拱手道：「楚王切勿憤激過甚，容蘇秦一言：無論何人主使截殺，都是楚國之責；秦國若趁此興兵問罪，山東六國又恰逢新敗，肯定無人救援，如此楚國大險也。為今之計：楚王當與張儀好生協商，寧可割地結好，也不能孤注一擲。蘇秦身為合縱丞相，主張秦楚結好，殊為痛心！然則為楚國存亡大計，臣以為唯此一法可救楚國，望楚王三思。」

楚懷王淚流滿面，站起來向蘇秦深深一躬道：「丞相啊，本王聽你的，實在說，我也恨秦國，也想抗秦啊……」

回到府中，春申君咳聲歎氣，蘇秦臉色鐵青，大半日中兩人面面相覷，竟都沒有說話。

十里林截殺張儀，已經驚動了郢都，朝臣國人都騷動了。早晨，當蘇秦被春申君從大夢中喚醒，一聽便昏倒了過去。好容易醒來，立即拉著春申君去找屈原。誰知大司馬府家老卻說：屈原留給春申君一封書簡，從前日晚出去便沒有回來。蘇秦頓時冷汗直流，連忙教春申君打開書簡，只有寥寥兩句：「茲告春申君：屈原奉王命再練新軍，後會有期。」春申君慌得沒有了主張，只是反覆念叨：「噢呀呀，這可如何是好了？如何是好了？」蘇秦二話沒說，拉著春申君便走：「快！不能教昭雎搶先，否則全完！」

出得王宮回府，兩人的心都涼了。最後，還是蘇秦開了口：「春申君啊，屈原將你我，將楚國，都推上絕境了。」

「噢呀哪裡話？張儀沒死，楚王又聽了你言，如何絕境了？」

蘇秦沉重地歎息一聲：「春申君，屈原早早便謀劃好了，他就是要拿張儀做文章，逼得楚國與秦國對抗。此心也忠，此性也烈。然則，全然不計後果，恰恰將楚國毀了！」

「噢呀武安君，我不明白，楚國究竟如何能毀了？」

「春申君啊，你當真沒有想明白此事？」

「噢呀呀，不就是屈原殺張儀，瞞了你我麼？」

「新軍營地，他自己說的了。」

蘇秦冷冷一笑：「你可知道屈原現在何處？」

「新軍營地何干？」

「訓練新軍了。」

「春申君等消息吧，只恐怕楚王媾和都來不及了，楚國只怕要大難臨頭了。」蘇秦淡漠而又淒然地笑了。春申君仔細一琢磨，臉色倏地變白了，霍然起身：「我去新軍！」

六、壯心酷烈走偏鋒

就在郢都一片慌亂的時候，屈原已經到了安陸的新軍大營。

安陸大營，是屈原多年苦心經營的新軍訓練大本營。從楚威王委派屈原祕密籌劃第二次變法開始，屈原便將訓練新軍作為最重大的使命對待。戰國以來，所有的半截變法，都失敗在老貴族掌握的封地私兵手裡。吳起在楚國的失敗更是引人深思：一個手握重兵的統帥，卻無法防備老貴族的私家武士兵變，可見私家武裝的危害之烈。封地建私兵，又恰恰是楚國軍旅的根基，是楚國成軍的傳統，是最難改變的。要想使變法與變法勢力立於不敗之地，就必須訓練出一支真正忠於變法的新軍。為此，屈原花了許多心思，非但請准楚威王允許新軍招募隸農子弟做騎士，而且破例地在新軍中取消了將領的世襲爵位，所有將士都憑功過獎懲升遷。正因為如此，楚國的世族子弟都不願意到新軍中來，而幾乎所有的窮苦壯丁都爭先恐後地往新軍裡擠。屈原要的正是這般效果。

屈原對這支新軍的管制頗具匠心：用楚國著名的老將屈丐做了統兵大將。這個屈丐是屈氏部族的元老，也是屈原的族叔。論軍旅資望，屈丐是當年吳起部下的千夫長，身經百戰，稟性剛烈，更是不折不扣的反秦將軍，每每說到秦國對楚國的欺凌，便是聲淚俱下。屈原將所有的戰陣訓練都交給了屈丐全權處置，他在軍中只有一件事：常常到帳篷中與兵士們閒說變法，說變法給隸農窮人能帶來的好處，說這支大軍能如何如何支撐變法。屈原是大詩人，還專門編了一支楚歌在軍中傳唱：

我無耕田牛羊兮　我執矛戈
我無漁舟撒網兮　我持吳鉤
我無官爵榮耀兮　我望新法
我有國仇家恨兮　我上疆場

時間一長，新軍將士對變法充滿了殷切的期望，對「使楚不能變法」的秦國充滿了仇恨。屈原第一次被楚懷王貶黜的時候，新軍將士萬眾憤激高呼「還我大司馬」，竟要開到郢都向楚王請命。屈原雖然痛心之極，但還是苦苦勸住了三軍將士。他相信，他肯定還會有一次機會。聯軍兵敗，他重掌軍權，看到的卻是楚王的閃爍不定，聽到的是老世族仇恨的詛咒，於是他有了一種強烈的預感：他隨時都可能被再次罷黜，甚或會像吳起一樣被老世族兵變殺害。反覆思忖，屈原暗暗咬著牙關做了決斷：一定要使這支新軍在他手裡生發威力，將楚國逼上變法大道。

楚王將張儀將秦國看作仇敵時，屈原很是興奮了一陣，認為變法的時機到了——要復仇要強國，便要變法，這幾乎是戰國新興的鐵則。可是倏忽之間，楚王竟放了張儀，昭睢鄭袖又暗暗活躍了起來，張儀居然在郢都重新施展，又將楚國攪得是非大起。

驟然之間，屈原驚醒了：這是他的最後機會，至於能否如願以償，便看天意了。他瞅準了張儀是楚國生亂的禍根，是秦楚波瀾中的要害人物，如果殺掉張儀，便能在秦國的強大壓力下，迫使楚國走上救亡圖存的變法之路。本來，屈原是準備與蘇秦春申君聯手做這件大事的，可一試探出蘇秦反對，春申君猶豫不定，屈原便決意自己祕密行動了。

一千新軍甲士祕密開到雲夢澤北岸，屈原立即出了郢都。他要做最壞的準備，要立即準備第二步棋，而絕不能留在郢都聽任被罷黜治罪。走到半途，他接到了截殺失敗的消息，不禁熱淚縱橫，仰天大呼：「上天啊上天，你庇佑妖邪！你何其不公！」

安陸大營，老將軍屈丐已經率領部將二十餘人，在中軍大帳焦急地等待。將近正午，屈原飛馬趕到，低聲對屈丐說了幾句，走到帥案前痛心疾首道：「諸位將軍，屈原無能，沒有除掉張儀！目下秦國虎視眈眈，楚王卻一味退讓，楚國危如累卵，屈原敢問各位：我當如何處置？」

「討伐秦國！雪我國恥！」大將們異口同聲。

「好！眾將有復仇猛志，楚國便有希望！」屈原一拍帥案，感慨萬端道，「這一仗沒有王命，非同尋常。但是，屈原有王室兵符，楚王戰後追究，罪責由屈原一身承擔。戰勝了，諸位大功！戰敗了，諸位無罪。」

帳中沉默了，良久，大將們轟然一聲：「願與大司馬同擔罪責！」

「豈有此理？」屈原笑了，「諸位記得了：有新軍在，楚國便有振興生機。都跟我一體論罪，連救我的人都沒有了。屈原不會打仗，只能為諸位做這一件事，不要爭了。」

白髮蒼蒼的屈丐道：「我等早準備好了，隨時可拔營！大司馬下令了！」

「好！屈原只定兩件事：屈丐將軍統兵攻秦，屈原調集糧草輜重。」說罷一拱手道，「老將軍，調兵軍令由你來！」

屈丐大步赳赳走到帥案前下令：「大軍立即集結，由大司馬訓示全軍！隨後按三軍順序開拔，兼程趕赴丹陽！」

「謹遵將令！」大將們轟然一聲，立即魚貫出帳了。

片刻之間，山野軍營響徹了此起彼伏的牛角號，尖銳急促，聽得人心顫。不消半個時辰，八萬新軍在大校場列成了整肅的方陣，除了獵獵戰旗毫無聲息。已經跨上戰馬的屈丐可著嗓子喊了一聲：「三軍整齊！大司馬訓示——」

一身軟甲，金黃戰袍，屈原大步走上了將臺道：「三軍將士們：秦國大軍壓境，楚國已經到了生死存亡關頭！不打敗秦國，楚國不能變法，就只有滅亡！你們將淪為亡國之奴，你們的好日子，就會像雲夢澤的晨霧一樣被風吹散！你們的爵位，你們的土地，你們的家園，你們的父母妻兒，都會被秦國虎狼的利爪撕得粉碎！楚國勇士們，為了楚國，為了變法，為了你們的夢想，為了新軍的榮耀，用你們的滿腔熱血去洗雪國恥，去打敗秦國虎狼！」

「洗雪國恥——滅盡虎狼——」「變法萬歲——」群情沸騰，萬眾洶湧，山呼海嘯般的吼聲震得大地都在顫抖。

號角嗚嗚，馬蹄沓沓，八萬大軍開拔了。屈原飛身上馬，淚眼矇矓地將大軍送出三十餘里，方才忍痛折返。他要做的事任何人都替代不了，這便是為大軍徵集糧草。調集糧草如同調集軍隊一樣，必須持有國王的兵符。楚國軍法：兵糧一體，要想調糧，須得先有調兵權，無調兵之權便無調糧之權。這次大軍出征沒有王命，調集糧草便成了最大的難題。軍營屯糧只夠十日，已經先行運出。連同路程耗糧，大軍到達戰場後便只有三日餘糧了。其後糧草若不能源源接濟，新軍抗秦便將成為天下笑柄。在楚國大臣中，只屈原有楚王叫嚷復仇時祕密特賜的兵符，與中原各國的虎符不同，那是半只有銘文的銅象，軍中呼為「象符」。若楚王還記得此事，緊急下令各糧倉取消屈原象符的效力，屈原便要抓瞎了。目下，屈原不斷禱告上天：但願楚王一時顢頇，將祕賜兵符的事忘記了。

回到留守大帳，屈原立即命令軍務司馬：攜帶大司馬令箭，到安陸倉調集軍糧十萬石先行運出。這是一次試探，若能夠調出，則十萬石糧米足夠八萬大軍支撐一月有餘，即便此後楚王廢了屈原象符，至少也還有迴旋的餘地。安陸倉是供應新軍糧草的最近糧倉，倉令已經好幾次與屈原堪合兵符，若安陸倉調不出糧草，就意味著楚國所有官倉都對屈原關閉了。

次日清晨，軍務司馬風塵僕僕地稟報：安陸倉能調糧，但卻只有兩萬石存糧，壓倉之外，只能給新軍一萬石。屈原一聽大急，一萬石僅僅只是十天的軍糧，對於七八百里的運糧距離來說，除去押運軍士與民伕牛馬的消耗，運到也幾乎只剩下五六千石了。所謂千里不運糧，便是這個道理。往昔，房陵大倉在楚國手中，那裡距離丹水最近，雖然是山路難行，卻可以牛馱人挑天天運，不愁接濟不上；如今房陵丟失，楚國其他幾個官倉頓時乾癟起來，不是沒有充足的糧草，便是距離遙遠難以運輸；安陸倉堪堪合適，偏偏卻只有一萬石。若不立即籌劃，大軍斷糧是完全可能的。

「一萬石運走沒有？」

「正在裝運，午後便可上路。」

「好。備馬！立即回封地！」

「大司馬，這，這如何使得啊？」軍務司馬頓時急了。

「快去！走啊！」屈原鐵青著臉色喊起來。

屈氏是楚國的五大世族之一，封地八百里，正在雲夢澤南岸的湘水、資水、汨羅水的交會地帶，土地肥沃宜於耕耘，是楚國著名的糧倉寶地之一。在五大世族中，屈氏部族的封地最偏遠，但卻最大，擁有的糧草也最多。情急之中，屈原的心思動到了自家身上。但是，屈原也不敢說有把握調出屈氏糧草。他雖然被立為屈氏嫡子，承襲了屈氏門第爵位，成為屈氏部族在朝中的棟梁人物，但卻還不是族長。糧倉是部族公產，要大批地無償地調作軍糧，縱然是部族首領，也難以一言了斷，更何況屈氏部族中的前三代老人還都稀稀落落地健在，如何能容得你一句話便開了公倉？

經過一夜奔波，天放亮時，屈原終於到了封地治所。這是湘水汨羅水交叉點的一座城堡，北靠汪洋連天的雲夢澤，西依莽莽青山，東臨兩條大水，南面便是片片盆地沃土與星羅棋布的小湖泊，當真比得中原一個二三等的諸侯國。

屈原多年未歸故里，倉促回來，城堡外的年輕後生們居然認不出這風馳電掣的人物是誰了。若在尋常時日歸來，激越奔放的屈原一定會早早下馬，與耕夫漁樵談笑唱和起來。可今日顧不得了，屈原匆匆與城門頭目驗證了身分，驚喜萬分的守軍頭目未及飛步稟報進去，屈原便打馬一鞭去了。

「咳！你，你是屈原？大司馬？」白髮蒼蒼的老族長瞇縫著雙眼，顫巍巍地上下打量著。

「屈原參見前輩族長。」屈原破例地拜倒在地，行了一個大禮。

老族長連忙伸手扶住：「快起來了，大司馬是我屈氏宗嫡，豈能行此大禮了？」

屈原高聲道：「家國一體，屈原歸鄉，自當以老族長與諸位前輩為尊了。」

「大司馬有此胸襟，我屈氏振興有望。來人，接風宴席侍候了。」

「老族長在上，屈原歸來，有事相求了。」

「有事？那就快說了。」

屈原匆匆將事體原委及調糧請求說了一遍。老族長頓時皺起了眉頭：「不瞞大司馬，糧草是有啊。可楚王剛剛下了王令：房陵失守後官倉空虛，要增加封地糧賦三成……」老人沉吟片刻，一拍長案，「老夫之見，先將族老們請來商議一番再說了。緩賦抗賦的事不是沒有過，只要族中同心，好說。」

「謝過老族長！」

族老們原是各支脈七十歲以上且有戰功爵位的老人，大都曾經是各支脈的顯要人物。按照屈氏族規：支脈要人但入賦閒高年，便移居部族城堡頤養天年，同時成為參與族務商討的族老。因為都住在城堡，所以來得也便捷。老族長使者出去不消半個時辰，三十多位族老便聚齊了。

老族長站了起來，篤篤點著竹杖道：「大司馬，都是自家人，一個屈字掰不開，你就說了。」

屈原恭敬起身，向廳中族老深深一躬道：「諸位前輩：虎狼秦國欺凌楚國，虎狼丞相張儀，更是多次欺騙戲弄楚國。楚王偏信昭氏，不納忠言，非但放了張儀，還要向秦國割地求和。屈原憤然截殺張儀，不想卻失手未果。為了挽救楚國，屈原以王命兵符為名，將八萬新軍開到了丹水，與秦國決一死戰！奈何自房陵被秦國攻占後，軍糧難以接濟。萬般無奈，屈原只有求助本族了……」驟然之間，淚水湧出了屈原眼眶，「四百多年來，我屈氏從來都是楚國的忠烈望族，新軍將士更是多有屈氏子弟。而今，楚國的生死存亡，扛到了屈氏部族的肩頭！屈原空有一腔熱血，卻是獨木難支，懇望我族前輩，撐持破碎的楚國……」

大廳中一片蒼老的喘息唏噓。一個老人顫巍巍站了起來：「大司馬，統軍大將可是我那個小子？」屈原拱手道：「正是屈丐將軍。諸位前輩：新軍三十二員將軍，二十六位是屈氏族人哪。」

「大司馬是說，我屈氏一族，扛起了八萬新軍？」一個老人頓著竹杖。

「不！還扛起了楚國啊！」又一個老人站了起來。

屈丐的老父親走到屈原身邊，篤篤點著竹杖：「老哥哥們，還說啥子麼？屈氏不救楚國，還等別個救了？屈氏一族為楚國流的血，比這汨羅水還多！還有啥子捨不得的物事，啊？」

「老二哥言之有理！」「屈氏義不容辭！」「家國一體，大司馬就說話吧！」「大司馬，編一支蒼頭軍，老夫也去打仗了！」族老們慷慨激昂地嚷成了一片。

老族長道：「大司馬，你就說，要多少軍糧了？」

「回老族長，至少十萬石。」

老族長一咬牙：「十五萬石！只留五萬石壓倉救急，老哥哥們以為如何？」

「贊同了！」族老們異口同聲，竹杖篤篤成了一片。屈原激動了，熱淚奪眶而出，肅然整衣，向老族長與族老們撲地拜倒。當日午後，屈氏老族長發出了徵發令，整個幾百里封地便緊張忙碌起來了。

農家商賈的牛車從四面八方趕來，漁家舟船也從湘水資水汨羅水絡繹不絕地順流而下，幾百個大村落聚集的一萬多兵勇，極快地組成了一支護糧軍。入夜開始裝車裝船，人聲鼎沸，城堡內外的燈籠火把連成了一片海洋。兩日之內，十五萬石糧草從水陸兩路悉數運出，連族老們都咋舌驚歎。

屈原總算鬆了一口氣，可心裡卻更加沉重起來。屈氏部族不但獻出了十五萬石糧草，而且徵發了全部牛車馬匹漁舟與族中壯丁。這意味著屈氏部族獻出了全部實力，一旦國中有變，大族抗衡，屈氏部族便喪失了反抗能力，可能任人宰割。其中的全部關鍵，都在於對秦國的這一仗能否戰勝。戰勝了，屈原與屈氏部族是挽救楚國的功臣，挾戰勝大軍之威，楚王也只有按照他的主張進行第二次變法。可是，一旦失敗了呢？屈原不敢想，也不願想。目下，他只有一個願望：盡快趕到丹水戰場，與新軍將士同心浴血，戰勝秦國！

七、秋風沙場兮何堪國殤

丹水谷地，楚軍的土黃色大營與秦軍的黑色大營遙遙相望。

丹水谷地在秦國的武關東南，既是楚國的西北大門，又是秦國的東南大門，歷來是秦楚兩國兵戎相見的老戰場。楚國在這裡沒有少過駐軍，即或在六國聯軍攻秦的優勢時候，丹水谷地的十萬大軍也沒有移動。聯軍兵敗後，屈原深恐秦國乘勢偷襲，又增調了五萬兵馬到丹水谷地。這十五萬大軍的統帥，是昭氏一族的老將，柱國將軍昭常，副將則是景氏大將景缺。景氏部族與屈氏部族長期通婚，素有淵源。昭氏卻是屈氏的夙敵，如同屈原與昭睢一樣水火不容。

面對秦國開出武關的十餘萬大軍，昭常只是深溝高壘防守不戰。秦軍也只是紮營對峙，沒有進攻的跡象。兩軍大營如此對峙了幾個月，秋風一起，楚軍便漸漸鬆懈了。這一日，昭常突然接到斥候急報：八萬新軍兼程北上，已經到了三十里之外的丹水均水交會處。昭常大是驚訝：新軍是屈原的臺柱，如何突然開到了丹水？他並沒有接到楚王的增兵王書，也沒有接到伯父昭睢的密札，這八萬大軍來得不是太蹊蹺了麼？狐疑歸狐疑，畢竟都是楚軍，他擁有的兵力又超過新軍一倍，也就沒有太放在心上，只是吩咐總領斥候營的軍務司馬隨時稟報消息。

「稟報柱國將軍：新軍大將屈丐前來拜會。」暮色時分，軍務司馬匆匆來報。

「屈丐？這頭老犟驢！帶了多少人？」

「只有兩名副將隨身。」

「噢——請進來。」昭常本打算升帳聚將，一聽屈丐只有三人，也就作罷了。

屈丐昂昂進帳，徑直走到帥案前：「柱國將軍昭常，拜接王命兵符——」

昭常一陣愣怔，眼看著屈丐接過副將手中的銅匣，也不得不躬身到底：「臣，柱國將軍昭常，恭迎王命兵符。」屈丐一伸手，銅匣「噹」的一聲彈開，半尊青銅象符赫然入目。這是楚軍大將人人熟悉的象符，兩符勘合，軍中大將便得聽命於新來大將。

「柱國將軍，勘合兵符了。」威嚴持重的屈丐不冷不熱。

昭常實在弄不明白這突然的變化，心中亂作一團麵糊，可這是要命的時刻：不奉王命，持兵符大將便可立斬抗命將領！眼看屈丐臉色黑了下來，昭常只得下令：「中軍司馬，勘合兵符。」中軍司馬從後帳捧來一個一般大小的銅匣打開，昭常捧出了裡面的半尊青銅象符，與屈丐手中的半尊青銅象符一碰，只聽「咣」的一陣振音，一尊銅象便渾然一體了。

「昭常將軍聽令！」

「末將在。」昭常憋得滿臉通紅，心中依然是一團麵糊。

屈丐展開了一軸黃絹：「楚王君命：昭常怯戰不出，抗秦不力，著即革職，於軍前戴罪立功！所部大軍由屈丐統帥，大破秦軍！」

昭常大喊起來：「屈丐！何有如此王命？堅守不出，可是楚王嚴命啊！」

屈丐冷笑：「莫非本將軍不是王命？來人！將昭常押到新軍大營看管！」

不知何時，帳外多了一隊新軍甲士，轟然一聲，進來便將昭常押了出去。屈丐立即擊鼓升帳，聚齊了兩股大軍的三十多位大將，又一次當眾勘合了兵符，宣讀了楚王王書。昭常大軍的昭氏將領們雖然多有疑惑，卻也不敢抗命，畢竟楚懷王即位後，王命反覆已經是家常便飯了，氣惱抗命也沒用，說不定過幾日又變了回來，抗命非但有立時之危，過後也是軍中笑柄，何苦來哉？

屈丐是有備而來，立即對全部二十三萬大軍進行了整編：新軍八萬為中軍主力，老軍步兵五萬為左軍，老軍騎兵五萬為右軍；老軍中最特殊的一千輛戰車，車上甲士與隨車步卒合計五萬編為前軍；屈丐自領中軍，景缺任副將兼領右軍，步戰名將同匄領左軍，車戰老將逢侯良領前軍；一日整肅部伍，演練協同，兩日後開戰。

屈丐其所以沒有立即進攻，是想等待屈原趕到之後再開戰。畢竟，這是屈原嘔心瀝血冒著最大的風險謀劃的一場大戰，也許還是屈原握兵生涯中唯一的一次大戰。儘管屈原交代得非常明確：抵達戰場後若統編順利，便立即開戰，以防郢都隨時生變。為此，屈原事先做了精心部署，派出五千精兵切斷了郢都通往丹水的大小三條通道，凡是郢都派往丹水的快馬特使，一律拘押，盡量給屈丐大軍爭取時間。憑經驗與閱歷判斷，屈丐認為自己至少有五六日的寬餘，安陸到丹水是兼程三日的距離，屈原完全可以趕到。

但是，屈原卻來遲了。回領地出糧耽擱了整整三日，風風火火趕到安陸留守大營，又恰恰逢春申君在焦急地等候。兩人爭吵了一宿，終於是屈原的激情無畏甘做犧牲征服了春申君，次日黎明，兩人便馬不停蹄地兼程北上了。第七日的黃昏時分，終於趕到了丹水谷地。

那一番景象真是令人怵目驚心！殘陽之下，方圓二三十里的山塬上，到處都是層層疊疊的屍體，混雜著支離破碎的戰車，鮮血淋漓的戰馬，絲縷飛揚的戰旗，啄屍的鷹鷲正在成群成群地飛來，大片大片的黑老鴉聚滿了山頭枯樹，無休無止地聒噪著，溫熱的血腥味兒隨著蕭瑟秋風彌漫了整個河谷，濃烈得使人要劇烈地嘔吐。

「稟報大司馬：我軍戰敗了……」

「上天啊！」面色蒼白的屈原大叫了一聲，一口鮮血噴出，從馬上倒栽下來。

悠悠醒來，屈原依稀看見了一圈火把，看見了火把中士兵們的淚光，看見了渾身鮮血的一員大將正扶著自己……「你？你是景缺？快，快說，死了多少人？屈丐將軍呢？」

「大司馬，新軍將士兄弟們全部戰死了，屈丐老將軍剖腹，殉國了……」

「啊——」屈原又一次昏了過去。

一片沉重的腳步聲漸漸逼近，屈原睜開了眼睛，看見大片火把包圍了過來，看見面色蒼白的春申君與一個黑色戰袍的大將走到了面前。

「秦國上將軍司馬錯，參見大司馬。」黑色戰袍的大將恭敬地深深一拜。

屈原倏然清醒，神奇地霍然站了起來：「司馬錯，楚人有熱血，楚國不會滅亡！」

「噢呀屈兄，上將軍是來商談分屍的。」春申君在屈原耳邊說了一句。

「大司馬。」司馬錯肅然拱手道，「楚國新軍人懷必死之心，戰力之強，天下罕見，我秦軍將士深為敬佩。此戰我軍傷亡六萬，實為慘勝。司馬錯景仰大司馬，敬佩楚國新軍將士，願與楚軍合力，分開兩軍屍體，使英雄烈士各歸故土。」

屈原默默地對司馬錯深深一躬，熱淚不禁奪眶而出，大袖一甩，轉身去了。

次日午後，兩軍屍體已經完全分開。屈原本想將新軍將士運回南楚故土安葬，可實在難以辦到，無奈之下，與春申君選擇了丹水南岸一片山清水秀的谷地做了楚軍墳場。楚軍十萬具屍體，百人一坑，一日一夜便堆起了一千座高大的墳墓。司馬錯親自送來了一千方秦國藍田玉，做了楚軍墓石刻。屈原親自題寫了兩個大字「國殤」，鐫刻於白玉之上，立於每座墳頭之前。第三日，楚軍殘兵在谷地中為陣亡將士舉行了隆重的祭奠儀式。屈原身穿麻衣，親自主祭。當他將三桶楚酒灑在祭臺前時，悲從中來，不禁放聲大哭。楚軍人人飲泣，哭聲彌漫了河谷原野。屈原在遍野哭聲中登上了祭臺，激越吟哦——

我有忠烈兮千古國殤
猛士身死兮不得回故鄉
雲夢漁舟兮一別去
浴血沙場兮雲飛揚
揮吳鉤兮奪秦弓
血染甲兮大旗紅
身首離兮天地驚
懷故國兮志堅誠
心高潔兮不可凌
子魂魄兮為鬼雄
出不入兮往不返
平原忽兮路迢遠
猛士去兮棟梁折
國殤沉沉兮何以堪

當天晚上，楚軍拔營後撤了一百里，回到了原先駐防的沔水河谷。

屈原一直昏睡到夜半方醒，見春申君還守候在榻邊，不禁迷惘驚訝道：「你？你還沒有走？」春申君笑了：「噢呀屈兄，我到哪裡去？回郢都送死了？你醒醒吧，我倆一起走，到燕國去，找蘇秦了。」屈原翻身坐起道：「春申君啊，你如何這般糊塗？大禍是我的，與你何干？快回郢都去，留一個是一個，莫非要一起上殺場，才心安了？」「屈兄哪裡話了？」春申君真著急了，「你我同心，合縱抗秦，今日失敗，我如何能獨生了？」屈原長歎一聲，眼中又是淚光瑩然：「春申君啊，義有大節方為義，我等固可同生死，但卻不能拋下楚國啊！有你在朝，楚國終是有一線生機，你如何不明白也！」春申君喟然一歎：「屈兄啊，我回去也是死，何如共擔艱危，要死一起死了！」

「不！」屈原光著腳跳下地來，「你不似我這般激烈，楚王對你頗有好感，老世族對你也沒有深仇大恨。你回郢都，至多稍有貶黜，斷不至於殺身滅門。陪著我，既不能稍減我罪，又徒然教老世族獨霸朝政，不能這樣啊，春申君！」

詼諧達觀的春申君罕見地流淚了：「噢呀屈兄，非我人緣好，是你替我擋住了風雨啊……你獲罪，我如何走得心安？」

「春申君！你是大丈夫！婦人之仁，害死人！」屈原幾乎是吼了起來。

春申君拭去了淚水，對屈原深深一躬：「屈兄，今日別過了……」猛然轉身大步去了。屈原一陣大笑：「春申君，多多保重！」

夜色之中，一陣急驟的馬蹄聲漸漸遠去。屈原走出軍帳，看著漫天閃爍的星斗，聽著點點零落的刁斗之聲，覺得天旋地轉，自己飄飄悠悠地飛升了起來。

第十二章　不寧不令

一、大義末路何茫然

郢都亂了。楚懷王找張儀媾和，張儀冷笑著撂下一句話：「媾和？打完仗再說。」當著他的面上車回秦國去了。找春申君，春申君不知去向。好容易找到蘇秦，這位滔滔雄辯的六國丞相又一言不發。楚懷王走投無路又六神無主，最後只有去了昭睢府。

昭睢雖然還是「臥病在榻」，卻也給楚懷王出了幾個實實在在的主意：第一個是緝拿屈原，防止肘腋之患；第二個是罷黜春申君黃歇，剪除屈原羽翼；第三個是驅逐蘇秦，向秦國表示退出合縱的決心。昭睢末了道：「我王若能如此，則楚國大安。否則，老臣也是無能為力了。」楚懷王想想也是無奈，跺著腳長吁一聲走了。回到王宮，楚懷王卻不知這三件事從何做起。緝拿屈原，屈原在哪裡？罷黜春申君，春申君連影子都不見如何罷黜？驅逐蘇秦，總得有個說法，一個六國丞相，總不能教幾個武士吆五喝六地將人家趕出去吧？還要向秦國示好，張儀都走了，向誰去示好？

楚懷王一路皺著眉頭到了後宮，長吁短歎地對鄭袖說了一遍。鄭袖白嫩的手指戳著他的額頭，咯咯笑道：「曉得無？木瓜一個！誰出的主意，教誰來辦哦，人家出了主意，不給人家權力，生生一個青木瓜哦。」楚懷王恍然大悟道：「對呀！王后真道聰明，來人，立即下書：宣老令尹昭睢進宮理政。」

昭睢一出山，一河水立即開了：三路精騎緝拿屈原，一紙王書罷黜春申君。昭睢親自出面，彬彬有禮地請蘇秦離開了郢都。而後又立即派出駟馬快車的特使，飛馳咸陽示好媾和；再便是老世族紛紛重掌舊職，新派紛紛擱冷置閒。旬日之間，楚國的老氣象恢復了，滿堂白髮蒼蒼，朝野再無爭鬥，楚懷王竟覺得輕鬆了起來。

可就在這時候，忽然傳來一個驚人的消息：八萬新軍開得不知去向，屈氏領地大出糧草！滿朝頓時譁然。屈原若領著這八萬新軍壓來郢都，豈非又是一個乾坤大顛倒？可反覆探查，郢都方圓幾百里都沒有新軍蹤影。昭睢猛然醒悟，立即派出連續六路親信飛騎奔赴秦楚邊境探查。可忒煞作怪，六路飛騎都是泥牛入海。這一下，郢都君臣可都迷糊了。有人說，屈原領兵去了嶺南，要建一個新諸侯國復仇。有人說，八萬新軍投奔了齊國，屈原要做齊國丞相了。有人說，新軍就藏在屈氏領地裡，屈原馬上就要反了。各種揣測流言不脛而走，一時人心惶惶。

畢竟昭睢有見識，徑直到後宮來找楚懷王，鐵青著老臉道：「敢問楚王，屈原手中可有兵符？」楚懷王驚訝了：「沒有啊，本王沒有給過他兵符，他如何能有兵符了？」昭睢依舊板著臉：「楚王記性不好，還是再想想了。」楚懷王轉了兩圈猛然一跺腳：「咳呀！老令尹還真是神！想起來了，本王給過屈原一尊象符，可，可本王有言在先，不許他擅自動用的了。」昭睢搖頭歎息：「楚王啊楚王，此番楚國算是和秦國結下死仇，永世解不開了。」

「老令尹此話怎講？」楚懷王急得額頭冒汗，「不能媾和了？秦王拒絕了？」

昭睢哭笑不得：「楚王還不明白？屈原有兵符，調集兵馬打秦國去了。他打過仗麼？能打贏麼？八萬新軍加昭常十五萬大軍，全都要葬送在屈原手裡了！」

楚懷王紅潤潤的面孔刷地變得蒼白：「你，你是說，楚國的主力大軍全完了？」

「非但如此。」昭睢沉重地喘息著，「如此不宣而戰，秦國豈能不記死仇？多年來，老臣竭力斡旋，都為不使楚國與強秦為仇，如今啊，全完了，楚國被屈原葬送了……」

楚懷王一下子軟癱在草地上，帶出了哭聲道：「這這這，這卻如何是好了？」

「殺屈原，罷黃歇，以謝秦國！」昭睢牙齒咬得咯咯響。

楚懷王抽著鼻子唏噓著：「也只有這樣了，本王，本王本來最怕殺人了。」

次日內侍急報，說春申君黃歇宮外候見。楚懷王一聽便跳了起來：「快！叫他進來了！」一見春申君疲憊憔悴風塵僕僕的樣子，楚懷王心又軟了，卻依舊板著臉道：「黃歇，你竄到哪裡去了？弄得一副逃犯模樣。」春申君慘淡地笑了：「楚王，臣到丹陽去了。」楚懷王滿臉疑雲：「丹陽？丹陽在哪裡？有事了？」春申君歎息道：「噢呀我王，黃歇是屈原一黨，聽憑我王發落了。」

「噢——對了！」楚懷王恍然大悟，「你跟屈原打仗去了！是也不是了？」

「是。」春申君淡淡漠漠道，「事已至此，臣不願多說，領罪便了。」

「領罪領罪！就曉得領罪！」楚懷王指點著春申君數落起來，「黃歇呀黃歇，你我同年，本王對你如何？從來都是寵著你護著你，對麼？你倒好了，卻偏偏跟著屈原那頭犟驢亂踢騰。又是新政，又是變法，又是練兵，又是暗殺，事事你都亂攙和！這下好了，屈原叛逆該殺，你說本王還如何保護得了你？」

「臣唯願領死。」春申君乾脆得只有一句話。

「曉得無？你才是個大木瓜！還說我是木瓜？」楚懷王罵了一句，突然壓低聲音道，「哎，說老實話了，屈原這仗打得如何？大軍全完了麼？」

「噢呀呀，我王這是從何說起了？」春申君驚訝地叫嚷起來，「大司馬未奉王命是真了。可要說打仗，這次可真是打出了楚國威風！斬首秦軍六萬，我軍傷亡只有十萬餘，其餘十來萬楚軍還好好地駐紮在沔水！誰說楚軍全完了？分明惡意誣陷！」

「毋躁毋躁。」楚懷王驚喜地湊了上來，「你說斬首秦軍六萬？」

「噢呀沒錯！司馬錯也親口認帳了。」

「楚軍還有十來萬？」

「斷無差錯！我王可立即宣昭常來郢都證實了。」

「好！大好！」楚懷王拊掌大笑，「春申君啊，你真是個福將，給本王帶來了福信！」說著突然壓低了聲音，「對了，快去找幾個人擔保，有人要罷黜你了。」

「謝過我王。臣告辭了。」

春申君一走，楚懷王頓時輕鬆了起來。匆匆大步回到後宮，高興地對鄭袖學說了一遍。鄭袖笑道：「曉得了，也好，沒傷筋動骨哦。日後只要再不開罪秦國，也許還是平安日月哦。」楚懷王道：「說得是了，有這一仗，秦國也不敢小瞧我大楚國了。哎，王后，你說這屈原該如何處置好了？」鄭袖笑道：「曉得無？這種事找老令尹說了。」楚懷王道：「老令尹？他教我殺了屈原。」鄭袖笑道：「那就殺了，還能再說個木瓜出來了？」楚懷王嘟囔道：「木瓜木瓜，我是木瓜麼？你才是木瓜了。」鄭袖點了一下楚懷王的額頭咯咯笑道：「曉得曉得，我是木瓜哦，誰敢說乖兒子是木瓜了？」楚懷王得意地大笑了一陣：「木瓜嘛，倒是有一個，屈原！」「乖兒子真聰明哦！」鄭袖笑著拍手：「曉得了，屈原大木瓜。」楚懷王大樂，抱起鄭袖滾到了紗帳裡，笑聲喘息聲久久不歇。

正在這時，老內侍在紗帳外高聲道：「稟報我王：屈氏族老在宮門請命。」

「敗興！」楚懷王氣恨恨地嘟囔了一句，衣衫不整地爬了起來，「如何個請命法了？」

「一大片老人舉著白絹血書，跪著不起來，要見我王。」

「豈有此理！沒找他的事，他倒先來了？王后，我去看看了。」

來到宮門一看，楚懷王釘在那裡挪不動腳步了。偌大車馬場中跪滿了白髮蒼蒼的老人，一幅釘在大木板上的白絹血書怵目驚心——殺我屈原，反出楚國！斗大的八個字還滴著淋漓的鮮血，個個老人的手上都纏著白布，面色陰沉得彷彿隨時都要爆發。楚懷王雖說顢頇，但有一點還是明白的：屈氏舉族百餘萬口，除了王族羋氏與昭氏部族，便是楚國第三大部族，若舉族造反，楚國豈非要大亂了？

「前輩啊，這是何苦了？快，快起來了。」楚懷王走到為首老族長面前，不禁有些慌亂，想扶起老人，卻硬是不敢伸手。

「屈氏草民懇請我王：赦免屈原，否則，屈氏舉族反往嶺南自立！」

「哎呀呀老前輩，本王何曾說過要殺屈原了？」楚懷王連忙先為自己開脫了一句，又湊出一臉笑容道，「屈原還沒有回來，本王還沒有見他，誰說要殺他了？縱然回來，也還要查問後再說了，起來起來，快起來了。」

老族長還是跪著，竹杖點得篤篤響：「大司馬為洗雪國恥，獻出族中六萬子弟，獻出族中糧草十五萬石，浴血沙場，斬首秦軍六萬，有大功於楚國！我王若聽信讒言，誅殺屈原，楚人將永世沒有忠臣烈士！」

「老族長，本王聽你的便是了。」楚懷王沉重地歎息了一聲，「殺秦軍六萬，也不容易了，快，快起來了。」

老族長剛剛站起，便聞場外馬蹄聲疾。內侍低聲急報：「我王快看！」楚懷王聞聲抬頭，卻見一個「野人」迎面而來：戰袍血跡斑斑，鬚髮灰白散亂，眼眶深陷，乾瘦黝黑得好像一段木炭。楚懷王不禁驚訝得倒退了兩步：「你？你是大、大司馬？」

來人撲地跪倒：「臣，屈原領罪。」

楚懷王長歎了一聲：「屈原啊，你也苦了，先起來，容我想想再說了。」

「屈原尚有一言，望我王容稟。」

「有話，你就說。」

屈原慷慨激昂道：「與秦國開戰，全係屈原一人所為，與他人無涉。臣懇請我王：對戰死將士論功行賞，對屈氏糧草如數償還！此外，此戰後虎狼秦國必來復仇，楚國目下戰力太弱，懇請我王交出屈原，以全楚國！」

「大司馬！不能啊！」屈氏族老老淚縱橫，一片哭喊。

屈原站起來對族老們深深一躬：「族中前輩們：屈原不才，若能以一己之身消弭楚國危難，雖死何憾！我屈氏世代忠烈，當以國難為先，切莫為屈原性命脅迫楚王了，前輩們，回去，屈原求族老們了……」

「大司馬……」老族長竹杖篤篤，顫抖得說不出話來。楚懷王大是動情，一時涕淚交流泣不成聲。

這場風波又一次震撼了郢都。屈氏部族不惜舉族叛逆而死保屈原，屈原不惜一死而為戰死將士請功的故事，迅速傳遍了朝野。更令國人心動的是，屈原竟自請楚王將自己交給秦國，以保全岌岌可危的楚國，古往今來，幾曾有過如此耿耿忠烈的大臣？一時間，為屈原請命的呼聲彌漫了楚國，老世族們不好開口了。

楚懷王也英明了一回：先恢復了春申君的參政權力，而後拉上春申君一起與老令尹昭睢等幾名主政大臣密商了一日一夜，終於書令朝野：丹陽之戰的死難將士，全數論功賜爵，由春申君清點實施；免屈氏領地三年糧賦，以為補償；罷黜屈原大司馬之職，領三閭大夫爵，放逐汨羅水思過自省。王令通告朝野，庶民們雖然還是怨聲難平，卻也是無可奈何。殘餘的新派們也漸漸安靜了，畢竟沒有殺屈原，也沒有交出屈原給秦國，有老世族咬著屈原，還能教楚王如何處置？

屈原離開郢都那日，十里郊亭擠滿了送別的人群。有郢都國人，更有四鄉村野趕來的庶民百姓，四面山塬上到處湧動著默默的人群，路邊長案羅列，擺滿了人們獻來的各種酒食。正午時分，當春申君親自駕車送屈原出城上道時，郢都四野的哭聲彌漫開來，隨著那輛破舊的軺車慢慢地聚攏到了十里長亭。站在軺車傘蓋下的屈原，蒼老乾瘦得全然沒有了往昔的風采，他那永不熄滅的激情似乎也乾涸了，只是木然地望著四野湧動的人群，一片空洞，一片茫然。

半日馳驅，終於到了雲夢澤邊。春申君跳下軺車，扶著屈原下了車，深深一躬道：「屈兄，善自珍重了。」屈原淡淡地笑了笑：「春申君，我有最後一言：楚國不堪腐朽，已經無力自救了。一定要去找蘇秦，再度合縱，以外力保住楚國，等待機會了。見到蘇秦，代我致歉，屈原，意氣太過了……」說罷一聲歎息，大步上了小船。

「噢呀屈兄——我記住你的話了！」

小船飄飄盪盪地去了，屈原始終沒有回頭。

二、蘇秦陷進了爛泥塘

蘇秦離開了楚國，心灰意冷地踏上了北上的路途。

南下時躊躇滿志，要一心與屈原春申君合力，扭轉楚國危局，為合縱保留最堅實的一塊立足之地，也與張儀進行一次面對面的縱橫較量，不想倏忽之間急轉直下，結局亂得一塌糊塗，原因卻是莫名其妙。作為合縱一方，是徹底失敗了：非但沒能扭轉楚國，反而使其餘五國更加離心。秦國，同樣是失敗了：非但張儀險遭暗殺，最終也還是沒有避免一場惡戰，竟前所未有地折損了六萬新軍銳士。楚國呢，更是最大的輸家：朝局大亂新派湮滅且不說，積數年心血所訓練的八萬新軍連同兩三萬老軍，也全數賠了進去。同時還結下了一個最凶狠強大的仇敵，將無可避免地永遠不得安寧了。

細思其中因由，千頭萬緒令人扼腕歎息。楚懷王是千古罕見的抽風君主，時而聰明機斷，時而顢頇紈袴，彎子轉得常常令人哭笑不得。屈原則是千古罕見的激烈偏執，恨便恨死，愛便愛死，意氣極端得全然沒有迴旋餘地。春申君呢，機變詼諧且頗有折衝之能，但卻少了一些堅剛與大智，既影響不了屈原，又影響不了楚王，硬生生地無可奈何。昭雎陰沉狡黠又極是沉得住氣。鄭袖聰敏貪婪偏又能適可而止……面對楚國如此亂象，幾乎每個人都是蘇秦的對手，卻教蘇秦如何對付？張儀號稱天下第一利口，能事之極，還不是無法將楚國亂象理順到秦國和局之中？

到頭來三敗俱傷，卻不知道罪責在誰。似乎一切都是屈原攪亂了。可是，若沒有屈原的強硬，楚國還不是納入了秦國算盤？屈原既強力扭轉了楚國倒向秦國，又完全堵塞了楚國重入合縱，更是一舉毀滅了楚國變法的希望。功也罪也，孰能說清？

一路之上，蘇秦思慮著念叨著揣摩著，最後還是說不清道不明的一團糨糊，末了只好長歎一聲：「人算何如天算？當真天意也！」想想合縱以來的坎坷，蘇秦無可奈何地笑了。難道不是天意麼？每到窮途末路，蘇秦必得從燕國開始。合縱發端於燕國，每次大挫，竟都只有回燕國這一條路。弱燕生蘇秦，強秦成張儀，看來這也是天意了。

「二哥——二哥——」

蘇秦驀然驚醒，卻見一騎快馬飛馳而來，馬上騎士斗篷招展搖手長呼，不是蘇代卻是何人？蘇秦四面一張望，發現竟然已經到了薊城郊野，低聲嘟囔一句「好快」，跳下了軺車，坐在道邊一塊大石上等候蘇代。

「二哥，回來得好！我正等你。」蘇代下馬，不斷拭著臉上的汗水。

蘇秦笑道：「三弟啊，你知道我回燕國？」

「不知道，我正在城外狩獵，看見了蘇字大旗，不是二哥卻是誰？」

「一個人狩獵？」

「不是，子之邀我一起狩獵的。你看那兒——」

蘇秦目力雖差，卻也看見了遮天蔽日的煙塵中翻飛的大旗與衝鋒馳騁的馬隊，看那氣勢，少說也有三五千騎兵。蘇秦不禁皺起了眉頭：「子之又在炫耀燕山鐵騎了？」蘇代笑道：「二哥不知，子之目下可是威風起來了，軍政大權一把抓。」蘇秦冷冷道：「燕王相信他？」蘇代道：「燕王病了，癱了，將國事都交給了子之。」

蘇秦大是驚訝，走時還好端端如日中天的一個燕王，如何就癱在了榻上？莫非是子之……蘇秦脊梁一陣發涼：「快說，燕王如何病的？」

「前次狩獵，燕王從馬上摔了下來傷了腿，後來日益沉重，最後便癱了。」

「燕王精於騎射，如何能摔下馬來？」

「子之說，那是一匹東胡野馬，燕王冒險嘗試，被野馬掀翻。」

蘇秦沉默良久淡淡一笑：「去看過燕姬麼？」

「去過兩次，想給她送點物事，卻沒有見到人，可能雲遊去了。」

蘇秦又是一陣沉默：「你先去，記住，不要對子之說我回來了。」

「好……那我先走了。」蘇代似有困惑，卻也習慣了聽蘇秦吩咐，上馬一鞭去了。

眼看著煙塵消散，狩獵馬隊捲旗收兵，蘇秦才上了軺車偃了大旗，靜悄悄地繞到最僻靜的北門進了薊城。回到府中吩咐關了大門，沐浴梳洗之後便進了書房，蘇秦要一個人好好想想燕國這幾件事。誰知剛剛落座，總管老僕走了進來低聲道：「大人，上卿來了。」蘇秦一怔：「上卿？他如何知道我回來了？」老總管默默搖頭。蘇秦道：「你去說，我路途受了風寒，已經臥榻歇息，改日上門回訪。」老總管看看蘇秦，卻沒有走。蘇秦不耐煩道：「沒聽見麼？去。」老總管低聲道：「老朽本不該多嘴，大人還是不要回絕的好，上卿在薊城可是……」老人眼光閃爍，似乎不敢往下說了。蘇秦想了想：「也好，去請他進來。」老人猶豫道：「大人不去迎接？」蘇秦不禁笑了：「我是封君開府丞相，他只是上卿，知道麼？去。」

片刻之間，書房外腳步騰騰，子之赳赳走了進來，還是一身軟甲一領戰袍，手中一口長劍，人尚在廊下，響亮的笑聲已經響徹了庭院：「武安君當真雅興，悄悄歸燕，也不給子之一個接風的機會。」隨著笑聲進門，人已一躬到底，「武安君，子之有禮了。」蘇秦淡淡笑道：「甲冑上卿，禮數倒是周全，請入座了。」子之哈哈大笑一陣，坦然入座，順手將長劍橫在了案頭。總管老僕上了茶，悄悄地守到廊下去了。

「楚國震澤吳茶，上卿以為如何？」

「好看，太淡。」子之笑道，「還是燕山粗茶來勁兒，剋得動牛羊肉。」

「見仁見智，一家之言了。」

子之對蘇秦的揶揄似乎渾然無覺：「武安君，多日等你歸來，四處派出遊騎斥候探查你動靜，非有他意，只是想與你商議一件大事。」

見子之坦誠，蘇秦的一絲不快已經消散：「大事？上卿請講。」

「在燕國變法！」

蘇秦大是驚訝，沉默著半日沒有說話。子之打量著蘇秦笑道：「武安君以為子之粗蠻，不堪變法？」蘇秦默默搖頭，卻還是沒有說話。子之道：「武安君啊，變法有內外兩方條件，而今大勢已變，燕國內外皆宜變法，如何武安君倒狐疑起來？」

「你且說說，燕國如何內外皆宜了？」蘇秦終於說話了。

「先說外勢：秦國慘勝楚國，遭受重創，三五年內不會在中原生事；趙齊魏楚四大國內事頻仍，更無力威脅燕國，如此燕國便有了一段安穩時日；再說內事：燕王賢明，委大政於你我，新派已經成了氣候，老世族沒有實力抗衡，此時若在燕國變法，豈有不成之理？」

「你欲如何變法？」

子之哈哈大笑：「武安君何其糊塗！變法你領，問我何來？」

「你要變法，如何又是我領？」

「哎呀武安君，子之保駕，蘇秦變法！不好麼？」子之拍著書案一陣大笑。

蘇秦心中怦然一動，正待開口，卻又硬生生忍住，淡淡笑道：「茲事體大，蘇秦從來沒有想過，得從長計議。」

「好，多想想也好，我等你。」子之突然壓低聲音道，「還有一事，敢請武安君恕罪。」

蘇秦很不喜歡這種一驚一乍，皺著眉頭道：「你說。」

「燕王癱病期間，武安君不在國中，燕王要我署理丞相府政務。子之事先言明：只是代為署理，武安君回燕即交還權力。可燕王不答應，說丞相未必再回燕國，硬是宣來一班大臣，教我做了丞相……」子之歎息了一聲，流露出深深的歉意，「子之愧對武安君，特來說明，明日你我面見燕王，我即交還丞相印信。」

驀然之間，蘇秦恍然大悟，笑了笑道：「丞相便丞相，那是國家公器，又不是你借我的物事，能還回來麼？」

「只要子之堅持不受，自然能歸還回來。」

蘇秦哈哈大笑：「子之啊子之，蘇秦豈是討官做之輩？你便做丞相何妨，只要你真正變法，真正使燕國強大，蘇秦何須斤斤計較？」

「武安君大義高風，子之敬佩之至。」

送走子之，蘇秦前所未有地失眠了，想了整整一夜，卻不知究竟想了些什麼，更不知道想清楚了什麼。天亮時終於矇矓睡去，日上半山時卻又被老僕喚醒了，說上卿親自駕車來接他進宮。蘇秦只得起來梳洗一番，出來上了子之高車進宮去了。

踏進王宮，蘇秦便覺得氣氛有異。燕國宮殿雖然窄小陳舊，平日裡卻也是一片生氣。尤其是燕易王成年即位，一心要振興燕國，操持國務一點也不鬆懈，每日吏員如梭，宮中總是忙忙亂亂的。今日進宮，偌大車馬場竟沒有停放一輛官員軺車，進得宮門，兩廊官署更是冷冷清清，只有管轄王室事務的兩三處開著門有吏員身影，其餘一概關閉。蘇秦不禁大是困惑：燕王病了，難道國務也停止了？

子之見蘇秦眼神不對，指點著笑道：「我一個忙不過來，也是偷懶，教這些官署都遷到我府上去了。」蘇秦心中一沉，臉上卻笑著：「上卿果然不凡，只差將王宮搬走了。」子之大笑道：「武安君卻是迂腐了，無論搬到哪裡，只要將事情辦好不就完了？」蘇秦想趕快見到燕王，也不說話，只是大步向深處走去。

進入第四進，是燕王經常召見朝臣的兩座偏殿，過了偏殿是正殿，一過正殿便是燕王書房與典籍庫。這些地方蘇秦都很熟悉，唯獨沒有來過後宮。步入書房迴廊，一股草藥氣息撲面而來，蘇秦不禁大皺眉頭。來到寢宮庭院，藥味兒更是濃郁。蘇秦抬頭一看，庭院池邊鋪滿了草席，席子上晾滿了黑糊糊的藥渣。藥渣席邊，好幾個太醫在蹬著藥碾子碾藥，呼嚕咣噹一片，直與製藥作坊一般。

子之低聲道：「東胡神醫的方子：服用湯藥之後，藥渣碾成粉末吃下。」

蘇秦陰沉著臉走進了寢宮，遠遠便聽大木屏外的老內侍高聲長宣：「武安君上卿到——」蘇秦一怔，聽見裡面一陣急遽的咳嗽喘息。內侍此時連忙躬身閃開：「燕王召見，武安君上卿請——」

蘇秦早就聽燕姬說過，燕王宮狹小粗簡，唯有寢宮高大寬敞，白日裡陽光一片，分外明亮。但是轉過大木屏，眼前卻一片幽暗，窗戶關閉，帳幔低垂，一股令人作嘔的氣息四處彌漫，厚厚的帳幔中劇烈的咳嗽喘息之聲不能停止，聽得蘇秦分外揪心。

子之捏著鼻子在蘇秦耳邊道：「東胡神醫說：不敢見風。」

蘇秦終於忍不住了，對著帳幔深深一躬，高聲道：「臣蘇秦啟稟我王：蘇秦通曉醫道，此乃東胡巫術，摧殘性命，百害而無一利。臣請我王立即裁撤，改用我華夏醫藥救治。」

帳幔後傳出一陣更為急遽的咳嗽喘息聲……蘇秦對四名侍女斷然揮手：「快！撤去帳幔，打開窗戶，搬走藥渣，立即收拾乾淨！」

侍女們驚恐地望著子之，沒有一個人敢動。蘇秦微微冷笑道：「上卿大人，這是東胡巫術，還是薊城人術啊？」子之看看蘇秦鐵青的臉色，突然大笑：「武安君受不了，我也受不了。撤，快！撤了！」

幾名侍女立即忙不迭動手，拉開圍牆大帳，打開全部窗戶，又收去臥榻帳幔，搬走屋中所有藥渣與不潔之物……片刻之間，寢宮中陽光明媚和風徐徐，大是清新宜人。蘇秦向臥榻一看，卻驚訝得釘在了那裡——陽光之下，臥榻之人形如鬼魅：一身髒污不堪的布衣，面色蒼白如雪，眼眶深陷成了兩個大洞；一頭黃髮散披在肩，一臉血紅的鬍鬚雜亂地虯結伸張著；嘴巴艱難地開合喘息著，口中黑洞洞的看不見一顆白牙。若非親見，蘇秦如何能想到這便是幾個月前英挺勃發的燕王？驀然之間，蘇秦心中閃過了齊桓公姜小白爬滿蛆蟲的屍體，不禁倒吸了一口涼氣。

「哦哦，噢啊……」燕易王含混不清地喘著叫著，木呆呆地看著蘇秦。

蘇秦走到榻前：「臣，蘇秦參見燕王……」

燕易王艱難地喘息著，深陷的眼眶中流出了細細的兩行淚水。蘇秦道：「臣請為燕王把脈。」說罷跪座榻前，拉過燕易王乾柴一般的枯手，剛一搭脈，蘇秦心中猛然一跳，良久，蘇秦站起來肅然一躬：「臣啟燕王：醫家至德，不諱言誤事。燕王脈象，來日無多，須及早安排後事了……」燕易王眼眶中又湧出了兩行細淚，那隻枯瘦的右手卻艱難地搖動著。蘇秦一看，子之正站在燕易王右首。

蘇秦正色道：「上卿，宣召太子。」

子之沉重地歎息了一聲，轉身命令內侍：「宣召太子進宮。」內侍匆匆去了。

蘇秦猛然想起一人：「敢問上卿，櫟陽公主為何不在燕王身邊？」

「秦人沒個好！」子之憤憤道，「燕王一病，她便回咸陽省親去了。」

蘇秦心有疑雲，瞄了一眼燕易王。燕易王微弱的目光連番閃爍，只喘息咳嗽著無法說話。一陣默然中，寢宮門廊下的內侍一聲長呼：「太子到——」蘇秦抬頭一看，一個面目疏朗神情卻很猥瑣的高冠青年，小心翼翼地走了進來。蘇秦深深一躬：「臣蘇秦，參見太子。」太子遊移的目光中閃出了一絲驚喜：「你便是武安君蘇秦？好……」卻又突然打住，匆匆走到榻前對著怪異可怖的燕易王躬身一禮，默默地釘在了那裡。

燕易王空洞的目光盯住了蘇秦，又看了看太子。蘇秦默默走到榻前。燕易王艱難地拉住了蘇秦與太子的手，將太子的手塞進了蘇秦的手中，喉頭發出一陣含混的叫聲與喘息。蘇秦高聲道：「燕王毋憂，蘇秦當竭力輔佐太子！」燕易王喘息稍平，又看看走到榻前的子之，又將子之的手塞進了太子的手中。子之朗朗高聲：「我王放心去，子之力保太子稱王！」

一陣微弱喘息，燕易王大睜著空洞的雙眼，了無聲息地去了。

蘇秦三人剛剛跪倒，寢宮外一陣沉重急促的腳步聲，接著便聞內侍一聲長呼：「王后駕到——」話音未落，子之霍然起身，長劍已經提在了手裡。太子一扯蘇秦衣襟，也驚恐地站了起來。蘇秦轉過身來，一隊勁裝帶劍的黑衣侍女已經環列廳中，將三人連同燕易王的屍榻一起圍在了中間，一身甲冑一口彎刀的櫟陽公主冷笑著走了過來。

子之冷冷道：「櫟陽公主，來燕國何干啊？」

「問得好稀奇。」櫟陽公主淡淡道，「我是燕國王后，這裡是我的家，將軍不知道？」

「你逃國離燕，已經不是王后了。」

櫟陽公主微微冷笑道：「子之，可惜你還沒做燕王，未免威風得太早。」

「你且看好了，這是燕王廢黜王后的黃絹王書！」子之抖開了一方黃絹，「廢后令」三個大字與那方鮮紅的王印赫然在目。

一陣哈哈大笑，櫟陽公主手中抖開了一方白絹：「子之看好了，這是燕王手書王命：櫟陽公主，永為王后！再看後面一行小字了：若有廢后矯書，是為亂國！看清楚了麼？」

「來人！將這矯書秦女拿下問罪！」子之威嚴地大喝了一聲，宮外卻沒有動靜。

櫟陽公主笑道：「喊啊，如何不喊了？」說話間悠然走到子之面前，雪亮的彎刀突然架在了正在發愣的子之脖頸上，「子之，你那套鬼蜮伎倆騙得了武安君一等正人君子，可騙不了我這個目無王道的刁鑽女子。今日我要明告你：你若忠心輔佐太子稱王，你便是燕國功臣。否則，本后的老秦舊部便要聯結燕國王族，教你死無葬身之地！如若不信，你便試試。」

子之哈哈大笑：「櫟陽公主，你只有今日一個機會，你不殺我，休怪子之日後無情。」

櫟陽公主收了彎刀：「子之，若非顧忌燕國內亂生靈塗炭，殺你比殺狗還容易。我櫟陽公主身為王后，若無討賊實力，也不做今日之事。至於子之的無情，櫟陽早有領教，隨時奉陪。」說罷沉聲命令，「燕王遺命：武安君蘇秦，擁立太子即位；上卿子之，主持國喪大禮；若有不臣之臣，舉族殺無赦！」

「臣蘇秦謹遵王命！」蘇秦一陣輕鬆。

「子之謹遵王命！」子之也沒有片刻猶豫。

次日太子即位，這便是燕王姬噲。姬噲當殿下書：武安君蘇秦爵加兩級，領丞相府主政，封地增加一百里；上卿子之爵加兩級，兼領右丞相、上將軍輔政，封地增加一百里；蘇代任亞卿，輔上卿署政；燕國名士鹿毛壽賜大夫爵，任御書（註：御書，燕國官職，掌王室文書典籍並起草詔書政令等）之職。這些都在朝臣預料之中，原是不足為奇。

出人意料的是，新王宣布：將十三歲的長子姬平立為太子。即位當天便立太子，這在百餘年的戰國歷史上可是聞所未聞。當時便有將軍市被出來勸阻燕王，說儲君事大，須得從長計議，不宜操之過急。平日顯得並無主見的新王姬噲，此時卻一聲不吭，顯然是咬住了要立太子。蘇秦雖然也是大感意外，但略一思忖，立即站出來支持了燕王，說辭只有十六個字：「早立太子，國脈明晰，傳承有序，並無不妥。」子之雖然沒有說話，但聲望滿天下的蘇秦一開口，姬噲頓時吃了定心丸一般，也不再聽朝臣議論，便宣布了散朝。

蘇秦剛剛回到府中，蘇代跟腳就到，還沒落座就問：「二哥，你如何贊成燕王立太子了？」蘇秦沉著臉道：「如何，我不能贊同？」蘇代紅著臉道：「上卿最煩這個姬平，要立也不能立他。」蘇秦頓時不快，盯住了這個聰敏機變的弟弟：「姬平是長子，立太子名正言順。子之煩姬平，煩的該不是太子本身吧？」

「二哥。」蘇代苦笑道，「子之既有實力又有魄力，還有一股銳氣，他在燕國掌權有何不好？你說，戰國以來有多少家臣廢主自立？魯國、晉國、齊國，三個老大諸侯，都被新派臣子取代了，獨獨留下這個老燕國，為何新派人物就不能取而代之？」

「哼哼。」蘇秦冷笑道，「蘇代，你娶了子之妹妹，可不要連自己也賣了。」

「不！我是真心敬佩子之，雄心勃勃，新派氣象。」

「新派氣象？」蘇秦又氣又笑道，「你知道新派氣象為何物？正經主張一條沒有，就有幾萬鐵騎、一片機心、一副狠烈張揚的脾性，這就是新派氣象了？」蘇秦打住話頭，沉重地歎息了一聲，「三弟，為兄不是迂腐士子。子之果真有治國變法之才，為兄為何不擁戴他？不說像吳起商鞅那般大才，縱有屈原那一股為行新政不惜犧牲的坦蕩正氣，為兄也認了。可子之有麼？沒有。子之有的，只是勃勃野心。這叫何來？叫志大才疏。這種人成不了事。三弟啊三弟，你初出天下，可不要湮沒在燕國。」

蘇代固執地搖了搖頭：「二哥，你奔波合縱，名重天下，身佩六國相印，到頭來卻沒有立錐之地，不覺得寒心麼？子之是沒有治國之才，可二哥你有啊！子之敬重你，一心要與二哥聯手執掌燕國，這正是二哥所需要的根基，也是你我兄弟所需要的根基，又何須求全於子之？」

「住口！」蘇秦大喝了一聲，臉色驟然脹紅。

平日裡蘇秦很是鍾愛兩個弟弟，在洛陽故里三兄弟同吃同住，蘇秦實際上便是兩個弟弟的老師，從來都沒有對兩個弟弟發作過，今日當真是前所未有。一陣沉默，蘇秦心有不忍，低聲道：「三弟啊，洛陽國人稱你我兄弟為『蘇氏三賢』，難道你我兄弟不能自立於天地之間，卻要附庸於一個以不臣為能事之人麼？」

蘇代默默地走了，一句話也沒有說。

這一夜，蘇秦又失眠了。這種煩亂一出現，他就知道無論如何努力也只是輾轉反側而已，索性披衣坐起，到庭院中漫步去了。幽藍的天空，閃爍的星斗，清涼的秋風，皎潔的月亮，他的心終於漸漸平靜了下來，仔細地回想了多年來在燕國的每一次轉折，每一個關鍵人物，每一次重大事件，一條清晰的脈絡突然顯現了出來——燕國大亂在即，已經是一個爛泥塘，是一個危邦了。雖然他名高望重爵位顯赫，但他卻只有無可奈何地看著亂局一步步逼近，在這種實力碰撞的亂局中，自己的名望、高爵與才華，顯得那樣蒼白無力。蘇秦清醒地知道，要扭轉這種亂局，只有投身其中，擁有自己的力量——土地、民眾、財貨與軍隊，必須像屈原像櫟陽公主那樣，敢於以武力相向。雖則答案如此簡單，可蘇秦最終還是認為自己做不到，即或讓歲月倒退回去重來一遍，自己也還是如今的自己，也許是天意，也許是命數，也許是稟性，總之他無法接受實力碰撞中的那些齷齪，無法教自己屈從於血腥交易之中，無法讓自己的靈魂依附於一種強大的黑暗。從這個意義上說，蘇代比他強。蘇代敢於跳進漩渦，敢於從實際利害決斷自己何去何從，敢於為自己爭取實力根基，而不是像他那樣，將名士風骨永遠看作第一位的人生準則。強求蘇代如蘇秦，豈非與強求蘇秦如蘇代一般荒謬？

不知不覺天已經亮了，蘇秦到浴房澆了一通冷水，擦乾身子換上了乾爽的夾衣，頓時覺得輕鬆愜意，一直壓在心頭的憂鬱煩亂煙雲般地消散了。他吩咐總管家老關閉府門謝絕見客，進了書房，直到入夜掌燈，蘇秦還沒有走出書房。

過得一些日子，燕國風平浪靜了。這日清晨，蘇秦親自駕車進了王宮。

姬噲雖然做了燕王，可是卻沒有一個大臣來見他議政，清閒得無所事事。正覺無聊之時，住在燕山別宮的櫟陽公主卻給他派來了兩個侍女，還帶給他一封書簡，簡上只有十二個字——王與太子，勤修劍術，以防不測。姬噲左右無事，便常常跟著這兩個侍女練劍。太子姬平少年心性，劍術興趣極為濃厚，不用姬噲叮囑，天天來跟兩個女劍士練劍，有時候還要在月光下玩練，彷彿永遠沒個盡頭。

這日早晨，姬噲正坐在草地上看太子姬平與侍女比劍，老內侍罕見地匆匆走了過來：「稟報我王：武安君蘇秦求見。」姬噲高興地站了起來：「武安君來了？快，請他進來。」說著向水池邊的茅亭走去，「來人！快上燕山羊湯！」

蘇秦來了，一身布衣散髮無冠。姬噲老遠迎了上去：「哎呀武安君，山人隱士一般也，當真灑脫！」說話間拉住了蘇秦，「如何老是不來，悶死我也。快來坐了，這是專門為你上的羊湯，先喝暖和暖和。」蘇秦笑著一躬：「謝過燕王。」也沒有推辭，喝了一鼎濃濃白亮的燕山羊湯，額頭上頓時滲出了一片細汗。燕王歎息一聲道：「武安君啊，這國王當著實在寡淡。」蘇秦悠然一笑道：「上天衡平也，既握天下公器，便要捨棄自在之身。若要率性而為，便不能握天下公器，難得兩全了。」

「還是武安君好，永遠都是遊遍天下的快意生涯。」

「臣啟我王：蘇秦正是來辭行也。」

「辭行？」燕王姬噲驚訝了，「武安君要拋下燕國不管了？」

「非也，臣離開燕國，恰恰是為了燕國長遠大計。」

「武安君此話怎講？」

蘇秦壓低了聲音道：「兩三年內，燕國必有不測風雲。蘇秦欲為燕國謀求一個可靠盟邦，必要時輔助燕國消弭內患。燕國情勢，木已成舟，無力自救。若無外力，燕國只怕要社稷變色了。」姬噲沉默良久，一聲長長的歎息道：「社稷興亡，天意原是難測也。武安君恪盡人事，姬氏王族當銘刻在心，縱然無果，也無須上心。燕國自周武王始封諸侯，一脈相傳六百餘年，也知足了。有人要燕國，給他又何妨？這寡淡國王，姬噲也做夠了……」

「我王差矣。」蘇秦正色道，「王者，公器也。公器失位則國家禍亂，庶民塗炭。一己之物可讓可贈，天下公器卻不可隨心取予。蘇秦之心，我王當三思明察。」

姬噲又一陣沉默，起身深深一躬：「武安君忠信謀國，姬噲先行謝過。」

蘇秦連忙扶住了燕王，低聲說了一陣，燕王頻頻點頭。

半月之後，齊國孟嘗君來到燕國，交涉燕齊邊境的漁獵爭端。子之與孟嘗君兩相厭惡，破例地將這件棘手事兒推給了燕王決斷。燕王姬噲順理成章地交給蘇秦全權處置，磋商了幾日，蘇秦以特使之身與孟嘗君到齊國交涉去了。

一出薊城，孟嘗君告訴蘇秦一個驚人的消息：張儀磨下了齊王，齊王決意與秦國修好結盟，竟然接受了秦國「邀請」——派孟嘗君到秦國去做客卿。

蘇秦心中一沉，臉上笑道：「孟嘗君做強秦貴客，可喜可賀了。」

「何來貴客？齊王拿我做人質罷了，武安君當真不明？」孟嘗君一臉苦笑。

蘇秦笑道：「看來，這次又要在齊國與張儀周旋了。」

「齊國不是楚國，孟嘗君不是春申君，張儀不會得逞。」

「好！」蘇秦很為孟嘗君的豪氣振奮，「我在臨淄等候你消息。」

易水南岸，兩人下車商議了半日，最後依依分手。蘇秦向東南去了齊國，孟嘗君向西南去了秦國。

三、巔峰張儀又出錯

交十月，孟嘗君抵達咸陽，張儀親自出城郊迎，禮節隆重極了。

孟嘗君對張儀有一種奇特的感受，既有大是相投，又有虛與委蛇，以致每每不知何種滋味兒。與蘇秦相處長了，孟嘗君對名滿天下的張儀自然也有一番推測想像，大體上總是不脫蘇秦那種名士器局的影子罷了。可當初在臨淄第一次見張儀，孟嘗君便覺張儀與蘇秦迥然不同。張儀的談吐是詼諧犀利的，不像蘇秦那般凝重睿智；張儀不修邊幅，一領丞相錦袍在身上穿得皺巴巴的，加上一支鐵杖與微瘸搖擺的腿腳，與蘇秦那種整肅華貴的氣象相比，張儀更像是個市井布衣；張儀不拘小節，痛飲烈酒，高談闊論，但有評點，便是一番嬉笑怒罵，鞭辟入裡，令人如醍醐灌頂般過勁兒。聽多了也習慣了蘇秦的那種侃侃雅論，乍然一聽張儀論事，往往教人不敢相信面對者是蘇秦的同窗師弟……所有這些在蘇秦身上看不到的東西，都令豪俠本色的孟嘗君心醉。比較起來，孟嘗君覺得自己更喜歡張儀。孟嘗君恨秦國，卻真心地喜歡張儀。

郊迎聚酒，遇到如此一個不世出的灑脫人物，孟嘗君當真是前所未有的一腔快意。本來是禮節性的郊迎接風，兩人竟相對痛飲了兩個時辰。談笑間從品酒說開去，名酒佳釀、名車駿馬、兵戈劍器、《詩》風情歌、各人喜好，無事不論，偏偏國事一句也沒有說，秋日已枕在了山頭。看看天已暮色，嬴華走過來在張儀耳邊悄悄說了兩句。

「罪過罪過。」張儀恍然大笑著站了起來，「孟嘗君啊，秦王還等著給你洗塵。走！接著喝！」

「好！接著喝！」孟嘗君也是一陣大笑。

兩人上車進了咸陽東門，城中已經華燈初上。車行十里長街，但見道中車水馬龍，萬家燈火中夜市煌煌，一片燦爛錦繡。孟嘗君目不暇接，一路連聲驚歎，到得宮前，見廣場中車馬如梭官吏來往匆匆，竟比臨淄的早朝還要繁忙。孟嘗君不禁戲謔笑道：「一個孟嘗君，秦國忙成了這般模樣？」張儀哈哈大笑道：「秦國無閒官，當日事當日畢，能不忙麼？」素來豁達的孟嘗君驀然愣怔，長長地歎息了一聲，半日無話。

進得一座小殿，四個黑衣人正在悠閒地笑談，幾張長案上都擺著顯然已經變涼了的酒菜。孟嘗君在門口瞄得一眼，座中幾人都是黑色的無冠常服，座案又擺成了環形，竟沒有立即看出哪個人是秦王。孟嘗君不禁鬆了一口氣：一定是幾個大臣等候在這裡，秦王還沒有來。正在此時，一個鬚髮灰白敦厚穩健的黑衣人迎了過來：「孟嘗君，嬴駟等候多時了。」嬴駟？孟嘗君大出意料，連忙深深一躬：「田文唐突，多酒失禮，望秦王恕罪。」

「哪裡話來？」秦惠王爽朗笑道，「至情至性，大禮不虛，孟嘗君正對秦人脾胃。」說著拉起孟嘗君的手，「來，先認認我這幾個老臣子：右丞相樗里疾，你的老友了。」

樗里疾拱手嘿嘿笑道：「孟嘗君，黑肥子想你想得緊也。」

「上將軍司馬錯，沒見過面的老冤家了。」

司馬錯拱手作禮：「久仰孟嘗君大名，日後多承指教。」

孟嘗君笑了：「上將軍，你可是替我這個敗將說話了。」

一片大笑聲中，秦惠王又介紹了長史甘茂，君臣便落座入席。間隙中，張儀早已命內侍換上了熱騰騰的新菜。秦惠王舉爵開席，君臣同飲，為孟嘗君行了接風洗塵之禮。酒過三巡，秦惠王笑道：「孟嘗君，我等君臣為你洗塵接風，嬴駟只有一句話：邀君入秦，非有他意，只是想請你到秦國走走看看，看完了，你可隨時回齊。」

孟嘗君內心很是驚訝，卻悠然笑道：「多謝秦王，許田文自由之身。」

「嘿嘿。」樗里疾笑著指點，「你個孟嘗君，秦國稀罕你小子做人質麼？」

孟嘗君與樗里疾笑罵慣了，聞言哈哈大笑：「有黑肥子這句話，我便放心。」

秦惠王悠然笑道：「山東六國歷來以老眼看秦國，罵秦國是虎狼之國蠻夷之邦。君性公直，能還秦國一個公道，嬴駟也就多謝了。」

「謝過秦王信任。」孟嘗君慨然允諾，還想說話，終於忍住了。

從宮中出來，已經是二更時分。張儀拉著孟嘗君笑道：「給你說，我那裡還有幾罈百年趙酒，明日去滅了它如何？」張儀慨然作請，鐵杖頓得篤篤響。

「明日做甚？便是今夜！」孟嘗君興致勃勃，「我最不喜歡住驛館，到你府上盤桓它幾日，看看秦國丞相如何過活了？」

張儀哈哈大笑：「人許三分，自索十分，孟嘗君當真稀奇也！」

「養門客久了犯賤，也想教別人養養，有甚個稀奇？」孟嘗君一本正經。

張儀更是笑不可遏：「哎呀了得！如此一個門客，折殺張儀了。」

一路笑談指點，回到府中已經過了三更。張儀冒著醺醺酒氣，一進正廳高聲叫道：「緋雲，酒神來也！上百年趙酒！」緋雲扶住張儀笑道：「吔，還酒神呢，酒桶吧，還能裝多少？」孟嘗君莞爾笑道：「小妹說得好，原是兩只酒桶。」張儀篤篤頓著鐵杖：「我的小妹，是你叫的麼？」孟嘗君忍俊不禁哈哈大笑：「你的便是我的，又有何妨？」張儀跌坐案旁地氈上，口中兀自喃喃：「我的便是我的，又有何妨？」

緋雲一邊忙著將張儀扶著靠到大背墊上坐好，一邊紅著臉咯咯笑道：「吔！又亂說了，有貴客在這裡呢。」說著又利落地給孟嘗君拿過一個大靠墊：「大人稍待，趙酒馬上便來。」說完一陣風似的飄了出去。

「張兄。」孟嘗君神祕地笑笑，「不惑之年，依舊獨身，文章在此處了？」

張儀呵呵笑道：「文章啊文章，文章也該結果了……」

「張兄大手筆，定做得好文章！」

「大手筆？大手筆也只能做一篇好文章啊。」

「哦！」孟嘗君搖頭晃腦，「只要值得做，兩篇做得，十篇八篇都做得。張儀是張儀，張儀不是孔夫子，也不是孟夫子。」

「說得好！」張儀拍案笑道，「張儀是張儀，知張儀者，孟嘗君也！」

「知田文者，張儀也！」孟嘗君一拍案，兩人不約而同地大笑起來。

一陣輕微細碎的腳步聲，緋雲帶著兩個侍女飄了進來。一陣擺弄，兩張長案上擺滿了鼎盤碗筷，兩只貼著紅字的白陶酒罈赫然蹲在了案旁。孟嘗君聳了聳鼻頭：「啊，好香！這，是百年趙酒？」緋雲笑道：「吔，錯不了，管保飲來痛快。」孟嘗君大笑：「好好好，這便對路了！」猛然睜大眼睛看著面前的土色大陶碗，「噢？老趙酒，要用陶碗喝的麼？」緋雲笑道：「吔！老酒大碗，比銅爵更快意呢。」說著已經端起白色陶罈，飛快地給兩只大陶碗斟滿了，遞到了兩人面前。

孟嘗君高聲大笑道：「張兄，來，你的百年趙酒！乾！」

「對！你的百年趙酒，乾！」兩碗一照，兩人咕咚咚一氣飲乾了。

「好爽快！百年趙酒！再來再來。」又連連飲乾了三碗，孟嘗君方才嘖嘖品咂著，一臉困惑道，

「不對呀，這，這趙酒？如何是冰涼酸甜？」

「對呀，這趙酒如何冰涼酸甜？問邯鄲酒吏！」張儀篤篤頓著鐵杖。

看著兩人醉態，緋雲咯咯笑道：「吔！這是冰鎮的老秦米酒，還酒神呢。」

孟嘗君哈哈大笑：「好！百年冰鎮，正當其時，天下第一！再來！」

「對！百年冰鎮，天下第一！再來！」張儀立即呼喝響應。

片刻之間，兩人連乾六碗，胸腔中那股熱辣辣的火苗終於平息了一些，滿面紅光歪著身子靠在牆上。張儀啪啪地拍著長案道：「孟嘗君啊，你轉上個把月，等我手邊事一了，我與你同去臨淄一遊。」孟嘗君呵呵笑著連連搖頭：「蘇秦剛到齊國，你又要去攪和，生生讓蘇兄不得安寧麼？」張儀臉色猛然黑了下來：「孟嘗君，你說說，屈原暗殺張儀，與我這位師兄合謀沒有？」

孟嘗君哈哈大笑，笑著笑著倒在地氈上打起了呼嚕。張儀歪著身子，敲敲長案兀自笑道：「好你個孟嘗君，打呼嚕搪塞我，我追你夢中，也要問個明白……」頭一歪，也呼嚕呼嚕地睡了。

次日午後，孟嘗君方才醒來，梳洗用飯後來書房找張儀說話。書房外遇見緋雲，方知張儀清早便進宮去了，目下還沒有回府。孟嘗君不禁驚訝張儀的過人精力，更是敬佩秦國官員的勤奮敬事。若在齊國，因邦交周旋而醉酒，大睡三日也是理直氣壯的，任誰也不會來找你公幹。一個丞相都如此勤謹，秦國官員誰敢懈怠國事？舉國如此勤謹，國家豈有不興旺的道理？驀然想到齊國，想到山東戰國，孟嘗君頓時心裡沉甸甸的。

此時的張儀，在宮中與司馬錯發生了激烈的爭論。

丹水大戰後，秦惠王深感國力仍然欠缺，與楚國新軍一次惡戰便有吃緊之感，如何能與山東六國長期抗衡？張儀與司馬錯回到咸陽後，秦惠王下令幾個股肱大臣認真謀劃，如何大大增強國力？如何重新打開僵局？今日朝會，便是聚議這件至關重要的大事。參與者除了張儀、司馬錯、樗里疾、甘茂，秦惠王還特意派內侍用軍榻抬來了白髮蒼蒼的王伯嬴虔，請他安臥在炭火明亮的大燎爐旁聽一聽。

樗里疾是實際主持內政的右丞相，先簡約地稟報了秦楚大戰後的國力狀況：秦國雖有六郡四十餘縣，人口三百餘萬，但北地、上郡、隴西三郡，為抗擊匈奴與諸胡，歷來不徵兵員、不繳賦稅；關中兩郡與商於郡，是秦國抗衡山東六國的實力來源，三郡人口將近兩百萬，可成軍（註：成軍，古代計算兵員基礎的概念，即可以成為軍隊的人數，也就是可徵兵員，並非現成軍隊）之壯丁足額為三十萬；秦國三座糧倉存糧兩百餘萬斛，若無賑災之急，可供三年軍食；咸陽尚坊存鐵料九萬餘斤，僅可鑄造兵器一萬件左右；國庫存鹽三萬餘擔，大體可供兩年國用。

末了樗里疾道：「據臣測算：要抗衡山東，大出天下，新軍兵力至少當在五十萬。而以秦國目下之土地人口財貨鹽鐵糧草等諸般狀況，縱可成軍三十萬，也無法支撐三年以上。若加重賦稅、擴大兵員，則自壞法制，為今之計，必須在『拓展』二字著力。」

生性詼諧的樗里疾，今日封著黑臉沒有一絲笑容。儘管大臣們也都大體知道這種實情，但被主政大臣板上釘釘地用一連串數字亮出來，依然是人人心驚，殿中一時沉默。

「拓展？」秦惠王在王案前來回轉著，「倒是不錯，然則向何方拓展？想過麼？」

「臣尚無定見。」樗里疾道，「丞相洞悉天下，此事當請丞相定奪。」

張儀是首席大臣，又是對天下瞭若指掌的縱橫大家，秦惠王與大臣們自然都想聽到他的長策大謀。樗里疾一說，秦惠王笑了：「那是自然。丞相先說了。」

「臣啟我王。」張儀拱手道，「秦國開拓，須得合乎三則要義：其一，此地與秦國相連，否則難以化入；其二，土地富餘，物產豐饒，否則反成累贅；其三，國弱兵少，可一攻而下，無反覆爭奪之憂。」

「好。」秦惠王微笑拍案，「如此三則要義，丞相瞄到了何處？」

「韓國！」

「韓——國？——」樗里疾、甘茂與軍榻上的嬴虔幾乎同時驚訝地瞪起了眼睛，只有司馬錯不動聲色地坐著。秦惠王只是望著張儀，顯然是要他繼續說下去。

「韓國與秦國相鄰，非但有宜陽鐵山、大河鹽場，且是平原糧倉，更有兩百餘萬人口。此為滅韓之實利。韓國力弱，可戰精兵不過五七萬。目下合縱破裂，山東戰國自顧不暇，韓國無救援之兵，定可一鼓而下。此為滅韓之可能。」張儀說得激動，順勢站了起來，「再說滅韓之遠圖：一旦滅韓，秦國在關外有了殷實的根基，將對山東戰國以巨大震懾，促成統一大業早日成就。張儀以為，目下攻韓，正當其時！」

殿中一時肅然沉默。白髮蒼蒼的嬴虔激動得喘息起來，噹噹地敲著燎爐嘶啞著道：「說得好！有魄力！滅一韓國，天下震恐，不定山東就呼啦啦崩了！」

此時秦惠王表現出了難得的定力，看著其他幾個沒有說話的大臣，緩慢地踱著步子道：「此時生死攸關，不能踏錯一步，都說話。」

樗里疾又嘿嘿笑了：「要攻城略地，黑肥子還是先聽聽上將軍說法。」

「臣初謀大政，也想先聞上將軍高見。」甘茂立即追隨了樗里疾。

「也是，打仗要靠上將軍了。」秦惠王笑道，「司馬錯寡言多謀，說說。」

一直沉默的司馬錯，謙恭地對張儀拱手一禮：「丞相鞭辟入裡，所說拓地三要義，司馬錯至為敬佩。然則，司馬錯以為：目下不宜滅韓，而應滅巴蜀兩國。」

「巴——蜀——」一言落點，又是波瀾陡起。樗里疾比方才張儀提出滅韓還要驚訝困惑，本來想笑，卻莫名其妙地變成了兩聲長長的驚呼。

在當時的秦國朝野，清楚巴蜀兩國者寥寥無幾，到過巴蜀兩地的大臣更是鳳毛麟角。縱然知曉者，也莫不將巴蜀看作楚國嶺南般遙遠荒僻的山地小邦。而今，上將軍司馬錯竟要去攻占這茫茫大山中的化外之邦，當真是匪夷所思。難怪樗里疾驚訝莫名，想笑都笑不出來。

「上將軍，巴蜀……好，你且說下去。」秦惠王驀然想起司馬錯奇襲房陵之前的話「無八分勝算，臣不敢謀國」，終究是穩住了神，決意聽司馬錯說完。

「君上，列位大人。」司馬錯沒有絲毫的窘迫，拱手侃侃道，「古諺有云，欲富其國，務廣其地；欲強其兵，務富其民；欲王天下，務張其力。目下秦國地小民少，國無殷實財貨，倉無三年積糧，急圖大出，必耗盡國力而無所成。滅韓固能大增實力，然則事實上極難成功。六國合縱雖然破裂，但陡起滅國之禍，山東六國必生唇亡齒寒之心，必將拚死救援。大戰但起，秦國兵員財貨何能支撐三年以上？此為韓國不可滅也。」

「近在咫尺不可滅，遠在千里倒可取了？」張儀揶揄地笑了。

司馬錯道：「丞相明察：巴蜀雖遠隔崇山峻嶺，但兩邦人口眾多，又多有河谷平川；其山地鹽鐵豐饒，其平原雨量豐沛，水患一旦根治，便是天然糧倉。秦國若取巴蜀之地，當增民眾百餘萬，地擴一千里，抵得上半個楚國。」

話音落點，殿中君臣不禁為之一動，張儀冷冷追了一句：「願聞如何取法？」

「巴蜀之難，在於路無通途。」司馬錯先一句挑明了癥結，又侃侃道，「奇襲房陵之時，司馬錯已經探查清楚，進軍巴蜀有三條路徑：其一，輕舟溯江而上，專運兵器輜重；其二，五千輕兵出陳倉大散嶺，從山道入蜀地；其三，五千輕兵出褒斜古道，沿潛水河道入巴地。以我軍之堅韌，進入巴蜀不是難事。」

「嘿嘿嘿。」樗里疾笑道，「上將軍啊，若有一軍埋伏，可就顆粒無收嘍。」

司馬錯淡淡一笑：「敢問右丞相，半月之前，可有巴蜀使者入咸陽？」

「嘿！黑肥子如何忘了這茬兒？」樗里疾一拍大腿，「巴國蜀國打了起來，都來請我出兵，君上還沒給回話。」

「是有此事。」秦惠王點點頭，「慮及路途艱辛，沒打算救援，所以也沒有周知諸位。」

「縱有此事，巴蜀依舊不可取。」張儀斷然道，「巴蜀雖大，卻多是險山惡水，且多有瘴癘之患。得此一千里，非但不增秦國實力，且要下大力氣駐軍治民。張儀以為：無三十年之功，巴蜀終是累贅。敢問上將軍，若巴蜀之地能大增國力，何以楚國不拓嶺南三千里，卻要拚死爭奪淮水以北尺寸之地？」

「丞相此言差矣。」司馬錯竟一句先否定了張儀，驚訝得燎爐旁的嬴虔都瞪大了老眼，司馬錯卻依舊板著臉道，「其一，巴蜀外險峻而內平緩，既無大國脅迫之憂，又無匈奴騷擾之患，治理之難，更比隴西戎族來得容易，堪為秦國真正的大後方。其二，嶺南與巴蜀不同：嶺南燠熱，叢林參天，部族散居山洞水邊，純以漁獵為生，而無農耕習俗；巴蜀兩邦則與中原大同小異，更有仰慕中原文明之心，若有精幹大員十餘人，三年之內必有小成，十年之內便是大成。」

「三年？十年？」張儀冷冷一笑，「耗時勞師，不足以成名。空得其地，不足以為利。何能與滅韓相比？」

「非也。」司馬錯絲毫不為張儀氣勢所動，執拗反駁，「當下滅韓，實為冒天下之大不韙，一獲惡名，二樹強敵，導致天下洶洶，豈非與連橫長策背道而馳？」

張儀陡然一怔，立即反唇相稽：「攻占殺伐但憑實力較量，何論善惡之名？上將軍何時變成了儒將？」戰國之世，「儒將」是一種譏諷。此言一出，殿中君臣不禁為之一怔。

「攻城拓地，無須沽名，卻也無須自招天下口誅筆伐。」司馬錯對那個「儒將」似乎渾然無覺，依舊順著自己的想法說了下去，「巴蜀求援，秦以禁暴止亂為名而取之，順理成章。拔兩國而天下不以為暴，得實利而天下不以為貪，一舉而名實相副，何樂而不為也？韓固當滅，然秦國今日無力。巴蜀固遠，秦卻伸手可及。願丞相三思。」

「諺云：爭名於朝，爭利於市。中原之地，正是今日天下之朝市！謀利而不上市，謀政而不入朝，豈非南轅北轍？」張儀對中原的地位說得再清楚不過了。

「臣言盡於此，唯願君上定奪。」司馬錯終於退讓了。

「臣與上將軍，同心不同謀，君上明察獨斷。」張儀也笑了。

「同心不同謀，丞相說得好。」秦惠王此刻擔心的正是將相失和，尤其對於號稱天下第一利口的張儀，秦惠王更擔心他拉不下臉。此刻張儀一句話便撂開了他這塊心病，自然大是激賞，「將相同心，國之大福也！丞相這句話胸襟似海，國之良相！」

樗里疾笑道：「嘿嘿嘿，以守為攻罷了，君上不要上當嘍。」

張儀哈哈大笑：「知我者，黑肥子也！」

殿中哄然大笑，連不會笑的司馬錯也大笑了起來，方才的緊張氣氛一時煙消雲散了。正在秦惠王要說散朝時，一個書吏匆匆進來交給了甘茂一卷竹簡。甘茂打開瞄得一眼，連忙雙手捧給了秦惠王：「趙之國書，請君上過目。」秦惠王笑道：「你念，一道聽聽。」

甘茂展開竹簡高聲念道：「趙雍拜上秦王：雍雖繼位，然趙國積貧積弱，雍愧對社稷，愧對朝野。今欲變法富民，奈何無從著手。秦國變法深徹，實為天下之師。雍欲師從秦國變法，祈望秦王派一大臣，為我變法國師。秦趙同源，懇望秦王允准。趙雍二年秋。」

殿中一時愕然。歷來變法大計，在各國都是最高機密，等閒大臣也不可能參與籌劃，更別說公然求助於他國了。而今這個新趙君匪夷所思，非但明告變法意圖，而且請求秦國派一個「變法國師」，當真是不可思議。

「嘿嘿，趙雍這小子有花花腸子。」樗里疾拍拍肚皮，「我看要當心，看看再說。」

秦惠王一直在緩慢地轉來轉去，笑道：「邦交縱橫，丞相全權處置，我等不用費盡心思揣摩了。」說罷一甩大袖，「散朝。」逕自走了。

「上將軍留步。」張儀走到司馬錯身邊低聲說了一陣，司馬錯頻頻點頭。

四、新朋舊情盡路營

回到府中，張儀立即吩咐緋雲備酒，自己親自去偏院請來了孟嘗君。

酒罈一打開，孟嘗君長長地吸了一口氣：「好！真正的百年趙酒，張兄信人也！」張儀笑道：「孟嘗君是誰？張儀敢騙麼？」孟嘗君哈哈大笑：「未必未必，今日此酒，敢說不是買我了？」張儀也是一陣大笑：「孟嘗君膽大如斗，心細如髮，果然名不虛傳。」說著舉起面前大爵：「來，先乾一爵再說。」

一爵下肚，張儀品咂著笑道：「敢問田兄，齊國可想變法？」

「想。」孟嘗君目光閃爍著卻不多說。

「想在秦國請一個變法國師麼？」

孟嘗君哈哈大笑：「妙論！張兄想做天下師了？好志氣！」

張儀詭祕地笑了：「你別說嘴，先看看這件物事。」說著從案下拿出一卷竹簡遞了過去。孟嘗君打開一看，瞪著眼睛說不出話來，愣怔得一陣，慨然拍案道：「天下之大，當真無奇不有！田文可是開眼界了。」張儀搖頭悠然一笑：「奇亦不奇，不奇亦奇。你先說說，趙雍究竟意圖何在？」

孟嘗君思忖良久，只是微微一笑。

「不願說？還是不敢說？」張儀目光炯炯地看著孟嘗君。

「豬往前拱，雞往後刨，各有活法罷了。」孟嘗君歎息了一聲。

張儀哈哈大笑：「妙辭！你我同去邯鄲，看看這頭豬如何拱法？」

孟嘗君眼睛一亮：「好！去看看這頭笨豬。」

一通酒喝了一個多時辰，孟嘗君彷彿換了個人，沒有了爽朗的笑聲，只是自顧飲酒，對張儀也是有一搭沒一搭地應酬著。

三日之後，一行車馬東出咸陽轔轔上路了。張儀此行輕車簡從，只有一個百人隊做護衛騎士，比孟嘗君的門客騎士還要少。可孟嘗君卻留意到了，張儀的隨員中多了幾位，雖然是尋常甲冑，卻隱隱然是百戰之身的神祕人物。雖說與張儀甚是相投，可孟嘗君畢竟身為重臣久居高位，深知邦交大臣間「可交人不可交事」的來往準則，更何況面對秦國這樣的對手國家的丞相？於是，一路上只是海闊天空痛飲酒，絕不主動涉及公事，更不與張儀的隨員私下說話。反倒是張儀無所顧忌，每日宿營痛飲，都要說一陣趙國，說一陣秦國，間或也說一陣自己的使命與身邊的隨員人等。將到邯鄲，孟嘗君對張儀此行的諸般事務，竟有了八九不離十的了解。

這日天將暮色，車馬在漳水北岸紮營。漳水距邯鄲不過二百多里路程，明日起早上路，大半日便可抵達。這種分際，在車馬商旅叫作「盡路營」——來日路盡，大抵總要酒肉一番。特使人馬若無急務，大體上也與商旅路人的傳統一樣。張儀與孟嘗君都是經年遠足的名家，自然更要藉著這個由頭痛飲一番了。大帳中風燈點亮，兩人便人手一方乾牛肉，談笑風生地痛飲起來。

「田兄啊，趙國軍力比齊國如何？」飲得幾碗，張儀又扯上了國事。

孟嘗君笑道：「不好說，趙齊似乎還沒打過仗。」

「噢？」張儀又是詭祕地笑了笑，「燕韓也沒打過仗，也不好說麼？」

「那好說。韓國弱小，自然不如燕國。」

「趙國大麼？比韓國多了五個縣而已。」

孟嘗君不禁笑道：「張兄啊張兄，你無非是想教田文說：趙國戰力與齊國不相上下，是麼？」

「不是要你說，是你不敢自認這個事實，可是？」

孟嘗君苦笑著點點頭：「就算是，你又有題目了？」

「敢問孟嘗君，」張儀煞有介事地笑著，「你若是趙雍，最想做甚事？」

「田文不是趙雍，也不是趙雍腹中蟲子。」孟嘗君也是煞有介事。

「再問孟嘗君：趙雍要做的這件事，對齊國有沒有好處？」

孟嘗君終於忍不住哈哈大笑：「張兄啊張兄，齊趙老盟，離間不得也！」

「錯。那要看是不是離間？天要下雨，娘要嫁人，誰離間誰了？」張儀微笑著搖頭。

「我想想……」孟嘗君舉著的酒碗停在了半空。

「敵無恆敵，友無恆友。孟嘗君，記住這句話，便是謀國大師。」張儀悠然笑著。

「敵無恆敵，友無恆友。世事無常了？」孟嘗君舉著酒碗兀自喃喃。

「非也。」張儀哈哈大笑，「邦國之道，唯利恆常。」

孟嘗君冷冷打量著張儀，眼中射出異樣的光芒，有些冰冷，又有些迷茫，似乎已經不認識面前這個令他傾心的名士了。張儀卻沒有絲毫窘迫，坦然地迎接著孟嘗君的目光，臉上甚至還掛著幾分微笑。良久無言，孟嘗君默默地走了。

「呱嗒」一聲，後帳棉簾打開，嬴華走了過來：「是否太狠了？不怕適得其反？」

張儀笑著搖搖頭：「孟嘗君之弱點，在於義氣過甚，幾瓢冷水有好處。」

「齊趙老盟，不要又逼出一個屈原來。」嬴華顯然還是擔心。

「孟嘗君不會成為屈原，平原君也不會成為屈原。」張儀在帳中轉著，那支精緻閃亮的鐵杖篤篤地點著，「屈原之激烈，在於楚國至上。任何傷害楚國利益與尊嚴的人與事，屈原都會不顧一切地復仇，哪怕此人曾經是他的至交知音，也會在所不惜。孟嘗君卻是義氣至上，在國家利益與友情義氣相左時，他甚至很難有清楚的取捨。你說，他會成為屈原？」

嬴華輕柔地笑了：「但願無事，我只是怕再遇上郢都那樣的險情。」

「怕甚來？至多再加一支鐵杖。」

「不許胡說！」嬴華低聲呵斥著，一手摀住了張儀的嘴巴嬌嗔道，「那是胡亂加的麼？沒心肝！」男裝麗人情之所至，燦爛嬌柔分外動人。張儀第一次看見嬴華流露出女兒情態，鼻端又是溫熱馨香，心中驟然一熱，幾乎就要伸手攬住那豐滿結實的女兒身子。但也就在心念電閃之間，張儀生生地咬牙忍住了，頭一偏一陣哈哈大笑：「好好好，有你這一支便夠了。」說著篤篤篤地點著那支鐵杖，「要不是屈原，你能打造出這件寶貝來？」

「還有一支，也是寶貝。」嬴華的笑臉上閃爍著一絲詭祕。

「只許一支，又如何還有一支？」

「不許笑！這個『一支』，不是那個『一支』。」

張儀湊到嬴華耳邊悄悄說了一句什麼，嬴華臉色頓時脹紅，咯咯笑著猛然抱住了張儀。

「吔！兩個大哥好熱鬧。」緋雲一副頑皮的鬼臉，捧著銅盤走了進來。張儀紅著臉拍拍嬴華的頭笑道：「看看，小妹要哭了。」緋雲放下托盤笑道：「吔，你才哭呢。」說著走過去將嬴華拉了過來：「大哥哥，不，大姊姊坐好，聽我說，你與大哥該成婚了，甚時能辦了？」嬴華本來低著頭大紅著臉，聽緋雲一本正經的管事操辦口氣，「噗嗤」笑道：「喲，小妹比我還著急，你甚時辦呀？」

「吔？關我甚事？」似乎不勝驚詫，緋雲長長地驚呼了一聲。

「吔？關我甚事？」嬴華惟妙惟肖地學著緋雲口吻，人卻笑得靠在了長案上。

張儀想不到如此一個偶然場合，竟將多年困擾心頭的事明朗了，便想索性說個明白。心思一定，雖然也是紅著臉，卻是從容笑道：「心裡話：你們倆都與我甘苦共嘗，都救過我的命，都為我受過苦難，再說，也都是窈窕淑女楊柳麗人，我一個也不能捨。張儀多年不成婚，便是等著有一天將話說開了，不想今日竟合了氣數：你們兩個都是我的妻子，姊妹一般，無分大小。」

「吔！胃口好呢。」緋雲做了個鬼臉。

「喲！我姊妹嫁不出去了？」嬴華也咯咯笑著。

張儀篤篤頓著鐵杖站了起來，一副大丈夫氣派：「毋庸再議，兩姊妹今夜便是我妻！回到咸陽再補婚典。」說著徑直走了過來。嬴華跌在地氈上驚訝地叫了起來：「喲！匈奴單于呀，搶人了？」緋雲笑叫起來：「吔！誰教你惹他了？有姊姊受的折磨呢。」

張儀丟掉鐵杖，哈哈大笑著一邊一個，將兩人抱起來走進了後帳……

五、將計就計邯鄲策

雖說是初冬尚未入九，邯鄲已經是北風料峭了。當張儀與孟嘗君一行進入這座堅固雄峻的城堡時，卻發現一兩年之中，邯鄲發生了驚人的變化。

三晉之中，趙國以久遠的尚武傳統著名。春秋時期，趙氏一族的優秀子弟大多都在軍中做各種將領，趙氏也就長期掌握了晉國的軍權。儘管期間多有坎坷沉浮，但軍旅尚武傳統已經成為趙氏永久的部族徽記。立國之後，趙氏部族的這種傳統，化作了彌漫朝野的尚武習俗。雖然趙國還不是第一流強國，但卻是誰也不敢輕易觸動的一隻臥虎。除了魏國在全盛時期的幾次挑釁攻趙，中山國幾次偷偷摸摸的襲擊，中原大國都沒有與趙國發生過十萬兵力以上的大戰。其所以如此，是誰都明白一個事實：趙國的精銳軍力都在陰山、雲中的千里草原大漠與匈奴抗衡，而從來沒有將精銳的騎兵開進中原。

自趙烈侯起，歷經武侯、成侯、肅侯四代，趙國的經國方略始終都是很明確的四個字：北戰南和。南進中原爭霸，趙國不如地廣人眾的魏齊楚三國；但北出河套拓地，趙國卻有很強的優勢。趙成侯曾經發誓要像秦穆公一統西戎那樣，結結實實拿下全部陰山草原與敕勒川谷地，回過頭再南進中原。可幾十年打下來，竟是人算不如天算——偏偏這時正是草原諸胡的強盛時期，匈奴的大小單于本來就嗷嗷叫著要南下中原，便與趙國硬碰硬地大打起來。十幾場大戰下來，雙方都對對手的戰力大為驚詫，眼睜睜地誰也戰勝不了誰，鮮血凝下的仇恨卻是越積越深了。猶如兩隻猛虎對峙，誰也不敢後退，雙方都被牢牢地黏在了廣袤的草原大漠上。

趙國狼狽了——北不能退，南不能戰，窩火了幾十年。

這種緊繃繃數十年的「常戰」生涯，邯鄲街市便有了人人皺眉的獨特色彩——充斥官市民市的交易物，大都是牛馬兵器與各種皮革，它們雜亂無序地堆砌在街市帳篷中，與鹽鐵布帛店鋪交相混雜，彷彿是草原上的月終大集市；彌漫邯鄲街區的濃烈氣息，是香辣的酒氣與馬糞牛屎的臭氣；行人一不小心，便會被到處都可能遇到的牛屎馬糞猛跌一跤，招來滿街大笑。再光鮮的服飾，上市一趟都會變得髒污不堪。於是，但凡邯鄲國人都有一身專門上市做買賣的粗布衣服，叫作「市衣」。至於王公貴冑，那是絕不會踏進商市街區的。

不知哪一年，稷下學宮的一個士子遊了邯鄲，編了一首美其名曰〈趙風〉的童謠：

邯鄲邯鄲　髒臭百年

滿市牛馬　辣臭薰天
女兒疾走　避糞遮顏
若得楊柳　學步邯鄲

時日一長，這首童謠傳遍列國，成了商旅遊人嘲笑趙國的必修歌謠——不會唱〈趙風〉，等於沒有來過邯鄲。

可今日入邯鄲，這一切竟然都神奇地消失了。街市貨品雖然不多，卻整齊有序地分類排列在店鋪中，雜亂擁擠的街邊帳篷全都沒有了。更令人驚奇的是，滿街悠然遊走的牛馬也沒有了，散發著濃烈血腥味兒的生皮革也看不到了。腳下的青石板乾乾淨淨，昔日隨處可見的熱烘烘的牛屎馬糞蹤跡皆無，滿街之中風吹酒香，分外醉人。

緋雲走過去問一個店主，老人昂昂高聲道：「咋？小哥還當我髒臭邯鄲麼？牛馬皮革市，早搬到城牆下去了。」張儀與孟嘗君同聲大笑，齊齊喊了一個「好」字。

正在此時，一隊人馬沓沓而來，為首一人大紅斗篷，老遠滾鞍下馬高聲笑道：「丞相大人、孟嘗君，別來無恙了？」孟嘗君連忙下車迎上來笑道：「平原君別來無恙？來，正主是丞相，我是陪客而已，快來見過。」張儀雖然與平原君趙勝僅有過草草一面之交，卻也素知「四大公子」稟性，也已經下車迎了過來：「平原君，張儀又來叨擾。」

「丞相老是給我臉面。」平原君連忙謙恭地一躬到底，朗聲笑道，「原是趙國請丞相做國師來的，趙勝粗疏，出了城竟沒接著人，當真罪過也。」

「那就將功補過，說！哪裡有百年趙酒？」孟嘗君立即笑著頂上了一句。

「自然有了，丞相請。」趙勝說罷，恭敬地將張儀虛扶上車，然後利落地跳坐上車轅笑道，「孟嘗君隨我來。」一抖雙馬絲韁，軺車在石板長街轔轔而去。

片刻之間，軺車馬隊停下，平原君府邸赫然面前。平原君將軺車停穩，虛手扶下張儀，立即吩咐已經肅立待命的管事家老，將所有隨員連同孟嘗君的門客騎士，一併安置在偏院擺酒款待。孟嘗君笑道：「平原君，還是教他們住驛館好。」平原君笑道：「丞相隨員與孟嘗君門客，都是要辦事的，趙勝豈敢唐突？請。」孟嘗君目光向張儀一閃，張儀微微一笑，逕自隨平原君走了進去。

正廳中宴席已經擺好，平原君指點著酒菜笑道：「兩位看看，一色的胡羊，純正的趙酒，如何？」張儀與孟嘗君同聲大笑，連連道好，迫不及待地湊近長案，打量著聳起了鼻頭。平原君將張儀請入賓客主位，將孟嘗君請入陪客尊位，親自跪坐案前開啟酒罈泥封，執起長柄木勺，為兩人斟滿了第一爵趙酒。而後平原君在末座長案前舉起了酒爵：「丞相、孟嘗君皆為貴客，趙勝代我王為兩位接風洗塵，來，先乾一爵！」

按照禮節，主人代國君接風，客人須得先謝王恩而後飲酒。孟嘗君素來豪爽，視平原君如異姓兄弟一般，此刻卻覺得年輕的平原君有些做作，不禁先自有些彆扭，竟看著張儀沒有舉爵。張儀卻呵呵笑著舉爵高聲道：「孟嘗君啊，你我該多謝趙王，多謝平原君了，來，乾！」孟嘗君只說了一句：「好，乾了！」一飲而盡，抓起盤中熱騰騰的胡羊腿大啃起來。

張儀笑道：「平原君，邯鄲大變，教人刮目相看也。」

平原君大笑：「髒臭邯鄲，能迎國師？些許收拾，值得刮目相看？」

「要說請國師，這禮數就差池了。」孟嘗君揶揄地頂上了一句。

平原君笑道：「田兄老是打我，趙勝飲了此爵，先給丞相賠罪了。」說罷將大爵咕咚咚飲乾，又在座中一躬，「實不相瞞：陰山告急，趙王巡邊督戰去了，委託趙勝迎候國師，尚請丞相恕罪。」

張儀哈哈大笑：「平原君啊，還真當張儀做國師了？來，先喝酒！」飲乾一爵又品咂一番道，

「嘖嘖嘖，果然凜冽非凡，比我那百年趙酒還有勁力，奇了！」

「這是王室作坊特釀特藏。」平原君拍案笑道，「臨走時，趙勝送每人十罈！」

孟嘗君高興得用羊腿骨將銅盤砸得「噹」的一聲大響：「好！這才叫慷慨平原君也。」平原君不禁大笑起來：「哎呀，照你老哥哥說法，趙勝不送酒便不慷慨了？」孟嘗君搖頭晃腦地拉著聲調：「然也然也，不交酒肉，談何朋友？」平原君眨眨眼睛揶揄笑道：「如此你我是酒肉朋友了？」孟嘗君似笑非笑道：「也許當是，酒肉，再加朋友。」張儀哈哈大笑，平原君也跟著笑了起來。

一通酒直喝到刁斗打了三更，張儀與孟嘗君回到各自的小庭院去了。

平原君也是有名的養士公子，門客雖然沒有孟嘗君那般聲勢，至少也有八九百人了。為此，平原君的府邸中建造了十幾座獨立的小庭院，專門給名士能才居住。今日接待張儀孟嘗君兩位大人物，不意派上了用場。張儀被安置在「松谷」小庭院，一池清水，幾株蒼松，六間古樸的茅屋，很是雅致幽靜。孟嘗君被安置在「竹苑」，庭院中竹林蕭蕭，石山錯落，一座紅色木樓聳立，又是另一番情境。松谷與竹苑一東一西，中間隔著兩排辦事吏員的公事房，是平原君府中各擅勝場的兩座最好庭院。

孟嘗君沐浴後並未暈酒，吩咐在寢室廊下煮茶，與自己一個門客品茶閒談。這個門客本是趙國人，興致勃勃地對孟嘗君說起了趙國的諸般風習。孟嘗君聽得心中一動：「你說，趙國民風最搶眼處何在？」門客毫不猶豫：「尚武之風。」孟嘗君又追一句：「趙人尚武，比齊人如何？」門客思忖片刻道：「齊人尚武，多在防身，民間多練個人技擊之術，以劍器格鬥為最多。趙人尚武，是聚村結族，群練群戰，以騎術箭術馬上劈刀為最。」孟嘗君沉吟道：「這就是說，趙人尚武為群戰，齊人尚武為私鬥？」門客笑道：「正是如此。」孟嘗君一時無話，只是默默啜飲。

正在此時，木樓梯傳來篤篤的腳步聲。孟嘗君抬頭之間，一身常服的平原君已經笑吟吟站在面前。孟嘗君恍然笑道：「啊，趙酒雖烈，卻不上頭，還有一個清醒者。來，品品我的蒙山茶了。」平原君笑道：「但有好酒，孟嘗君皆是通宵達旦。今日三更散宴，如何能盡興？」說著一個熟練的響指，一個黑影倏地從樓下飛了上來，兩罈趙酒赫然擺在了孟嘗君面前，黑影消失得無影無蹤。

平原君笑道：「更深人靜，不想多有響動，田兄見諒。廊下風大，進去痛飲。」

孟嘗君向門客一瞄，那門客不失時機地告退了。進得寢室外廳，孟嘗君微微一笑：「平原君，你方才已經醉得軟倒了，醒得如此快當？」平原君狡黠地笑笑：「田兄心知肚明，那是騙張儀而已。」孟嘗君不禁失笑：「班門弄斧也，張儀不是蘇秦，那麼好騙？」平原君道：「雕蟲小技，騙不過也無妨，左右找個由頭早散了，我與兄有話。」孟嘗君淡淡笑道：「有話便說，此刻我不想飲酒。」

「好！」平原君正色道，「趙勝最敬佩者兩人，第一信陵君，第二孟嘗君。對你們兩位，趙勝從來不敢虛言。」

「唔？彎子繞得不小。」孟嘗君似乎很疲憊，慵懶地坐在地氈上靠著大案。

「田兄你說，趙國最大的危險何在？」

「匈奴、東胡。」

「錯。秦國！」

「秦國？」孟嘗君驚訝又揶揄道，「剛剛拜了老師，翻臉不認人了？」

平原君沒有理會孟嘗君的揶揄嘲諷，直直盯著孟嘗君，肅然道：「秦國雄心勃勃，實力強大，以統一天下為己任。從長遠看，秦國是山東六國的致命威脅，尤其是趙國的致命威脅。認不準最大之敵，便找不到救亡圖存之法。」

「哎呀，我還以為有何高論，這不就是蘇秦合縱說麼？」

「孟嘗君，蘇秦合縱說是如此。可你仔細想想：哪個國家真正接受了蘇秦的秦國威脅論？合縱所以屢屢失敗，正因了六國並沒有真正將秦國看成長遠的致命威脅。而今，趙國真正清醒了。你能說，這僅僅只是蘇秦合縱說？」

孟嘗君目光驟然一亮：「平原君，長進不小啊。」

「趙勝不敢貪功，這完全是趙主的想法。」

「你是說，趙主將秦國看成了真正的大敵？」

「正是如此。」

「哪？趙主可有大謀長策？」

「十二個字：外示弱，內奮發，整軍備，改田制！」

「第二次變法？」孟嘗君霍然站了起來。

平原君點點頭，自信地笑道：「趙主要我轉告孟嘗君：齊國不是趙國之敵，趙國強兵對齊國沒有任何威脅，趙齊兩國只能是友邦。」

孟嘗君沉默了。趙雍做太子時，他已經隱隱感到了此人絕非庸常之輩。可即位兩年，趙雍卻也沒見驚人之舉，孟嘗君心中最初的趙雍也就漸漸淡出了。初入邯鄲所看到的變化，雖然又使他驀然想起了英氣勃勃的趙雍，可一想到這也可能是為了討好張儀做做樣子，也沒有在意。相反，倒是平原君那種似乎竭力要隱藏什麼的閃閃爍爍，使他心中很不是滋味兒，覺得趙國變得難以琢磨了，與齊國這個老友邦似乎疏遠了。而今細細回想起來，一切竟都是那麼明朗那麼簡單——趙國對秦國虛與委蛇，對齊國卻是誠心結好。

「笨！真笨！」雖說豁然開朗，孟嘗君還是狠狠地罵了自己兩句。身為齊國王室重臣，也算是久經歷練名滿天下，卻連平原君這個年輕人也不如，竟差點兒被張儀拉了過去，與趙國生出嫌隙來。可細細一想，秦國還是不能得罪，張儀也還是不能得罪，得想一個不著痕跡的轉圜辦法……五更雞鳴時，孟嘗君已經有了主意，頭一落枕呼呼睡去了。

日上三竿，孟嘗君匆匆來到了松谷。張儀正在吃飯，一見孟嘗君進來笑了：「來，先坐下吃飽再說，嘗嘗秦羊燉比趙胡羊如何？」孟嘗君看見另一案上已經擺好了熱氣騰騰的銅鼎與一盤麵餅，不禁訝然笑道：「你知我要來？」張儀笑道：「知不知有何干係？吃不吃可是肚腸興亡也。」孟嘗君原是沒有用飯，毫不推辭地入座掀鼎，稀裡呼嚕將一鼎濃熱的燉羊湯喝了下去，冒著一頭熱汗讚歎：「好鮮美的秦羊燉，酒後最是來得。」

張儀丟下了細長的銅勺，擦拭著額頭汗珠道：「孟嘗君，我倒想臨淄的魚羊湯了。」

「好啊，到臨淄我教你整日魚羊湯。」

「明日便去如何？」

「如何如何？」孟嘗君心中一沉，面上卻哈哈大笑，「張兄，你是來做國師，教人家變法也，一件事不做，能溜之大吉？」

「國師？鳥！」張儀笑罵了一句，「人給一枝麥稈，你指望張儀當鐵拐使了？」

「此話怎講？」孟嘗君一副困惑神色，「趙國禮數不夠麼？」

「一夜之間，孟嘗君便改了脾性，邯鄲牛屎酒厲害也。」張儀呵呵笑道，「不過，張儀還是老脾氣，直話直說：趙國要變法是真，至於請教秦國，虛應故事罷了。趙雍厲害也，一副恭敬模樣，公然將變法倡明了請教你。你縱然醋心，也總不能在學生變法時攻打學生，引得天下洶洶是麼？軟軟地，給老師套了個籠頭，請老師不要張嘴。孟嘗君啊，比起楚國，比起屈原，趙雍何其高明也！」

「於是，你索性不做？」孟嘗君覺得一股涼氣直滲脊梁。

「不。我要做，但不能真做。」張儀詭祕地笑了，「得給平原君留個面子，也得給我留個偷閒的機會，死守在邯鄲，人家心裡不自在。田兄明白？」

孟嘗君當真茫然了：「張兄啊，你說心裡話：趙國變法，秦國當真樂觀其成？」

這便是張儀，機變百出卻又坦坦蕩蕩，搖搖頭笑道：「不，秦國當然不願意看到一個強大的趙國矗立在身邊。然則，自商鞅變法以來，秦國君臣朝野錘鍊出了一種異乎尋常的信心：與天下戰國做實力較量，看誰更強大，看誰強大得更長遠！」張儀拍著長案站了起來，篤篤地頓著鐵杖，「這叫甚來？所謀甚大，其心必堅。說心裡話，蘇秦張儀有縱橫之能，卻沒有這等堅實雄心。對趙國變法不干預，是秦王決策，並非張儀之見。」

「秦王？」孟嘗君又迷惑了。

「道理很簡單：強力干預，密謀攪擾，只能火上澆油，使趙國朝野更加同仇敵愾，同心變法。最好的辦法，是更扎實地壯大自己，準備接受一個新對手的全面較量！要說是計，算作個將計就計吧。」

孟嘗君目光炯炯：「如此說來，其他國家變法，秦國也會將計就計？」

「正是！」張儀大笑，「楚國要變法，燕國也要變法，秦國攪擾過麼？沒有。秦國所做的，只是不能教六國合縱攻秦而已。孟嘗君莫得擔心，齊國盡可以變法，秦國絕不會做適得其反的蠢事，只能將計就計。」

孟嘗君沉默了，雖然一時說不明白，但內心那種深深的震撼卻是實實在在的。他來松谷，本來是向張儀辭行的。他要盡速回到臨淄，將趙國的意圖稟報齊王，敦促齊國振作起來。在他看來，這種想法是不能對張儀明說的，只能找個理由走了便是。可張儀方才的一番話，實實在在地交了底，將秦國的「大謀」和盤托出，頓時使他覺得自己的盤算渺小猥瑣得不屑一提。雖則如此，孟嘗君畢竟智慧能事，站起身來向張儀一躬：「張兄一席話，田文感觸良多，容日後細說。目下張兄若得方便，與我同去齊國如何？」

「好啊！」張儀一頓鐵杖，「我要追上蘇秦問個究竟，他事先知不知道屈原殺我？」

孟嘗君哈哈大笑：「都做丞相了，還孩童般記仇？」

「一件事毀了你心中神聖，你能不記？」張儀沒有一絲笑容。

「好好好，那就算帳。」孟嘗君哄孩童般笑道，「蘇秦張儀掐起來，定然熱鬧。」

張儀冷冷一笑：「有你看的熱鬧。」

六、相逢無由泯恩仇

臨淄的冬日別有一番滋味，那便是冰涼。浩浩海風活似帶水的鞭子，抽在人身上涼冰冰濕漉漉的，任你穿得多厚實，也休想享受那一份乾爽與溫暖。中原人窩冬，是怕那吹得人皮開肉裂的乾冷風，怕那漫天大雪封塞路徑。臨淄人窩冬，卻是怕這滲入肌膚的冰涼海風，但到冬日閉門不出，守在或大或小的燎爐旁，做些戶內活計，消磨這漫長的冰涼。

但是，這種冰涼水冷對於王宮卻無可奈何。一入宮門，每隔數十步一只碩大的木炭火燎爐，正殿與常用的幾座偏殿更是爐火明亮，日夜不滅。冰涼水濕的海風在王宮中頓時化成了暖融融的濕潤，不乾不冷，愜意極了。

「稟報我王：蘇秦求見。」

「教他進來。」正在燎爐旁看書的齊宣王頭也沒抬。

一輛軺車孤零零地停在蕭瑟清冷的車馬場，蘇秦正攏著大袖在車下跺腳。

往昔時日，到任何一國王宮，蘇秦從來都是長驅直入的。可這次入齊，卻莫名其妙地變成了入宮必等，有時候連齊國那些尋常臣子都進去了，他還在等。雖然如此，蘇秦沒有絲毫的負氣，每次都平靜地等候著。多少年來，他對這種立竿見影的寵辱沉浮經得見得太多了，也麻木了。合縱解體，各國與秦國紛紛媾和結好，他在燕國又被子之架空，既無大勢可託，又無實權在握，來齊國能有昔日的顯赫麼？齊宣王給了他一個客卿虛職，既不任事，也不問謀，冷冷地擱著不聞不問。蘇秦也不著急，更是耐得寂寞，竟覺得這是自己又一次苦寒修習的好時機，整日除了讀書，便漫步到稷下學宮與年輕的學子談天說地。幾個月清談下來，非但結識了幾個後學好友，且從他們身上長了許多見識。

「宣客卿蘇秦入宮——」內侍冰涼尖銳的聲音從高高的王階上飄了下來。

一甩棉袍大袖，蘇秦大步走上了九級玉階，不用內侍引領，他輕車熟路地來到了齊宣王冬日廝守不離的東暖殿。正要行禮，齊宣王已經站起來扶住了他：「蘇卿啊，多日不見，多了幾分仙氣，清雅多了。」

「蘇秦是瘦了些許，然心中清明如故。」蘇秦不善詼諧，對這種應酬辭令的別樣說法，他從來都是一言截過，直接逼近話題。

「上茶。蘇卿請入座。」齊宣王也許是坐得久了，悠然踱著步子拿起案頭那卷竹簡，「蘇卿啊，近來這卷書傳抄天下，可曾看過？」

蘇秦一瞄題頭大字笑了：「齊王也讀《莊子》？看得下去麼？」

「一片囫圇。」齊宣王搖搖頭，「這莊子也怪，說了那麼多不著邊際又莫名其妙的故事，北海大魚啊，蓬間雀啊，盜跖啊，田子方啊，夢蝴蝶啊，到底想說何事？一團麵糊，竟還有那麼多人爭相傳看，稷下學宮整日爭得不亦樂乎，卻又都說不明白。蘇卿你說，這《莊子》有何用處？」

「《莊子》不為王者寫。齊王本無須看，自然也看不明白。」

「不為王者寫書？難怪，他連個漆園吏都做不了。」齊宣王驚訝之餘，又鄙夷地笑了，「為布衣寫書，布衣能給他官爵榮耀麼？」

「天下之大，未必人人都以官爵為榮耀。」

「豈有此理？孔夫子說：學而優則仕嘛。對了！這莊子定然是，學問差勁。」齊宣王突然覺得自己刨到了這個寫麵糊書的根子上，矜持自信極了。

蘇秦罕見地大笑了起來：「孔子是孔子，莊子是莊子……齊王啊，還是不要想《莊子》了。想明白了，齊王也不是齊王了，是莊子了。」

「好，不說這個沒學問的莊子。」齊宣王笑了笑，「蘇卿有事麼？」

「臣有兩事，皆是齊國當務之急。」蘇秦直截了當，「其一，趙國已經開始籌劃第二次變法，齊國當立即著手，萬不能因遠離秦國而鬆懈。」

齊宣王沉吟點頭：「容我想想，也等孟嘗君回來商議一番再說。第二件？」

「蘇秦薦舉兩個大才，做齊國變法棟梁。」

「噢？還是大才？」齊宣王淡淡地笑了笑，「說來本王聽聽。」

「一人名叫魯仲連，一人名叫莊辛，都是稷下學宮的後學名士。」

「稷下學宮……」齊宣王淡淡的笑意沒有了，皺著眉頭問，「蘇卿啊，你可知道先王為稷下學宮立下的規矩？」

「知道：但許治學，不許為官。」

「既然如此，本王如何能破先王成法？」

「齊王差矣。」蘇秦面色肅然，「圖王爭霸無成法。威王興辦稷下學宮，本是聚集天下人才之大手筆。惜乎思路偏斜，將天下名士看作國王門客，養而不用，實乃荒誕不經也。齊王光大稷下學宮，天下名士紛紛流入齊國，若再不選擇賢能而用之，必然要紛紛流失。那時，齊國將成為人才的荒漠，齊國也就很快要衰落了。」

「好說辭！」齊宣王驚訝地瞪大了眼睛，一拍長案，臉上倏忽換成了嘲諷的微笑，「蘇卿，莫非你是在提醒本王，你是當世大才，本王小用了？」

蘇秦一陣愣怔，臉上的光彩與眼中的火焰立即黯淡了。沉默片刻，他站起身來一拱手道：「蘇秦告辭。」逕自大步走了。

「哎，蘇卿……」齊宣王大是尷尬，想喚回蘇秦卻終是難以出口，脹紅著臉在殿中急躁地繞著圈子。蘇秦畢竟是名重天下的六國丞相，不用也就罷了，如何能輕易得罪？齊國兩代君主花大力氣開辦稷下學宮，還不是為收士子之心？蘇秦這般人物，有幹才，有學問，又出自名門，比孟夫子那種空談學問的老名士更有感召力，他負氣而走，若像孟夫子貶損新魏王魏嗣一樣逢人便說，傳揚開去，齊王敬賢的聲望豈非一落千丈？稷下學宮的士子們要是真的走上大半，齊國顏面何存？想到這裡，齊宣王再不猶豫，一揮手高聲吩咐：「備暖車儀仗！快！」

一出宮，蘇秦跳上軺車轔轔出城了。

這次進宮，蘇秦是有備而來的。昨日接到了蘇代的快馬急書，說子之再次敦請他回燕共圖大業。從那些閃爍其詞的話語裡，蘇秦嗅到了子之的野心與燕國的危險。本來，他就準備晉見齊宣王之後回燕國，設法阻止這場亂國之禍，事先已經教荊燕帶著衛士們出城等候了。他進宮晉見，只是想在臨走前給齊宣王一個鄭重提醒，更想將魯仲連與莊辛兩位年輕的英傑之士推薦給齊宣王。畢竟，齊國有抗衡秦國的基礎與實力，齊宣王也還算精明君主，若振作起來，將有望取代楚國做六國頭羊。可他萬萬沒有想到，齊宣王竟如此齷齪地度量於他，如此輕蔑地嘲諷於他。在那一刻，蘇秦心頭飛快地閃過了「士可殺，不可辱」這句名士格言，幾乎就要義正詞嚴地痛駁齊宣王，但他終於還是忍住了。他耳邊響起了老師那蒼老的聲音：「非其人，勿與語。此名士說君之道，慎之，慎之。」齊宣王既不是可說之君，也就不用枉費心智了。

一出臨淄西門剛剛與荊燕會合，迎面煙塵大起，一隊車馬旌旗隆隆捲來。蘇秦眼拙，吩咐一句：「讓道。」便走馬道邊了。荊燕卻驚訝地喊了起來：「大哥，黑旗上一個『張』！紅旗上一個『田』！會是誰？」蘇秦一驚，手搭涼棚眯縫著眼睛，仔細打量漸行漸近的軺車儀仗，終於喃喃驚喜道：「張儀，孟嘗君，沒錯！」略一思忖，斷然吩咐，「荊燕，上小道！我不想見他們。」荊燕一陣愣怔，低喝一聲：「上小道！」蘇秦馬隊便風一般捲上了一條田間岔道。

正行之間，身後車聲隆隆，一聲高喊隨風傳來：「武安君——田文來了——」

蘇秦苦笑道：「跑不過他，等著。」馬隊剛剛收韁，一輛駟馬快車旋風般捲到面前，車上一人斗篷展開，隨著一陣笑聲大鳥般飛下車來：「武安君，田文何處開罪，竟要奪路而去？」

蘇秦笑道：「眼拙不識君，避道而已，何須奪路了？」

「武安君無須多說，田文明白。」孟嘗君慷慨道，「敢請武安君還是跟我回去，與張兄聚幾日再說，一切有我。」蘇秦尚未說話，便見臨淄西門飛出一隊車馬，直向田間小道而來。

「齊王暖車？」孟嘗君驚訝地低呼了一聲，滿臉疑問地看了看蘇秦。

蘇秦也看清楚了來者正是齊宣王的暖車儀仗，心中一動，只是淡淡地笑了笑：「孟嘗君，我還是要走的，我的根在燕國。」說話間，聲威赫赫的駟馬暖車已經隆隆趕到。車未停穩，齊宣王掀開厚重的棉簾跳了下來，對著馬上蘇秦一躬道：「武安君，田辟疆多有唐突，請君見諒。」

孟嘗君大是驚訝，他從來也沒有見過這位王叔如此地謙恭，今日何事如此了？不及細想，連忙躬身作禮：「臣田文參見我王。」齊宣王笑道：「孟嘗君，你回來得好。天意啊天意，也是武安君不該離開齊國。」

此刻蘇秦已經下馬了，畢竟是齊宣王親自追來又當面賠罪，蘇秦不是迂腐書生，豈能執拗到底不知轉圜？他走過來也是深深一躬：「蘇秦原多冒昧處，請齊王恕罪。」齊宣王連忙虛扶一把笑道：「孟嘗君啊，請武安君先在你府上歇息一宿，明日共商國是。本王也即刻為武安君遴選一座府邸了。」孟嘗君領命，蘇秦也沒有推辭，齊宣王便登車去了。

「上我車，回去再說。」孟嘗君笑著拉起蘇秦上了寬大堅固的駟馬快車，又向荊燕一招手，隆隆駛出了田間岔道。上得官道，卻不見了張儀車馬，蘇秦不禁大是困惑道：「孟嘗君，張儀不知道你在追我？」孟嘗君心知就裡，打哈哈笑道：「我車快，張兄沒看見，回去請他過來。」說罷馬韁一抖，走馬進了臨淄城。

且說張儀目力極佳，早看出是蘇秦繞道，也料定孟嘗君必定追人，只是自己卻不想與蘇秦在這裡倉促謀面，對嬴華吩咐一聲：「去驛館。」先行進了臨淄。在驛館剛剛住好，孟嘗君的門客總管馮驩便來相請。張儀決定獨自前去，嬴華緋雲齊聲反對。張儀笑道：「齊國不是楚國，驚弓之鳥一般。」嬴華板著臉道：「不行，哪國都不能掉以輕心。緋雲，你做童僕隨身跟著他。我來駕車，守在門外。」緋雲做個鬼臉道：「這才對呢，還當你一個人吔。」張儀無可奈何地笑道：「黏住我了？好好好，走。」

到得孟嘗君府，正是日暮時分，大廳中燈燭明亮，燎爐通紅，暖融融春日一般。蘇秦正在廳中與孟嘗君閒話，突然聽得院中一聲長傳：「丞相大人到——」不禁失笑道：「孟嘗君也擺起架式了？」未及孟嘗君說話，蘇秦已經快步走出了大廳，卻又怔怔地站在廊下說不出話來——幽暗的暮色中，張儀拄著一支細長閃亮的鐵手杖，一步一瘸地走了過來，鐵杖點地的篤篤聲令人心顫。那異常熟悉的高大身影顯得有些佝僂了，那永遠刻在蘇秦心頭的飛揚神采變成了一臉凝重的皺紋，驀然之間，蘇秦清晰地看見了張儀兩鬢的斑斑白髮。

「張兄……」蘇秦大步搶了過來，緊緊地抓住了張儀的雙手。

張儀沒有說話，兩手無法抑制地顫抖著。

「張兄，走。」蘇秦低聲說著，輕輕來扶張儀。

張儀甩開了胳膊冷冷道：「不敢當六國丞相大駕。」逕自篤篤進了大廳。

驟然之間，蘇秦面色灰白，一股冷冰冰的感覺直滲心頭——難道人心如此叵測，連朝夕相處十多年親如手足的張儀也變成了如此勢利的小人？果真如此，這人世間還有值得信賴的情義麼？一剎那，冰涼的淚水奪眶而出，蘇秦幾乎要昏倒過去。

「武安君，沒有說不清的事，走。」孟嘗君曠達的笑聲便在耳邊。

一股冰涼的海風撲面抽來，蘇秦打了個激靈，終於挺住了那幾乎要崩潰的身心，牙關緊咬，大步走進了廳中。孟嘗君對交遊斡旋素有過人之處，早已吩咐馮驩關閉府門謝絕訪客，並將「童僕」緋雲安排在大屏風後面的小案，廳中只有三張擺成「品」字形的長案。

孟嘗君恭敬地將蘇秦張儀請入兩尊位，自己在末座打橫就座，先行一拱道：「蘇兄張兄皆望重天下，今日能一起與田文共酒，當是田文三生榮幸。當此幸事，田文先自飲三爵，以示慶賀！」說罷咕咚咚連飲了三大爵。

張儀目光一閃，孟嘗君又舉爵笑道：「蘇兄張兄相逢不易，今日重逢，自當慶賀。田文再飲三爵，為兩兄相逢慶賀！」說罷又咕咚咚連飲了三大爵。

見蘇秦張儀都看著他沒有說話，孟嘗君又舉起了青銅大爵：「蘇兄離齊，罪在田文。張兄徑住驛館，罪在田文。田文再飲三爵，為兩兄賠罪。」說罷，又咕咚咚連飲了三大爵，一時廳中酒香瀰漫，分外濃烈。

孟嘗君瞅瞅蘇秦張儀，又舉起了酒爵……

「啪！」張儀拍案道，「你究竟教不教我等喝酒了？來，蘇兄，我倆乾了！」

孟嘗君哈哈大笑，連忙舉爵湊了上去：「我陪兩位大兄乾了，這是接風！」三爵一碰，孟嘗君逕自一飲而盡。蘇秦張儀卻是誰也沒看誰，默默地各自飲乾了一爵。

「孟嘗君，也不用你折騰自家。」張儀終於板著臉開口了，「你在當場便好，我有兩句話要問蘇兄，若得蘇兄實言，張儀足矣。」

蘇秦眼中閃出冰冷的光芒：「問也。」

張儀的目光迎了上來：「屈原暗殺張儀，蘇兄可否知情？」

「自然知道。」

「你我雲夢澤相聚之前便知道？」

「然也。」

「有意不對我說？」

「正是。」

張儀倒吸了一口涼氣：「蘇兄，可有不得已的理由？」

「沒有。」蘇秦平淡得出奇。

張儀勃然大怒，霍然站起厲聲道：「蘇秦！同窗十五載，張儀竟沒看出你是個見利忘義之小人！自今日起，你我恩斷義絕！」說罷篤篤點著鐵杖推門而出。孟嘗君大驚失色，衝上去攔在門口道：「張兄息怒，且容蘇兄說得幾句，再走不遲。」張儀冷冷一笑，推開孟嘗君便走。緋雲向孟嘗君一使眼色，連忙過來扶住了張儀。

眼睜睜地看著張儀篤篤去了，孟嘗君愣怔在庭院中不知所措。依著孟嘗君的做人講究，著意排解卻反將事情弄僵，便是最大的失敗。他沮喪地歎息了一聲，沉重地走回大廳，卻發現蘇秦也不見了。孟嘗君二話不說，衝到了為蘇秦安排的庭院，不想院子裡一片漆黑，正要轉身，卻見那棵虯枝糾結的大松樹下一個孑然迎風的身影。孟嘗君不禁長長地鬆了一口氣，走過去輕聲道：「武安君，為何不說話？這件事必定另有隱情。」

「知音疑己，夫復何言？」黑暗中傳來的聲音是那樣冰冷。

孟嘗君沉重地歎息了一聲：「蘇兄，自合縱伊始，田文便跟你在一起。我知道，許多時候為了維護局面，你都寧可自己暗中承擔委屈。聯軍換將，你為子蘭這個酒囊飯袋忍受了多少怨言？回到燕國，你又為子之那個跋扈上將軍委曲求全……蘇兄恕田文直言：你心高氣傲才華蓋世，可你卻在坎兒上拖沓，殺伐決斷不如張儀，原本明明朗朗說出來的事情，為何偏是不說？」

「我待張儀，過於兄弟之親。你說，他如何能疑蘇秦？」蘇秦猛然轉身，暴怒高喝，「他！根本就不能如此問我！知道？」

孟嘗君一陣愣怔，親切地笑了：「好了好了，這件事先擱下，三尺冰凍也有化解之日。武安君，我只求你一件事。」

「說。」蘇秦自覺失態，語氣緩和了許多。

「不要離開齊國，不要再陷進燕國爛泥塘。」

「在齊國閒住？」

「這個我來周旋，蘇兄在齊國大有作為。」

蘇秦默默笑了，顯然，他覺得孟嘗君在有意寬慰自己。孟嘗君肅然道：「田文不敢戲弄蘇兄。此行秦國趙國，田文大有警覺，深感齊國已經危如累卵。我當力諫齊王振作，在齊國變法。」「好！」蘇秦猛然握住了孟嘗君的手，「你放膽撐起來，蘇秦全力輔佐你。」孟嘗君哈哈大笑：「蘇兄差矣！這種事，你比我強十倍，田文只有一件事，死死保你！」蘇秦也笑了起來：「到時日再說，誰也不會壞事便了。」

兩人又回到了大廳，繼續那剛剛開始又突然中斷了的酒局，邊飲邊說直到四更方散。蘇秦被扶走了，孟嘗君卻毫無倦意，思忖片刻，叫來馮驩低聲吩咐了一番。馮驩連夜帶著一封密件南下了。

日上三竿，孟嘗君駕著一輛輕便軺車轔轔來到驛館，逕自進了那座只有外邦丞相能住的庭院。淡淡霧氣中，張儀正在草地上練劍。孟嘗君也是劍術名家，一看那沉滯的劍勢與時斷時續的劍路，便知張儀仍然鬱悶在心。孟嘗君耐心地等張儀走完了一路吳鉤的打底動作，輕輕地拍掌笑道：「還行，沒把吳鉤做成了鋤頭。」張儀提著劍走了過來：「清早起來便做說客？」孟嘗君哈哈大笑：「天下第一利口在此，誰敢當說客之名？我呀，來看看你氣病了沒有？」張儀淡淡笑道：「勞你費心，多謝了，張儀還不是軟豆腐。」

「那是！」孟嘗君慨然跟上，「張兄何許人也？鐵膽銅心，能被兩句口角坍臺？」

張儀不禁噗地笑了：「長本事了？罵我無情無義？」陡然黑下臉冷冷道，「你說，我沒教他解說麼？他為何自承如此？」

孟嘗君拱手笑道：「張兄切勿上氣。田文愚見，姑妄聽之：天下之謎總歸有解。張兄若信得田文，田文便能澄清此事，給兩兄一個說法。若蘇秦果真背義賣友，田文第一個不答應！」

張儀一聲歎息：「知我者謂我心憂，不知我者謂我何求？但看天意了。」

「丞相大人，我是來請你入宮的。齊王召見。」孟嘗君笑吟吟說到了正事。

「是麼？」張儀顯然有些出乎意料。自齊威王開始，齊國對秦國使者就莫名其妙地別有一番矜持。秦國重臣特使入齊，總要求見三五次，甚或要疏通關節才能見著齊王。齊宣王也與乃父如出一轍，除了六國戰敗那一次，張儀兩次入齊都是在兩日之後才被召見的，此次並無重大使命，齊王倒是快捷了？雖說意外，張儀卻也並不驚訝，悠然笑道，「孟嘗君入廳稍候，我要帶上一件物事。」

片刻之後，兩車入宮，徑直駛到那座東暖殿前。車馬方停，齊宣王笑吟吟迎了出來：「丞相光臨，田辟疆幸何如之？」張儀也是深深一躬：「齊王出迎，張儀幸何如之？」齊宣王過來扶住了張儀，又拉起張儀的一隻手，笑吟吟地與張儀比肩入殿。暖烘烘的小殿中除了王座，只設了兩張臣案，彌漫著一種密談小酌的融融氣氛。時當早膳方罷，座案上的白玉盞中是滾燙的蒙山煮紅茶，當真是十分的愜意。對於一向在臣下面前講究尊嚴的齊宣王來說，如此做法也實在是頭一遭。

張儀絲毫沒有受寵若驚的謙恭謝詞，坦然入座，將那支亮閃閃的鐵杖往手邊一搭，便端起茶盞品啜起來。孟嘗君看了看張儀，皺皺眉頭在對面坐了下來。

「今日請丞相一晤，原是田辟疆要討教一二。」齊宣王悠然開口了，「方今合縱已散，列國又回舊日大勢，望丞相對齊國莫做敵手之想，為田辟疆排難解惑。」

「齊王但有所問，張儀自當坦誠作答。」

「聽說楚燕趙韓都在密謀籌劃，要再次變法，是否真有其事？」

張儀笑道：「此乃斥候職事，齊王當比張儀所知更多。」一句詼諧，撂開了這個證實傳聞的難題。齊宣王被張儀說得笑了：「何敢以丞相為斥候？若果真變法，丞相以為哪一國可成？」張儀笑道：「此乃天意，齊王問卜太廟，大約龜甲蓍草總是知曉了。」齊宣王雖然笑臉依舊，眉頭卻已皺了起來。孟嘗君不禁高聲道：「我王就教國事，丞相何能戲謔如此？」張儀坦然笑道：「非張儀戲謔，實是齊王戲謔國事了。」齊宣王驚訝道：「丞相何出此言？變法之事不能問麼？」臉上有些不悅。

張儀依然不卑不亢地笑著：「齊王可知太公姜尚此人？」齊宣王道：「太公乃齊國第一國君，誰個不知？」張儀笑道：「太公曾在太廟踩碎龜甲，齊王可知？」齊宣王驚訝道：「有此等事？卻是為何？」張儀侃侃道：「武王伐紂，依成例在太廟占卜吉凶。龜甲就火，龜紋正顯之時，太公驟然衝入太廟，踩碎龜甲，大聲疾呼：『弔民伐罪，天下大道！當為則為，不當為則不為，何祈於一方朽物？』正當此時，天空雷電交加，大雨傾盆，群臣驚恐。太史令請治太公褻瀆神明之罪。武王卻對天一拜，長呼：『天下大道，當為則為，雖上天不能阻我也！』當即發兵東進，一舉滅商。」

齊宣王尷尬地笑了笑：「丞相之意，本王無須過問他國變法？」

「張儀明白齊王心意：既不想落他國之後，又唯恐變法不成，反受其累。」一句話便說得齊宣王睜大了眼睛，張儀接著道，「變法者，國之興亡大道，滿腹狐疑四面觀瞻，而能變法成功者，未嘗聞也！國情當變則變，不當變則不變，與他國何涉？此等國策大計，齊王卻只問傳聞虛實，只問吉凶成敗，張儀何能斷之？以狐疑僥倖之心待邦國大計，豈非戲謔於國事？」

這一番話正氣凜然擲地有聲，孟嘗君大是佩服，不禁站起來對齊宣王拱手慨然道：「丞相之言，治國至理，祈望我王明鑒！」

齊宣王本想請博聞廣見的張儀好好地說說列國見聞，順便透露一些這幾個嚷嚷變法的國家的內幕實情，再替自己參酌一番，齊國應該如何應對？看著宮牆外冰涼呼嘯的海風掠過，在木炭通紅的燎爐旁聽著軼聞趣事，齊宣王的確想愜意地享受一個有趣的冬日。就本心而言，無非想在這個秦國丞相面前憂國敬賢一番，以遮掩昨日對蘇秦的不敬罷了。不想鬼使神差地從變法問起，竟被張儀當真教誨了一通，不禁大是不快；然則，不快歸不快，面對秦國這個氣焰正盛的權臣，再加上一個不識趣的孟嘗君，齊宣王也只能窩在心裡。沉思狀地沉默了片刻，齊宣王大度地笑了笑：「丞相金石之言，田辟疆銘刻不忘，容我忖度幾日，若有難事，再請教丞相。」

張儀心中雪亮，站起來笑道：「齊王國務繁忙，張儀送齊王一樣物事，便即告辭。」

「何敢勞丞相贈禮？多有慚愧了。」齊宣王又高興起來，畢竟，這是很有體面的一件事。

張儀回身對殿口內侍吩咐道：「請我行人入宮。」

內侍一聲傳呼，嬴華捧著一個銅匣走了進來，呈到齊宣王案前打開。齊宣王一看，卻是整整齊齊的幾卷竹簡，不禁笑道：「丞相送我何書啊？」

「啟稟齊王：這不是書卷，這是各國議定的變法舉措。」

「這？這？如何使得？」齊宣王愣怔了，他向各國派出了那麼多坐探斥候，報來的也只是各種皮毛消息而已，實際的變法舉措如何能輕易得到？張儀縱然知曉，又如何肯輕易送給他國？一時之間，齊宣王有些懷疑張儀在捉弄他。張儀卻坦然笑道：「齊王莫擔心，這是張儀自己歸總的，大體不差。其所以送給齊王，是因齊王有變法大志。」

「丞相過獎，何敢當之？」齊宣王頓時高興起來，謙恭得自己變成了臣子一般。

「然則，張儀以為，齊王若得變法，非一人不能成功。」

「何人？丞相但講。」

「蘇秦。」張儀面無表情，「非蘇秦不能成功。」

齊宣王大是驚訝，與孟嘗君相互看看，一時說不出話來。就在這片刻愣怔間，張儀已經篤篤出宮去了。望著張儀踽踽獨行的背影，齊宣王搖搖頭：「此人當真不可捉摸也。」孟嘗君對張儀的突然變化也是一團迷霧，小心翼翼試探道：「我王是說，張儀舉薦不可信？」齊宣王頗為神祕地低聲道：「你是不曉得，屈原暗殺張儀，本是蘇秦與屈原同謀，後見張儀，卻知情不言，以致張儀遭遇截殺，變成了瘸腿。你說，張儀不記恨蘇秦？」孟嘗君笑道：「臣執邦交，尚且不知此事，實在慚愧。」齊宣王呵呵一笑道：「此事大有文章，還得看看再說。」

孟嘗君出宮，直奔驛館而來。張儀正在庭院草地上獨自漫步，見孟嘗君大步匆匆走來，不禁笑道：「看來，孟嘗君也有黑臉的時日了。」孟嘗君拉起張儀便走：「這庭院隔牆有耳，到裡面去說。」張儀不動笑道：「孟嘗君，你就是在這裡喊破天，也沒人敢傳出去，說。」孟嘗君道：「別那麼自信，蘇秦張儀結仇，齊王如何知道？」張儀淡淡笑道：「權臣嫌隙，名士恩怨，時刻都在天下口舌間流淌。過得兩年，只怕連鄉村老嫗都當故事說了。」孟嘗君道：「如此說來，你是有意報復蘇兄？」

「此話怎說？」張儀倏地轉過身來，語氣冰冷得刀子一般。

孟嘗君目光炯炯地看著張儀：「既明知齊王知曉蘇張成仇，卻要以仇人之身舉薦蘇秦，使齊王狐疑此中有計，進而不敢重用蘇秦。此等用心，豈非報復？」

張儀看著鄭重其事的孟嘗君，卻突然笑了，鐵杖篤篤頓著草地道：「孟嘗君，你為權臣多年，竟不解帝王之心？記住一句話：加上你之力保，齊王必用蘇秦！」

「何以見得？」孟嘗君逼上一句。

張儀悠然笑道：「蘇張但有仇，天下君王安，孟嘗君以為然否？」

孟嘗君身為合縱風雲人物，如何不知六國君臣對蘇秦張儀合謀玩弄天下於股掌之間的種種疑惑？甚至就是四公子之間，也沒有少過這種議論，心念及此不禁恍然道：「如此說來，張兄是有意在成仇時節，舉薦蘇兄了？」

「如此機會，也許只此一次。」

「好！」孟嘗君拍掌笑道，「兩兄重歸於好，田文設酒慶賀！」

「錯。」張儀頓著手杖冷冷道，「不想教大才虛度而已，與恩怨何涉？」說罷頓著鐵杖逕自去了。孟嘗君愣怔半日，搖搖頭沮喪地走了。

第十三章 最後風暴

一、春申君星夜入臨淄

孟嘗君對蘇張一籌莫展，只好先放下不管，每日進宮去磨齊宣王。

齊宣王看了張儀的「列國變法」，心中不停地翻翻滾滾起來。目下打算變法的這幾個國家，齊國以往都不大在乎。自齊威王兩戰將魏國的霸主地位摧毀，齊國始終是第一流強國。這種自信深深植根於齊國君臣朝野。縱然在秦國崛起之後，齊國也沒有像其他五國那樣驚惶失措。事實上，秦國也始終沒有公然挑釁過齊國。晚年的齊威王與繼任的齊宣王，其所以不願做合縱頭羊，不是自認比楚國實力弱，而是在內心對秦國與中原的爭鬥寧作壁上觀。

齊國君臣的謀劃是：支持中原五國長抗秦國，自己盡量保存實力不出頭，待到六敗俱傷之時，收拾天下局面的便只有強大的齊國了。齊國的謀劃雖然長遠，可是在合縱抗秦的幾番較量中，齊國的方略卻總是結結實實被打碎。一經真正的實力對抗，各國與秦國的真實差距陡然全面暴露，竟大得令人心驚。非但是數倍於敵的聯合兵力不能戰勝，而且連楚國的八萬新軍也全軍覆沒。經此兩戰，天下變色。各國紛紛與秦國結好，連忙埋頭收拾自己。這才有了楚國、燕國、趙國的變法籌劃。魏國雖說不如這三國唱得響，但魏國信陵君鼓動魏王進行第二次變法的消息也不是祕密了。就連對變法已成驚弓之鳥的韓國，也有一班新銳將領在大聲疾呼「還我申不害，韓國當再變」。凡此動靜，齊宣王不可能不知道，但卻總是將信將疑，覺得無非是各國虛張聲勢鼓動民心的權謀罷了，當真變法談何容易？可如今看了張儀對列國變法的記載，才第一次覺得列國的變法已經是實實在在發生著的事情了，也才真正有些著急起來。這便與孟嘗君從趙國歸來後急迫變法的心思合了拍，孟嘗君每鼓動一次，齊宣王便踏實一些。連續幾日磋商下來，齊宣王終於下了決心：召見蘇秦，正式議定變法。

這日出宮天色已晚，孟嘗君很是興奮，想邀蘇秦張儀聚飲一番。但轉念一想，邀來也是自討無趣，遂與幾個門客痛飲了幾爵，議論了一陣，看看已是三更時分，便上榻安臥了。

正在朦朧之際，突聞門外馬蹄聲疾。孟嘗君頭未離枕，已聽出了自己那匹寶馬的熟悉嘶鳴，正待翻身坐起，一個響亮的聲音已經在庭院迴盪開來：「噢呀——孟嘗君府也有黑燈瞎火的時日了？」「春申君——」孟嘗君一嗓子高喊，人已披著被子衝到了廊下。

「噢呀呀成何體統了？」春申君大笑著擁住了孟嘗君直推到廳中，一邊主人般高呼：「來人，快拿棉袍了。」一邊兀自嘮叨，「噢呀呀，臨淄這風冰涼得忒煞怪了，渾身縫隙都鑽，受不得了。」孟嘗君將身上的大棉被往春申君身上一包，自己卻光著身子跳腳大笑：「春申君以為臨淄是郢都啊？來人，棉袍、木炭！」話音落點，侍女恰恰捧來一件絲棉袍一雙絲棉靴便往孟嘗君身上穿，孟嘗君一甩手：「沒聽見麼？給春申君！」侍女惶恐道：「這是大人的衣物，別人不能穿。」孟嘗君高聲道：「豈有此理？誰冷誰穿！我來。」說著拿過衣服手忙腳亂來地往春申君身上套，春申君笑得直喘氣：「噢呀呀，自己光著身子，還給別個亂包亂裹了？」一邊說一邊將身上的棉被又胡亂搗到孟嘗君身上。孟嘗君推託間不意踩著被角跌倒，連著春申君也滾到了地上，兩人在廳中滾成了一團，也笑成了一團。

就在這片刻之間，侍女已經拿來了另一套棉袍棉靴與大筐木炭。兩人分別將衣服穿好，坐到炭火烘烘的燎爐前，感慨唏噓不知從何說起。孟嘗君猛然醒悟，立即吩咐上魚羊燉蘭陵酒。春申君本是星夜奔馳而來，正在饑寒之時，自然大是對路，一通吃喝，臉上頓時有了津津汗珠，人也活泛起來了：「噢呀孟嘗君，你將我火急火燎地召來，哪路冒煙了？」孟嘗君看著他鬚髮散亂風塵僕僕的模樣，心中大是感動：「春申君星夜兼程，田文實是心感也。」春申君道：「噢呀哪裡話了？你有召喚，我能磨蹭？說事了。」孟嘗君不禁一歎：「事嘛，說大不大，說小不小，見一個熟人，說一番實話而已。」春申君不禁一陣好笑：「噢呀孟嘗君，人說你急公好義，果然不虛了，將我黃歇千里迢迢弄來，就是教我陪你做義士了？」

「先別洩氣，包你此行不虛。」孟嘗君詭祕地笑了笑。

偎著烘烘燎爐，兩人佐酒敘談，一直到了五更雞鳴。

次日過午，孟嘗君來到驛館請張儀出遊佳地。張儀笑道：「海風如刀，此時能有佳地？」孟嘗君笑道：「張兄未免小瞧齊國了，走！一定是好去處。」張儀眼睛轉得幾轉笑道：「好，左右無事，走走了。」進去一說，嬴華挑選了十名騎士隨行，親自駕車，緋雲車側隨行，便與孟嘗君出了臨淄西門。

出城三五里，孟嘗君道：「張兄，須得放馬大跑兩個時辰，你的車馬如何？」

張儀笑道：「試試，看與你的駟馬快車相距幾何？」

隨行的秦國騎士一聽與孟嘗君較量腳力，立刻興奮起來。孟嘗君的座車是有名的鐵車，車輪包鐵，車軸鐵柱磨成，車廂車轅全部是鐵板拼成，裡層是木板毛氈舒適之極；鐵車寬大沉重，用四匹特異的良馬駕拉，馭手便是門客蒼鐵從「盜軍」帶出的生死兄弟。此車雖不如獻給齊宣王的那輛「天馬神車」，卻也是大非尋常。張儀的軺車也頗有講究，表面看與尋常軺車無異，實際上卻是黑冰臺尋訪到墨家工匠特意設計打造的一輛軺車，一是載重後極為輕便，二是耐顛簸極為堅固；駕車的兩匹馬也是嬴華親自遴選的馴化野馬，速度耐力均極為出色。

放馬奔馳兩個時辰，對於訓練有素的騎士與戰馬也不是易事，何況車乘？車身是否經得起顛簸，挽馬的速度耐力是否均衡，馭手技巧是否高超，乃至乘車者的坐姿、站位與身體耐力能否配合得當，都是座車能否持續奔馳的重要原因。孟嘗君問「車馬如何」，便是這個道理。

見張儀答應，孟嘗君高聲道：「我來領道，跟上了。」說罷一跺腳，那早已從車轅上站起來的馭手輕輕一抖馬轀，鐵車隆隆飛出，當真是聲勢驚人。十名門客騎士幾乎在同時發動，卻也只能堪堪跑在鐵車兩側。

嬴華見煙塵已在半箭之地，低喝一聲：「起！」輜車騎士齊齊發動，直從斜刺裡插上。時當冬日，田野裡除了村莊樹木，光禿禿一望無際，所有的溝洫都是乾涸的。按照傳統，這也是唯一可在田野裡放馬奔馳的季節。秦人本是半農半牧出身，嬴華自然熟知這些狩獵行軍的規矩，所以一發動便從斜刺裡插上，看能否與孟嘗君車馬並駕齊驅。

孟嘗君回望，見張儀輜車不是跟在後面，而是從斜刺裡插來，頓時興奮起來，高聲長呼：「張兄，上來了——」駕車馭手明白，一聲響亮的呼哨，駟馬應聲長嘶，鐵車頓時平地飛了起來一般。門客騎士只能跟在鐵車激碾出的一片煙塵之中，不消片刻，漸漸脫出了煙塵，落下了大約半箭之地。

張儀的輜車馬隊卻是整齊如一，始終保持著車騎並進的高速奔馳。大約在半個時辰之內，始終與孟嘗君鐵車保持著一箭之地的距離。將近一個時辰的時候，張儀車馬漸漸逼近到半箭之地。張儀用鐵杖「噹噹」敲著輜車的傘蓋鐵柱，高聲喊道：「孟嘗君快跑！我來也——」隨風飄來孟嘗君的哈哈大笑：「張兄莫急，趕不上的——」

突然之間，嬴華一聲清叱：「張兄站起！」待張儀貼著六尺傘蓋站穩——這是站位車軸之上車身最為輕捷靈便之時——嬴華一聲清脆的口令，「提氣跑！」話音落點，秦軍騎士一齊躬身衝頭，臀部驟然離開馬鞍，人頭幾乎前衝到馬頭之上。這是人馬合力全速奔馳的無聲命令。十騎駿馬立時發力，競相大展四蹄，如離弦之箭般飛了起來，直衝輜車之前。嬴華飛身從車轅上站起，兩轀齊抖，兩匹馴化野馬齊聲嘶鳴奮起，片刻之間插進了馬隊中央。

漸漸地，孟嘗君的駟馬鐵車越來越清晰了，終於並駕齊驅了。

「好！」孟嘗君一聲讚歎，揮手喊道，「走馬行車——」兩隊車馬漸漸緩了下來，變成了轔轔隆隆的走馬並行。孟嘗君打量著張儀的車馬笑道：「張兄啊，了不得！你這兩馬軺車竟能追上我這駟馬快車，當真匪夷所思！」張儀笑道：「你那是戰車，聲勢大，累贅也大。」孟嘗君大笑一陣，揚鞭一指前方道：「張兄且看，片刻便到。」

暮色之下，兩座青山遙遙相對，一片大水粼粼如碎玉般在山前鋪開。說也奇怪，凜冽的海風不知何時消失得無影無蹤，一片暖融融的氣息夾著諸般花草的芬芳撲面而來。張儀四面打量一番，恍然笑道：「孟嘗君，這不是蒙山蒙澤麼？」孟嘗君驚訝道：「張兄來過？」張儀搖搖頭：「聽老師說過：臨淄西南二百里，有山水相連，冬暖如春，天然形勝。」孟嘗君笑道：「老人家好學問！這正是蒙山蒙澤。走馬行車，跟我來。」

蒙澤水面平靜如鏡，除了水邊淺灘的蔥蘢草木，岸邊卻是細沙鋪滿了石板，極是清爽。兩隊車馬沿著岸邊繞了過去，便到了山腳下的窪地。孟嘗君笑道：「張兄，此地紮營如何？」張儀笑道：「乾爽避風，正是露營佳地。」

兩人一定板，兩邊人手各自忙碌起來。片刻之間，一座營地收拾妥當：兩邊山腳下各有兩座帳篷，中央一片空地，是埋鍋造飯與篝火聚餐的公用場地。兩邊人手原都是行軍露營的行家裡手，挖灶的挖灶，砍柴的砍柴，兼職炊兵搭架上鍋，門客馭手擺置酒肉，一陣井然有序地忙碌。月亮爬上山巔時，篝火已經熊熊燃燒，鐵架上的整羊已經烤得吱吱流油香氣四溢了。

張儀望著山頭一鉤新月，長長地歎息了一聲：「孟嘗君，可惜了。」

「如此佳境，可惜何來？」孟嘗君笑了。

張儀正要說話，一片急驟馬蹄聲直壓過來。「騎士上馬！」嬴華一聲令下，已經拔劍在手。孟嘗君笑道：「行人且慢，這裡有事，田文一身承擔。」轉身對一名門客騎士吩咐：「快馬迎上，快查快報！」門客騎士飛身上馬，倏地消失在夜色之中。片刻之間，便聞遙遙高呼：「噢呀孟嘗君——黃歇來也——」

「春申君！」孟嘗君驚喜地叫了起來，「張兄，可有個好酒友了！」

「春申君？他來這裡做甚？」張儀大是疑惑。

「等他來了，一問便知。快，再添一氈座！」

話音落點，一行十餘騎已經衝到面前，為首一人高冠束髮黃錦斗篷，在月下笑得分外明朗：「噢呀孟嘗君，莫非你也來找那人了？」孟嘗君笑道：「那人，誰也？」春申君笑著下馬：「你知我知，天知地知，休裝糊塗了。」孟嘗君大笑：「好好好，先撂在一邊，你可知這位是誰？」

春申君端詳著面前這個手執細亮鐵杖，身材偉岸而又稍顯佝僂的人物，兀自喃喃道：「噢呀呀，定是非常人物……對了，閣下莫非張儀？攪得我楚國雞犬不寧的秦國丞相了？」張儀冷笑道：「正是在下，春申君與屈原之手段，張某已經領教了。」春申君深深一躬道：「先生大才，黃歇與屈原深為敬佩。各自謀國，尚望先生勿恨屈原黃歇了。」孟嘗君哈哈大笑：「春申君何其迂腐？竟說此等沒氣力話。」張儀原本只為春申君一句「雞犬不寧」不悅，如今見孟嘗君圓場，屈原又是自己心下敬重的忠貞之士，如何還能一味僵持，慨然一躬道：「久聞春申君明銳曠達，果然不虛，張儀這裡賠罪了。」春申君連忙上來扶住笑道：「噢呀呀不敢當了，莫得又被昭睢咬一口，黃歇裡通外國了。」一句話說得眾人哄笑起來。

篝火前落座，飲得兩碗相逢酒，孟嘗君笑問：「春申君火急火燎趕到蒙山，果真要見那個人？」春申君笑道：「那是自然，先生乃我楚國名士，有了事我自當出面。」孟嘗君揶揄道：「做得楚國芝麻大個官兒，便成了楚國名士？這難道不是我齊國地面麼？」春申君苦笑著搖搖頭：「噢呀你說得輕巧，芝麻大個官兒？你孟嘗君倒是給先生磨盤大個官兒，先生要麼？」孟嘗君依然追著道：「總是楚國不自在，否則先生如何到我齊國地面來？」春申君笑道：「噢呀呀，就算先生目下是齊國名士，我黃歇見見總可以了。」

聽得兩人兀自嘮叨折辯，張儀不禁笑道：「如何一個名士，害得齊楚兩國都伸手？」春申君驚訝道：「噢呀孟嘗君，你沒說給丞相聽？」孟嘗君笑道：「剛要說你就來了，你說。」春申君笑道：「噢呀丞相，你可曉得莊周了？」張儀恍然笑道：「莊子麼？如何不知道？公子要見莊子？」春申君道：「是了是了。莊子夫人病重，我要去送點兒冬令物事。我猜度，孟嘗君也是此意了。」孟嘗君笑道：「好事好事，我等都去給這位老兄熱鬧一番了。」張儀笑道：「見莊子好啊，何不早說？我也該帶些許物事的。」春申君笑道：「噢呀丞相，這個莊子不要多餘物事，至多留下些須糧米粗布而已，帶了物事也送不出去，了了心事而已。」張儀聽得不禁喟然歎息一聲：「粗衣粗食，可以清心矣！」

春申君猛然叫了一聲：「噢呀想起了，聽說武安君在齊國，如何沒有同來？」孟嘗君尷尬地笑笑：「這卻怨我，粗疏忘記了。」張儀冷笑道：「原是我不想見，與孟嘗君何干？」春申君驚訝得眼睛瞪得老大道：「噢呀奇聞，張儀不想見蘇秦？比龍王不想入海還稀奇了。」張儀雖然詼諧，卻是最煩在此事上聒噪嬉笑，不禁冷冷道：「莫非春申君喜歡朋友出賣自己？」話音落點，春申君張著嘴愣怔了，驚愕之情是顯然的。

孟嘗君歎了一口氣：「春申君莫怪張兄唐突，屈原暗殺張兄，武安君分明事先知情，見張兄時卻一字不漏。要是你，不上氣麼？」

一語未罷，春申君紅著臉跳了起來：「噢呀孟嘗君，此事你是見了還是聽了？說得如此真確，連我這在場之人，都教你包了進去？豈有此理了！武安君大大冤枉了！」一通高亢楚語噢呀哇啦，分明是大為氣惱。

孟嘗君冷冷笑道：「春申君少安毋躁，田文說的不是事實麼？」

「不是！半點不是了！」春申君攤著兩手，臉紅脖子粗地大聲嚷著。

「這卻奇了。」孟嘗君也站了起來，「你既在當場，你說事實，若有虛言，該當如何？」

四大公子其所以名動天下，根基就是慷慨好義重然諾，此等板下臉說話，已經是極為罕見的了，要求對方承諾「虛言該當如何」更是絕無僅有。張儀素知四大公子人品，如何不解孟嘗君此話分量？聽得心中一沉，生怕兩人傷了和氣。

春申君咬著牙一字一頓道：「蒼天在上，黃歇若有半句虛言，禍滅九族！」一言既出，全場默然，以春申君身分發如此重誓，當真是驚心動魄。

孟嘗君長歎一聲：「春申君，你說。」

春申君正色道：「當日黃歇與武安君南下之時，屈原已經將新軍調到了郢都郊野。既未與武安君商議，也未與黃歇商議。那日聚宴，屈原突兀提出截殺張儀，自然是想要武安君與我一起聯手。我雖猶豫，卻也心有所動。武安君卻是決然反對，還痛心地說了一番實力較量的根本道理。武安君說罷，屈原當場表示放棄暗殺，且請求武安君，不要在張儀面前提及此事，以免他日後與丞相不好周旋邦交。武安君慨然允諾了。酒宴將要結束時，武安君收到書簡一件。我問何事？武安君說是張儀相約，次日在雲夢澤會面。我與屈原都擔心有危險，武安君大不以為然，堅持不教屈原與我派人護衛。次日，截殺丞相的事一發生，武安君便憤然離開了楚國……事實如此，丞相自己斟酌了。」

張儀仔細回味春申君的話，一時默然。孟嘗君置身事外，卻已經將關節聽得明白，便問：「春申君，是屈原當場說了，放棄暗殺張儀麼？」

「噢呀，正是了！」

「是屈原請求武安君，不要將一個已經放棄了的謀劃告訴張儀，以免他日後難堪？」

「是了是了！」

「武安君見屈原放棄暗殺，便答應了屈原所請，是麼？」

「正是了，很清楚的了！」

孟嘗君轉身笑道：「張兄，此事……你說？」

張儀默默佇立著，仰望天中一鉤殘月，淚水湧泉般流了出來。

二、逍遙峰的鼓盆隱者

次日天亮，三人將車馬騎士留在山口，徒步進入山谷。張儀腿腳略有不便，孟嘗君與春申君一致贊同嬴華緋雲隨行照拂。一夜過來，張儀心緒好了許多，談笑風生一如平日，路上大大輕鬆了起來。

沿著山谷中的溪流拐過了三道山彎，突兀的一座孤峰矗立在面前。這座孤峰煞是奇特，冬日裡滿山蒼翠鳥語花香，迎面一道瀑布飛珠濺玉般掛在山腰，直似蒼黃群山中的一株參天碧樹。張儀驚歎道：「此山異象也！莊子一定在這座山上。」孟嘗君笑道：「不錯，莊子正在此山之中。」春申君笑道：「噢呀你等可曉得了？方圓百里的楚人，將這座山叫作逍遙峰了。」張儀笑道：「逍遙峰？好！莊子正有〈逍遙遊〉一篇，讀來真是令人心醉。」孟嘗君高聲吟哦起來：「北冥有魚，其名為鯤。鯤之大，不知其幾千里也。化而為鳥，其名為鵬。鵬之背，不知其幾千里也。怒而飛，其翼若垂天之雲……」張儀神往笑道：「此等景象，非神目萬里神遊八極不能企及，非高居崑崙之巔天宇之上不能入眼。莊子，非人也，誠為仙也。」春申君不禁大笑起來：「噢呀，張兄解得妙！我等去看看這個仙兄了。走，隨我來了。」

從一條羊腸小徑登上孤峰，山腰陽坡上一座茅屋，一縷炊煙飄飄盪盪地融化在高遠的藍天。上得面前一個山坎，幾個人看到了茅屋，卻都驚訝地站住了。

一堆枯枝燃起的大火上，吊著一只黑黝黝的大陶罐，還有半隻烤得紅亮的野羊。一個布衣散髮的年輕人坐在火坑前，默默地往火裡添著木柴撥著火。火坑旁綠草如茵，一個裸身女子躺在花枝堆成的花山中間。仔細看去，那花山卻堆在一層白花花的木柴之上。花山前坐著另一個人，粗布大袍已經看不出顏色了，披肩的長髮灰白散亂。他身旁放著一個很大的酒罈，淡淡的酒香隨風飄了過來。儘管是背影，也可以看出，他正在敲著一個破爛的瓦盆吟唱，那悠揚嘶啞的歌聲說不清是快樂還是憂傷，聽得幾個人都癡了：

方生方死兮　方死方生
其始而本無生兮　無生也本無形
非徒無形也本無氣兮　雜若恍惚之間矣
形變而有生兮　再變而為死
春秋冬夏四時行兮　死為達生
不問生之所以為　不問命之所無奈
人欲免為形者兮　莫如棄世
棄世則無累　無累則正平
正平則與彼達生兮　達生者不朽矣

「夫人死了，他還鼓盆唱歌？」嬴華低聲問。
張儀一聲長長的感歎：「死為達生，大哉莊子也！」
孟嘗君低聲道：「一步來遲，莊子夫人竟去了，我等便在這裡陪祭了。」
布衣散髮者一聲高亢的吟哦，站了起來，提起酒罈繞著花山灑了一圈，又將罈中剩酒全部潑灑到花山之上，高舉雙臂對著花叢中裸身女子喊道：「夫人——你終究脫離了人世苦難，一切憂愁都如風一般消散！快樂地去也，你已與天地萬物融為一體了——」說罷深深一躬。火堆旁的年輕人拿起了一根熊熊燃燒的木柴，走了過來遞給他。

布衣人舉起火把，從容地伸向花山下的那片木柴。一簇火苗冒了起來，漸漸地，木柴燃起來了，花山燃起來了，熊熊火焰吞沒了花山，吞沒了那靜靜長眠的裸身女子。布衣人在隨風飄散的煙火前默默地佇立著，沒有哭聲，沒有笑聲，直到熊熊火焰化成了淡淡青煙。

「吔！他竟燒了夫人……」緋雲驚駭得一個激靈。

張儀低聲道：「這叫火葬，墨子大師便是如此升天。」

「噢呀孟嘗君。」春申君低聲驚呼，「先生要走了？你看！」

只見布衣人從茅屋裡走了出來，背上一個青布包袱，手中一支碧綠竹杖。火堆旁的年輕人笑著跪在布衣人面前道：「老師，你真的要一個人走了？」布衣人笑道：「藺且啊，你有你該做之事，何執於行跡之間也？」年輕人笑道：「老師，你就不怕藺且再來追你麼？」布衣人笑道：「方可方不可，方不可方可，欲是其所非，而非其所是，吾卻何以知之？」年輕人恭恭敬敬撲地拜了三拜，聲音哽咽起來：「老師，保重了。」

布衣人大笑而去，一路吟哦隨風傳來：「風起北方，在上彷徨，天其運乎，六極五常……」

「噢呀孟嘗君，我去追先生回來了！」春申君大步疾走，去追那布衣人。

茅屋前的年輕人攔在了當面，拭著淚眼笑道：「春申君，無用也，老師的心早就走了。」春申君怔怔站住，頓足長歎一聲，對著山道長長呼喊：「莊周兄——等你了——」

谷風習習，一陣笑聲在空山中盪開，終是漸去漸遠。

張儀一直默然佇立著，心底裡一片空白。孟嘗君笑道：「張兄，去看看藺且吧，莊子連他這個唯一的學生都丟下了。」來到茅屋前，年輕人苦笑道：「孟嘗君，我還是沒有留住老師。」孟嘗君喟然一歎：「藺且啊，先生走了，你到稷下學宮去吧。」藺且搖搖頭：「不，我要整理老師的文章。」春申君笑道：「噢呀藺且，你可真糊塗了。孟嘗君請你去稷下學宮，為的就是教你無衣食之憂，更好整理文章了。」藺且淡淡笑道：「離開這蒙山逍遙峰，便沒有老師文章。」

「卻是為何？」孟嘗君大是驚訝。

藺且笑道：「老師根本不看重文章，走到哪裡心血來潮，便寫下一篇。有的刻在樹幹上，有的寫在山石上，有的還寫在陶盆上，有的還不知道寫在何處。我每日都要在山裡搜索，有些還沒有抄完，字跡便看不清楚了……」

「吔——這裡有字！」在旁邊的緋雲突然驚訝地叫了起來。

幾人過去一看，只見一片半枯的竹竿上刻畫著一個個清晰的字跡。藺且笑道：「這是師母病重期間，老師不能走遠，每日在這裡晃來晃去刻下的了。」孟嘗君不禁順著竹竿邊走邊念道：「世之所貴道者，書也。書不過語，語有貴也。語之所貴者，意也。意之所隨，不可以言傳也。而世卻貴言傳書。世雖貴書，我猶不足貴也，為其貴非其貴也……知者不言，言者不知。悲夫，世人豈識之哉……」念著念著，孟嘗君打住了。

「噢呀豈有此理？沒有書，哪裡有學問了？」

張儀笑了：「莊子本意，我看卻在這幾個字：書不如思貴，意不可言傳。說到底，是教人多思深思，切莫草草立言。」

藺且笑道：「先生果然智者，老師也是如此說。」

孟嘗君大笑：「藺且啊，我等與這位智者，今日住在這裡如何？」

「自然好。」藺且高興地笑了，「諸位稍待，我去拿座席。」說著進了茅屋，抱出一摞草墊，遞給每人一個，又去提來一個粗陶大壺與一摞粗陶大碗，給每人斟了一碗殷紅的涼茶。幾人圍著火坑坐定，孟嘗君道：「藺且啊，我等方聞你師母病體不佳，特意來拜望探視，如何便驟然去了？」藺且一聲歎息眼圈先紅了：「師母多年操勞，原是有痼疾在身，卻不告老師。老師粗疏不經意，只以為寒熱小病而已，每日進山採擷草藥……不想前日三更，突然去了。」

眾人聽得一陣唏噓。張儀笑道：「夫人逝去，莊子鼓盆而歌，花山火葬。此等達生意境，原非常人所能解。我等還是追隨莊子性情，將夫人之死，看作達生快樂的好。」

「張兄此言大是！」孟嘗君笑道，「藺且，你說？」

「自當如此。原是藺且天分差，難追老師高遠，猶如蓬間雀之與鯤鵬也。」

一言落點，眾人都笑了。孟嘗君與春申君解下隨身背來的酒袋，緋雲也解下張儀給莊子準備的酒袋，又一一潑去陶碗中殘茶，用茶碗做酒碗，幾個人飲了起來。這時，藺且用一只大木盤盛來了大塊的帶骨羊肉，一股肉香濃濃地瀰漫開來。春申君驚訝道：「噢呀，藺且本事見長，能狩獵了？」藺且笑道：「春申君不曉得，師母病重時，這隻羊在茅屋前臥了三日三夜，只是不走。老師說，這是上天所賜，是羊之達生。我去捉它，這隻羊動也不動。老師為師母烤了半隻，可師母只是聞了聞便去了……」說著，藺且的眼圈又紅了。

眾人一陣默然，嬴華緋雲都別過了頭去。還是孟嘗君笑道：「張兄不知，莊子的奇遇異事多了，樁樁都令尋常人不能想像也。」張儀看著藺且笑道：「我只是不解，莊子如此清苦，行跡又大異於常人，何以竟有弟子相隨？」

孟嘗君饒有興味地笑了：「我也不清楚，藺且，你說說如何？」

「噢呀藺且，我只聽先生說過一句，你是上天硬塞給他的。究竟如何了？」

「也是，老師原本不想收留我的……」藺且眼望著遠山，斷斷續續地說出了一個奇異的故事：

八歲時，藺且的工匠父親因打造的戰車斷了車軸而被殺，母親、姊姊和他便成了邯鄲一家官員的奴隸。母親與姊姊給主人們洗衣做飯，小藺且則給馬夫做下手雜活。可不到一年，這家官主人戰死了。國君沒有賞賜，軍中沒有撫恤，藺且一家便隨著主人的淪落，流失到市井做了乞丐。那一日，小藺且正在邯鄲街頭流竄乞討，不想遇上官府市吏查市，慌忙躲逃間撞倒了一個迎面而來的士子。

「大人饒了我，小子實在沒看見。」小藺且以頭搶地，爬起來便跑。

「小兄弟，別跑。」士子從地上爬起來笑道，「撞了便撞了，怕我何來？」

「不是大人，後面市吏追我。」小藺且惶恐的眼睛滴溜溜打轉兒。

士子笑道：「別怕，跟我來。」說著拉起小藺且的手，快步進了一家酒肆。

士子請小藺且飽餐了一頓，末了笑道：「小兄弟，如有一筆大錢，你想如何用它？」

「先開脫了娘與姊姊的隸籍，而後嘛，自做營生。」小藺且回答得毫不猶豫。

「好，你跟我來。」士子戴上了一頂很大的斗笠，拉著小藺且來到邯鄲最熱鬧的北門口，「小兄弟，過去看看城牆上那張畫像，看準了。」小藺且跑過去端詳了一陣，又跑了回來：「那張畫像，就是大人。」士子笑道：「小兄弟果然聰敏，過來，聽我說。」士子將小藺且拉到僻靜處道，「你目下到國府去，就說你知道圖上這個人在哪裡，然後帶他們到方才那個酒肆，我再跟他們去。這樣你可以得到一百金，再去做你的事。」

小藺且默默地轉著眼珠低下頭：「我，不要那種錢。」回頭走了。

士子卻追了上來：「哎，小兄弟，你我商量一番，兩個人都有飯吃如何？」

「你也沒飯吃？」小藺且驚訝地瞪大了眼睛。

「有短飯，沒長飯，明白？」見小藺且點了點頭，士子又道，「你看，我跟他們走，是到那大宮殿裡吃魚吃肉喝酒。你有了錢，也能吃魚吃肉喝酒。兩廂便利，多好。」

「那你自己去找他們多好，要我說做甚？」

「小兄弟不明白。」士子低聲道，「我自己去，多丟面子。要他們來請，才吃得氣派，明白？」

小藺且笑了，去宮門前報了官，領著一隊車馬接走了士子，自己得了一百賞金。一家人脫了官府隸籍，還在邯鄲開了一家小小的酒肆。後來藺且漸漸長大了，聽一個常常光顧他家酒肆的書吏說：他當年舉發的那個布衣士子，叫作莊周，學問很大，經常談論天下劍術；趙侯也酷愛劍術劍士，自然也很想見到論劍的莊周。書吏說得繪聲繪色：「幾年找不到這個莊周，趙侯便想了這個繪影緝拿的法子。嗨，不想立即見效，應在了你這個小乞丐頭上！藺且，你命好啊。」

從此，藺且心中有了莊周這個名字。當年那個身影整日在他心頭晃動，連做夢都是那個影子。他見到讀書人便打問，可誰也不知道莊周在何處。藺且十八歲那年，幾個遊學士子在他家酒肆興致勃勃地議論一篇傳抄天下的文章，大談莊子如何如何。藺且立即上前恭敬一禮：「敢問先生，莊子可是莊周先生？」遊學士子大為驚訝：「是啊！你也知道莊子大名？」藺且又問：「先生可知，莊子目下居住何處？」士子們都搖搖頭，有一個忽然笑道：「我聽一個人說，好像在楚國。如何，小兄弟要找莊子拜師求學？」士子本來是戲謔一句，不想藺且卻是正色高聲：「正是。」逗得幾個士子哄然大笑。

藺且與母親姊姊一說，賣了酒肆，在邯鄲郊野買了一片桑田蓋了兩座茅屋。安頓了母親姊姊，藺且便帶著剩下的錢上路了。趙國、魏國、韓國、楚國，一路尋覓，半年便沒有錢了。藺且沒有回頭，一邊給人做苦工一邊乞討，千辛萬苦地找了三年，最後終於在宋國蒙邑的一座漆園找見了莊子。那時候，莊子正做著漆園小吏，見藺且千辛萬苦地找來，驚歎之餘留下他做了個漆園工匠，卻不答應收他做弟子。藺且也不著急，整天除了默默做工，便是留心莊子隨處揮灑的文字，一片一片地收集珍藏。三年後莊子不做漆園吏了，要搬到山裡去了。那時候，藺且已經是漆園有名的漆工了。莊子叮囑藺且好好做工，攢一筆錢回去孝敬母親，一輛牛車拉著夫人與幾個包袱走了。

到了蒙山，莊子在修建茅屋時驚訝地發現了神助：白日明明砌了半人高的牆，過了一夜陡然變成一人高了。正沒柴燒了，牆下便有了一摞碼得很整齊的砍柴。莊子夫人聰慧過人，笑著勸道：「夫君啊，你還是收下藺且吧，我看他與你一般，都是癡心放任的種兒。」莊子笑道：「藺且在漆園裡，如何去收？」夫人笑道：「不，他就在山裡，你喊幾聲試試？」莊子便高聲喊道：「藺且——你在哪裡——你出來——」話音尚在山谷迴盪，藺且已經站在了莊子面前。

「藺且？你在何處？」

「我在山裡。」

「在山裡做甚？」

「聽老師與天地對話。」藺且說著，從懷中摸出一片柔韌雪白的樹皮內瓤，上面赫然便是木炭大字「逍遙遊」。莊子哈哈大笑：「好啊好，天地要留下莊周，竟派了一個藺且來也！」

就這樣，藺且成了莊子唯一的學生。

眾人聽得感慨唏噓，張儀歎道：「還是莊子說得好，天地要留下莊子，於是便有了藺且啊！除了天意，還有何說？」孟嘗君思忖一陣笑道：「藺且啊，先生在時，我等想請他出山不能，接濟他又不要。目下他去逍遙了，你承擔著傳揚莊子的重擔。我看，你便做稷下學宮的院外學子，我叮囑學宮給你在這裡起一座庭院，每月送幾石祿米，你只安心收集整編莊子文章便了。」春申君連連拍掌：「噢呀，好主意！我如何沒想起了？你要不願到稷下學宮，我教楚國管你如何？」藺且笑道：「便是稷下學宮吧，可有一條須得聽我。」孟嘗君慨然道：「你但說了。」藺且道：「三年為限。三年後，我將《莊子》留下一部給稷下學宮，我也要尋覓老師去了。」

孟嘗君一聲歎息，默默點頭。眾人聽得百感交集，恍恍惚惚說不清何等滋味兒。

三、英雄之心　恩怨難曲

回到臨淄，孟嘗君立即進宮繼續他的「磨王」工夫。

這次倒是齊宣王著急了，一見孟嘗君到來，立即說了兩則消息：一是趙雍已經從雲中回到邯鄲，趙國的變法大計已經確定：以「變兵」為主，目下正在與肥義、平原君等祕密謀劃，預料明年將有大舉動。二是燕王已經將全部大權交給了子之，子之正在整肅吏治，大批裁撤燕國老世族官員，據說明年便要推行「子之新政」，燕國朝野目下一片風聲鶴唳。齊宣王顯然有了一種急迫感，想趕緊在齊國動起來。孟嘗君笑道：「我王但有變法心志，便須謀定而後動。我看還是請武安君全盤謀劃，不必與別國虛爭聲勢。」齊宣王道：「也是，你便說，如何做法？總不能不動了？」孟嘗君道：「我王須仿效秦孝公，只要一件事做好：用好蘇秦，給蘇秦足夠權力。」齊宣王思忖一陣道：「好！你知會蘇秦，準備好變法成案，本王立即著手為他鋪墊。」孟嘗君大是興奮，向齊王深深一躬：「如此則齊國幸甚，我王幸甚！」告辭出宮，匆匆去找蘇秦了。

臨淄城南有一條小巷，名字叫作客巷，住著十幾名客卿，蘇秦也住在這裡。

客卿，是諸侯林立戰國紛爭時的一種官場異象。究其實際，客卿不是官員，而只是國君賜給外國流亡官員，或一時不好安置的人物的一個官身名號，表示國府在養著你而已。客卿既無爵位等級的高低，也無官署可以歸屬，更無實際執掌，日常費用由掌管邦交的官署通過驛館吏員來供給，實際便是寄居而已。中原各國的客卿，通常都是住在驛館當作賓客。齊國富裕，也素有敬賢之名，給客卿每人配有一座府邸一輛車。說是府邸，實際上是一座五六間房勉強算得上兩進的小庭院；說是車，卻不是有傘蓋高低之分的軺車，而只是一匹馬駕拉的低廂板車而已。在齊國，如此規格只不過等同於稷下學宮一個三等學子而已。這些客卿大都是不得已而流落，既無財貨與高車駿馬去周遊結交，也沒有貴胄重臣來拜望。於是，這條小巷分外冷清，冬日裡海風颼颼，幾乎見不到人影。

孟嘗君特意駕了一輛最輕便的單馬軺車前來。縱然如此，那轔轔隆隆的車聲，在小巷石板路上也是聲勢驚人。一扇扇大門吱呀吱呀地相繼打開，紛紛有人探出頭來要看個究竟。見來人竟是孟嘗君，且軺車直向最深處駛去，小巷中頓時驚炸了。

「捲土重來！蘇秦又要出山了！」一個客卿很自信地對開門鄰居高聲宣布。

拋下身後的驚歎議論，孟嘗君逕自進了那座小小庭院。庭院與小巷一般冷清，院中那棵大樹落下的黃葉滿院飄落，沙沙作響，一片蕭疏。孟嘗君穿過正房中間的過廳，進到後院，也就是第二進，高聲喊了一句：「武安君，我來了。」旁邊一扇小門吱呀一聲，一個老人出來笑道：「敢問大人高名上姓？客卿大人出門了。」孟嘗君板著臉道：「你是官僕？」老人笑道：「正是。」孟嘗君道：「官僕就如此坐大？大門不守，落葉不掃，窩在房裡睡大覺麼？」老人連忙一躬道：「老奴何敢如此？客卿大人煩幾家鄰居好看稀奇，吩咐大門竟日開著，院中落葉，客卿大人也不教掃，說是天地氣象。老奴一日只做兩餐菜飯，連開水也只能煮兩壺，實在是閒得發慌。」孟嘗君歎息了一聲：「既然如此，也不怪你。大人哪裡去了？」老人道：「大人出門，從來不給老奴招呼。不過，老奴估摸著也該回來了，到飯時了。」

正在說話，便聞前院落葉沙沙的腳步聲，一個聲音傳了進來：「家老，與誰說話？」老人碎步向前高聲道：「大人回來了好，有客！」孟嘗君回身笑道：「武安君，好悠閒了。」蘇秦高興地笑起來：「孟嘗君，你如何找來了？來，好在有太陽，院中坐了，家老，上茶。」老人聽說是孟嘗君，慌得話都說不利落了，一溜碎步去燒水煮茶。

庭院淺小，沒有遮陽的高屋層樓，過午的冬日西曬了整個庭院。兩方石凳一張石板，倒是被落葉埋了一半，人彷彿坐在郊野一般寂寥。孟嘗君不禁一歎：「當日我直去了秦國，沒有陪你來臨淄，不想竟教你窩在如此府邸，田文慚愧也。」蘇秦笑道：「很好了啊，莊子一座茅屋，不也舒暢得很麼？至樂不樂，在乎人心。」孟嘗君驚訝道：「如何？你去過蒙山逍遙峰？」蘇秦笑道：「兩三年前去過，雖不敢說是先生知音，也算是友了。」說著一聲深重的歎息，「莊子夫人去了，多美的一個女子，臨去時也是笑吟吟的。」

「你？你知道莊子夫人過世？」孟嘗君更驚訝了。

「我在蒙山守了一夜。」蘇秦點了點頭。

「你知道我等去麼？」孟嘗君愣怔了。

「知道。我知道你會去，春申君也會去，都是莊子的地主之友啊。」

孟嘗君長吁了一口氣：「不說莊子了，一說莊子，世間一切事都索然無味，只遨遊隱居來勁了。」蘇秦大笑道：「倒也未必，世間總要有做事者。都去做莊子，莊子也就賤了。」孟嘗君笑道：「還是蘇兄見識高。哎，我來是給你說，齊王請你謀劃變法定案，不日要鄭重請你出山。」蘇秦沒有絲毫驚訝，只是笑了笑：「如何？齊王通了？」孟嘗君道：「通了。我看這次是大通。」蘇秦點了點頭，思忖著沒有說話。

一陣急促的腳步聲，老僕急急來道：「稟大人，門外有人請見！」

孟嘗君笑道：「有人請見，慌張何來？」

老僕道：「此人拄著一支鐵拐，背上還有一段黑糊糊物事……」

「鐵拐？」孟嘗君眼睛一亮道，「我去看看。」大步流星到了前院。蘇秦剛剛起身，便聽見孟嘗君驚訝的聲音：「張兄，你這是甚個講究？」蘇秦已經出了過廳，只見小庭院中站著一個熟悉的身影，分明便是張儀，只是那樣子卻令人吃驚：寒冷的冬日只穿了一件薄薄的布長衫，既沒有高冠，也沒有官服，散亂的長髮披散在肩頭，完全是一個寒士模樣。但更令蘇秦與孟嘗君吃驚的，卻是他身上背了一枝乾枯帶刺的荊條！

見蘇秦出來，張儀一扯胸前布帶，從背上拿下了荊條，雙手捧著深深一躬：「張儀心胸淺薄，以恩為仇，敢請蘇兄打我荊杖！」

「張兄！」驀然之間，蘇秦淚水盈眶，撲上去緊緊抱住了張儀。

孟嘗君哈哈大笑，卻又驚訝喊道：「快鬆開，荊條夾在胸前，都帶血了！」說著上去分開兩人，細心地拿下了那根指頭粗細的荊條，黑糊糊的幹刺上血跡斑斑，連張儀的布衫都扎破了。饒是如此，蘇秦張儀全然不覺，淚眼相顧，兀自開懷大笑。

「好事！痛快！」孟嘗君大樂，「家老，有酒麼？」

老僕忙不迭道：「酒不好，有兩罈。」

「有就好，快拿出來！走，張兄蘇兄，到裡院坐。」孟嘗君完全變成了主人在張羅。

老僕連忙去提了酒罈，拿著大碗碎步跑了過來，滿臉惶恐道：「大人，沒得下酒之物。只有，只有一筐羊棗兒，實在……」孟嘗君笑道：「羊棗兒就好，拿來便是。」蘇秦一邊忙著進屋找了一件棉袍，出來給張儀穿上，一邊笑道：「這筐羊棗兒，還是家老的兒子看他老父送來的，今日正攤上，慚愧慚愧。」張儀看小庭院中蕭疏一片，蘇秦的曠達中透著一種從未有過的落寞，原來已經變黑的頭髮，已經真正地變成了兩鬢斑白，消瘦清癯得架著一件絲棉袍空蕩蕩的不顯身形，心頭直是酸楚。

但張儀畢竟豁達明朗之人，況蘇秦復出的機會便在眼前，揉揉眼睛笑道：「羊棗兒好啊！當年我們常常給老師採一布袋，每每在月下講書畢了，老師便用羊棗兒下酒。」蘇秦接道：「老師還用乾羊棗兒泡酒。有一冬快過年時，張兄打掃老師的山洞書房，偷著喝了老師半罈羊棗兒酒。孟嘗君，你猜老師如何懲罰？」孟嘗君童心大起道：「我想想，打！屁股打腫！」蘇秦一本正經道：「非也。老師罰他，將那半罈再喝了。」

「痛快！好個鬼谷子！」孟嘗君將石案拍得啪啪響，「張兄啊，你好福氣！偷酒得福，定然是醉翻了。」蘇秦接道：「張兄心裡偷著樂，卻愁眉苦臉對老師請求，說偷酒是師兄望風，師兄該當一起受罰。老師捋著白鬍子笑了，『好啊，同夥，一起受罰。』張兄便將我喊了來一起喝。那羊棗兒酒啊，凜冽中透著酸甜爽利，我倆直嚷著好喝，不消片刻便喝完了半罈。」孟嘗君一副渴慕的神色緊追道：「嘖嘖嘖，這羊棗兒酒喝了，何等後勁兒？」蘇秦笑道：「你問張兄了。」張儀搖頭笑道：「何等後勁兒？嘴唇腫了三日，不能吃飯，不能說話，只能面對面不斷地嗚嚕嗚嚕……」一言未了，孟嘗君笑得前仰後合，蘇秦張儀兩人也大笑起來。

孟嘗君來了興致，將一筐羊棗兒擺在石案中間，舉起大碗慨然道：「來！雙喜齊至，羊棗兒下酒，乾了！」「乾了！」蘇秦張儀也舉碗齊應，「噹」的一撞，三人一飲而盡。孟嘗君撂下碗笑著叫了起來：「噫！酒尾子，又淡又辣！」張儀笑道：「收不住酒意，再加一個散字。散淡辣，謂之酒尾也。」蘇秦哈哈大笑：「快，羊棗兒上了。」三人各抓一把羊棗兒塞進口裡大嚼，酸甜爽利，特別上口，淡辣之氣頓時大解，三人同時喊了一聲：「再來！」不禁又是一陣大笑。

再看這羊棗兒，小小顆粒如小指肚兒，顏色黑紅發紫，棗肉也只有錢般薄厚，酸甜味道卻極有勁力，三人不禁嘖嘖稱奇。張儀拈著一枚羊棗兒笑道：「你等可知，秦人將羊棗兒叫甚個名字？」孟嘗君笑道：「那誰知道？」張儀道：「羊棗兒是孟子叫開的。秦人叫它『羊屎棗兒』。你看，又小又黑，像不像羊屎蛋？」孟嘗君搖頭笑道：「不雅不雅，縱像羊屎蛋又能如何？還是老孟子叫得好。」蘇秦笑道：「雅從俗中來，無俗何謂雅？原本說不上好壞。」孟嘗君眨眨眼笑道：「算你為俗請命了，你可知道，這天下有幾多種棗兒？」蘇秦一怔：「喲，還當真不知，你說說看了。」

孟嘗君扳著指頭道：「壺棗兒、要棗兒、白棗兒、酸棗兒、大棗兒、填棗兒、苦棗兒、虰棗兒、唐棗兒、紫棗兒、歷棗兒、三星棗兒、駢白棗兒、灌棗兒、青花棗兒、赤心棗兒；以地劃分，還有齊棗兒、安邑棗兒、河內棗兒、東海蒸棗兒、洛陽夏白棗兒、梁國夫人棗兒；以牲畜跑物命名者，還有狗牙棗兒、雞心棗兒、牛頭棗兒、獼猴棗兒、羊角棗兒、羊棗兒、馬棗兒；說到神仙嘛，還有西王母棗兒！數數，一共多少？」張儀大笑道：「嗬，好學問！一口氣說了三十種棗兒名字，當真了得！」孟嘗君得意笑道：「兩位大兄那麼大學問，我這粗漢不長點兒記性，活得下去麼？」三人又是一陣大笑。

羊棗酒尾子喝得快樂，不知不覺的紅日西沉了。

孟嘗君出去了一會兒，回來吩咐家老只管清掃庭院，莫要再忙其他瑣事。片刻之後，兩輛高廂牛車咣噹咣噹地到了大門口，幾個年輕力壯的僕人穿梭般往裡搬物事。舂好的米、磨好的麵、宰殺好的豬羊、風乾的魚蝦、泥封罈口的蘭陵老酒、捆紮停當的冬菜、大罐小罈的油鹽醬醋、擋風的厚布簾、大大的燎爐、幾口袋木炭等諸般應用物事應有盡有，而且還來了一個精於烹飪的廚工。

張儀笑道：「雪中送炭，孟嘗君也！」蘇秦苦笑道：「孟嘗君，何苦這般折騰？弄得一片光鮮，我倒是不自在了。」孟嘗君大笑道：「你自在了，我這臉面卻何處擱去？再過十天半月，我想逢迎只怕都進不得門了。」張儀笑道：「逢迎的車馬堵住大門了？」孟嘗君道：「張兄明白人，我得抓這個機會。」說得三人一陣大笑。

不消半個時辰，這座黃葉蕭疏的小庭院頓時燈火明亮，變得富麗光鮮溫暖舒適起來，滿院都彌漫著廚屋散髮出來的濃濃肉香。三人坐在正房廳中，一眼便能望見廚下燈火與廚工的刀鏟影子翻飛，感覺從來沒有過的新鮮。孟嘗君笑道：「平日裡庭院深深，哪看得如此溫馨紅火景象了？」張儀慨然道：「要說起來，蘇兄大家，也沒經過此等小庭院日月。張儀小家庭院，從小便如此了。」蘇秦道：「孔子所說的天下大同，大約便是家家戶戶如此了。」張儀道：「家家如此，談何容易？」三人一時默然了。

過得片時，酒菜進來，三人開懷痛飲。孟嘗君說起了齊王決意起用蘇秦變法的事，張儀大是高興，立即提議大飲了三爵，慷慨激昂地備細說了商鞅變法的經過，以及他對秦法的體察，還給蘇秦出了許多主意。蘇秦聽得很是專注，卻很少說話。

孟嘗君笑道：「張兄說了如此多，其實只要釘死一條即可。」

「哪一條？」

「秦國會不會突然進攻齊國？」

蘇秦臉一沉：「孟嘗君，邦交有道，何能如此問話？」

「不打緊，此話卻是說得。」張儀微微一笑，「自秦國崛起，山東六國便怪象百出：做好事是抵抗秦國威脅，做壞事是迫於秦國威脅，明君良臣喊秦國威脅，奸佞貪官也喊秦國威脅。一言以蔽之，都將秦國威脅做了自己的救命稻草。孟嘗君何等人物，都將秦國威脅看作了變法能否成功的根本一條，可見此痼疾之深也。」張儀說著說著語氣凝重起來，「可究其實際如何？秦國實力不足，秦國也很害怕山東六國的合縱抗秦。否則，張儀的連橫如何成了秦國國策？說到底，方今天下都在擴展實力，都需要擴展實力，也都需要時日。誰抓住了機會，擴展得快，誰便占了先機。誰坐失良機不擴展，誰便自取滅亡！蘇兄心中最清楚，縱是秦國從今日開始滅國大戰，齊國也是最後一個，至少還有十年時間。」張儀長長地歎息了一聲，「十年啊，十年可以做多少事？要說威脅，秦孝公與商鞅變法二十三年，時時都有被六國瓜分的大險，那才是真正的威脅！可他們君臣就是挺住了，挺到了最後，挺到了成功。有人說，那是天意。可不要忘記，變法的每一關口，都有更多的人說：遵循祖制是天意，變法是逆天行事。想想春秋戰國三百餘年，天意在哪裡？不在別處，就在人心！就在當事者的強毅膽略，就在百折不撓的堅韌！威脅在哪裡？不在別處，就在自己心裡！而不在秦國或是六國！孟嘗君，我算答覆了你麼？」

張儀這番話當真是肅殺凜冽擲地有聲，說得孟嘗君額頭冒汗，冷不丁打了一個激靈站起來，深深一躬道：「張兄一劑猛藥，田文一身冷汗，無地自容也。」蘇秦感慨萬端地歎息了一聲：「張兄啊，你入秦十多年，精進如斯，蘇秦自愧弗如了！此番見識，令我心顫，又令我氣壯。好，好得很哪！」

張儀本來激動得面紅氣粗，此刻卻有些不好意思起來。蘇秦與孟嘗君，那可都是目空天下的人物，縱是對才堪匹敵的張儀，那也從來沒有說過一個「服」字，遑論「自愧弗如」與「無地自容」四個字？此刻說來，自然絕非虛應故事。張儀笑了笑拱手道：「兩兄獎掖，張儀愧領了。索性，我自賞一爵罷了！」說罷舉起大爵一飲而盡。

「那不行。」孟嘗君急急道，「我倆也要慶賀一爵！」蘇秦笑應一聲，叫張儀再領賞一爵，三人又乾了一大爵。

撂下酒爵，蘇秦若有所思道：「看來，秦國養人膽氣。張兄這番話，非以才華利口服人，卻是以英雄膽氣立威。可以想見，這種膽氣彌漫在秦國朝野山鄉，卻是何等氣象？我聽過那句秦人的口誓：『赳赳老秦，共赴國難！』就這一句，民心膽氣浩浩蕩蕩。那剛猛的步態，那高亢的秦音，那粗樸堅實的民風民俗，日日耳濡目染，滋養了張兄的英雄膽氣啊。」說著歎息了一聲，「我蘇秦在六國之間盤旋十多年，膽氣竟絲絲縷縷地飄散了。每每看到失敗後的分崩離析，每每看到危難面前的君臣傾軋，我便心痛如割。時日長了，竟常常空落落的。不知從何時起，蘇秦喜歡上了莊子，常常想到何如撒手隱居？一個縱橫家，一個縱橫家啊……」說著說著，眼眶濕潤了。

「蘇兄，英雄有本色。」張儀眼眶也濕潤了。

月上中天，海風呼嘯，三人感慨唏噓地一直說到了天亮。

四、天齊淵波瀾詭譎

河消冰開，鹹鹹的海風變得溫柔的時光，臨淄猛烈地搖晃了起來。

齊宣王彷彿變了個人，精神抖擻，王令頻頻，殺伐決斷毫不留情。先是在春耕大典後的朝會上，突然任命孟嘗君為上將軍，授兵符王劍，全權執掌齊國四十萬大軍。元老大臣雖然驚疑，卻也無從勸諫。孟嘗君本來就是齊威王晚年器重的王族公子，合縱以來已經是名滿天下，齊宣王即位後，雖然一直沒有授孟嘗君實職，但也沒有貶黜，如此一個人物，執掌軍權也算是無可厚非。

元老們剛剛平靜下來，齊宣王又是一道王令：起用蘇秦為丞相，賜九進府邸開府，全權處置國務。這一下可是滿朝大譁！蘇秦雖然名重天下，但離燕入齊，本來只是一個流亡客卿，如何能做得齊國開府丞相？更令元老們深感不安的是：蘇秦歷來主張以變法強國為抗秦根基，他做開府丞相，不是明擺著要在齊國變法，要對老貴族動手麼？

正在元老大臣驚恐之時，齊宣王又是一道王令：起用稷下學宮七名青年學子為實職中大夫，入丞相府為屬官。蘇秦丞相府又立即出令：任命七大夫分掌鹽鐵、田土、官市、倉廩、百工、刑罰、邦交七個官署，幾乎囊括了所有的辦事實權，將元老大臣的權力幾乎全部架空。緊接著又是一連串的王令：王宮禁軍大將換了，宮門司馬換了，執掌機密的王宮掌書、御史換了，要害大縣的縣令也全換了。

臨淄城動盪起來了，元老大臣們惶惶不安，紛紛出城，聚集到了一個神祕的山莊。

淄水從臨淄城外流過，北去五十里匯入了兩山夾峙的一片大澤，形成了一片肥美的河谷。這片山地叫作牛山，山中湧流出五條山泉，匯成了山下這片大澤，叫作天齊淵。相傳，周武王將太公姜尚封到東海時開始沒有國號，太公聽了天齊淵之名，便請周武王賜國號為「齊」，可見這片大水之古老有名。天齊淵東岸有一座很大的莊園，依山傍水，綠樹環繞，幽靜美麗得仙境一般。

這座莊園叫作天成莊。「天」字依了天齊淵，「成」字卻是主人的封號——主人是已經退隱了的成侯騶忌。

騶忌是個永遠教人揣摩不透的傳奇人物。他原本是著名琴師師曠的弟子，精通音律且彈得一手好琴。後來入宮給齊威王做了樂師，經常給齊威王講說樂理樂法。齊威王驚訝於騶忌樂理樂法中隱寓的治國之道，教他做了一個職同中大夫的樂博士。誰知這騶忌處事得當，將一班數百人的樂師歌女統轄得井然有序，還不斷有高雅的新歌舞新樂曲推出。齊威王愛惜這個與王室貴族毫無瓜葛的人才，又拜騶忌做了上大夫，幾年之後竟做了丞相。論才能，騶忌既不是學問精深的治國名家，又不是通曉戰陣的兵家名將，各方皆是平平。可騶忌天生的長於周旋，且城府極深，揣摩上意往往是出奇的有準頭。幾年丞相做下來，竟成了與上將軍田忌平分秋色的股肱大臣。

田忌是王族大臣，素來瞧不起騶忌這個出身樂師的丞相。田忌與孫臏協力，兩次戰勝魏國後功高望重，更是極力舉薦孫臏出任丞相，取代騶忌。騶忌恨上了田忌，竟想出了一個匪夷所思的法子，整倒了這個王族名將。

田忌又打了一次勝仗後，騶忌派一個叫作公孫閱的心腹門客帶了十個大金餅，找到了一個以龜甲占卜著名的巫師，說：「我是上將軍門人，上將軍三戰三勝，聲威震天下，目下欲舉大事，請大師為之一卜吉凶，萬莫對他人說起。」待占卜完畢，公孫閱剛走，太史令派來糾察占卜者的官員隨後趕到，將巫師抓了起來，連同方才占卜的龜甲卜辭一併押進了王宮。也是齊威王素來防備王族大臣，一審巫師，便對田忌懷疑了起來，派出特使收繳了田忌兵符。田忌得到消息大為憤怒，立即發兵包圍臨淄，請命齊威王立殺騶忌。誰知齊威王與騶忌已經做好了準備，堅守不戰。田忌久屯無糧，軍心渙散，只好隻身逃到楚國去了。

從此，騶忌成了大功臣，被齊威王封為成侯，封地只比君爵小了二十里。

有了侯爵，有了封地，騶忌理所當然地成了貴族。齊國老貴族見騶忌雍容謙和敬老尊祖，便經常找騶忌商議一些有關貴族利害的對策。時間長了，騶忌隱隱然成了臨淄貴族的主力。但是，騶忌對權力與國事卻漸漸淡漠了。一則，是他看準了在齊威王這樣的強悍君主麾下做臣子，隨時都有覆舟之危；二則，是他覺察了齊威王對處置田忌孫臏的悔意，以及對孟嘗君等一班新進的器重。自己一個樂師根柢，並非幾代根基的老貴族，若在權力場栽倒，一切都煙消雲散。反覆揣摩，他終於在一個非常恰當的時機上書請求退隱，而且沒有薦舉接手丞相。齊威王沒有照准，他便再辭，連續三辭，終於獲准。齊威王雖然沒有說什麼，卻將騶忌的封地增加了三十里。重要的是，這三十里封地便在天齊淵東岸，離臨淄城只有快馬半個時辰的路程，既清幽肥美，又毫無閉塞，簡直就是王畿封地一般。

騶忌很明白，這塊封地名為「特賜頤養」之地，實則是齊威王防備他這樣一個權臣遠離都城而悄悄坐大，他必須在國君視野之內歸隱。因了這一切心照不宣的規矩，騶忌在天齊淵的田舍翁做得很扎實。終齊威王晚年之期，騶忌從來沒有進過臨淄。新王即位，他也沒有魯莽，依舊在冷眼觀察。漸漸地，他終於看清了這個新齊王的面目，覺得自己可以出山了。臨淄的老貴族也已經擬好了奏章，要「公推成侯騶忌出山，任開府丞相，恢復先王之富強齊國」。

正在此時，臨淄都城風雲驟變，竟與騶忌的預料南轅北轍。

騶忌第一次懵了，猛然警覺自己太過輕率，低估了這個田辟疆。畢竟，王室王族居於權力中樞，擁有的實力是無可匹敵的，一步踏錯，滅亡的只能是自己。想來想去，騶忌終於又蟄伏了下來。他相信，如此大的劇烈震盪，臨淄貴族一定比他更焦躁。

騶忌沒有錯料，貴族們急匆匆地來了，三三兩兩地擁到了天成莊。旬日之內，天成莊成了「狩獵者」雲集的所在。騶忌一個也不見，莊前日日車馬如梭，彷彿一個狩獵車馬場一般。

「稟報成侯，十元老一齊來了。」一白髮家老匆匆來到水榭報告。
騶忌正在撫琴，聞言琴聲戛然而止：「十元老？卻在何處？」
「斥候報說，已經過了淄水，狩獵軍士已紮了營，估摸小半個時辰必到。」
騶忌推開了那張名貴的古琴，思忖片刻道：「備好酒宴，十元老要見。」
家老去了，水榭的琴聲又響了起來。十元老是封地在三十里以上的十家老貴族大臣，其中六家都是田氏王族。在齊國，除了一君（孟嘗君田文）一侯（成侯騶忌），他們既是齊國最有實力的十家貴族，又是所有貴族的代言人，別人可以不見，這十元老可不能不見。他們要聽騶忌的高見，騶忌也要聽他們的高見。
一曲終了，遙聞莊外馬蹄聲疾，騶忌信步踱出了水榭，剛剛走到庭院廊下，便聞大門外一片粗重的腳步聲與喧嘩笑語捲了進來。
「成侯別來無恙乎？」為首一個斗篷軟甲精神抖擻的老人高聲笑道，「經年不見，成侯更見矍鑠也！」
立即有人高聲呼應：「誰不知曉，成侯當年是齊國美男子！與城北徐公齊名也！」
「徐公是誰呀？成侯比他美多了！」
「那是那是！成侯乃人中之龍，一介布衣如何比得？」
「成侯也是白鬚白髮，老朽也是白鬚白髮，如何這精氣神就不一般？」
「笑話！一般了，你不也是成侯了？」
一片笑聲歆慕，一片溢美讚歎，庭院中分外熱鬧。騶忌儀態從容地拱手笑道：「列位大人，春草方長，狐兔出洞，獵物如何啊？」眾人七嘴八舌笑道：「草長狐兔藏，看見獵物，射準卻難。」「獵物多了，都在心田裡頭了。」「別說了，今年狩獵最晦氣！」「我看，明年不定連狩獵地盤都沒有了！」騶忌雖然帶著笑意四面應酬，卻將每個人的話都一字不落地聽了進去，臉上一副心不在焉的模樣。

眾人進入正廳，座案已經擺好，飲得一盞熱茶，酒菜整齊上案。元老們一看，無不嘖嘖稱奇。原來，上案的酒器餐具沒有一件金銅物事，青銅食鼎、青銅大爵、金托盤、象牙箸統統沒有，所有的菜肴都用本色陶器盛來，連酒具都是陶杯。可奇怪的是，這些陶器上得座案非但絲毫不顯寒酸，反而透出一片別有韻味的高雅。一個老人端詳了片刻，驚訝笑道：「呀！老朽明白了，這些陶器是成侯專門燒製也！」另一人也高聲驚歎：「對了！形制古雅，還有銘文，當真難得！」於是又是一片溢美讚譽之辭。騶忌謙和笑道：「老夫寒微之身，只喜歡這些粗樸之物，如何有諸位大人那些貴重器皿了？」說罷舉起了那只本色陶杯：「諸位大人狩獵出都，光臨寒舍，老夫不勝榮幸。來，同乾一杯，為諸位大人洗塵。」

一杯酒落肚，騶忌只是笑語寒暄，絕口不提朝政國事。元老們按捺不住，終於是斗篷軟甲的老人開了口：「敢問成侯，臨淄已經是滿城風雨，你能如此安穩？」

說話者名叫陳玎，原是齊桓公田午時的上將軍，說來也是王族遠支。齊國田氏王族的鼻祖是田完，田完的本姓為陳，是陳國公族的後裔。陳完在陳國爭奪國君之位失敗後，逃到了齊國，改姓了田。八代之後，田氏取代了齊國政權，卻沿用了「齊」這個國號。田氏在齊國經營二百餘年，期間一些部族分支恢復了陳姓。但在齊國朝野，卻歷來都認作「田陳兩姓，一脈同源」，陳氏大臣歷來都被看作王族貴胄。田氏當齊的百餘年下來，陳姓成為權臣貴胄者，反而比田氏王族多。於是，臨淄城便有了「要想貴，田變色」的民謠。這陳玎是王族大臣中資深望重的元老，膽氣粗豪，為十元老之首。

「老將軍所言，老夫不明，臨淄如何滿城風雨了？」騶忌很是驚訝。

「成侯啊，莫非你當真做隱士了？」陳玎一聲感慨，備細說了騶忌瞭若指掌的人事變化，末了拍案道，「成侯明察：如此折騰，是可忍，孰不可忍！」

一個蒼老的聲音跟道：「換幾個人事小，根本是換了人做何事？」

「還不清楚麼？說是變法，其實明白是要改變祖制，逆天行事！」

「說到底，還不是奪我等封地財賦？狼子野心！」

一片憤激的叫嚷，騶忌始終只是沉默不語。漸漸的眾人都不說話了，只將一對對老眼直勾勾盯住騶忌。騶忌歎息一聲道：「齊王執意如此，必有其理也，我等退隱臣工，又能如何？」

「成侯說話好沒氣力！」陳玎拍案高聲道，「我等來討教主意，你卻只是搖頭歎息，莫非你是怕了田文蘇秦一干人不成？」立即有人跟聲應道：「成侯只需理個主見出來，老朽破出命幹了！」

「對！不動便要被人剝得一乾二淨，左右得拚了！」「我等老命怕甚來？贏了留給子孫一片封地，輸了老命一條！」「對！拚了！不能教蘇秦猖狂！」末了座中一口聲地喊起來。

騶忌也不制止，也不攙和，直到眾人又都直勾勾地盯住他，方才不緊不慢地開了口：「列位對先王成法如此耿耿忠心，老夫自不能置身事外。只是茲事體大，須得在理上站住根基。老夫忖度，列位大人堅守三法：其一，以『三變破國』力諫齊王；其二，以『終生破相』猛攻蘇秦；其三，以『尾大不掉』對付孟嘗君。有此三法，至少不敗。」

元老們聽得瞪大了眼睛，驟然之間參不透其中玄機。

陳玎拍案道：「成侯，你就明示我等了，一法一法地說，破了悶葫蘆。」

於是，騶忌款款開說，直說了幾乎一個時辰。老貴族們聽得連連點頭興奮不已，末了異口同聲地喝了一個「采」字。這頓酒直喝到月亮爬上了牛山，騶忌不留客，敦促元老們到狩獵營地去住。一片馬隊從天成莊捲了出去，次日一大早又捲回了臨淄。

蘇秦第一次嘗到了大忙的滋味兒。

合縱之時蘇秦也忙，但那主要是謀劃對策與連續奔波，從來沒有事務之累。目下卻是不同，開府主政，發動變法，事情多得難以想像。儘管事先已經謀劃好了大的方略，但要一步步落實卻是談何容易？先得理清齊國的家底：人口、財貨、倉廩、府庫、官市、賦稅、封地、王宮支用、大軍糧餉、官員俸祿等，調集了二十多個理帳能手晝夜辛勞，一個月才剛剛理出個頭緒，許多數字或取或捨，都要隨時請蘇秦定奪。其次，是起草新法並各種以齊王名義頒發的王書，這班人馬主要是稷下學宮的幾位名士，但蘇秦卻是主力，幾乎是須臾不能離開。再次是紛雜的官署人事變動。權力格局驟然有變，臨淄官場如同開了鍋一般沸騰焦躁。丞相府日夜車水馬龍，求見的官員滿當當擠在頭進大庭院等候，蘇秦簡直無法出門。縱是蘇秦才華過人處置快捷，也忙得陀螺般旋轉，一日勉強兩餐，只睡得一兩個時辰，連如廁也是疾步匆匆。再後來，相府主書便在蘇秦茅廁的外間設了一座，如廁時萬一有緊急事務或公文，官員便在茅廁外間向他稟報念誦。

如此兩個多月，蘇秦驟然消瘦了。可奇怪的是，消瘦歸消瘦，臉色卻是越來越好，那黯淡的顏色竟漸漸變得紅潤了。最令人驚奇的是，蘇秦那一頭幾乎完全白了的鬚髮又神奇地變黑了。臨淄官場人人議論，一片驚疑感歎。

這一日過午，蘇秦匆匆喝了半鼎魚羊燉，生出一陣內急，連忙三步併作兩步去了茅廁。誰想剛剛蹲下，茅廁外間便有匆匆腳步走來：「稟報丞相，王宮掌書到府，請丞相立即入宮。」蘇秦吭哧道：「知道、事由麼？」主書道：「十元老捧血書入宮，說要死諫齊王。」蘇秦顧不得狼狽，倏地起身，拉上大褲走了出來：「備車，去王宮。」主書苦笑道：「丞相，滿院都是官員，正門出不去。」蘇秦急迫道：「正門出不去出偏門，快！」

片刻之後，一輛四面垂簾的篷車從偏門悄悄地駛進了王宮。宮門內侍立即將蘇秦領進了西偏殿，一眼看去，蘇秦臉色黑了下來。

西偏殿是齊王夏日議事之地，寬敞通風，座案地氈牆壁都是淺淡的本色。平日裡這座殿堂明亮涼爽，此刻卻是怵目驚心的一片幽暗。白髮蒼蒼的貴族十元老跪成了一排，都是一身喪服黑袍，高舉著三幅白絹，上面擠滿了血淋淋的紅字——「三變破國」！「終生破相」！「尾大不掉」！齊宣王面色鐵青，旁邊的孟嘗君一臉嘲諷的微笑。

見蘇秦走了進來，齊宣王點頭，示意他入座。待蘇秦坐定，齊宣王咳嗽一聲道：「諸公都是齊國元老重臣，出此狂悖舉動，本當治罪。念變法欲行未行，你等不甚了了，姑且不予追究，容你等將欲諫之言當殿說明，本王自有定奪。陳玎，你先說。」

抖動著那幅「三變破國」的血書，陳玎嘶聲道：「我王明鑒：齊國已經有過了兩次變法，田氏代齊為第一次，先君威王整肅吏治為第二次。目下之齊國，已經是天下法度最為完備的邦國！律法貴在穩定，已經一變再變，如何還要三變？今我王輕信外臣蠱惑說辭，要在齊國第三次變法，實在是荒誕不經，戰國以來聞所未聞。如若三變，齊國必破！三變破國，我王明鑒。」

齊宣王冷笑道：「也算一理，『終生破相』如何說？」

一個元老高聲道：「臣等有機密面陳，只能說給我王，他人須得迴避！」

「豈有此理！」齊宣王顯然生氣了，「一個是丞相，一個是上將軍，國有何事不可對將相言說？無須迴避，你等說便是。」

這番斥責卻是元老們沒有想到的，理由又是堂堂正正，老臣們一片粗聲喘息。沉默片刻，陳玎亢聲道：「我王既做如此說，臣等也索性將祕事當作明事說了。老太史，你便說。」

「老臣也只好如此了。」一個清癯的白髮老人顫巍巍挺起了腰身，他是齊威王時的太史令晏岵，人稱太史岵，是春秋姜齊名臣晏嬰的後裔，也算是齊國的數百年望族了。他看了看蘇秦道：「我王用蘇秦變法，誠為大誤。此人面相寒悲，眉宇促狹，步態析離，乃不留功業之破相也。唯其如此，此人終生奔波，一事無成，縱有小采，大毀亦必隨之而來，此謂終生破相。我王若執意重用此人，非但不能建功，猶恐有破相敗國之累，望我王三思而後行。」

當時的太史令在各國都是重臣，有任何人都無法替代的兩大優勢：一是編修國史，可以史為鑒勸諫國君；二是掌天文星象，可代天傳言勸諫國君。敬畏祖先敬畏上天，恰恰是天下法統的根基，一個對祖先足跡與上天機密都瞭若指掌的太史令，其進言擁有常人難以企及的分量。一言罷了，殿中一陣微妙的肅殺沉默。

「妙極妙極！」孟嘗君突然大笑起來，「太史岵，我倒是猛然想起，齊國這些年不順，原是你這敗相破國了。諸位請看：這尖腮鷹隼，猴步寒聲，一副孤寒蕭瑟，整日老鴉般呱呱聒噪，豈能不破相敗國？諸位說說，如此之人該當何罪！」

「孟嘗君，你，你，豈有此理……」晏岵本斯文老名士，面對這尖酸刻薄的戲謔，又羞又惱，一時大窘，渾身顫抖得說不出話來。

「孟嘗君大辱斯文，成何體統？該當治罪！」陳玎嘶聲高喊起來，十元老一片呼應，「成何體統？該當何罪？」喊成了一片。

孟嘗君哈哈大笑：「斯文？你等還曉得斯文？整個一通狗屁，臭不可聞，破相敗國！」

「我王明察：如此大臣，成何體統啊……」十元老一片聲地叩頭嘶喊起來。

齊宣王不耐之極，「啪」地一拍書案：「術士之言，枉為大臣！若再無話說，本王退朝。」這一下發作，大出老臣們預料，一時愣怔，後悔與孟嘗君糾纏了。

「我王容稟。」一個蒼老的聲音緩慢地迴盪開來。

這次卻是另一個頗具神性的人物開口了，他是太廟令陳訖。太廟是王室供奉祖先的神聖廟宇，太廟令便是掌管太廟祭祀的大臣。通常但有大事，國君都要到太廟祭祖，一則請求祖先庇護，二則在祖宗面前占卜吉凶。因了這兩個特殊用場，太廟令成了巫師與卦師的化身，分量與太史令不相上下。這陳訦與陳玎一樣，都是王族遠支，但他有一處為別人所不及，是十元老中唯一的在職大臣，也就是還沒有退隱。

陳訦似乎很茫然，誰也沒有看，聲音很是穩當實在：「我王以田文為上將軍，此乃失察也。田文本是靖郭君庶子，生性紈袴奢華，蒙先王重用，立嫡封君，卻從來不務經國之道。此人大養門客，幾達三千餘，封地私兵亦有萬人之眾。更令人咋舌者，田文在封地燒毀全部隸農債券，收買民心，竟公然稱為『狡兔三窟』！此等人物一旦握兵，臣恐坐大為患，成尾大不掉之勢。其時，我王何以自處乎！」

隨著元老們的奏對，齊宣王的臉色越來越難看。陳訦剛剛說完，他便拍案怒道：「爾等元老，如此捕風捉影，當殿流播蠱惑之辭，算得國事對策麼？本王不聽也罷。爾等下殿去！」

「我王差矣！」陳玎高聲抗辯道，「原是我王許臣等盡言，更逼臣等將祕事公開，既已言明，我王便當批駁有道，何能不了了之？」其餘元老也抖動血書同聲附和：「老將軍所言極是，我王不能不了了之！」那一片蒼老的頭顱一齊叩地咚咚，沒有一個人起來。

齊宣王是一下子愣怔了，這才真正意識到事情遠比他想像的要嚴重得多。這些元老顯然有備而來，大有以死諫威脅他就範的意味。驟然之間，齊宣王竟不知如何應對了。孟嘗君面色鐵青，凝著方才彈劾他的惡言，他只有等齊宣王命令行事。齊宣王一愣怔，急切間也不知如何扭轉這個僵持局面了。

「臣啟我王：請准蘇秦與元老們辯駁國事。」蘇秦從容不迫地站了起來。

「好！」齊宣王立即拍案，「丞相儘管駁難，本王洗耳恭聽。」

「敢問陳玎老將軍，所謂三變破國出自何典？抑或何人杜撰？」蘇秦開口了。
「這與你何干？只需占得大道公理便是！」陳玎滿臉脹紅。
蘇秦哈哈大笑：「只可惜也，全然信口雌黃！」瞬息之間，馳騁六國朝堂的名士氣度在蘇秦身上又神奇地復活了，他在元老們面前悠閒地踱著步子，目光卻始終盯在陳玎的臉上，「順勢而動，應時而興，此乃三千年來邦國興亡之大道。五帝不同道，三王不同法，舜變堯，禹變舜，商湯變夏桀，周武變殷紂，平王變西周，三家分晉變春秋，李悝新法變戰國，商鞅新法變強弱。亙古三千年，一個『變』字囊括了天下風雲！善變者強，不變者亡，豈有他哉！戰國以來，魏國兩代巨變而成霸主，魏惠王沒有第三變而一落千丈。秦國兩次小變，出不得函谷關一步，孝公與商鞅第三次大變，而成天下第一強！所謂三變破國，可曾在一個國家應驗？」見元老們喘息一片，目光卻顯然不服，蘇秦口氣一轉道，「再說齊國，太公田和之變在國體，先君齊威王之變在吏治，既非法度完備，更未觸及根本。根本何在？在於田制、封地、隸農、政體四大癥結。我王第三變，正是要真正徹底地像秦國那樣變法。這第三變恰恰是齊國強大之根本，是齊國統一天下之起點，否則，只有任秦國欺侮而不能戰勝！諸位倒是說說，究竟是三變強國？還是三變破國？」
元老們瞠目結舌，無一人說話。孟嘗君冷笑道：「我看，這『三變破國』改為『三變破貴』才妥當，不怕丟失封地，你等胡亂聒噪個鳥！」最後竟咬牙切齒地罵了一句。
「孟嘗君無禮！」太史令晏岵突然喊了一聲，「縱然變法，也不能用外臣！」
「荒唐荒唐！」孟嘗君呵呵笑道，「敢問太史令，先祖晏平仲祖居何處啊？」
「祖上萊地夷吾，孟嘗君豈能不知？」
「我知你不知啊，那時的夷吾是齊國麼？若非齊國，先祖晏平仲不也是外臣？我田氏原是陳國人，豈不也是外臣？還有你陳玎，不也是外臣？說說，在座者誰個不是外臣？既都是外臣，你在這裡猖狂個鳥！」孟嘗君又狠狠罵了一句。

「田文無禮啊……」晏岵嘶喊一聲，再接不上話來。

陳玎突然嘶聲哭喊：「田文言行粗蠻，狼子野心，我王萬不可重用！」

一聲大喊，殿中竟出奇地靜了下來。元老們驚愕的是陳玎亂了章法，一時不知如何跟進。按照騶忌的謀劃，只可全力猛攻蘇秦，對孟嘗君只能是點到即止。孟嘗君畢竟是王族近支，且此人手握重兵，生性粗豪剛猛，若一時激怒便是大禍。然則今日孟嘗君斜刺裡殺出，嬉笑怒罵使元老們顏面無存，卻也是騶忌無論如何想不到的。陳玎一時憤激，當眾公然對孟嘗君正式發難，元老們如何不暗暗驚惶？齊宣王的驚愕，在於他猛然意識到老貴族們明是攻擊孟嘗君，實則是要將他孤立起來。一身冷汗之際，齊宣王卻拿不準是否在此時處置這些元老，畢竟他們在齊國也是樹大根深了。孟嘗君卻是一牽涉到自己，就要看齊王意思，總不能自己出令將這些鳥們拿了，一時也只能沉默。

「陳老將軍，當真斯文掃地也！」還是蘇秦開口了，笑容裡充滿了蔑視，「大臣風範，彈劾當言之鑿鑿，豈能以私憤戲弄君臣於朝堂？言行粗蠻便是狼子野心？你陳玎也做過上將軍，一身喪服，當殿吶喊，鼻涕眼淚，又何止粗蠻？簡直就是公然不守臣道！豈非更是狼子野心了？」蘇秦口氣一轉，「孟嘗君身負先王重託，以特使之身奔波合縱抗秦十餘年，有權如斯，無權如斯，幾曾伸手討過封地？要過職權？今我王委孟嘗君以上將軍重任，孟嘗君卻將王命兵符交還我王保存，王不出令，上將軍不動一兵一卒。更有動人處，孟嘗君決意在變法之時，自請交出封地，將悉數門客交於軍中，組成猛士之旅派駐要塞。此等胸襟，耿耿可對日月，何來尾大不掉？何來狼子野心？」

蘇秦這番話當真令元老們心驚肉跳了。果如蘇秦所說，孟嘗君交出封地、交出門客，這變法還有誰能阻擋？驟然之間，元老們放聲號啕起來。

齊宣王厭惡地揮揮手：「下去下去，再有此等蠱惑之辭，重重治罪！」元老們灰溜溜地出殿了，那三幅血書卻被蘇秦指派的內侍留了下來。

五、東海之濱雷電生

元老貴胄們公然發難，促使齊國政局發生了急驟的變化。

齊宣王本來是打算推行一種漸進性的變法，慢慢銷磨元老貴族層的憤懣。但在十元老血書喪服鬧殿之後，齊宣王感到了一種騎虎難下的難堪。貴胄們已經對變法打出了鳴金收兵的號令，變法大臣也已經與元老們做了面對面的較量，剩下的就看他這個國君如何決斷了。若按照原先謀劃按部就班地慢慢來，顯是兩面丟失人心：既不能滿足元老們的要求，也使變法新派失望。若停止變法，罷黜蘇秦與孟嘗君，則無異於王室接受了貴族的挾制，而且將永遠受到舊貴族們的脅迫；演變下去，難保田氏王室不會成為當年的姜氏公室，被人取而代之。齊宣王雖然沒有雄才大略，但保住王業社稷這一點還是不會退讓的。那日元老們出宮後，齊宣王心神不定，也沒有與蘇秦孟嘗君再商討，只將自己在書房關了一日，反覆思忖，自覺只有一條路可走。

次日掌燈時分，蘇秦與孟嘗君奉命從祕道進宮，君臣三人商議了整整兩個時辰。臨淄城樓的刁斗打響四更時，蘇秦與孟嘗君出宮了。臨淄城兩座最有權力的府邸立即忙碌起來，滿府燈火通明，大門快馬連出，官署吏員穿梭，如大戰在即一般。

早晨起來，國人驚訝地發現臨淄變了。

城門、官市與行人過往的街口都貼上了一幅幅白絹大告示，下面還有小吏看守著給行人讀講；王宮、城門、官署的守軍兵將都變成了生面孔；向來人頭攢動熙熙攘攘而為中原人所歆慕的齊市六街，每個進出口都有了一排長矛大戟的武士；但最令人咋舌的，還是每座元老貴胄的府邸都被甲士圍了起來，每三步一支長矛閃亮，當真令人心驚。

趕早市的國人們全湧到了白絹告示下，聽小吏一念，原來是齊國要變法，教國人百姓們各安其業，毋得聽信妖言，若有傳播妖言者，治重罪。看看並沒有增加賦稅，也沒有緊急徵發，人們心中稍安，暗暗長吁一聲，又忙活自己的生計去了。於是，早市漸漸地又恢復了熙熙攘攘的交易。

最熱鬧的是那片六尺坊。這六尺坊街道不甚寬闊，卻都是高大府邸相連，平日只有車馬進出，行人卻是寥寥。按照官定名稱，這條街叫作玉冠街，「六尺坊」只是市井國人的叫法而已。「六尺」，說的是軺車上的傘蓋：大凡六尺傘蓋的軺車，都是高爵高官，而這條街進出的軺車幾乎見不到四五尺的車蓋，於是市井間有了「六尺坊」這個叫法。這個別稱響亮生動，於是眾口鑠金，玉冠街本名竟被臨淄人淡忘了。

陳玎的府邸在六尺坊的中間地段。他是老軍旅，雖然年邁，卻是每日四更必起，梳洗完畢，便在雄雞聲中練劍品茶。前日入宮鎩羽而歸，一肚子憤懣，本想立即到天齊淵找騶忌再行謀劃，但想想還是按捺住了。去得急了，這個老琴師又要笑他沉不住氣了。但更重要的是，陳玎要看看齊王這幾天的動靜。他料定，元老們的血書進諫縱然不能使齊王回心轉意，也必定給齊王激了一盆冷水，嚇了他一大跳，必定使他冷靜思慮，放慢變法的步子，疏遠蘇秦與孟嘗君。存了這個想頭，陳玎倒也沒有過分折磨自己，照樣四更離榻，練劍品茶。這日早早起來，在淡淡海風中練完了劍，便在池邊茅亭下好整以暇地煮起茶來。清晨煮茶，陳玎從來不用僕人，都是自己動手，為的是要煮出當年軍營那種粗釃的茶汁味。僕人侍女們做得太精雅，沒了那股粗樸的土腥味。

天將拂曉，陶壺在紅紅的木炭下已經滾開了。正要濾茶，陳玎突然聽得門外一片沉重急促的腳步聲——兵卒甲士，至少三個百人隊！他霍然起身，長劍一提，大步流星地奔門廳而來。走到廊下，門外車馬場正有三個全副長兵的百人隊刷刷刷開來。守門家兵驚惶地在廊下擠成了一堆，七手八腳地要關閉大門。

陳玎大喝一聲：「住手！老夫是關門將軍麼？」家兵們膽氣頓生，嘩啦啦排列在陳玎身後。陳玎擺了擺手，一個人大步赳赳地來到官兵面前：「來者可有王命？」帶隊千夫長亮出手中一支碩大的令箭高聲道：「上將軍令箭在此！凡六尺坊貴胄元老，於變法開始三個月內不得離開府邸！」陳玎冷笑道：「老夫問你，可有王命？」千夫長仍是大手一晃：「上將軍令箭在此！」陳玎勃然大怒：「老夫目下便去早市！你敢攔麼？」說罷大步向車馬場外走去，廊下家兵呼嘯一聲，立即跟了上來。

千夫長令箭一劈：「長兵攔阻！但有一人搶路，立殺無赦！」

「嗨！」三百長兵甲士齊齊地吼了一聲，喀喀喀分為三個小方陣，堵住了車馬場出口，將陳玎與家兵遙遙圍在中間。陳玎一看那矛戈森森的氣勢，便知這是齊軍最精銳的技擊步兵，自己的家兵根本不是對手。

「田文私封大臣府邸！狼子野心！」陳玎突然高聲吶喊，蒼老的聲音在六尺坊嗡嗡迴盪。喊聲方落，左右府邸也傳來陣陣喧嘩吵鬧，太史令晏岵悠長嘶啞的哭喊聲也隨風飄了過來：「私刑不軌——上天不容哪——」

片刻之間，偌大六尺坊哭喊成了一片。街中趕早的市人好奇地圍了過來，不到半個時辰，六尺坊的街巷與各府邸的車馬場，便被行人塞得滿當當了。一看這陣勢，能人們頓時恍然，那些告示與所有令人驚訝的驟然變化，其實都是對著這些權勢貴胄來的。一旦開竅，國人們立即在竊竊私語中輕鬆起來。

是啊，變法原本是老百姓盼望的好事，他們能得到許多實實在在的好處，丟掉的卻只是些雞毛蒜皮般的東西。只有那些巍乎高哉的貴胄，才是變法的受害者，他們要丟失封地，丟失財富，丟失世襲高爵，丟失私家軍兵，丟失無數令人難以割捨的獨有享受，他們自然是要哭要喊的了。看，他們的家兵都氣勢洶洶的一大片，要不是上將軍派兵鎮住他們，他們還不要殺了變法丞相，守住自己眼看就要失去的那些寶貝物事？

貴胄們哭著喊著罵著，圍觀的市人們笑著品著指點著，時不時有故作驚訝的尖叫：「喲！大人吐血了！」「快看！夫人暈倒了！」「喲！那小公子也哭了！」「啊，那是怕長大了沒的好吃好喝！」

如此三兩日，臨淄國人也就淡了，再也沒有人來湊熱鬧了。於是，六尺坊又恢復了一片清冷。這清冷與尋常時日的清冷不同。尋常時日，六尺坊透著一種尊貴的幽靜，綠樹濃蔭，行人寥寥，偶有駟馬高車轔轔駛過，長街石板更添了幾分天國韻味。可如今一片肅殺，長風過巷，但聞軍兵沉重的腳步，車馬封存，行人絕跡，偶有深深庭院中傳來斷斷續續的夜半哭聲。倏忽之間，六尺坊成了一片尊貴而又淒涼的墳墓。

這時，蘇秦帶著一班精幹吏員與一千精銳騎士出了臨淄。

君臣議定的方略是：孟嘗君提兵鎮守臨淄，蘇秦帶王命國書清理封地，之後再頒行新法令。這是蘇秦根據齊國的實際國情提出的一個謀略，稱之為「顛倒變法」。就是說，不是先行頒布新法，在全面推行中消除阻力，而是先行清除阻力，再頒布推行新法。蘇秦的立論只在一點：齊國未行變法，舊勢力便先行跳出，若擱置不顧而一味變法，朝野將會動盪不安，最終，變法也可能完全失敗；為今之計只有顛倒次序，一舉清除阻力，而後新法頒行事半功倍，可加速完成。一番磋商，齊宣王拍案定奪，蘇秦孟嘗君立即分頭動手。

齊國貴族的封地有三十六家，其中十四家是當年姜氏公室的貴族，其餘二十二家都是田氏奪齊後的新貴族。老十四家原本是安撫性的封賞，封地大者三十餘里，小者則只有五六里而已，且明令不准在封地成兵，所以不足為患。新貴族封地卻大不一樣，大者二百餘里，最小者也有三十里上下，但新老封地最大的不同還是權力的不同。新封地領主的權力分作三等：第一等是全權封地——治民權、賦稅權、成兵權全部都有，等於一個國中之國小諸侯；第二等是兩權封地，即治民權與賦稅權；第三等是一權封地，即只有賦稅權，等於是擁有了一個永久的財富源泉。

第一等封地，事實上只有孟嘗君一個家族。由於孟嘗君的父親靖郭君是齊威王的胞弟，晚年又是齊威王的開府丞相，這片全權封地在齊國貴族中也無可爭議。孟嘗君承襲嫡位，自然成了封地領主。元老們微詞多多，密請齊宣王削小孟嘗君封地與權力。齊宣王即位之初也確實有過這個念頭，但經過合縱曲折，終覺得孟嘗君不是野心勃勃之臣，終是打消了這個念頭。此次變法，孟嘗君自請交出封地，齊宣王內心極是高興，但反覆權衡後，齊宣王對蘇秦交代：給孟嘗君保留三十里一權封地，以示褒獎功臣。

蘇秦想得清楚，清理封地，務須從孟嘗君入手。

孟嘗君的封地在蒙山以西的薛邑，原本是薛國的一部分，齊國奪得這片土地後，叫了薛邑。當時的齊國尚沒有實行嚴格的郡縣制，邑、縣、城並存，相互沒有統轄，除了境內封地，都歸王室管轄。薛邑大約有三百多里地面，大半都是孟嘗君封地。薛邑人將孟嘗君封地叫作「孟邑」，將薛邑叫作「小半薛」。為了治理方便，孟嘗君在封地中心地帶修築了一座城堡，人呼「孟嘗堡」，堡內有部族民眾數千人，加上吏員、家兵、工匠與些許商賈，也是個萬人出頭的大堡子小城池。

蘇秦人馬趕到時，孟嘗君的總管家臣馮驩與封邑令，已經率領封地全部吏員三十餘人在堡外石亭迎接。無須多說，馮驩等便將蘇秦迎進了城堡府署。蘇秦的隨行幹員剛剛坐定，封邑令領著一班吏員魚貫而入，一捆捆竹簡摞滿了一張張書案。民戶、倉廩、賦稅、兵員、吏員、田畝等帳冊，清清楚楚地分類列開。一時查驗完畢，蘇秦當即給三千家兵發了一支令箭，著其就近開往薛邑駐紮，又封了倉廩府庫，交接要害便大體告結。

「馮驩，我聽過狡兔三窟這句話，第三窟在何處？」蘇秦將馮驩叫到了一邊。

「原是馮驩戲言，便在泗水北岸三十里河谷，很窮，離堡子不遠。」馮驩笑了。

「齊王特許孟嘗君保留封地三十里，還有這座孟嘗堡。你看，定在何處妥當？」蘇秦靜靜地看著馮驩，臉上只一副淡淡的微笑。臨行前蘇秦問過孟嘗君，孟嘗君只是笑道：「丞相但以公事論處便了，何須難我？」蘇秦心中有數，也沒有再問。他知道此事馮驩必然有底，馮驩的意思也必然是孟嘗君的意思。

馮驩卻道：「丞相奉王命變法，在下不敢私請。」

蘇秦笑道：「既不敢私請，我看就泗水河谷三十里，窮地方好說了。」

「遵命！」馮驩高聲領命，眼中頓時大放光彩。

「馮驩，我留下兩個書吏給你。旬日之內，能將該運的物事運到臨淄國庫麼？」

「定無差錯！」馮驩慨然答應，還低聲補了一句，「這也是孟嘗君的大事，在下豈敢有誤？」

蘇秦人馬當晚在孟嘗堡歇息，次日黎明時分，馬隊疾馳北上，繞道臨淄西北，徑直向天齊淵飛馳去了。蘇秦知道，將要面對的成侯騶忌，才是一塊真正難啃的骨頭。

天齊淵依舊是那樣的寧靜嬌媚，茫茫葦草圈著一汪明鏡大水，大水之外是棋盤般的綠野沃土，是兩座蒼翠欲滴的青峰。山下水畔樹林中的那片紅牆綠瓦的大莊園，是這沃野明鏡之上的一顆珍珠，美得人心醉。如此可人的山水田園，幾是股掌之間的一個美女，永遠都會百般柔順，任他品咂賞玩。可騶忌今日登上牛山遠望，卻第一次覺得她撲朔迷離了，看不透了。騶忌隱隱覺得，這片嬌媚豐饒的土地就要離他而去了，森森的冰涼正在一天一天地向他逼近著。

實在預料不到，自己精心謀劃的破蘇三策，如何竟成了火上澆油？非但沒有將蘇秦整倒，反而使齊王莫名其妙地跳了起來，竟迅雷不及掩耳地動了手。一干元老統統被關在了六尺坊禁地，天齊淵周圍的山口也突然有了軍營，倏忽之間，元老世族統統成了階下囚，只能任人宰割了。只是騶忌一下子還想不來，蘇秦這變法要如何動手。按戰國變法的尋常規矩，總是要先行頒布一批法令，而後逐次推行。若照這個章法，輪到收繳封地，快慢也就是一年多的時光。那就是說，自己坐擁這片仙境的日子馬上就要完結了，一年半之後，自己難道又要做一個老琴師了？

突然，身後傳來家老異樣的聲音：「成侯，你聽……」

騶忌一怔，已經從紛亂的思緒中擺脫出來，聽得一片隆隆聲隨著山風飄了過來。雖然是隱隱約約，但卻是連綿不絕，越來越清晰。「馬隊？沒錯，是馬隊。」騶忌淡淡地笑了，他確信自己這雙能在風雨中分辨千百種聲音的耳朵不會出錯。

「馬隊？」家老目光閃爍，「既非狩獵時節，也非邊城要塞，馬隊來天齊淵何干？」

「想不出。」騶忌一笑，「你先回莊，也許是六尺坊又開禁了。」

「老朽愚見，總覺有些蹊蹺。」家老道，「我先走一步，成侯莫耽擱久了。」

騶忌笑道：「彈奏一曲，我自下山。」說罷進了山頂那座清幽古樸的琴亭。琴聲但起，騶忌平靜了下來。家老對亭外兩個僕人低聲叮囑了幾句，匆匆走了。身後琴聲叮咚，彷徨鬱悶，有著一種難以名狀的憂傷，但卻沒有大難臨頭該當有的那種警覺。白髮蒼蒼的家老不禁苦笑著搖了搖頭。

一曲未了，山下戰馬嘶鳴，似乎已在天成莊外。騶忌一驚，馬上收琴起身，剛走出琴亭，家老已經派山下武士前來急報：臨淄騎兵已到莊前，請成侯稍待下山。騶忌知道家老要探明虛實後再教他出面，又回到琴亭坐了下來，琴卻是再也彈不下去了。

大約半個時辰後，家老派人來報：蘇秦帶領兵馬吏員前來清繳封地，似乎並無問罪惡意，請成侯下山應對。騶忌驚得出了一身冷汗，原想在一年之中從容安排後事，就是交了封地，也不至於無處存身，誰能料到收繳封地如此之快，直是迅雷不及掩耳，卻教他如何下場？想想也是無奈，只有下山見機行事了。短短的一截山路，騶忌走得大汗淋漓。驟然之間，一種暮年的悲涼湧上心頭，他第一次覺得自己老了。

到得莊外，一千鐵甲騎士在車馬場排成了一個整齊的方陣，一班吏員肅立廊下，高冠紅袍的蘇秦在廊下悠然踱步，家老站在那裡笑臉陪著。騶忌心下又一驚，這蘇秦連正廳吃茶的禮遇都不受，看來凶多吉少了。雖然內心忐忑，騶忌畢竟做了幾十年丞相，官場極是老到，一進大門，滿面春風地遙遙一拱手：「闊別久矣，武安君別來無恙？」語氣親切得老友一般。

「成侯童顏鶴髮，更見風采也。」蘇秦打量著這位當初也曾一起暢談合縱的齊國美男子，笑臉一拱，「今日唐突，成侯見諒。」

「如此說來，武安君是國事公幹。」

「蘇秦奉王命收繳封地，敢不盡心？」說著將手中一束帶有封套的竹簡遞給了騶忌，「此乃齊王書，請成侯過目。」

「敢問武安君，如何收繳法？」騶忌並沒有打開竹簡。

「依收繳孟嘗君封地為成例：保留成侯封地五里，其餘財貨倉廩民戶家兵等，一應即時清繳。」一聽尚有五里封地，便知不是趕盡殺絕，心中一塊大石頓時落地，騶忌一揮手道：「敢請武安君入廳就座，老夫立即清繳。」進得正廳，騶忌吩咐上茶之後，命家老立即在庭院中排出十幾張大案，安頓相府吏員列座。片刻之間，封邑令帶著一干家臣抬來几案帳目，開始了緊張的查核接收。騶忌只陪著蘇秦飲茶敘談。蘇秦也明白騶忌是文臣封侯，封地沒有部族家兵，清繳要簡單容易得多，便也不去督察，只從容地與騶忌品茶說話。

騶忌說，自己當年便想在齊國變法，誰料老世族堅持反對，自己勢孤力單只好作罷；如今蘇秦能大刀闊斧地變法，當真齊國福氣，騶忌雖然在野，也願意全力襄助。蘇秦一時難辨真假，只靜靜地聽著，偶爾附和一二。畢竟，騶忌也是齊國名臣元老，果能支持變法，何嘗不是好事？末了騶忌笑問：

「敢問武安君：五里之封，老夫可否擇地而居？」

蘇秦笑道：「成侯想要一片肥美良田，頤養天年了？」

「不敢。」騶忌正色道，「天齊淵周野良田，自當由官戶耕耘，增加府庫為上。老夫所願者，兩座牛山而已，殘年餘生，依山傍水隱居而已。」

「兩座山頭，無田耕耘，成侯生計如何著落？」蘇秦倒是有些擔心。

騶忌笑道：「老夫略通醫道，牛山有數十家藥農，開座製藥坊了。不增封戶，不占良田，唯給老夫一片習習谷風，可否？」

「成侯有此襟懷，自當成全。」蘇秦有些感動了，高聲道，「來人，成侯五里封地，從天齊淵變為牛山兩峰。」一時相府主書拿進封邑圖，蘇秦在上面圈定了「牛山兩峰」，又在王書後附了一行字：「成侯節律自請，丞相蘇秦變通，五里封地變為牛山。」又蓋上了隨身銅印，此事便算定準了。騶忌說了許多感謝的話，又設了小宴為蘇秦洗塵。蘇秦見也只是一盆山菜一盆牛山野棗兒，酒也是尋常的臨淄米酒，若要拒絕反而顯得矯情做作，也就與騶忌對飲了幾碗，說了許多閒話，天便漸漸黑了下來。

騶忌不是孟嘗君，蘇秦須得親自守在封地監交清楚，一日自是完結不了。眼見天色黑了，騶忌吩咐家老準備，請蘇秦晚上住在自己的水榭別院。蘇秦堅持謝絕，陪著吏員們忙碌到三更，回到莊外大帳去住了。

連日勞碌奔波，蘇秦倒頭睡了過去，朦朧之中帳外馬蹄聲疾，一個熟悉的聲音已在耳邊。翻身坐起一看，荊燕風塵僕僕地站在榻前。

「兄弟，你可回來了！」蘇秦驚喜過望，拿過帳鉤上的酒袋塞進荊燕手中。

荊燕嘿嘿笑了：「還是大哥好，沒忘兄弟這毛病。」說著拔開木塞，咕咚咚將一袋米酒飲了大半，拭去嘴角酒汁笑道，「我在燕國聽說大哥做了丞相，只可惜沒長翅膀，飛不過來。」蘇秦將荊燕摁到榻上坐下，連忙問道：「先說說，燕國如何了？她還在麼？」

「大哥不能著急，兩件事都有糾葛，須聽我一宗一宗說來。」荊燕喘息了一陣，慢慢說了起來，雖然插前錯後地有些零亂，蘇秦已經聽得明白。

原來，蘇秦入齊後冷清無事，對燕國消息也無從得知，既擔心蘇代跟著子之越陷越深，更對燕姬的處境感到憂慮，便派荊燕返回了燕國，要他見機行事。荊燕回到薊城，先去見了蘇代。蘇代開口便問：二哥在齊國如何？荊燕按照蘇秦叮囑，說了一番諸般都好的狀況。蘇代半信半疑，說燕國已經大事底定，子之做了相國，不日要全權攝政，目下急需蘇秦回燕共圖大計。言下之意，要荊燕立即再回齊國，催促蘇秦回來。荊燕心中有數，便說回家看望父母一趟，再去齊國。次日，荊燕沒有在薊城停留，飛馬去了燕山天泉谷，按蘇秦所畫圖形尋覓燕姬。誰知一連三日，蛛絲馬跡皆無，蘇秦所說的那些山洞，都空蕩蕩一無長物，彷彿從來沒有人住過一般。尋思無計，荊燕只好再回到薊城找蘇代。蘇代說，燕姬失蹤好久了，他兩次祕密尋訪都沒有見到，後來也忙得沒有時間去了。荊燕忙問原因。蘇代說他不知道，揣測起來，總是與王室藏寶有關了。

無奈之下，荊燕找了在王宮做護衛的一個將軍，說想在王宮做幾日護衛。將軍叫市被，是當年軍中老友，雖然覺得蹊蹺，卻也沒有多問便答應了。將軍市被只告訴他，王宮近年怪事多，莫得大驚小怪惹禍。荊燕自是慨然允諾，選了在王宮巡查的游擊頭目來做。荊燕原本就做過王宮甲士，對宮中情形不算生疏，做了游擊巡查，自是不會出無端紕漏。然則一連半個月，王宮中都是白日冷冷清清，晚間死氣沉沉，找不出些微消息。荊燕有韌勁兒，非但沒有離開，反而又專門選了後半夜巡查。他從少年時候聽族老們說財寶古經起，便有了一個頑固的想法：大凡財寶祕事，都是更深人靜時的故事。

一日夜裡，荊燕終於有了一絲驚喜——往昔後半夜總是黑沉沉的庭院裡，卻有一處隱隱閃爍的亮光。從方位看，這亮光在池邊樹林之內。荊燕知道，那地方只有一座消閒的茅亭，當年燕文公便在那座茅亭裡第一次召見了蘇秦，後來燕易王夏日也常在這裡消夜。新王即位後子之當政，這裡便荒涼起來了。如此夜半時分，誰能在這裡消閒？荊燕教隨行的十名軍士原地守候，一個人悄悄走近了樹林，仔細一看，發現一棵棵大樹後都有一個黑色的長矛影子，自己根本不可能穿過樹林，更別說走近茅亭。

懵了一陣子，荊燕猛然想起：護衛蘇秦泅渡濰水後，自己拜了個楚國漁民子弟為師，水性已經大長。荊燕脫了衣甲，從岸邊葦草中悄悄地潛進了池水。片刻之後，悄無聲息地到了茅亭岸邊。伸頭從葦草縫隙中望去，荊燕大吃一驚：茅亭中兩男一女三個人，其中一個竟然是他的老友——將軍市被！其餘兩人背對池水，聽聲音都很年輕，他卻不識。

只聽那個年輕的男聲說：「既然心同，這便是一樁大業。聚眾似乎不難，最缺的是金錢了。」那個女聲說：「錢財倒是有一大坨，只是此人難找。」男聲急迫問：「一大坨？在哪裡？」女聲道：「在燕山幾個無名洞窟，圖在那個人手裡。」男聲追問：「那個人是誰？在哪裡？」女聲道：「文公國后，在燕山隱居。」男聲道：「既在燕山，如何找她不到？」女聲道：「她可不是尋常女人，我已經找了多次，所有的山洞都找遍了，沒有蹤跡。」男子長長地歎了一聲：「莫非天意，燕國當滅也？」一時沉默了。將軍市被卻突然道：「我有一法，但卻涉及先君宮闈，不知當說不當說？」男子道：「興亡大業，有何忌諱？但說無妨。」將軍市被道：「傳聞國后與武安君篤厚，若能得武安君襄助，請她出山，定然不差。」男子沉吟道：「武安君與那廝交誼深厚，如何能助我？」女聲道：「倒是未必，武安君襟懷正大，與奸佞絕非一黨。只是要找到武安君卻難，機密大事，沒個合適人選。」將軍市被笑道：「也是天意，目下正好有一人——武安君的義弟。」「啊——」男女不約而同地驚歎……

荊燕驚詫莫名，連忙游出水池上岸，估摸市被天亮後肯定來找自己，怕難以脫身，給市被留下一書，趁著天色未明便出了薊城。本想立即來齊國報訊，但荊燕多了一個心思，怕燕姬被他們先找到，又去了燕山搜尋。荊燕重新走遍了每個山洞，在每個洞中反覆查勘，終於在馬廄洞中的馬槽下面，發現了一個羊皮紙袋……

「大哥你看，這個物事！」

蘇秦連忙拆開，裡面是一幅白絹，上面兩行大字——

國將不國　斯人無憂

難尋難覓　不請自到

娟秀中透著剛健的字跡是那般的熟悉親切，蘇秦悵然歎息了一聲，久久無話。

看來，燕國王室又有了一支新的祕密力量，似乎還是蘇秦不熟悉的神祕人物。那個女子，蘇秦揣測，極有可能是燕易王的王后櫟陽公主。可是那個主導「大業」的男子何人？蘇秦想不出來路。燕王姬噲的兒子才十五六歲，難道會是這個少年？假如不是他，王室中還能有何等人物？這樣的「大業」，沒有王室人物主導，幾乎是不可能的。

這樣的一支力量聚在一起，還能做何等大業？自然是要從子之手中奪回王室的權力，恢復燕國的姬氏社稷了。他們要找自己，還要通過自己再找出燕姬，如此一來，他與燕姬都要被捲進這個漩渦了。燕姬對燕國的事歷來有定見，可偏偏難覓蹤跡，若那人祕密派人找來齊國，自己該如何應對？在燕國大政上，蘇秦覺得自己第一次陷入了無所適從的茫然。說到底，還是對子之的新政心中無數。子之若真是個申不害般的鐵血變法人物，蘇秦寧肯負了燕國王室，也會支持子之。可偏偏子之的國事舉動，總教蘇秦覺得一股濃烈的異味兒。說他是奸佞野心，也不全像，連蘇代都那麼擁戴他，你能說子之沒有過人之處？一邊衰朽老舊，一邊生猛無度，何以燕國就湧現不出一股堂堂正正的新生勢力？

燕國的事再頭疼，蘇秦也不能誤了齊國的變法大事，只有忙碌起來。

封地收繳完畢，已經是黃葉蕭疏了。秋霜來臨之時，元老貴胄衰草般蔫了下去。也是蘇秦法令有度，並沒有將元老貴胄的封地剝奪淨盡，總是或多或少地酌情保留了三五里。如此一來，齊國貴族的封地統共只剩下不到一百里，說起來還沒有一個縣大。這在天下七大戰國中，幾乎與秦國一般，成為封地最少的大國了。

封地藩籬一打碎，蘇秦立即重新規劃政區。根據齊國傳統與實際情勢，蘇秦取消了邑、城兩種政區，齊國歸併為七十三縣，原來的「城」，一律變為縣的治所，也就是縣城。後來樂毅破齊，連下七十餘城，便是這時定下的縣城。如此一來，政區大大簡化，少去了邑、城、縣三政並立時的許多累贅糾葛。政區一劃定，蘇秦立即對七十三縣的縣令做了一番大調整：一是查辦了一批貪吏，撤銷了一批庸吏；二是裁汰縣府冗員，明定每縣只許有十六名屬員；三是縣令異地任職，將鄉土縣令一律調換到他縣；四是從稷下學宮遴選了二十名務實正幹的學子，補齊了縣令缺額。

這兩大步走完，又到了來年夏日。從這時開始，蘇秦的丞相府開始連續頒布法令，每月三法，一直頒布了四個月，十二道法令才全部頒行全國。蘇秦的變法，自覺地仿效了秦國的商鞅變法，雖然沒有商鞅法令那般冷峻那般完整，但諸如獎勵耕戰、廢除世襲、廢除奴隸、耕者有田、大開民市、訓練新軍、統一政令等主要法令都是齊備了的。

「臣之變法，當用十年之期，三波完成。此為第一波，確立筋骨，後當徐徐圖之。」蘇秦對齊宣王這樣說了齊國變法的總謀劃。

六、冰雪銘心終難卻

冬月初，第一場大雪紛紛揚揚地覆蓋了臨淄。

郊野雪霧茫茫，一輛輜車正從北方的雪原上駛來。轔轔車聲消解在無邊無際的雪的帷幕裡，如同白色海洋中一隻烏篷小舟，悠悠盪盪。輜車很小，篷布很厚實，一匹已經看不清顏色的馬拉得很是輕鬆，從容走馬，拉著一輛空車一般。最奇怪的是，這輛小小輜車沒有馭手，也聽不見車中人的呼喝，似乎信馬由韁地在雪原上遊蕩。可是，不知不覺之中，臨淄城高大的箭樓影影綽綽地顯現了出來，那匹從容碎步的走馬停了下來，努力地昂頭嘶鳴了一聲，前蹄不斷地在雪地上刨了起來。良久，輜車中傳來一陣模糊的呻吟。馭馬又是一聲嘶鳴，展開四蹄，向著茫茫雪霧中的箭樓奔馳而去，小小輜車變成了飛速滑行的雪橇。

如此大雪，行人幾乎絕跡。臨淄城門雖然洞開著，城門口卻看不見一個甲士。快馬輜車飛來，徑直衝向城門。突聞一聲大喝，一個雪人咯咯走來，攔在了當道。抖去積雪，卻是一個長矛在手的武士。原來城門兩側的兩排雪樹，竟是被大雪覆蓋了的守門兵士。輜車馭馬靈敏異常，見武士當道立即止步，四蹄筆直撐住，將輜車穩穩地停了下來。

「齊國新法，查驗通文照身！」長矛甲士口中的熱氣，隨著齊人咬字極重的吼聲一起噴了出來。馭馬一聲嘶鳴，黑色車簾中伸出了一方搖搖晃晃的木牌。甲士一看，高聲喊道：「稟報千長，我不識字。」雪樹中咯咯又走出一尊雪人，抖落積雪，是一個帶劍頭目。他走過來一看木牌，驚訝地湊近了車轅要掀開車簾。突然，厚厚的棉簾中倏地伸出了一口雪亮的長劍！

帶劍頭目驚訝跳開，高聲命令：「十人出列！隨我押送輜車進城！」

十名甲士左右夾住了輜車，頭目前行牽馬，在大雪紛飛中緩緩進了臨淄。拐得幾條長街，來到了丞相府門前。頭目上前對守門領班說了幾句，領班匆忙走了進去。片刻之後，荊燕大步流星地趕了出來，繞著輜車轉了一圈，從懷中掏出一個叮噹作響的小皮袋對城門頭目道：「多謝千長了，天冷，幾個錢給兄弟們買酒。」頭目一聲道謝，高興地帶著甲士們去了。荊燕回身走到輜車前拱手道：「在下荊燕，敢請貴客進府。」說罷牽了馭馬從旁邊的車馬門徑自進了丞相府。

蘇秦從王宮回來時，天雖然一片雪亮，實則已是暮色時分，書房裡已經掌燈了。蘇秦沒有先到廳中用飯，而是進了書房。他要立即替齊王修一封緊急國書，可剛剛提筆，荊燕匆匆走了進來道：「大哥，瑞雪大吉！你猜誰來了？」蘇秦看看荊燕神祕兮兮的模樣，不禁笑道：「孟嘗君麼？有酒就是大吉？」「差矣差矣！」荊燕斯文一句，自己倒先笑了，「先別說，你隨我來。」不由分說奪過筆擱下，拉起蘇秦便走。

來到蘇秦起居的小庭院，但見院中席棚下停著一輛小小輜車，蘇秦眼中陡然一亮。大步走進，見燎爐紅亮的寢室中紗帳低垂，帳中影影綽綽顯出一個綠衣女子的身形，彌漫出淡淡的藥味兒與一股熟悉的異香。

「燕姬……」蘇秦驚喜地叫了一聲，衝上去撩開了帳幔，卻木呆呆地說不出話來了。臥榻之上，燕姬面色蒼白雙目緊閉，額頭上胳膊上都裹著滲血的白布，雙腳也包裹著厚厚的絲棉套兒。蘇秦一陣惶急，轉身到廳中急問：「荊燕，這是如何事來？」

「大哥莫慌。」荊燕低聲道，「她來時一輛輜車，渾身帶著刀傷，凍得冰塊也似，已經不能說話。我方才找太醫來看過，刀傷不在要害，凍傷也已經冷敷回暖。太醫說，人可能要昏睡兩三日，只能餵米湯汁，他會每日來酌情換藥。大哥，燕姬不會有事。」

蘇秦急迫道：「荊燕，你去給掌書說，立即將我的書房搬到這個外廳來。我就在這裡，守著她……」荊燕勸道：「大哥，我已經派好了兩個侍女，累倒了你，就全亂了。」蘇秦斷然道：「我沒事，不要侍女。你去辦，我在這裡等著。」

荊燕默默去了，片刻之後，掌書領著幾個屬吏將處置公文的日常器具搬了過來，將外廳布置成了一個簡單書房。蘇秦看了看昏睡不醒的燕姬，一陣悵然百感交集，湧出了一眶淚水，歎息良久，坐下來起草那封緊急國書。

日前，大權在握的燕相子之向齊國派來特使，請求來春在大河入海地與齊王會盟，締結燕齊修好盟約。蘇秦是邦交大師，齊宣王不知如何應對，自然要召蘇秦商議。蘇秦一眼看出：這是子之的一個試探——一旦齊國與子之會盟修好，便意味著齊國默許了子之在燕國掌權。從戰國形成的勢力圈看，燕國歷來依靠齊國解決棘手事端，隱隱然是齊國的勢力範圍。子之有蘇代謀劃，自然明白此中奧妙，便以攝政相國的名義向齊王動議結盟。齊國若答應，便是承認了子之權力，他便可能立即動手，廢黜燕王而自立；若被拒絕，則是與燕國結仇，卻並不影響子之攝政。齊王的難處正在這裡，承認子之吧，怕這個生猛人物將來反倒成為齊國的後患；不承認子之吧，似乎又沒有理由，他是燕王冊封的攝政相國，一切都是「代燕王行事」，又如何拒絕？於是，這封國書自然地要蘇秦這個邦交大師來起草了。

雖然還牽掛著寢室中的燕姬，但蘇秦畢竟很有定力，一旦在書案前坐定，片刻間便擬就了這封國書：

> 大燕相國子之：齊燕結好，實屬我願。然燕易王在位時，齊國與燕國已經訂立友邦盟約。多年以來，兩國罷兵，邊境安寧。重新訂立，反示天下以兩國嫌隙。田辟疆之意，原盟可矣，無須添一蛇

足。齊王九年冬

寫罷斟酌一番，蘇秦覺得這是目下能夠做到的最好轉圜——既能穩住子之，又不公然承認子之的「王權」，尚算滿意。看著羊皮紙上的墨跡晾乾，蘇秦喚來值夜書吏拿去謄抄刻簡，天一亮送進王宮。

書吏走後，蘇秦立即起身走進寢室，見燕姬依然在燈下昏睡，不禁仔細打量起她的傷口：額頭白布雖然滲出了一片血跡，但周圍鬢髮之際依舊是那樣光潔，並沒有青腫，傷勢當不是很重，可能不會是刀劍之傷，而很可能是擦破的皮肉之傷；左胳膊包紮的白布，隆起了一個大包，滲出的漬印似乎也沒有血色，而是淡淡的黃色，這個傷口很可能是刀劍創傷，並且已經腫脹化膿了；右邊膝蓋包紮的白布裡，襯著一層厚厚的絲棉絮，棉絮外是固定的兩個夾板，看來這裡是骨傷了；兩隻腳則套在寬鬆碩大輕軟的厚棉靴裡，太醫還給腳下專門擺了一個小小的燎爐，爐中木炭火不猛不弱，腳邊正是一片溫熱。

再看寢室，蘇秦發現竟然有六個大燎爐在牆邊圍成了一圈，木炭火燒得紅亮亮的，卻沒有一點兒嗆人的氣息，暖烘烘的一片乾爽。看來太醫、荊燕與兩名侍女真是費了一番心思。

一番打量，蘇秦不禁感慨中來，跪坐在燕姬身邊默默流淚。一陣傷感，輕輕抱起燕姬的雙腳，脫去那雙碩大的棉靴，將那雙光腳放進了自己胸前。立刻，一股森森冰冷流遍了他的全身，彷彿胸前貼上了一塊大冰！蘇秦一個激靈，卻更加緊緊地偎住了那雙冰冷青紅的赤腳。蘇秦曾經在冰天雪地的茅屋裡度過了三個寒冬，可也從來沒有凍傷到如此程度。一個生於長於天子王城，身為一國王后的燕姬，凍傷若此，竟然還能找到臨淄，期間所受的驚險坎坷定然是難以想像的。

茫茫大雪之中，天漸漸亮了，蘇秦緊緊抱著燕姬一雙冰冷的赤腳，昏昏睡去了。

直到荊燕領著太醫走進了寢室，蘇秦還沒有醒來。白髮蒼蒼的老太醫看著抱足而眠的丞相蘇秦，一雙老眼濕潤了。老人對荊燕搖搖手，輕步到了外廳低聲道：「吩咐廚下，燉一鼎麋鹿湯。那女子至寒，丞相要熱補。」荊燕匆匆去了。老太醫坐在外廳兀自唏噓不已。蘇秦醒了過來，聽見外廳人聲，將燕姬雙腳套上棉靴，自己整好衣服走了出來，見是太醫，蘇秦忙問燕姬傷勢究竟如何？

老太醫唏噓道：「此女不打緊，只是復原慢一些。後來，至多是腿腳有些不靈便。」蘇秦急迫道：「腿腳不靈便？是凍傷？還是骨傷刀傷？」老太醫道：「骨傷刀傷好治，這寒氣入骨日久，只怕難以驅趕淨盡。」蘇秦愣怔一陣道：「醫家驅寒之法甚多，前輩當真沒有辦法？」老太醫沉吟良久，歎息一聲道：「辦法倒是有一個，只是常人難為也。」蘇秦忙道：「前輩只說，是何良方？」老太醫道：「老朽遼東人氏。遼東獵戶遇凍僵親人，嘗以赤身熱體偎之三日三夜，可驅趕凍傷者體內積寒。然則，此法對熱身者為害過甚，至寒必傷其身。其後熱補雖能稍減，卻不能除根，常致虛癆之症，常人何能為之？」

蘇秦心中明白，也不多說，只看著老太醫給燕姬診脈開方查驗傷口。末了，老太醫說三日後再來換藥，唏噓著走了。老太醫一走，蘇秦吃了荊燕拿來的那鼎麋鹿燉，身上頓時熱汗津津。蘇秦看看荊燕笑道：「兄弟，幫大哥一個忙，在書房守得三日，不要教任何人來打擾。」荊燕歎息了一聲點點頭：「荊燕知道大哥心思，只是每日一鼎麋鹿燉，定是要吃。」蘇秦點頭道：「好，便依兄弟。」

荊燕立即辦事，先請來掌書，將外廳公事器具照舊搬入書房，又與掌書祕密商議了片刻，去找孟嘗君幫忙。孟嘗君慨然道：「武安君生平多難，此事該當。我擋住王宮不緊急召見。其餘公務，你與掌書先攔下。」荊燕心中底定，回到府中守在大門廊下，凡求見官員，一律婉言擋回。掌書則坐鎮書房，應對丞相府屬官，凡呈閱文書者，一律答覆三日後再回。如此一來，丞相府頓時清靜了下來。

荊燕一走，蘇秦立即做了一番冷水沐浴，擦乾後全身赤紅。走到大雪紛飛的庭院，他第一次虔誠地對天三拜，禱告上天賜福於燕姬。回到寢室，蘇秦掀開輕軟的絲棉大被，輕輕脫去了燕姬的貼身小衣，赤身躺下，摟住了燕姬——饒是冷水沐浴全身赤紅，蘇秦依舊感到了一股寒氣撲面而來，徹骨的冰涼立即潮水般淹沒了自己，一陣顫抖，竟覺四肢沾在了冰冷的軀體上不能分開。蘇秦心中一陣大慟，驟然間熱淚泉湧，緊緊地將冰冷的燕姬攬在了自己懷中。漸漸地，蘇秦麻木了，朦朦朧朧地飄到了洛陽郊野那冰天雪地的茅屋之中，夜讀的他凍得全身發硬，站起來跺著雙腳搓著雙手，鐵錐扎得腿上滿是鮮血……大黃嗚嗚著趴到了他的腳上，他摟著大黃，一手伸進大黃的兩腿中取暖，一手還捧著竹簡喃喃念誦，冷啊，太冷了……飄啊飄啊，春光明媚的燕山幽谷，燕姬迎著他婀婀飛來，那綠色的長裙就在眼前飄拂著，卻總是搆不著抓不住……啊，終於抓住了，柔膩光潔的肌膚，令人心醉的異香，滾燙緋紅的面頰，灼熱瘋狂的衝擊，好熱，好累，她笑了，緊緊地摟住了他，雪白的雙臂將他圈向豐腴的河谷，他是那般饑渴，品咂著吸飲著，她咯咯地笑著，拽著他的長髮，拍打著自己的胸脯……餓了，為何那般饑餓？等不及那野羊烤得焦黃，割下一塊狼吞虎嚥，那咯咯的笑聲總是不斷，那圓潤細長的手指正抹著自己嘴角的肉渣……

終於醒了，一雙明亮的眼睛正在蘇秦面前閃爍。

「燕姬……」

「季子……」燕姬緊緊抱住了蘇秦，「終是見到你了……」

「燕姬，你是如何受傷的？快說給我聽。」

「季子，別急，他們都在外邊等著呢。還有孟嘗君，先起來，晚上再說，啊。」燕姬坐了起來，哄小兒一般溺愛地將蘇秦扶了起來。

孟嘗君午後就趕來了，已經與荊燕在外廳等了近兩個時辰。天將暮色，老太醫也來了，說丞相若能在掌燈之前出來，便是無事了。看看天色已晚，孟嘗君不禁著急起來，在廳中焦急地走來走去。正在此時，棉簾「啪嗒」一聲，眾人看時，卻都驚訝得呆住了——蘇秦那已經返黑的一頭長髮突然又變白了，白得如雪，一絲黑髮也沒有。綠色長裙一領貂裘的燕姬扶著蘇秦，恍若一個美麗的仙子扶著一個年邁的老翁。

「蘇兄……」孟嘗君叫了一聲，哽咽住了。

蘇秦笑了，看得出，笑得很輕鬆：「田兄……沒事，只是累了些個。」又擺擺手，「坐了，諸位坐了。」又連忙對太醫道，「前輩，快看看她脈象如何？」

老太醫唏噓著點點頭：「夫人請坐，待老朽看看脈象。」燕姬微微一笑：「老人家，我沒事，還是先給他把脈。」說著眼眶濕潤了。老人連連點頭：「哎哎，都要把的，都要把的。」說著將手指搭在了燕姬手腕上，凝神片刻長吁了一聲：「夫人，真沒事了，骨寒退盡，氣虛而已，將息幾日，便得痊癒。」蘇秦一直凝神看著聽著，此刻高興得哈哈大笑，笑聲未落，頹然軟倒，面色蒼白，雙唇青紫。

「季子……」燕姬一聲哭喊，撲到了蘇秦身上，孟嘗君與荊燕大驚失色。

老太醫搶前搭脈，嘴裡說一句「莫慌，不打緊」，手裡一支圓潤鋒利的砭石針已經撚入了蘇秦的湧泉、神門兩處大穴。眾人凝神屏息間，蘇秦臉泛紅潤，悠悠醒轉，睜開眼睛一臉笑意，待要說話，卻被老太醫擺手制止：「丞相須得心氣平和，大喜大悲，虛弱不勝也。」荊燕連忙問：「可吃得麋鹿燉？」老太醫搖頭道：「麋鹿燉三日足矣，多則虛火過盛，魚羊湯正好。」荊燕連忙快步到廚下去了。

片刻之後，兩鼎熱氣騰騰的魚羊湯到了面前，雪白的湯汁上飄著細碎的小青蔥，蘇秦看得「咕」地嚥了一口口水。孟嘗君笑道：「饞了就好！你倆快吃，我一邊等候。」說著與荊燕走到了廊下看雪，老太醫兀自在書案前斟酌藥方。片刻後，蘇秦與燕姬已經吃罷，渾身汗津津的，精神顯然好了許多。

孟嘗君走過來笑道：「蘇兄啊，我看你再歇息旬日，大事我給你擋著，無須心急。」蘇秦笑著連連搖手：「些許摔打，何須小題大做？明日便能理事。哎，這幾日可有大事？」孟嘗君笑道：「那就明日再說，你能行我可不行，告辭。」說罷一拱手逕自去了。老太醫藥方開好，又叮囑了幾句也告辭了。蘇秦正要問荊燕這幾日相府的事，卻發現荊燕早就走了，搖搖頭笑道：「這幾位，當我真是病人了。」

「難道你不是病人麼？」燕姬輕柔地笑了，「走，我扶你進去，有話躺著慢慢說。」

進得寢室，燕姬將蘇秦扶在臥榻上，又拿來一個大枕教他靠著坐了，自己去調理了一番燎爐木炭，不使寢室過熱，又煮了一壺淡淡的臨淄竹葉茶給蘇秦捧過來一盞。蘇秦打量著燕姬極是嫻熟精到的女工操持，一種從來沒有過的溫馨湧上了心頭，不禁笑道：「燕姬，男有女，便是家，對麼？」燕姬笑道：「女有男，也是家。」蘇秦點頭笑歎：「噫！活到今日，方知家之安樂，不亦悲乎？」燕姬咯咯笑道：「老百姓說了，有家方是渾全人，大丞相今日才知道？」蘇秦喃喃道：「有家方是渾全人？好，說得好啊！看來，蘇秦只算半個人了。」燕姬跪坐到榻前笑道：「別想了，有我在，你便是個渾全人。」蘇秦恍然道：「哎呀，如何岔了？你快說說，遇到了何種變故？如何到臨淄的？」

燕姬輕輕歎息了一聲，說起了她的離奇遭遇。

原來，蘇秦與春申君離開燕山天泉谷不久，燕易王就派來祕密使者，要全部收回先祖藏寶。燕姬對此早有預料，蘇秦一走便離開了天泉谷。密使找不到燕姬，飛馬回報薊城。燕易王又驚又怒，派出了十多名劍道斥候進入燕山，全力搜尋燕姬。特使在原來的山洞中留下書簡，聲言只要燕姬交出藏寶圖，她便永遠有了自由之身。正在燕姬謀劃如何與特使交涉之時，一個女子與一個少年竟然在她極為隱祕的新住處找到了她。女子說她是燕易王王后櫟陽公主，少年是燕易王王孫，叫姬平，並且拿出了只有燕姬可以辨認出的先君遺物為證。女子說：她與王孫祕密前來，是要與她商議一件大事，絕無加害之意。為防萬一，燕姬將他們帶到了孤峰絕頂，並用大石封死了唯一的羊腸小徑，就在那座山風呼嘯的孤峰絕頂，他們說了整整一個晚上。

櫟陽公主告訴了她一個驚人的祕密：當年燕易王周圍的侍從都被子之收買，燕易王每日的食物中都有一種無色無味的異藥。櫟陽公主發現時，燕易王已經得了一種怪病，時而昏迷時而清醒，似乎羊角風，卻又比羊角風更可怕。人已經一天天乾枯了，頭髮都變成了紅色。有一天夜裡，侍從們都不在身邊，燕易王流著眼淚叮囑櫟陽公主：一定要找到燕姬，不能教這筆巨大的財富落到子之手裡，他「派去」的特使與劍士都是子之的心腹。燕易王說，他的兒子姬噲是個庸才，王孫姬平卻是個英雄少年；叮囑櫟陽公主一定要保住姬平性命，助他將來振興燕國。兩件事說完，燕易王就昏迷了過去，從此再也不能開口說話了。

燕姬對子之本來就很厭惡，聽了這一番述說，當初振興燕國的心志又陡然振作，慨然應允了櫟陽公主的請求。三人議定了一個辦法：櫟陽公主暗中聯絡留居燕國的老秦舊族與軍中將領，為姬平積蓄一股力量；燕姬去找蘇秦，請蘇秦設法使蘇代離開燕國，既剪除子之羽翼，又使子之不能繼續打與蘇氏結盟的旗號；更重要的是，要為姬平尋求齊國支持，將來不使齊國變為子之的同盟；姬平則以全身為主，在子之勢力旺盛時蟄伏起來，對國事不聞不問。一切都說好了，可少年姬平卻突然提出：藏寶圖應當交給他保管。燕姬見櫟陽公主沒有說話，也多了一番心思，推說藏寶圖如何能帶在身邊，待危險過後再起出來交給他。

天將黎明時分，三人決定趁著黑暗縋繩下山。方要動手結繩，突然聽得山腰一陣石子滾動的刷拉聲。燕姬立時警覺，教櫟陽公主與姬平立即從山後縋繩下峰，自己留下來斷後。櫟陽公主欲待爭辯，被燕姬厲聲呵斥，也不再多說，立即與姬平縋繩下了後山。燕姬思量之間又恐後山有人，想將劍士們吸引到山腰這面來，好教櫟陽公主與姬平安全逃脫。主意拿定，燕姬故意向著前山蹬下了一塊山石，嘩啦啦一陣大響，又低低地驚叫了一聲，似乎險些兒失足。響聲過後，山腰有人呼喝：「國后但下山無妨，燕王只要一圖，不要人命！」燕姬高聲道：「既然如此，你等在山根等候。否則，我跳下山谷，為先君殉葬了！」山腰聲音惶恐道：「國后萬萬不可，我等下山等候便了。」大約劍士們覺得燕姬無路可逃，說完後果然下山去了。

燕姬久在山中，對燕山的每一座山峰都極為熟悉。這座孤峰的山腹，本來就是老燕國一座最大的藏寶洞，山腰正好有一個隱祕的通氣孔。燕姬小心翼翼地縋繩到山腰，正打算從通氣孔鑽進山洞，突然聽到急促輕微的腳步聲，顯然是劍道高手正在逼近。此時若進山洞，劍士們必然在此仔細搜索，難保這座最大的藏寶洞不被發現。

情急之間，燕姬連忙隱身到一棵粗大的老枯樹後。不意這棵枯樹連根鬆動，轟轟隆隆地跌下了高峰。饒是燕姬身手敏捷，於黑暗中緊緊摳住了枯樹皮的大裂縫，還是在山風呼嘯的高空跌落中昏了過去。醒來的時候，她第一個感覺就是冷。原來，那棵巨大的枯樹正好橫搭在山下一條小溪上，她半身纏在枯枝中，半身浸泡在溪水裡，薄薄的冰碴兒已經覆蓋了她的雙腿。她費力地折斷了身邊虯結的枯枝，艱難地爬出了山溪，找到一個避風的小山洞晾乾了衣服，耐心等到天黑，方才小心翼翼地摸索到自己隱藏車馬的另一座山下。車馬洞極是隱蔽，所幸沒有被人發現。她怕轔轔車聲動靜太大，沒有敢坐車，草草準備了一番，爬上馬背連夜出了燕山。

白日裡，她找一個荒村小店吃飯睡覺餵馬。天一暮黑，她便策馬上路。如此三日，她過了彰水，進入了齊國邊境。正是這日，天空彤雲壓頂，飄起了鵝毛大雪。憑這些年的野外閱歷，燕姬知道這場雪絕不是三兩日便能結束。她清楚地知道，她的傷勢不允許耽擱，若尋宿等候，很可能她要一病不起了。於是，在一家小店裡她用了一袋金幣，買下了主人拉木炭的一輛小板車；又託主人用五個金幣去十里外的一座城堡，請來了一個車匠，將小板車改成了一輛結實的小輜車。兩日之後，在車轅上壓了一袋馬料，她在大雪之中上路了。

這匹駁馬是遼東胡馬，是燕姬從小馬駒開始親手養大的，取名叫「小乘黃」。「小乘黃」是遼東燕人傳說中的神馬，背上有角，形如狐狸，急難時能平地飛起。燕姬叫它「小乘黃」，也是因了它非但耐得奇寒，而且機警通靈，對燕姬任何微小的聲音與暗示都很熟悉，除了不會說話，與人一般無二。小乘黃顯然也知道主人在危難之中，茫茫雪原上，完全憑著嗅覺尋路奔馳，但遇岔道嘶鳴幾聲，待燕姬馬鞭伸出車簾一指，又立即奔馳。經常是一日之中，只回過頭來吃幾口乾草料，再吃一陣冰雪，便立即啟動，累了碎步走馬也絕不停下。後來，燕姬經常昏迷，小乘黃也明白了只要向東南便可，也極少停下來問路了……

燕姬說完了，蘇秦淚光閃爍。良久沉默，他輕輕摟住了她：「燕姬，你受苦了。」

「季子，受苦的是你。」燕姬輕柔地笑了，「你竟用如此奇法，捨身救活了我……我原本只道活不了，只想最後見到你……」汩汩淚水在燕姬的笑臉上任意流淌著，兩人緊緊地抱在了一起。

七、陰謀陽謀萬象生

開春之際，燕國傳來一個驚人的消息：燕王姬噲將行大典，要將王位禪讓給子之！

蘇秦接到的只是齊國商人的「義報」，燕國方面卻沒有任何正式的國書通告。姬噲沒有王書，子之也沒有相國文書。在燕齊邦交中，這是極不尋常的異象。蘇秦立即派荊燕祕密返回燕國探查確實詳情，一面會同孟嘗君立即進宮稟報。齊宣王一聽大皺眉頭，想笑卻笑不出來：「禪讓？當真莫名其妙！姬噲君臣想做堯舜？」蘇秦道：「姬噲非堯，子之非舜，禪讓更非真。為今之計，齊國要預謀應變之策。」齊宣王一陣沉吟道：「齊國正在變法之中，也是朝野不寧，還是看看再說。」說罷一聲歎息，似乎不願意再說下去。蘇秦與孟嘗君便告辭出宮了。

出得宮門，孟嘗君正要上車，卻突然走近蘇秦低聲道：「燕國之事，慎言為好。」說完匆匆登車去了。蘇秦大是驚訝，孟嘗君本豪爽不羈之人，為何出此神祕告誡？齊王今日雖然猶疑，卻也並無異常。一個國王，在邦交大事上說出「等等看看」之類的話，那是再平常不過了；策士之能，便是將國王從遊移不定說服到自己的謀略上來，又何須慎言？然則孟嘗君又絕非膽小怕事之人，他有這個告誡，背後必然有祕事隱情，只是在宮門不便多說罷了。一路想來，蘇秦猜不透其中奧妙。

晚飯用罷，蘇秦與燕姬說了今日入宮情事。燕姬思忖片刻道：「子之與齊國朝臣私相來往甚多，說盤根錯節也不為過。以孟嘗君之說，其中似乎大有蹊蹺。」蘇秦不禁默然。子之與齊國老臣來往密切，倒是多有耳聞，但在他看來，那無非是合縱大勢下的一種需要，如同他與六國權臣的來往一樣，又能有何密謀？更不可能影響邦國間的根本利害。所以，對子之與齊國朝野的交往，他也從來沒有往其他方面想過，莫非他錯了？

「丞相，孟嘗君到了。」家老進來低聲稟報。

一看家老神祕模樣，蘇秦已知孟嘗君是祕密前來，不禁笑道：「我去接，在哪裡？」

「來者自來，何須接也？」一陣笑聲，便服散髮的孟嘗君走了進來。

燕姬連忙笑著起身，吩咐侍女上茶，寒暄兩句道：「孟嘗君但坐，我要迴避了。」

孟嘗君擺手笑道：「一做嫂夫人，便有了婦道，與我也見外麼？」

「也好，你倆說話，我來侍茶。」燕姬笑吟吟打橫跪坐，給兩人續上了新茶。

「解謎來了？」蘇秦笑問一句。

「正是。」孟嘗君呷了一口熱茶低聲道，「我的一個故舊門客探得消息：兩年前，子之與臨淄一個元老結成了盟約。你先猜猜，這個元老何人？」

「陳玎？成侯騶忌？」

「騶忌！」孟嘗君拍案道，「正是這頭老狐狸。他等盟約是：子之做了燕王，請騶忌到燕國為相；騶忌穩住齊國，不干預子之。」

「騶忌退隱多年，素不過問國事，何能有此神通？」蘇秦大為驚訝。

孟嘗君呵呵笑道：「武安君啊，你是書生，我是村漢，可騶忌是一頭千年老狐狸！你能想到他的手段麼？」蘇秦思忖片刻搖搖頭：「還真是無從著手。」孟嘗君道：「騶忌訓練了一個美豔的女琴師。聽好，他沒有獻給齊王，卻給了子之，教子之當作貢品獻給了齊王。女琴師得寵後，給齊王拿出了子之的一幅血書：只要齊國不干預子之稱王，子之的燕國，唯齊王馬首是瞻，還要割地十城給齊國。」

「匪夷所思！」蘇秦聽得不禁咋舌，卻又惶惑道，「若是這般，騶忌身為先朝重臣，完全可直然祕密上書齊王，豈不比那女琴師有分量？何以他完全躲在幕後？」

「這便是老狐。」孟嘗君拍案笑道，「以我揣摩，騶忌圖謀有二：其一，他對子之把不準，萬一失敗，他可置身事外；其二，果真成功，齊國不會留他這個『從不過問國事』的山野隱者。」

「還有其三。」燕姬笑道，「齊王心性，喜好陰謀大事，公然上書反未必成事。」

「著！」孟嘗君大笑，「忌諱處一語道穿，嫂夫人真才女也！」

蘇秦不禁笑道：「孟嘗君，你如何這般清楚？等閒門客有這番本事？」

「季子憨實了。」燕姬咯咯笑道，「這才是忌諱，如何問得？」

「不然不然。」孟嘗君擺擺手，「我與蘇兄向來肺腑直言，無不可說之事。蘇兄可記得，當年我那輛天馬神車？」

「噢——想起來了。」蘇秦恍然笑道，「蒼鐵做了王宮司馬，執掌禁衛，可是……」蘇秦卻又頓住了。孟嘗君道：「蒼鐵只知道王宮裡的事，且還與我有個約法：只透邦交消息，不說王宮祕聞。」蘇秦點頭道：「此人大盜出身，倒是有格，盜亦有道了。」孟嘗君笑道：「我不是還有幾百個門客麼？那些雞鳴狗盜之徒，我一個沒放走，他們可是手眼通神。」蘇秦不禁油然一歎：「雞鳴狗盜而大用，孟嘗君也！」孟嘗君與燕姬不禁大笑起來。

孟嘗君走後，蘇秦與燕姬又議論了一番，感慨良多，覺得燕齊兩國朝野之間交織極深，陰謀陽謀糾葛叢生，確是要慎重行事，只有沉下心來等候荊燕歸來，清楚了燕國情勢再行決斷。旬日之後，荊燕快馬歸來，蘇秦方對燕國的變故有了一個底數。

原來，在燕王姬噲即位後的幾年中，子之先是由上將軍兼領了開府丞相，出將入相，軍政實權全部掌握。第二年，由蘇代會同百官出面上書，請姬噲封子之為相國，行攝政之權。姬噲無奈，下了王書。誰料子之竟以「才德淺薄」為名，推辭不受。姬噲便不做理會了。可蘇代又領百官上書：說「辭相國攝政」正是上古大賢之風範，燕王要解民倒懸，要學古聖王敬賢之法，堅請丞相出山攝政。姬噲便又下書，子之則又推辭。如此三番，子之方做了相國攝政，每日在王宮上殿理事，只差沒有住進王宮了。

此後兩年，子之下令在燕國「整肅吏治，以為變法開路」，先後將王族大臣與燕王心腹將吏置閒，或明升暗降，或調出軍中，或藉故問罪，總之是一個不剩地剔除出廟堂。尤其是三十多個縣大夫，悉數更換為子之部族的才俊子弟。如此一來，燕國朝野議論蜂起。子之又以燕王名義下書全國，申明相國是「代天變法，尊王理政，除舊布新，朝野務須同心追隨相國」，之後又連續兩次減低賦稅，大局方才慢慢穩定下來。

攝政之後，子之給蘇代加了一個「王太師」封號，專門給燕王姬噲講述三皇五帝三代聖王治理天下的敬賢大道。蘇代每日進宮，雷打不動地講述兩個時辰，每講古必涉今，整整講述了兩年。奇怪的是，兩年之中，燕王姬噲沒有開口問過一個疑難，只是笑呵呵點頭稱是。去年冬天的一日，蘇代講罷故事，姬噲破天荒地開了口。

「敢問王太師，六國不成霸業，根由何在？」

「國君不信臣下。」蘇代回答得非常肯定。

「若要信任臣下，如何做法最好？」

「禪讓。將國君之位讓於大賢。」

「相國可算燕國大賢？」

「何止燕國？相國乃千古第一大賢。」

燕王姬噲笑道：「王太師說得好。這王位，姬噲禪讓給相國。」

就這樣，經過一個冬天的籌劃，燕王的禪讓王書在開春時節頒發了。王書頒布後，非但燕國朝野震動，連幾個大國都莫名驚訝，紛紛派出特使到燕國探查究竟。秦國竟然派了一個少年王子叫嬴稷，做長駐燕國的特使。子之怕這個嬴稷與櫟陽公主勾連，對他監視得很緊。荊燕還聽說，有個燕國王子逃出了王宮，自稱太子，正在王室部族的封地與遼東大軍聯絡，要舉事奪位。荊燕因急著回來報告消息，沒有備細打探這個太子的蹤跡。

「我看，燕國要大亂一場。」末了，荊燕憂心忡忡地說了一句。

蘇秦早已聽得黑了臉，拍案大叫：「子之可惡！蘇代可憐！從古至今，有這般變法麼？有這般新政麼？一個狼子野心！一個助紂為虐！還妄稱大賢王太師，千古笑柄！笑柄！」

「季子，小聲點兒了。」燕姬連忙捧過一盞熱茶勸慰道，「各人路要自己走。對子之，對蘇代，你都問心無愧了。事已至此，只有心平氣和，方能謀劃良方。」

蘇秦長歎一聲，熱淚盈眶道：「我是心慟蘇代……多好的一個弟弟，我不該教他與子之聯姻，我害了他……」說著悲從中來，不禁放聲大哭。

燕姬默默地拭著眼淚，給蘇秦拿來了一方熱騰騰的布巾。良久，蘇秦止住了唏噓平靜下來。燕姬低聲道：「季子，我看還是將蘇厲接到齊國來，該教他經經世事了。」蘇秦愣怔了片刻，恍然點頭：「對，不能教他再到燕國去了！荊燕兄弟，你就再辛苦一次，跑一趟洛陽。」荊燕笑道：「大哥哪裡話？本是該當的，又是大事，我天亮便走。」

次日早晨，蘇秦匆匆來到孟嘗君府商議對策。孟嘗君一時沒有個定準主張，只是覺得禪讓大典尚未舉行，說動齊王恐怕很難。蘇秦卻覺得，應該教齊王知道燕國的禪讓內幕，可是如何教齊王知道，卻想不出一個妥當辦法。兩人一時不得要領，思忖間孟嘗君恍然笑道：「身邊一個大才女都忘記了。我看教嫂夫人說說，此等事，她比你我高明。」蘇秦也醒悟過來：「我為蘇代的事心煩，倒是真沒和她說起。」

兩人又驅車回到丞相府，燕姬正在蘇秦書房翻檢典籍，聽孟嘗君一說倒是笑了：「季子實誠，算人機謀歷來不工。我倒是想了個法子，只是不知能否用得？」蘇秦笑道：「你但說。」燕姬道：「八個字：密人密報，投其所好。」孟嘗君大笑：「好！只聽這八個字，便對了路數。」燕姬笑道：「小心獎錯了，你倆且聽我說了再議。」如此這般說了一遍，蘇秦與孟嘗君不約而同地齊聲贊成，三人分頭安頓去了。

孟嘗君當即進宮，對齊宣王稟報了一個祕密軍情：燕國正在彰水北岸的河谷山林中部署軍馬，意圖難料。齊宣王頓時起了疑心，彰水兩岸多湖泊，歷來是漁獵佳地，也是燕齊兩國最敏感的地帶；漁民為了爭奪水面，在這一帶常常有衝突；齊威王在位時，曾與燕國在彰水邊境打過兩次大仗，才劃定了各自的漁獵範圍，那時自然是齊國占了大便宜。後來，燕國實力不濟無力反撲，也就漸漸地相安無事了。如今燕國在這裡集結軍馬，莫非又要滋生事端？

沉吟之間，齊宣王皺著眉頭道：「子之還沒做燕王，就想翻雲覆雨？」說得一句又突然打住了。孟嘗君小心翼翼道：「從既往邦交看，子之對齊國倒是禮敬有加，當不會有險惡用心。」齊宣王冷笑道：「禮敬有加？那得看時候。」轉而笑道，「以上將軍之見，此事該當如何？」孟嘗君道：「我方當有所防備。以臣之見，可否以慶賀燕國禪讓為由，派出特使，祕密探查子之的真實圖謀，而後再做決斷？」齊宣王立即點頭道：「另外，上將軍也不能掉以輕心，要立即向彰水南岸祕密增兵，以防不測。」孟嘗君連連點頭稱是，出宮部署調兵去了。

三日之後，蘇秦進宮向齊宣王稟報新法令推行進展，順便呈遞了一封來自燕國的尚未開啟的機密義報。義報，是春秋戰國時各國在外國做生意的商人，向本國官署發回的敵情報告；因商人不是官派密使，也不是軍中斥候，本無探事職責，所以時人稱為「義報」。齊宣王接過義報道：「丞相為何不開啟？」蘇秦道：「臣在燕國多年，未免多有瓜葛，處置燕國事務唯恐失當，何如我王親自決斷？」齊宣王笑了：「丞相但以公心，何須如此避嫌？」說著啟開義報觀看，看著看著臉色陰沉了下來，將義報丟在了書案道：「豈有此理！丞相看看，子之在燕國做的好事。」蘇秦拿過義報瀏覽了一番，一聲歎息道：「這個子之啊，當年還是良臣一個，如何倏忽之間換了個人一般？」齊宣王揶揄笑道：「良臣？目下只怕是狼臣了。」又敲著書案道，「身為大臣，若堂堂正正地憑實力取代燕王，尚可對天下說話，使出這般陰狠手段，不是自絕於天下麼？」蘇秦又是一聲歎息：「子之行事雖無定準，然對齊國還是恭順的。」齊宣王嘿嘿冷笑了幾聲，不再說話。蘇秦也不再說燕國的事，只是將變法事宜稟報了一番，便告辭出宮了。

回到府中，蘇秦將經過對燕姬說了一遍，燕姬笑道：「燕國那邊，我已經派人去找櫟陽公主了。過些日子，各種消息都會聚到齊王面前，他自會提防子之。你要硬說強諫，他反倒不聽。」蘇秦喟然一歎：「目下看來，已經是如此了。看來這君王之心，與尋常人大大不同也。縱橫家講究個揣摩君心而有說辭，我如何沒想到這條路子上？慚愧慚愧。」燕姬笑道：「縱橫家的揣摩，是揣摩邦交利害中君王的取捨決斷，實則揣摩的是事。這等揣摩，是揣摩君王處事的好惡，揣摩的是人。兩者大不相同也。」蘇秦恍然大悟，躬身笑道：「夫人之言，醍醐灌頂，在下如夢初醒也。」燕姬咯咯笑道：「喲！了不得，我可要收一條乾肉了！」

旬日之後，燕國密報接踵而至。特使的快馬急報一連幾日，全部印證了商人義報中說的事實。最重要的，是特使傳來了一個意外的消息：燕太子姬平正在祕密聯絡王族與軍中將領，密謀起兵討伐子之。齊宣王正在將信將疑，特使急報又到：燕太子姬平祕密拜會特使，請求齊國以王道行事，支持燕國王族；太子若得平亂復位，將割讓彰水北岸一百里酬謝齊國。

齊宣王既驚喜又疑惑，當即派出最信任的心腹大臣章子，祕密奔赴燕國。齊王嚴令章子：務必會同特使祕密約見太子姬平，考察其人其事是否可靠可行。月餘之後，章子返回臨淄稟報：太子姬平的勢力甚大，數十家王室部族都擁戴太子復位，這些封地私兵加起來有三萬多人；北抗匈奴的將軍市被，也祕密投靠了太子姬平，這一支大約有兩萬多軍馬；更重要的是，燕國庶民對子之「新政」怨聲載道，紛紛擁戴太子。

「如此說來，太子姬平可望成事？」

章子道：「以臣愚見，姬平比子之更有成事氣象。姬平許我王百里之地雖少，卻是真心要給的。子之許我十城雖多，卻是權宜應酬而已。一旦王位坐穩，子之必然與我反目。」

齊宣王默默踱步片刻，突然高聲道：「召丞相、上將軍進宮。」

蘇秦與孟嘗君在宮門車馬場相遇，不約而同地會心點頭，連袂進了東偏殿。齊宣王直截了當，開首便說：「今日之事，會商如何對付燕國兩方勢力。」接著備細說明了燕國情勢，對新燕王子之與燕太子姬平雙方做了一番評判，末了道，「經多方查實，子之對本王有食言跡象，而太子姬平較為可信。燕齊雙方猶如三晉之間，交往源遠流長，利害盤根錯節，一方但有大亂，另方必不能安穩。為此，燕國之亂，齊國不能作壁上觀。然則如何涉入？做何方後盾？尚需我等君臣商議定奪，丞相、上將軍但暢所欲言。」

孟嘗君拍案道：「我王所言極是！子之於彰水屯兵，顯然居心叵測！如此之人，直與中山狼無異，斷不可結盟。至於燕太子姬平，臣聞所未聞，敢請我王定奪。」

齊宣王矜持地笑了：「燕太子姬平一直與本王有祕密來往，以往火候不到，未曾知會丞相、上將軍，倒是粗疏了。」口氣一轉，看著蘇秦道，「丞相邦交大師，有何高明對策？」

「我王謬獎。」蘇秦謙恭地笑了笑，「身在山中不識山，臣在燕國沉溺日久，與子之也曾多有交往，竟對此人沒有警覺，實是慚愧。燕太子姬平，臣更是從來沒有聽過，但聽我王決斷。」

齊宣王大是舒心。起用蘇秦與孟嘗君，齊宣王最擔心的是被架空。凡這兩個人稟報處置的國事，他都要時時事事查實是否與稟報相同。雖然從來沒有發現過疑點，但這種警覺卻始終沒有消除。處置燕國事務，齊宣王更是親掌機密，親自調遣，為的就是要讓所有臣下明白：齊王在軍國大事上還是乾綱獨斷，不受左右的。今日，見孟嘗君與蘇秦都是不知就裡，且「唯王決斷」，舒心之餘，反倒有些歉意了，親切地笑道：「這些都是特使剛剛回報的，本王也是方才知道。」語氣一轉道，「本王之意：上將軍會同上大夫章子，立即祕密集結大軍，準備隨時開赴燕國。丞相坐鎮臨淄，全力推進變法為第一要務。一切燕國糾纏，均由本王與上大夫章子處置。」

「我王所言極是！」孟嘗君立表贊同後又道，「一俟調兵完畢，臣便將大軍交於章子。臣欲輔助丞相鎮守國政，推進變法，以為固本之計，望我王允准。」

「也好。」齊宣王笑道，「說到底，內政是根本。」

散朝之後，孟嘗君立即去了上大夫章子的府邸，將齊王的王命一說，一起到了上將軍府。孟嘗君極是爽利，將兵符印信一起捧出道：「對燕之戰，由上大夫全權處置，但有難處，到丞相府找我。」章子沒想到孟嘗君如此推重，受寵若驚，一躬到底道：「雖有王命，章子卻不敢僭越。章子以為：可會五都之兵對燕，上將軍以為如何？」孟嘗君笑道：「好！有五都之兵，安燕足矣。」這五都，說的是齊國五座重鎮：臨淄、阿城、莒城、即墨、歷城，五座重鎮都有常駐軍馬，合稱「五都之兵」，大體上便是齊國軍馬的主力。又說得片刻，章子開始忙碌起來了，孟嘗君逕自來找蘇秦。

蘇秦正與燕姬在書房，計議如何用老燕藏寶支持燕國。見孟嘗君到來，蘇秦不禁驚訝道：「調集軍馬何等繁劇，你能脫身？」孟嘗君大笑道：「交給章子辦理，我那王兄更放心。」蘇秦一時愣怔：「哪？你不怕他背著你出事？」孟嘗君笑著搖頭：「他就在我府邸辦事，怕甚？我也說了，有難處到這裡找我。」蘇秦不禁又是驚愕道：「交權留府？天下也只有孟嘗君能如此作為了。」燕姬在一邊笑道：「陰謀陽用，事事都在明處，孟嘗君大本事呢。」孟嘗君又是一陣大笑，問兩人在嘀咕何事，莫非燕國又有了變故？燕姬將老燕財寶的事說了一遍，末了笑道：「如何交到燕太子手中？該不該一次交完？季子和我都沒個定見，敢請孟嘗君說說？」

孟嘗君思忖道：「如何交法，倒是不難，我門客可以幫忙。當不當交完，可是難題。一次交完吧，若燕太子復位失敗，豈不大壞？說到底，此時大勢還不明朗。」

蘇秦眼睛一亮，拍案道：「大勢不明朗，說得好！我看，這筆財寶目下不能交出，一旦此時交出，必定流失於戰亂之中，中飽了權臣悍將私囊而已。唯有等到燕太子復國成功，百廢待興之時，這筆財寶才能用到正途！」

「好！」孟嘗君拍掌讚歎，「還是蘇兄主意正：奪位在兵，復興在財。」

「好是好。」燕姬笑道，「只怕太子與櫟陽公主要不斷派人尋來，糾葛多些。」

蘇秦道：「我看，不妨將此意明告太子，也可立下一份誓約，教太子明白：成則復興有望，敗則為國藏寶。」

燕姬笑道：「此話有理，季子也有機謀了。」三人一齊大笑起來。

孟嘗君道：「蘇兄，我還要對你說件事：秦國不是給燕國派去了個王子麼？前日又來國書，要派一個王子到齊國為質，這究竟是何意？莫非又是張兄要出新名堂？」

蘇秦沉吟片刻，意味深長地笑道：「給齊國派人質，唯有一個可能：重提齊秦結盟。此時六國自顧不暇，秦國卻主動與齊國結盟，只能說明秦國可能有變，需要安寧治內。若是張儀主謀，未必如此示弱……看來，張兄倒可能有些微妙了。」

孟嘗君恍然：「有理！我如何沒想到這一層？蘇兄且說，如何應對為好？」

蘇秦輕輕叩著書案道：「此事不必著急，先拖些許時日，待齊燕局勢明朗之後，再派特使到秦國看看，而後相機決斷。與秦國結盟，對目下齊國有好處，可一舉使齊國成為與秦國並立的兩強。唯其如此，不能操之過急，要教秦國先伸手。」

「便是如此。」孟嘗君笑道，「蘇兄不入秦，過些日子我去秦國。」

第十四章　百年一亂

一、關西大力神

張儀回到咸陽，立即嗅到了一股異常的氣息。長街之上，國人們三三兩兩地聚在一起議論著，眉飛色舞之間似乎又透著一種神祕。尚商坊的幾條街市更是熱鬧，酒肆、店鋪與街邊，尤其是那鬧烘烘的六畜大市，人們交頭接耳，說得一陣笑得一陣，有了難以言傳的喜事一般。六國商人們碰頭，更是驚詫搖頭，嘖嘖稱奇，連呼：「了不得！了不得！秦國大神氣了！」張儀很是疑惑，秦國律法有「流言惑眾罪」，禁止國人議論國政是非、傳播流言蜚語，目下這般街頭景象，平日是根本不可能遇到的，一定是咸陽發生了異乎尋常的事情。正在困惑之間，猛聽見街邊一嗓子呼喝：「那是！上將軍第一大功！」張儀恍然醒悟，立即吩咐掉轉車頭向司馬錯府邸而來。到得府門，家老匆匆迎出，回說上將軍去了校軍場。張儀沒有再問，又掉轉車頭駛向校軍場。

校軍場在咸陽城的西坊國人區，緊靠西門，占地一百餘畝，是僅次於王宮廣場的又一個城內廣場。說是校軍場，實際上也只是王宮禁軍與城防守軍經常在這裡訓練操演罷了，拱衛咸陽的五萬大軍則駐紮在東門外的渭水河谷，有自己專門的訓練營地，是用不著進入咸陽城校軍的。所以，都城內的校軍場，實際上是一萬王宮禁軍與一萬城防守軍的專用訓練場地。此外，這個校軍場還有一個特殊用途，便是舉行盛大的歡慶儀典，國君、官吏、世族、國人同場歡慶。這種時刻，往往是秦國朝野少見的喜樂狂歡。

一進入西坊長街，行人絡繹不絕地向西流去，吶喊歡呼聲不斷從校軍場方向隱隱傳來。張儀無須再問，便知這一定是秦王為司馬錯大軍勝利班師在舉行慶典。當張儀車馬來到校軍場石坊時，守門將領立即迎了上來，要將丞相領到王臺上去。張儀笑著拒絕了。下得軺車，他換了一身布衣，又卸了頭上玉冠，只帶著嬴華與緋雲擠進了校軍場。

咸陽校軍場堪稱天下奇觀。廣場四周是山坡梯田式的木樓看臺，層層向高處延伸，最頂層達到三丈餘高。正北面南的中央區域是王臺，最頂層高出周圍看臺六尺，足足三丈六尺高。每逢盛大慶典，四面看臺人山人海，鳥瞰中央場地的盛大操演，歡呼吶喊聲山呼海嘯般響徹咸陽。這校軍場看臺區域的分布，也是頗有講究：正北面南的中央區域，是王室貴冑與國中大臣的專用區域，咸陽人稱為王臺；東西兩側各有一千人的軍士看臺，拱衛著王臺區域；與正北王臺遙遙相對的南面看臺，則是外國使臣與商賈的區域，咸陽人稱為「六國臺」；東西兩面則是國人區，其間又有細緻劃分：東面三區分別為爵民、士子、百工，西面三區分別為農人、老軍、商賈。總的說，但凡慶典，校軍場彙集的萬千人眾囊括了秦國朝野的精華人口，也包容了山東諸國在秦國的各色人士。所以，每一次慶典在實際上則是向天下展示秦國實力的一次絕佳機會，每一個秦人都忒是興奮，吶喊聲也分外響亮。

秦人在夏商之後，已在長期動盪中錘鍊成馬背部族，保留著西部草原久遠而又古老的集會傳統。商鞅督造咸陽，建造了這座奇特而又雄偉的校軍場，實在是想使秦人的這種集會傳統，在都城有個宣泄的去處，不想卻成了天下最宏大的都城奇觀。後來的阿房宮，自然更是這種集會場地的大手筆了。

嬴華最熟悉校軍場，在前面拉著張儀，緋雲在後面護著。三人曲曲折折一陣擠挨，好容易在高低錯落的人山中擠到了南面看臺的商賈區。這裡全是六國商人，無人識得張儀，嬴華緋雲護衛起來也方便一些。誰知剛剛走到看臺尚未坐定，便聞全場一陣戰鼓隆隆，隨著是山呼海嘯般吶喊：「大力士出場——」「萬歲！萬歲——」張儀目力極佳，一看場中大是驚訝。

在隆隆鼓聲中，但聞「哞」的一聲齊吼，五頭秦川黃牛沓沓出場，身披大紅布罩，頭戴青銅面具，猙獰威武如神獸一般。更奇特的是，牛身大紅布罩兩邊分別繡著兩個金色大字，一邊是「大力」，一邊是「牛神」。張儀知道，渭水平原的黃牛被山東六國稱為秦川牛，生得肥厚壯碩，力大無比。那最為酷烈的車裂刑罰，便是由五頭秦川牛做行刑手的。秦人但說誰力氣大，口頭諺便是「後生一把牛力氣」。如今，這五頭秦川牛盛裝出場，莫非要車裂巴蜀兩王？張儀正在思忖，卻聞又一陣山呼海嘯般吶喊，一輛兩馬戰車從校軍場東口飛馳而入，戰車上矗立著一個大漢，黑色披風，黑色鐵甲，黑色鐵矛頭盔，身高足有一丈，真正一座黑鐵塔一般。

戰車嘩啦啦繞場一周，在五頭「大力牛神」旁停了下來。黑鐵塔向正北王臺遙遙一拱，又向各方位看臺分別拱手作禮。突然，校軍場響徹一個聲音：「步卒力士烏獲！與五牛較力，慶賀巴蜀歸秦——」聲音不知從何處發出，如雷聲碾過天空，隆隆餘音轟鳴不絕，直如天神在空中一般。「雷聲」碾過，全場突然爆發出又一陣山呼海嘯：「烏獲萬歲——」「大秦萬歲——」

歡呼聲平息，一個甲士百人隊開進場中，在戰車與大力牛神周圍散開站成了一個大圓圈。帶劍百夫長一揮令旗，戰車轅中的兩匹白馬被卸下轡頭牽走，那輛鐵輪戰車被粗大的鎖鏈牢牢固定在四根預先栽好的鐵樁上，唯獨留下那座黑鐵塔巋然矗立在戰車之上。百夫長令旗再劈，五頭秦川牛立即被牽到戰車周圍的五個方位，套上了特製的粗大皮繩亙頭，每個牛亙頭後的粗大皮繩都被拴在了黑鐵塔身上——兩手挽著兩根，兩腿拴著兩根，脖頸上還套了一根，這五個位置，正是五牛分屍的要害位置。縱是銅筋鐵骨，在五頭壯牛數萬斤巨力的瘋狂撕扯下，也只能是粉身碎骨。驀然之間，張儀想到了被車裂的商鞅，一陣寒意中生出了一種荒誕離奇，恍惚間不知身在何處了。

一陣尖銳的號角，一陣「哞」的牛吼。張儀驀然驚醒。場中五條牛尾已經變成了五支狂舞的火把，黃牛吃疼發力，吐沫刨蹄，分向五方牛吼狂奔。再看那戰車上的黑鐵塔，卻是巋然不動，兀自發出咬牙切齒的呵呵聲。人山人海的校軍場，靜得如同深山峽谷一般。突然，黑鐵塔一聲大吼，那領黑色斗篷驟然鼓起，黑鐵塔宛如一隻釘在藍天的蒼鷹。幾乎就在倏忽之間，五頭壯碩的黃牛齊齊地慘吼了一聲，又齊齊地倒退幾步，如五座小山頹然倒地，激起了五團巨大的煙塵。

「五牛較力——烏獲勝——」雷鳴般的隆隆聲音又一次碾過全場。

「烏獲萬歲——」「大秦萬歲——」校軍場沸騰了。

這時，隆隆戰鼓又響，兩頭五彩斑斕的長鼻怪獸踩著鼓點，晃晃悠悠地走到了校軍場中央。

「吔！河象！」緋雲低低地驚叫了一聲。張儀仔細打量，五彩斑斕的怪物恰恰正是兩頭河象。河象是河內河外平原叢林中的大象，在魏韓兩國的大河平原上生息，比楚國嶺南的大象還要凶猛。尋常時刻，縱是十頭秦川牛也敵不得一頭河象。更要緊的是，河象極難馴化，除了魏國在吳起做上將軍時馴化過三十幾頭河象，組成過一支象軍外，戰國沒有一個邦國馴化出一頭河象。張儀一時想不出，如此兩頭被裝扮得五彩斑斕的河象，卻是如何來的？

此時，那隆隆雷聲又碾過全場：「虎騎力士孟賁，出場——」全場頓時山呼海嘯，萬歲之聲震耳欲聾。嬴華對著張儀耳朵喊了一句話，張儀沒有聽清，只好笑著搖搖頭往場中一指，示意嬴華只管看完再說。

正在此時，一輛戰車轔轔飛進了校軍場，一出場便引得一片歡呼。張儀一眼看去，這是一輛特意打造的精鐵戰車，疾馳之中鐵青色一團寒光。精鐵戰車由四馬駕拉，馬蹄如雷，車輪隆隆碾起一道粗大煙塵，聲勢確實驚人。車上一員猛士，丈餘高身材，黑色斗篷，本色鐵甲，連鬢絡腮大鬍鬚，比方才那個烏獲更是粗壯威猛。精鐵戰車駛過王臺，車上猛士發出雷鳴般吶喊：「大秦國萬歲——」「秦王萬歲——」張儀這才猛然醒悟，原來那碾過全場的隆隆雷聲，便是這個猛士的聲音。人有聲若雷，當真是匪夷所思。

驚訝之際，又一輛光華閃爍的戰車隆隆駛進。這卻是一輛青銅戰車，車上一人黑色繡金斗篷，一身青銅甲冑，頭盔上的銅矛足足有一尺長，一臉黃色鬈曲的連鬢絡腮大鬍鬚，活生生北地胡人。飛動之中，青銅戰車、青銅甲冑、繡金斗篷的光芒交織在一起，彷彿一座金光燦燦的天神，全場頓時沸騰了起來。

張儀心下生疑。此人異相，又是高貴異常的青銅戰車與繡金斗篷，決然不是尋常武士。秦國的名將猛士，張儀沒有不熟悉的，可無論如何想不起此人是誰。莫非是司馬錯收服的巴蜀王子？不可能，巴蜀人哪有如此胡人長相？正在疑惑，嬴華趴在張儀肩頭銳聲喊道：「太子！太子蕩——」這次張儀聽得清楚，心中不禁咯噔一沉。

再看校軍場，孟賁已經跳下精鐵戰車，如雷之聲又隆隆碾過：「孟賁舉象——為大力神開路——」雷聲方落，全場又狂熱地吶喊起來。張儀周圍的山東商賈卻是紛紛搖頭。尋常人縱是力士，有得千斤之力，也就極為罕見了。民諺有云：「人無舉手之力。」這碩大的河象少說也有五六千斤，如何能舉得起來？張儀博雜，素常也算得通曉武道掌故，也對如此力道聞所未聞，不禁皺起了眉頭。

此時，場中那個百夫長一劈令旗，一頭河象被馴象武士趕到了一方鐵板上。鐵板架在四根半人高的粗大木樁上，河象晃上去，鐵板發出咯當咯當的脆響。百夫長再劈令旗，孟賁迅速脫去了斗篷甲冑，只留下一身牛皮短裝，大步走到鐵板之前，又蹲身鑽到了鐵板之下。全場萬千人眾不禁屏息靜氣，悄無人聲。

突然間，「嗨」的一聲雷吼碾過，那頭碩大的河象驚恐地嘯叫了一聲，鐵板下的孟賁已經兩臂伸直，鐵柱般地矗立了起來。

「萬歲——」全場爆發出山崩一般的吶喊。

孟賁穩穩放下河象，走出了鐵板，向北方王臺一躬，又是一聲雷吼：「大力神！揚我國威！」雷吼餘音隆隆間，令旗起落，那輛青銅戰車的四匹馭馬被卸下牽走，另一頭更加肥大的河象又晃著踏上了戰車。張儀明白：青銅的硬度韌性不如精鐵，所以打造戰車的銅板比鐵板厚出了許多。也就是說，這輛青銅戰車要比那輛精鐵戰車重量大出許多，再站上一頭更加肥大的河象，總重量無論如何也在萬斤之際。更難的是，戰車之下無環無扣，難抓難摳，輪輻間僅可容常人窩身蜷伏，極難著力。如此情狀，要舉起這萬斤巨物，當真是匪夷所思。

萬眾矚目之下，但見金裝大力神脫掉了繡金斗篷與青銅甲冑，也與孟賁一般，只留下一身牛皮短裝。他卻沒有孟賁那般如雷虎吼，只是甩了甩胳膊腿，便蹲身鑽進了青銅戰車的輪下。校軍場的萬千人眾大約也知道此人不是尋常力士，緊張得屏住了呼吸，偌大校軍場如幽靜的山谷。六國商人與使臣們更是瞪大了雙眼，迷茫地盯著場中發怔。

靜寂之中，只見百夫長令旗一劈，威猛雄壯的孟賁烏獲鐵塔一般守在了青銅戰車的兩側，四名馴象武士手提長鞭，四面守住了在戰車上山一般晃動的河象。突然之間，一聲沉悶的嘶吼，青銅戰車連同那頭小山一般的河象倏忽升高，又倏忽降落。那頭碩大的河象驚恐地嘯叫了一聲，山一般地臥倒在戰車上，拉出了一堆黑黝黝的糞便，戰車卻依然矗立在空中紋絲不動。

「啊！快看，雙腿都插進地裡了！」一個山東商人尖叫起來。

校軍場地皮原本是夯實的硬土，更兼經年馬踏兵踩，幾乎堅硬得與大青磚一般無二。如此地面，雙腿竟能猛然插下兩尺有餘，誰能不驚心動魄？一片寂靜喘息之中，校軍場突然爆發出山呼海嘯般的吶喊。人們將頭上的玉冠竹冠紛紛摘了下來，提在手裡彈著叫著跳著，「大秦國萬歲」的吶喊一浪高過一浪。

中央王臺一陣騷動，隆隆雷聲又一次碾過：「秦王王命：賜孟賁、烏獲關西虎賁大力士名號！」沸騰的歡呼頓時淹沒了校軍場

二、司馬錯講述的軍旅故事

沒有等慶典完畢，張儀擠出了校軍場，一路快車回到府中，一直沒有說話。嬴華將張儀送到府門，匆匆折馬去了宮中。緋雲一進府便忙著去收拾安頓諸般瑣務。張儀獨自在書房裡轉，也不去處置那些積壓的公務，不明不白地覺得心頭沉甸甸的。

用過晚飯，張儀兀自不能平靜，便驅車來到上將軍府。家老見是丞相來到，沒有通報司馬錯，將張儀徑直領到了書房。

燈下，司馬錯正在與一個年輕的武士說話。張儀眼力極好，一眼看出，這是日間在校軍場指揮大力士的那個百夫長。司馬錯見張儀來到，連忙迎到廊下：「我已等候丞相多日了，快快請進。」張儀打量著司馬錯笑道：「倏忽三兩年，上將軍如何如許風塵？竟白了鬢髮？」司馬錯笑道：「我無丞相胸襟，自是老得快了。」說罷請張儀入座。那名年輕武士站了起來一躬：「騎士百夫長白起，參見丞相。」張儀見這年輕武士生得肅殺厚重，一頂頭盔比尋常武士高出了半尺，凜凜身軀威武非常，不覺有些喜歡，點頭虛手一禮，笑道：「可是郿縣白氏後裔？」白起道：「正是。」張儀又道：「可識得白山將軍？」白起點了點頭，卻沒有說話。司馬錯笑道：「白起素來不張揚家世，白山將軍，正是白起之族叔。」張儀笑道：「原來如此，自強稟性，好事。」白起向兩人一躬道：「上將軍、丞相，公務已畢，小軍告辭。」司馬錯點點頭：「去吧，轉告孟賁烏獲，較力不是軍功，無得輕狂才是。」白起答應一聲，大步出門去了。

張儀笑道：「一個小小百夫長，竟蒙上將軍召見，可見器重了。」

「丞相不喜歡他麼？」司馬錯笑罷喟然一歎，「這個白起，可是了不得。從軍較武便勇武過人，更難得的是，對兵法戰陣天生通曉一般。遴選銳士進攻巴蜀，我原是要他做千夫長。可這白起，硬是要從伍長做起，說是沒有軍功，寧不升遷。果然也是，連續一路打下來，他竟戰戰斬首五人以上，按說也該做千夫長了。可他就是要伍長、什長、卒長、百夫長一級一級做。二十歲的武士，有如此沉穩的品性，難得也！」

「上將軍素來不謬獎於人，張儀自是信得。」張儀笑道，「我還看得出來，你是有意錘鍊於他。否則，今日校軍場如此場面，如何能教一個百夫長指揮三個大力神？」

「你去了校軍場？」司馬錯驚訝了。

「如何？我去不得麼？」

司馬錯歎息了一聲，一陣沉默，良久，語氣沉沉道：「這大力神，只怕不是吉兆。」

張儀內心一動，卻不好應答。當初司馬錯力主攻取巴蜀，張儀是反對的。兩三年之後，司馬錯卻使巴蜀三千里變成了秦國的土地臣民，使秦國變成了與楚國一般廣袤的大國。這不僅是軍事上的成功，而且是謀略上的成功。戰國大爭，上將軍與丞相原是國家的兩根柱石，卻又是常常發生摩擦的傳統對手。儘管丞相以「統攝國政」的全面權力居於朝班之首，但在刀兵時代，作為統轄全國軍馬的上將軍的權力，卻也是更實在的。更何況，上將軍的爵位官俸，歷來都是與丞相同等的。實際的權力格局往往是：誰更有才華、更有權謀、更有功勳、更有實力、更能夠影響君主與朝野，誰便是第一位的權臣。張儀是名動天下的大策士，利口雄辯天下第一，邦交縱橫算無遺策，卻偏偏是兩次都栽到了司馬錯手裡。第一次房陵失算，還算情有可原，畢竟張儀不是兵家名將，當時也還沒有入秦為相。然則這第二次，可是攻守大謀略的直面較量，更是張儀的強項，結局卻偏偏又是張儀錯了，而且錯得幾乎沒有任何可以辯解的理由。對於張儀這種以才智立身的布衣丞相而言，這種失敗幾乎是不能忍受的。

可也忒煞作怪，張儀偏偏就對司馬錯沒有妒火中燒，沒有敵對心緒。與其說是張儀胸襟開闊，毋寧說是司馬錯的稟性品性化解了可能產生的摩擦。與張儀的飛揚灑脫相反，司馬錯厚重篤實，不張揚不浮躁，謀略來得緩慢，卻是扎實細密，一旦謀定，幾乎沒有人能將他的謀劃駁倒。但兩人卻有一點共同處，都是一心只想將事做好，都沒有非分野心。恰恰是這唯一的共同點，使兩人成就了良馬同槽的美談。用樗里疾的話說：「秦有良相名將如張儀司馬錯者，天意也！」在秦國歷史上，後來的范雎與白起、呂不韋與蒙驁、李斯與王翦蒙恬，都做了權力場某種程度的對手，最終也都是導致了某一方犧牲，甚至雙方同歸於盡的結局，由此可見張儀與司馬錯之可貴了。

雖說沒有嫌隙，張儀對待從巴蜀大凱旋的司馬錯還是十分慎重的。其中最重要的原因，是張儀感覺到了咸陽正在發生著一種微妙的變化，正在彌漫著一種隱隱約約的躁動。一個最令張儀困惑的事情是：身為太子的嬴蕩，縱然果真是一個大力神，如何便要這等炫耀膂力？秦國之威難道就在一個力士身上？這種經過秦王允許的炫耀，絕非空穴來風。可是，它究竟意味若何？卻又很難說得清楚。這種變化，恰恰發生在他離開咸陽之後司馬錯班師的這段時間。張儀雖則有所警覺，但他卻不想當著深沉多思的司馬錯，去竭力捕捉這種感覺。張儀知道，縱是才智獨步天下，要說清一種朦朧的警覺，也是很危險的。

「巴蜀茶葉，如此碧綠，直與吳越震澤茶媲美。」張儀端詳著陶杯中碧綠的茶水，悠然笑了。

「巴蜀兩邦，地大物博，多有沃野，若治理得法，一等糧倉也。」司馬錯歎息了一聲。

「治理巴蜀，是我職責所在，上將軍有何高見？」張儀眼睛一亮。

「邦交理民，丞相原是聖手，司馬錯何敢高見？」這便是司馬錯，短處絕不做長處炫耀。

「奪取巴蜀，為秦國奠定大富強根基，乃不世奇功，上將軍何有憂心？」

「不瞞丞相，司馬錯之憂，不在巴蜀，而在咸陽。」司馬錯又是一聲歎息。

張儀心頭一跳，要脫口追問，驀然之間生生煞住淡淡笑道：「今日慶典太得鋪排？」

司馬錯搖搖頭：「丞相若有耐心，且聽我從頭說來。」

張儀點頭道：「你我將相多年，自當披肝瀝膽，上將軍但直言相向。」

司馬錯略一思忖，起身吩咐家老閉門謝客，回過身坐下來，對張儀娓娓說出了一番故事。

進軍巴蜀前，秦惠王突然來到大散關軍營，說是要教太子從軍出征歷練。司馬錯大是驚訝，一時不知如何作答。雖說，戰國時王子從軍作戰極是尋常，許多王子還成了有名的戰將，如秦孝公嬴渠梁嬴虔兄弟都是著名將領。然則太子畢竟是國家儲君，帶兵統帥通常都很怕太子隨軍，一則是統帥的保護責任太大，二則是怕太子掣肘軍中決策。在司馬錯，則還多了一層顧慮，即從來沒有與太子來往過，不知這個太子究竟何等人物。若是個膏粱子弟或紈袴少年，豈非大大不便？但若要謝絕，卻又有拒絕監軍之嫌。但凡大將都明白：王子隨軍，名義上是歷練，實際上多多少少都有著監視大軍的祕密王命，公然拒絕，豈非平添君臣嫌隙？

秦惠王見司馬錯沉吟不語，明明朗朗道：「上將軍無須擔心，本王與太子約法三章：只為卒伍，不入軍帳，不問軍令。」說著一聲歎息，「本王生平未入軍旅，實在是一大憾事。本王這個兒子嬴蕩，天生好武，卻是穩健不足，若不入軍歷練，只怕他難當大任。」司馬錯道：「臣無別心，唯慮戰場乃性命相搏之地，太子若有差池，國家不幸也。」秦惠王慨然道：「貪生怕死之君，更是邦國大難，太子若在軍旅陣亡，也是天意了。」說罷啪啪拍了兩掌，帳外大步赳赳走進一人。司馬錯一看，此人宛若胡人猛士般的奇異長相，一時驚訝得瞠目結舌。及至太子以軍中之禮參見，司馬錯方才醒悟，連忙伸手去扶。太子卻是一躬到底，甕聲甕氣道：「嬴蕩入軍，自當遵從軍法，上將軍若不將我做軍士對待，寧不入軍。」說話間，臉紅到了脖子根上。司馬錯見太子雖然生硬，卻也實在，二話沒說，吩咐軍務司馬拿來一套兵士衣甲。太子當場脫去斗篷絲衣，換上了皮甲短裝，眉宇間興致勃勃。

司馬錯送走秦惠王，卻為如何分發太子作了難：留在身邊做中軍護衛，既非秦王初衷，太子也不樂意；當真做一個小卒分下去，卻有哪個小頭目能領住這座尊神？嬴蕩看出司馬錯為難，憨厚地笑了：「上將軍莫得為難，不要說出嬴蕩姓名，當作尋常卒子分配，豈不省事？」司馬錯道：「依你。只是要想個名字方好。」嬴蕩道：「安一個胡人名字，阿木拉。」司馬錯笑了：「好，就阿木拉。做騎兵，還是做步兵？」嬴蕩道：「步騎都想做。」司馬錯思忖一番，帶著嬴蕩到前軍去了。

前軍，是司馬錯為奔襲巴蜀新組的一支先鋒大軍，全軍兩萬人，先鋒大將是張儀熟悉的白山。因了蜀道艱難崎嶇，大多數山路、棧道、峽谷、隘口，都要前軍徒步涉險為主力開道。所以這前軍將士，全部由既做過步卒又做過騎兵的精銳組成，人人都能上馬做騎士，下馬做步卒。司馬錯來到前軍營地，沒有到白山的大帳，辨認著旗幟顏色，徑直到了一座牛皮小帳篷。

「白起可在帳中？」司馬錯在帳外高聲喊話。

「稟報上將軍：伍長白起在！」帳中一聲渾厚果斷的應答，一個頭盔矛槍上有一綹黑纓的精悍武卒大步走了出來，身後一字排開了四尊黑鐵塔一般的壯漢。

司馬錯笑道：「好耳力。如何聽出我聲？」

白起赳赳高聲：「稟報上將軍：伍長白起聽過上將軍對全軍訓示！」

司馬錯點頭道：「伍長白起，這是隴西武士阿木拉，遠道從軍，配在你麾下做武卒。」

「稟報上將軍：白起卒伍多出一人，須得前軍主將准許。」白起站得像一尊鐵塔。

司馬錯點頭道：「白山將軍我去說，你帶人便是。」

「嗨！」白起一碰腳跟，立即下令，「武卒阿木拉答話，有何武技特長？」

阿木拉立即挺胸高聲：「稟報伍長：阿木拉力道第一！劍術第二！」

話音落點，白起身後的四尊黑鐵塔「哧——」地咧開了大嘴，雖然不敢公然大笑，那無聲的蔑視卻是顯然的。白起沒有回頭便喊了一聲：「烏獲出隊！」只聽「嗨」的一聲，一尊鐵塔「嗵嗵」走到了隊前，彷彿大石夯到了地面一般。

白起高聲下令：「阿木拉！與烏獲扳腕較力！」

「嗨！」阿木拉甕聲答應，伸出了粗大的右手，手腕上一寸多長的茸茸黃毛，活像是一隻碩大肥厚的熊掌。

「對勁！」對面黑鐵塔嘿嘿冷笑著，一隻同樣肥大厚實的黑手搭了上去。

「一，二，扳——」

兩聲大吼同時響起，兩座雄偉的身軀同時拱背發力，兩隻粗壯的胳膊猛然抖抖地僵持住了。倏忽之間，四隻大腳一起陷進了泥土裡。看著兩人猛獸般的對峙，白起與身後的武卒都驚訝得瞪大了眼睛。正在僵持之中，金髮阿木拉一聲虎吼，黑鐵塔一般的烏獲轟然倒在了地上。這一下，連見慣了軍中力士的司馬錯也大感詫異。

「采——」武卒們不禁同聲大喝。

白起高聲道：「較力扳腕，阿木拉勝！孟賁，將你的重劍給阿木拉！」

「嗨！」一座黑鐵塔吼應一聲，一柄長大黑物呼嘯飛出，直撲阿木拉。阿木拉氣定神閒，伸手抄住了飛來長物，口中叫道：「好劍！當真稱手！」

司馬錯一看驚訝莫名，這口重劍除了雪亮的鋒刃，通體黑森森長矛一般，少說也有三十斤重量。軍中用劍都是統一打造，雖也有輕重長短之分，但配給一些大力武士的重劍，最重也沒有超過十五斤者。司馬錯精通各種兵器，深知一口十五斤的長劍，要在馬上連續揮舞，劈殺一場最短大戰所需要的兩個時辰，沒有超常膂力，斷然無法支撐，更何況眼前這口三十餘斤的重劍？再說秦軍法度森嚴，歷來不許兵士攜帶私家兵器入伍，這重劍從何而來？

「孟賁回話，你這口重劍可是軍中打造？」司馬錯臉色沉了下來。

「稟報上將軍！」孟賁的聲音銅鐘般洪亮，「因小卒力大，伍長請命前軍主將，特准小卒打造了這口重劍。」

「烏獲，莫非也有重兵器？」

「稟報，上將軍。」扳腕落敗的烏獲甚是木訥，「我是這支帶鉤大鐵矛，一百二十斤重。」說著上前兩步，挺出了一支碗口粗丈餘長的黑沉沉鐵矛，那帶鉤的矛槍有三尺長短，令人望而生畏。

「一百二十斤？你如何使法？」司馬錯大是疑惑。

烏獲嘿嘿笑了：「這，小卒說不清，要伍長說。」

「稟報上將軍。」白起赳赳高聲道，「孟賁烏獲，均不通騎術，只能步戰。烏獲更有一長，行走如飛，善於攀緣。故而兵器為帶鉤長矛，遇有絕壁險關，烏獲可藉此兵器攀緣鑿道。」

「好！」司馬錯不禁讚歎，「巴蜀山地，正是險道重重，這鉤矛大有用場。誰的主意？」

「伍長！」四尊鐵塔同時吼了一聲。

司馬錯讚賞地望了白起一眼：「白起，我下令白山將軍：白起一伍六卒，為全軍開路尖刀。」

「嗨！」這次，白起、阿木拉六人齊齊地吼了一聲，分外興奮。

司馬錯笑道：「白起，你要與阿木拉比劍麼？」

「稟報上將軍：明白阿木拉劍術高低，便能編定戰場次序。」

「好！比，我也見識一番。」司馬錯此話，卻是說給這位「阿木拉」聽的，意思是要告訴他：入軍歷練，沒有空談，更無照拂，可是要一刀一槍見功夫的。

阿木拉掂掂重劍道：「我用重劍，占了伍長便宜，還是用常劍。」

白起笑道：「無妨，劍術原不在劍器輕重，何況我也是十五斤重劍。」說罷一伸手，有一柄帶鞘長劍呼嘯飛來，白起揚手抄住，長劍鏘然出鞘，卻是一口青光閃爍的精鐵重劍。能使此劍，足見白起也是軍中猛士無疑。阿木拉見白起抄劍出劍，便知這個小小伍長確實是劍術高手，穩穩地挺出了長大的重劍，等著白起進攻。

白起卻道：「軍中比劍，不是劍士比劍，是戰場之上的實戰劈殺，架力士木樁。」

只聽「嗨」的一聲，烏獲挾著兩根大木走來，「嗵嗵」往地上一墩，大木陷進地面半尺有餘，穩穩地栽在了中間，足足有一人合抱粗細，比尋常一條大漢可是粗出了許多。孟賁洪鐘般叫道：「這是我練重劍的木樁，你阿木拉能一劍劈到底，就比我強！」阿木拉冷笑道：「這麼說，孟賁劈不到底？」孟賁叫道：「對！我能一拳打碎這粗傢伙，可就是用劍不行，忒煞怪了。」白起道：「阿木拉，你先劈。」

阿木拉圍著粗大的木樁轉了一圈，凝神站定，突然一聲大喝，高高躍起，雙手舉劍奮力劈下。只聽「噗」的一聲悶響，重劍在離地面一尺高低處，卡在大木中不能動了。阿木拉愣怔變色，憤然抽劍，卻連木樁也「噗嗵」拉倒，一抬雙臂，竟連那合抱粗細的樹段也舉過了頭頂。又是一聲大吼，連著大木砸到地面，「嗵」的一聲，樹段陷下地面二尺許。饒是如此，重劍還是死死夾在大木中不能動彈。阿木拉面色鐵青，沙啞地吼叫一聲，一拳打向被重劍劈過的大木裂縫，只聽「喀嚓」一聲大響，合抱粗的樹段攔腰斷開，飛成了四分五裂的碎塊。

阿木拉氣咻咻道：「敢請伍長劈來我看！」

白起沒有說話，走到另一根木樁前站定，突然一個飛身躍起，空中一聲大吼，劍光如一道白練斜斜劈下，但聽咔嚓脆響，粗大的木樁應聲分為兩半。看那木樁斷面，卻是光潔的刀劈平面，而絕不是震開的裂縫痕跡。這在騎士中叫作「刀面」，一段木樁的「刀面」若能貫穿木樁頭尾，意味著這一劍從始到終都在劈殺，劍術力道已經到了爐火純青的地步。軍中將士無一人不懂此中道理，所以齊齊地大喝了一聲：「采——」

阿木拉繞著木樁端詳了一圈，向白起慨然一拱：「伍長劍術，天下第一！」

白起沒有理會，高聲道：「阿木拉膂力過人，與孟賁烏獲成三人卒，為全軍尖刀！」

「嗨！」三尊鐵塔齊齊地虎吼了一聲。

從此，白起六卒威震三軍。千里巴蜀險道，逢山開路，遇水搭橋，一人頂得百人。有一次，前軍逶迤抵達一處絕壁險關，當地人稱巴子梁。這是橫亙在大峽谷中的一道山梁，形如天降巨蟒，怪石嶙峋，卻又是寸草不生，彷彿青蒼蒼崇山峻嶺中的一塊黑禿疥癬，令人望而生畏。偏這道巴子梁又是通往蜀中腹地的必經之路，若繞道群山行走，至少需得半年時光。司馬錯入巴蜀前，曾經搜集了巴蜀各地所有的地理方志，其中有一卷叫作《巴蜀山水志》，書云：「巴子梁者，高山嵯峨，岩石磊落，傾側縈迴，下臨峭壑；行者扳緣，或攀木而升，或繩索相牽而上，陟高若將登天，巴蜀之人，以為至險，唯獵戶藥農鳥獸可行，商旅至此絕跡也。」

就在大軍望山興歎的時節，白起六卒一番密議，立即開始了攀緣開路。

鐵鉤長矛的烏獲當先攀上。他腰間結了一根粗大的牛皮繩，只聽噹噹山響，他便一步一步地上了山腰。三丈之後是孟賁，腰間大帶捆在烏獲的牛皮大繩之上，雙腳只需蹬住一塊山石，雙手便能著力。他結結實實地揮舞著重劍，只管鑿開一個又一個碗口大小的石洞，每排三個，間隔一尺，驚人的均匀扎實。第三個便是那個阿木拉，同樣將大繩捆在腰間，背上背了一大袋削好的粗大木楔，手持一個大鐵錘，一錘一個，「嗵嗵」連聲，便將長大的木楔結結實實釘進每一個石洞。第四個白起，也是腰捆大繩，將傳遞上來的厚實木板架上木楔，釘上鐵釘。其餘兩卒則踩在釘好的懸空板橋上不斷向上傳遞木板。山下陸續到達的萬千軍士工匠，只管砍伐大樹，劈鋸木板。

連續四個時辰，白起六卒沒吃沒喝，一鼓作氣地拱到了山頂。單是這份耐力，也令全軍將士驚心動魄了。更何況烏獲、孟賁、阿木拉三人，腰間大繩還負擔著後面人的重量，若是常人，當真是寸步難行。

天將暮色時分，山頂終於傳來了孟賁三人雷鳴般的吼嘯：「山頂了——」

大軍攀登巴子梁時，天色已經大黑，萬千火把直通山頂，活生生一條火龍天梯。三個巴蜀鄉導驚訝得連連咋舌，直呼：「天兵噻！天兵噻！」

兩個月後，司馬錯大軍會齊，相繼向巴蜀兩國發動了突然攻殺。白起六卒又是戰功赫赫，活捉了巴蜀兩王，斬首兩百餘級，一時聲名大噪。

但也是從這個時候開始，種種關於太子的流言在軍中不脛而走。「王太子在我軍中！」「阿木拉是太子！」「太子異相，天生大力神！」「攻取巴蜀，全賴阿木拉奇能絕技！」起先，司馬錯並沒有在意。他治軍雖然極嚴，但對於軍營流傳軍中猛士的神話，卻從來都是聽之任之。事實上，這種神話往往能激勵士兵的功名欲望，使軍營鬥志更加昂揚。可時間一長，司馬錯卻聽出了這些傳奇流言的一種異味——都在說太子，說阿木拉，真正的猛士與堪稱猛士靈魂的白起，倒並不是傳奇神話的人物。司馬錯祕密召見了白起詢問，白起只是淡淡說了一句：「我伍六卒，沒人亂說。」其餘甚也不知道。司馬錯又找到前軍大將白山。白山本也疑惑，卻說不清楚，良久思忖，忽然道：「上將軍，流言彌漫，似乎在三臣入巴蜀之後。」司馬錯仔細一想，有些明白了過來。

所謂三臣入巴蜀，說的是平定巴蜀後，秦王派來王族大臣嬴通、咸陽內史陳莊、長史甘茂三大臣進入巴蜀。三大臣帶來的王書確立了治蜀法度：將原來的巴蜀兩王分別確立為「只許閒居，不許干政」的巴侯、蜀侯；冊封嬴通為巴蜀君，陳莊為巴蜀相，統領秦軍一萬鎮守巴蜀；甘茂為撫軍王使，犒賞三軍後隨同司馬錯班師返回。甘茂犒賞三軍時，特意在前軍停留了一個晚上。白山說，他的衛士看見了，甘茂在軍營外的叢林裡與「阿木拉」密談了足足一個時辰。第二天晚上，「阿木拉」又被甘茂祕密領進了嬴通的大帳，也足足有一個時辰才出來。

有了這個心思，司馬錯在班師途中與甘茂有意無意地經常說起太子。甘茂極有興致，向司馬錯詳談了太子嬴蕩的過人稟賦：文武全才、胸襟開闊、禮賢下士、雄心遠圖等等。司馬錯不經意地知道了許多事情，心中越來越不安寧了。

回到咸陽，太子的軍旅神話又迅速地彌漫了宮廷市井，又彌漫了秦國朝野。司馬錯卻始終保持著沉默，在對秦惠王的〈平定巴蜀書〉中，隻字未提太子歷練，在〈請封軍功爵位書〉中也沒有羅列「阿木拉」軍功。奇怪的是，秦惠王也始終沒有向司馬錯問起過太子的軍旅歷練，想起秦惠王託付太子時的殷切之情，司馬錯覺察出其中難以言傳的微妙。更令司馬錯不安的是，班師大典所安排的力士較力，事先他竟完全不知道。

……

張儀笑了笑：「沒一件硬實事，操心個甚？」

「是麼？」司馬錯也笑了，「果真無事，丞相倒是好耐性，聽我聒噪一個時辰？」兩人都笑了，卻都沒有說話。良久，司馬錯輕輕歎息了一聲：「颶風起於青萍之末，太子躁動暴烈，甘茂好大喜功，偏偏秦王又到了暮年之期，秦國如何了得？」

「上將軍，就沒有想想自己如何了得？」

司馬錯笑了：「一介武夫，了不了又能如何？倒是丞相，正遇龍騰之時。」

張儀笑道：「巴蜀一趟，上將軍也磨出了幾分詼諧？」

「太子很是佩服丞相，豈非大喜？」

張儀默然，思忖良久道：「上將軍兩年有得，且容張儀思謀一番。」說罷告辭出門。司馬錯殷殷送到府門，再沒有說一句話。

三、秦惠王千古奇症

張儀回到府中，已經三更時分，無意入睡，信步遊蕩到池邊石亭下。抬頭一看，一個白色身影正站在石亭之中，不是嬴華卻是何人？張儀走過去笑道：「夜半時分，形影相弔，倒是別有風韻。」攬住了男裝麗人的身軀。嬴華笑著掙脫：「誰個形影相弔？你才是！」張儀笑道：「等我麼？」嬴華嬌嗔道：「等你做甚？不許人家有心事麼？」張儀拉了嬴華坐在自己身邊：「如何？見到王兄了？」嬴華點點頭，輕輕地嗯了一聲。張儀笑道：「有甚動靜？也見到太子了？」嬴華嫣然一笑：「你不是能事麼？猜猜。」女兒嬌態十足，與平日的灑脫英風大是不同，一時分外動人。張儀怦然心動，猛然結結實實地摟住嬴華，在她耳邊笑道：「教你嫁給我？是麼？」嬴華咯咯笑著，一句話沒說軟倒在張儀懷裡。

張儀雄心大起，一把剝扯去了嬴華的男兒長衫，顯出了一身滑手的紅色錦緞小衣。月光之下，赤裸裸的嬴華被放倒在石案上，潔白豐盈的身軀晶瑩生光鮮紅欲滴。烏黑的秀髮上一頂男兒高冠，平添了幾分奇異的媚色。張儀也是第一次在明月之下品嘗麗人，微風習習，體香津津，玉體毫髮皆見，比起吹滅燈燭大不相同，更是覺得美不勝收，竟一氣猛勇了半個時辰，兀自興猶未盡……

嬴華閉著眼睛癱了好一陣，方才紅著臉裹著衣服坐了起來，打量著張儀笑道：「世上可有這般丞相，未婚先亂，風流非禮！」張儀笑道：「窈窕淑女，君子好逑。公主風流，丞相何敢裹足不前？」嬴華一陣咯咯笑聲，伸手飛快地在張儀臉上摑了一個清脆的巴掌：「呸！本公主從來不是淑女，是你的剋星。」張儀摟住了嬴華赤裸的身子笑道：「我天生皮厚，耐剋，願如何剋都由得你。」嬴華伸出赤裸的雙臂攬住了張儀脖子，悄聲笑道：「你這無賴勁兒，當真可愛，若像蘇秦那般正經八百，才沒氣力。」張儀不禁哈哈大笑：「噫！你卻如何曉得蘇秦沒氣力？果真不是淑女……」嬴華一急，猛然用長衫包住了張儀的頭：「夜半時分，公雞打鳴麼，恁般大聲？」張儀益發笑不可遏，咳嗽著撕扯開長衫，搖頭晃腦道：「公雞打鳴，職責所在，何罪之有也？」逗得嬴華又咯咯笑了起來，聲音比張儀還響亮。

笑鬧一陣，嬴華才說起了進宮情景，張儀越聽臉色越沉。

嬴華是嬴虔的小女兒，秦惠王的堂妹，又是行人兼掌黑冰臺，一等一的王族公主加機密幹員，任何時候晉見秦惠王都無須通報。誰知這次卻大不一樣，剛剛過了王宮正殿，便被一個老內侍攔住，說是要稟報秦王允准方可。嬴華頓時沉下臉來，大袖一揮，徑直走了進去。老內侍不敢攔截，連忙一溜碎步跑開了。將近秦惠王書房，長史甘茂從書房旁邊的小門匆匆迎來，遙遙一個長躬道：「行人且請止步，我王今日不適，不能見臣理事。」嬴華眉毛一挑道：「甘茂大人，王兄有病，我更得探望。」甘茂沉著臉道：「行人是公主，如何不知法度？」嬴華頓時氣惱，冷笑道：「既知我是公主，你便讓開。」甘茂卻梗著脖子道：「身為長史，職責所在，敢請公主退下。」嬴華幾曾受過如此怠慢，怒火躥起，抬手狠狠打了甘茂一個響亮的耳光。

甘茂大叫一聲：「來人！給我拿下！」一排武士鏘鏘跑過來圍住了嬴華，卻面面相覷不敢動手。嬴華正要發作大鬧，卻聽得大書房裡一聲嘶啞的叫聲：「是華妹麼？別理會他們，進來。」嬴華黑著臉哼了一聲，一甩大袖徑直進了書房。甘茂卻愣怔在那裡，大是尷尬。

進得書房，嬴華驚訝得不敢相信自己的眼睛——曾幾何時，壯健沉穩的王兄，竟然變成了半躺在座榻上的一個白髮蒼蒼的枯瘦老人！

「王兄！你……你如何變成了這般模樣？」嬴華一陣哽咽，撲上去抱住了秦惠王。

秦惠王慈愛地拍拍嬴華的肩膀：「小妹，坐在這，聽我說。我是剛剛醒過來的，你來得正是時候。」嬴華哽咽著跪坐在座榻前，望著蒼老的秦惠王止不住地淚眼婆娑，及至秦惠王斷斷續續地說完，嬴華的雙眼只有警覺閃爍的光芒了。

大半年前，巴蜀捷報傳入咸陽。秦惠王高興異常，大宴群臣，自己也酩酊大醉，一番吐瀉，直睡了三日方才醒轉。奇怪的是，秦惠王醒來後見榻前站著兩個大臣，覺得眼熟之極，卻硬是想不起他們的名字，只顫巍巍地指著他們，臉脹得通紅，卻說不出話來。一個黑胖子高聲道：「臣，樗里疾、甘茂。我王沉睡三日了。」秦惠王明白過來，心下一鬆，一切又都想了起來。

從此，秦惠王自覺得了一種怪病：經常莫名其妙地覺得頭頂「鑽風」。此時一陣混沌，必是忘人忘事。有一次，竟連形影相隨的老內侍也想不起來了。幾次之後，秦惠王大是惶恐，將實情祕密說給了最高明的一個老太醫。一番望聞問切後，老太醫閉目搖頭，說此病無名無藥，只可求助於「方士」。

秦惠王笑道：「老太醫莫非也混沌了？那『方士』是周天子的獄訟秋官，洛陽倒是還有。只是，這『方士』如何通曉醫術？」老太醫連連搖頭：「王知其一，不知其二。老朽所說方士，不是秋官方士，是如今興起在燕齊海濱的一等異人。此等異人自稱通得天地鬼神，驅得妖邪怪病，又能延年益壽。老朽雖對方士不齒，然自知不能醫我王頭風怪疾，也是無治亂投醫，唯願我王三思。」

秦惠王素來不信邪術，見老太醫無法可治，便到太廟祭祖祈禱，並請大巫師以最古老的鑽龜之法占卜一卦。誰知卦紋之意竟只有八個字：「幽微不顯，天地始終。」饒是大巫師反覆揣摩龜甲紋路，也解不出是吉是凶。秦惠王長歎一聲作罷，便聽天由命了。從此，這怪病便成了折磨秦惠王的鬼魅。秦惠王心志強毅，立下了一條宮法：他但有混沌嗜睡之狀，長史護衛須禁絕朝臣入宮，直至他清醒過來，親自解除禁令。日復一日，鑽風怪症發作得漸漸頻繁，強壯沉穩的秦惠王飽受折磨，倏忽間變成了一個枯瘦如柴的白髮老人。

嬴華心頭怦怦直跳，卻又無法撫慰這位王兄。思忖一陣，嬴華問：「大哥，你這陣能清醒得幾多時辰？」秦惠王喘息著笑道：「有事你便說，天黑前大體無妨。」嬴華靜下心來，先大體說了與張儀出使山東的情景與各國變法進展，秦惠王笑道：「這些事有丞相在，我不擔心。對了，丞相為何不來見我？」嬴華道：「他在修書，準備明日進宮。」秦惠王低聲道：「明日午時後，暮色前，記準了。」

嬴華點點頭，說起了今日校軍場大慶典的盛況，很為太子的威猛高興，並向王兄道賀。秦惠王卻聽得皺起了眉頭，臉色陰沉了下來，良久沉默，突然嘶啞著聲音道：「華妹，你當盡快與張儀成婚。張儀，必須成為王族大臣。」

嬴華進宮，本來也是想請准這件大事的，不想此時被王兄突然當作國政棋子敲下，心中有些不悅，但是看秦惠王寒霜般的肅殺臉色，便笑道：「王兄有命，小妹自當遵從。」秦惠王低聲道：「小妹在心：非我清醒面命，黑冰臺不奉任何王令。」嬴華不禁打了個寒顫，低聲應道：「小妹明白，斷無差錯。」秦惠王又低聲道：「我明日要搬出咸陽宮，教張儀到這個地方來。」說著從懷中摸出了一方竹板遞給嬴華：「你走，我要趁著清醒，多想幾件事。」

……

月光下，張儀端詳著掌中竹板上那隻展翅欲飛的蒼鷹，心中思潮翻滾，不能自已。看來，上將軍司馬錯對秦惠王的驟然怪病還一無所知。這只有一個可能：司馬錯班師以來，從未晉見秦惠王；上將軍班師不入宮，也只有一個可能，那便是奉了王命君書。若秦王清醒，斷無不召上將軍入宮之理。如此說來，有人矯書？心念一閃，張儀一個激靈！能在法度森嚴的秦國與權謀深沉的秦惠王面前矯書行事者，絕非尋常人物。如此匪夷所思，能是誰？

想著想著，張儀的牙齒咬出咯咯聲響：「小妹，走！」

「瘋了！」嬴華甩開張儀的手笑道，「光著身子走啊，衣服都不穿了？」

張儀二話不說，將自己的長袍脫下來包住嬴華，又在嬴華腰間勒了一條大帶：「走。去見司馬錯，此時不能少了他！」嬴華咯咯笑道：「此等祕事你不行，毛手毛腳，聽我。」說罷一閃身不見了蹤影，倏忽之間，又笑吟吟轉來，已經是一身黑色勁裝，又利落地剝下張儀的高冠內袍，給他也換上了一身黑色短衣，還套上了一個黑布面罩。張儀笑道：「公事公行，大門出入，你這行盜一般，反是容易出事。」嬴華笑道：「你倒是大道，目下連王街都出不去。密謀者必有三隻眼，懂麼？」張儀不再辯駁，笑道：「我不會飛行術，就這般出門麼？」嬴華道：「別說話，跟我來。」說著身子一個旋轉，腳下一塊大石隆隆移動，一個洞口赫然現出。張儀驚訝得咋舌：「噫！如何這裡竟有地道？」嬴華道：「回頭再說，來。」拉著張儀下了洞口，地面大石又隆隆合上。

片刻之後，兩人冒出地面。張儀一看，竟是一片園林草地。嬴華悄聲道：「這是司馬錯後園。」張儀心中更是驚訝，口中卻不再說話，只是隨著嬴華在樹影間疾走不停。到得庭院，嬴華一伸手攬住張儀，躍上了屋頂，兩三個起落，到了庭院正中的燈光位置，正是司馬錯書房之外。嬴華在張儀耳邊悄聲道：「你進去說話，我在外邊守著，天亮前得走。」說罷在張儀身上一陣擺弄，張儀的黑色短布衣竟神奇地變成了一件黑色長袍，與平日灑脫的張儀一般無二。

張儀走進了書房，樹影裡的嬴華聽見了司馬錯驚訝的笑聲。直到城樓刁斗打響了五更末刻的最黑暗時分，張儀才走了出來。嬴華二話沒說，拉起張儀飛出庭院，下了地道，天空露出魚肚白色時，兩人恰恰回到府中。看看在洞中蹭的一身泥土與一臉污垢，嬴華笑得前仰後合。

張儀板起臉道：「一整夜瘋姑子也似，就知道笑，有甚好笑？」

「丞相鑽地洞，灰頭土臉，不可笑麼？」

張儀在銅鏡前看了一眼，不禁也笑了：「你倒是說說，這條地道是誰開的？」

緋雲早已起來，一邊驚訝地笑話著兩個狼狽疲憊的夜行人，一邊打來熱水教兩人洗臉。嬴華用熱騰騰的面巾擦著臉道：「當年咸陽築城，是商君與墨家工師總謀劃。咸陽宮與各家股肱大臣的府邸，都有地道相連。怕的是一旦有陷城大戰，君臣間不好聯絡。遷都咸陽後，商君收復了河西，秦國形勢大變，這些地道便沒有公開，只是將地道圖保存在王室書房。謀立黑冰臺時，王兄將地道圖交給了我，為的是祕密傳遞消息。可惜我除了當初探路，還從來沒有用過，今日也是第一遭。」

「如此說來，也必有地道通向城外了？」

「有。」嬴華笑道，「當年在隴西，老秦人與戎狄周旋幾百年，滿山挖的都是祕密洞窟，長的有幾十里，否則，精銳如何保存？」

張儀歎息一聲笑道：「看來啊，這老秦人還當真有些圖存應變祕技，然則能保留到強盛之時，卻當真難能可貴也！看看山東六國，當初哪個不強悍？可如今，鳥！」聽得張儀一句粗罵，嬴華笑不可遏，緋雲紅著臉笑道：「吔！大哥這丞相越做越粗了。」張儀笑道：「不粗不解氣，飯？快咥，咥罷了睡覺，睡起來出城。」緋雲連忙搬來鼎盤，張儀一夜勞累，早已是饑腸轆轆，也不與兩女禮讓，逕自狼吞虎嚥起來。匆匆用罷，上榻倒頭便睡，一覺醒來，正是日上中天的正午時分。看看天色尚早，張儀冷水沐浴了一番，寬袍散髮來到書房，嬴華已經在書房等候。

「你在讀書？」打量著書案前發呆的嬴華，張儀笑了。

「沒那興致，我在看圖，找出口。」

張儀恍然，連忙湊過來端詳。書案上攤著一張三尺見方的大圖，羊皮紙已經發黃，墨線卻是異常清晰。張儀博雜如師，也算得粗通築城術，端詳了一番大圖，已經看出了些名堂，見嬴華依舊皺著眉頭，打趣笑道：「木瓜一個，再看也是白搭。」嬴華紅著臉笑道：「你才木瓜！在這裡，我是想不出，這出口外是甚地方？」張儀又端詳一陣，指點著大圖道：「這是南山，這是渭水，這是北阪，這洞口外麼？對了，灃水南崗，松林塬。」嬴華驚喜笑道：「灃水松林塬，真好！別宮正在那裡。」

張儀一笑：「入口呢？最好在城內。」

「木瓜！」嬴華拍案笑道，「地道相連，昨夜那裡便能進入。」

聽說入口在府中，張儀連呼「天意天意」，整理好了幾樣物事，對嬴華道：「午時末刻，該走了。」嬴華也收拾了一番，兩人來到昨夜石亭下，悄無聲息地進了地道，大約半個時辰後出得地道，面前是碧波滾滾的一條大水，對岸一望無際的茫茫松林，掩映著兩座古老城堡的斷垣殘壁在風中遙遙相望，平添了幾分蕭瑟悲涼。

這水，便是赫赫大名的灃水。灃水在咸陽城西（註：灃水在古咸陽以西入渭水。秦時古咸陽，在今咸陽以東。今灃水已近乾涸，在今咸陽東南）與渭水交會，雖是渭水支脈，卻也是天下名水。所以為名水，是因為灃水兩岸是周人文明的中心地帶。兩座遙遙相望的斷垣殘壁，便是當年豐京與鎬京的遺址。三百多年前，周室內亂，犬戎在周室權臣引導下大舉進入關中，殺死周幽王，掠奪了周人積累的全部財富，燒毀了周人最偉大的兩座都城——豐京鎬京，將豐裕的渭水平原變成了滿目瘡痍的廢墟。正是這場亙古罕見的大亂，才引出了周太子（後來的周平王）千里跋涉入隴西，秦部族五萬精騎東進勤王的悲壯故事。周人東遷洛陽，將根基之地全部封給挽救了周人的秦人。秦人雖然勤奮厚重，封國之初卻已不善農耕，更兼春秋諸侯爭奪激烈，無暇修復也無力利用這兩座殘留的偉大城堡。年復一年，豐京鎬京塵封湮沒，被悠悠歲月銷蝕成了真正的廢墟。

奇怪的是，這兩片斷垣殘壁的廢墟之上，不知從何年開始，生起了大片大片的松柏樹，茫茫蒼蒼覆蓋了全部高崗。老秦人說，那是上天用最隆重的禮儀，安葬了這兩座天子京城。後來，秦人將這片山地呼之為松林塬。商鞅修築咸陽時，在這與咸陽一水之隔的松林塬中，建了一座小小別宮，名曰章臺，國人呼為章臺宮。究其實，章臺宮也是一座小城堡，夏日酷暑或是春秋狩獵，國君便在這裡逗留一段時日。因了離咸陽很近，於是國君時常出城在這裡小住，一些耗費時日又需清靜的會商，也常常選在了這裡。

「飛過去麼？」張儀看看波濤滾滾的河水，又看看對岸的茫茫松林。

「你飛？莫急。」嬴華左右張望著，「該當有人接。」

話音剛剛落點，便聞岸邊槳聲，蘆葦叢中划出了一條黑篷快船。船頭一名軍士突兀問：「可有鷹牌？」嬴華一亮手中竹鷹牌：「看好。」隨手一擲，手掌大的竹牌「嗖」地飛向船頭。軍士凌空抄住，看了一眼道：「請大人左走百步，從碼頭上船。」嬴華笑道：「無須了，穩住船頭便是。」說著攬住張儀腰身，身形一閃，兩人凌空躍起，穩穩地站在了船頭。軍士拱手道：「請大人入艙就座。」嬴華對張儀眼神示意，兩人進了黑篷下的小小船艙。只聽軍士腳下一跺，黑篷船箭一般駛向了對岸。片刻之間，小船已經靠岸。軍士領著兩人上岸，進入松林，在一座石門前交接給一個千夫長，軍士轉身走了。千夫長領著兩人進入松林深處，一陣曲折，終於看見了一座白色石條砌起來的城堡。城堡建在一個山包上，雖說不大，但在這青蒼蒼的松林中卻是威勢赫赫。沿著白色石階上到平臺，那千夫長又走了。沒有守護兵士的厚厚石門，隆隆地響著自動滑開了。

一個白髮蒼蒼的老內侍走了出來，無聲地招招手，領著兩個人走了進去。張儀沒有回頭，卻聽見背後的石門又隆隆關閉了。莫名其妙地，他心中咯噔一沉，前所未有地打了個寒顫。外邊看，城堡雖然威勢赫赫，裡邊卻並不大，彷彿咸陽城中一個六進大庭院。穿過幾道曲折回廊，便到了「庭院」深處的一座孤零零的茅屋前。茅屋外一片草地一片竹林一池碧水，倒似墨家子弟的幽谷田園一般。

嬴華趴在張儀耳邊悄聲笑道：「知道麼？這是先君孝公特意修建，叫玄思苑。」

「玄思苑？」張儀恍然點頭，方才明白這是秦孝公為懷念墨家女弟子玄奇特意修建的居處，追慕孝公，不禁感慨中來，油然一聲歎息。

老內侍已經從茅屋中出來，嘶啞著聲音對嬴華道：「敢請公主在池邊等候，丞相隨我來。」領著張儀走進了茅屋。嬴華左右張望一陣，到草地邊的竹林中去了。

進得茅屋，張儀驚訝得說不出話來——茅屋中四面帷幕，幽暗中的竹榻上斜倚著鬚髮雪白枯瘦如柴的一個老人。雖則已經聽嬴華說了秦惠王的景況，但親眼所見，張儀還是感到了極大的震撼，一時間情不自禁，哭喊一聲：「君上……」撲到秦惠王榻前跪了下去。

「丞相……」秦惠王也是老淚縱橫，掙扎欲起，卻又跌躺到榻上，良久喘息，沙啞著聲音道，「也是天意啊……車裂商君，嬴駟不良，竟落得如此下場……」

「君上，莫要自責過甚。」張儀哽咽著，「時也勢也，已是當年過往之事。君上惕厲奮發，恪守商君法制，開拓大秦疆土，使秦成天下不二強國，上可對蒼天神靈，中可對祖宗社稷，下可對秦國子民，皇皇功業，何愧之有！」

「天命如斯！」秦惠王長長地歎息了一聲，「嬴駟來日無多，有幾件事，須得對丞相說清了。」

「君上但有王命，張儀自當盡忠竭力。」

秦惠王勉力坐直了身子，緩慢沉重地對張儀叮囑了幾件事情，都與儲君繼位相關，張儀聽得大是不安。

秦惠王有幾個兒子，長子嬴蕩與少子嬴稷最為惠王看重。嬴蕩是秦惠王當年重返咸陽後與一個胡女妃子所生，那個胡女生下嬴蕩後便回到草原去了，再也沒有回來。這嬴蕩天賦極高，壯猛異常，對兵事武道有著濃烈的嗜好。當初，秦惠王很為嬴蕩的勇武剛猛而欣慰。戰國大爭，一個君王的尚武精神往往便是一個國家的旺盛鬥志。可到後來，秦惠王漸漸沒有這種欣慰了。說起來事情都不大，這就是嬴蕩時常流露出的那種種令人驚訝的浮躁，令秦惠王不安。從軍之前，嬴蕩在兩年中趕走了三個劍術老師，趕走了六個搏擊術老師，原因都是老師打不過他。讀起書來，嬴蕩也是過目成誦，辯駁得幾個老師張口結舌，也被一一趕走了。秦惠王幾次動了念頭，要請張儀兼做太傅教導太子，無奈縱橫事大，張儀走馬燈般周旋於六國，疲於奔命一般，如何能再掣肘？

後來，秦惠王發現了甘茂這個奇才。甘茂本是下蔡（註：下蔡，今河南汝南地帶，戰國時為楚魏拉鋸之地，所謂「楚頭魏尾」，多屬北楚）名士，學無定師，自稱「師尚百家，自成我家」，更兼通曉兵家武道，精於論辯之術，在北楚南魏間聲名大噪。張儀在山東六國間奔波的時候，介紹甘茂來到秦國，樗里疾將他引薦給了秦惠王。一番長談，秦惠王覺得甘茂之才確實難得，任為右長史，也便是長史之副。由於長史是常駐王宮的機密大臣，秦惠王便有了經常考察甘茂的機會。但有疑難大事，秦惠王總是先有意無意地與甘茂閒談，想看看甘茂的見識。司馬錯兵出巴蜀之初，秦惠王有意徵詢甘茂的治蜀方略，甘茂說了兩句話：「削巴蜀之王權治權，立秦人之王權相權。」秦惠王總覺得這個方略不深不透，可後來也照著做了。大約幾個月，秦惠王對甘茂有了一個考語：「無大略，多機變，文武皆通，才堪實用。」司馬錯班師歸來，秦惠王命甘茂做了嬴蕩的老師，但是，卻沒有給甘茂加太子傅官爵。

秦惠王要看看，甘茂能否對嬴蕩施加影響。令秦惠王意外的是，甘茂幾次講書下來，嬴蕩與甘茂竟極是相得，幾次來父王處謝恩，並敦請父王早日加太子傅於甘茂。

秦惠王這時卻忐忑了。原本想自己正在盛年，可漸漸銷磨嬴蕩的暴戾浮躁之氣，就像公父孝公當年對他那樣，將一個浮躁王子磨練成器宇深沉的君王，可如今身患異症，明是來日無多，便對嬴蕩繼位有了諸多憂慮。大秦國崛起何等艱難？若不慎交於劣子之手，有何面目去見列祖列宗？

憂慮之中，秦惠王想起了少子嬴稷。嬴稷雖然比嬴蕩小許多，還只在少年之期，但卻是個氣度極為沉穩的少年。老內侍與老宮女都說，嬴稷簡直就與當年的孝公大父（註：大父，春秋戰國時對爺爺的稱謂）一般無二。秦惠王雖然很是鍾愛這個楚國麗人生的兒子，卻總是覺得他少了一點剛強，多了一些沉靜。為了滋養這個小兒子的強毅，在張儀提出給危機四伏的燕國派出常駐特使時，秦惠王便將這個少年王子派去了。嬴稷的母親不放心少年兒子久居異邦，堅持跟兒子一起去了燕國。秦惠王很想召回嬴稷，可又另有一番擔心：嬴稷年少，一旦回秦便要陷入明爭暗鬥，種種蛛絲馬跡中秦惠王已經覺察到自己無法掌控權力細節了，已經無力保護這個小兒子在羽翼豐滿之前萬無一失，若繼位不成反遭不測，豈不弄巧成拙？再說，嬴稷、嬴蕩各有所長所短，嬴稷是否一定比嬴蕩強，秦惠王還當真難以從這個缺乏歷練的少年身上看得明白。反覆思慮，秦惠王難以決斷了。

「丞相，」秦惠王斷斷續續說了半個時辰，末了喘息著靜靜地盯著張儀，「你為秦國一定大計，你說說，嬴蕩、嬴稷，孰優孰劣？該當如何擺布？甘茂之太子傅，該不該明加……時日無多，丞相莫得諱言。」

張儀心中一顫，良久沉默。雖然是秦國丞相，然張儀卻長久奔波外事，對咸陽宮廷素來所知不詳，也缺乏思索，或許也是不諳此道所致。有一次笑談，嬴華曾經說他是「燭照之才，燈下便黑」，張儀哈哈大笑：「自古大才，哪個不是燈下黑？商君不是麼？吳起不是麼？」嬴華笑道：「你願黑便黑，我不黑便保了你。」張儀卻傲然笑道：「縱然燈下黑，也識得鬼蜮伎倆，自保足矣！何需小女子護身？」

今日聽罷秦惠王一番敘說，張儀卻實實在在覺得自己是「燈下黑」了。滿心都是七國縱橫，邦交斡旋，到頭來，對咸陽朝局的變化，竟不如對山東六國的朝局變化清楚。首要一個，入秦二十餘年，對幾個王子一無所知；司馬錯的祕密自己不知道，秦惠王說的這些祕密更是聞所未聞；尤有甚者，甘茂還是自己入楚發現的人才，自己說動甘茂入秦，並委託樗里疾向秦王薦舉甘茂，到頭來，甘茂成了太子老師，自己竟還莫名其妙。若不是與司馬錯甚是相得，秦惠王對自己也深信不疑，很可能自己最終莫名其妙地出局了，還都是稀里糊塗。

思忖之間，張儀已經是一身冷汗。雖則如此，張儀的機變之才，畢竟是天下無雙。一陣哽咽沉默之中，他已經清楚了一個根本事實：權謀深沉如秦惠王者，對自己的兩個兒子尚難以取捨，自己更是無法說清；此刻，秦惠王最需要的，與其說是對策，毋寧說是忠心：無上佳對策猶可，無忠誠之心則是舉步之危。權力交接的節骨眼上，清醒有為的君王往往都是最冷酷的。

「君上毋得憂慮。」拭著淚水，張儀終於開口了，「儲君之事，雖迫在眉睫，但卻難以立斷。臣與兩位王子素無來往，難判高下，實無高明謀劃呈獻君上。商君有言，大事不賴眾謀，賴明主獨斷。儲君事大，尚需君上明斷定奪，方可萬全。臣為丞相，深信君上思慮深遠，唯以君上定奪是從。君上但有決斷，臣當赴湯蹈刃，死不旋踵！力保大秦不陷入內亂之中。」

秦惠王長長地喘息了一聲，似乎精神了許多：「丞相啊，你說說，司馬錯之後，秦國還有沒有上將軍人選？」

這一問突兀之極，張儀心中一驚，謹慎答道：「近年來臣疏於兵事，尚沒有發現才堪上將軍之人。」心中還有一句話，「上將軍正在盛年之期，君上何憂？」卻是生生地憋了回去。

「司馬錯，老了。」秦惠王歎息了一聲，「你以為，甘茂兵事如何？」

「臣以為，樗里疾尚有兵家之才。」張儀脫口說出了一個熟悉的王族人物，連自己都感到了意外。

秦惠王恍然笑道：「對了，樗里疾也是良將，如何忘了？」喘息一陣又道，「丞相，聽說，你有個女僕，很是可人也。」

又是突兀的一問！張儀立即明朗回道：「啟稟君上：女僕緋雲，乃家母所賜，忠心不二，靈慧多能，確實是臣府的女家老。」答案似乎早在胸中一般。

「好。有如此一個女家老，也是天意了。丞相，你沒打算過成婚麼？」

「臣謝過君上關切之心。」張儀先大禮一躬，立即跟上，「臣久欲求婚於公主，無奈諸事繁冗，竟拖至今日。今日臣請君上：恩准臣與嬴華公主立即成婚。」

「好！」秦惠王拊掌笑了一陣，「丞相有此心意，本王如何不准？一月之後，你便與嬴華小妹成婚。但願，我也能去飲得一爵喜酒了……」

看著淚光閃爍形同枯槁的老人，張儀眼前閃過當年秦惠王為尋訪自己而裝扮成胡人大商的英姿雄風，不禁大是感動，悲聲哽咽道：「君上何出此言？張儀尋思一法，或可使君上康復如常。」

「噢？」秦惠王眼中大放光彩，驟然從榻上坐起，「丞相何法？」

「燕齊之濱，尋訪方士。」張儀說出了昨夜與嬴華敘談後的思索。

「你，相信方士之說？」秦惠王驚訝了。

「以臣所學，本不信鬼神方士。」張儀坦然道，「然則，方士行於天下，也絕非偶然。治癒疑難邪症，便是方士風行之根。天下之大，縱是聖賢，亦不能窮盡造物之奧祕。儒家不言怪力亂神，墨家卻是敬天明鬼。仁者見仁，智者見智，又何須依據一家之言，對方士一筆抹殺？張儀以為，但能為我所用，便是有用之術。君上切莫以法家治國正道之心，對方士斷然拒絕，不妨以身試之，或可大有成效。」

秦惠王不禁默然了。方士之說，老太醫早已提過，只是秦惠王素來平實，不信這些虛無縹緲的鬼神之士，心中存了個寧死不貽笑於朝野天下的念頭，從來不提方士一說。張儀說出，卻給了秦惠王意料不到的震撼。一則是張儀學問博雜，見識非凡；二則是張儀素來不拘成見，以求實效為宗旨，由他說出，秦惠王相信不是荒誕虛無之說；三則是張儀明白秦惠王心思所在，話說得透，理論得清。張儀提得出來，可見方士也並非純然的子虛烏有。更何況，赫赫大名的張儀有此動議，秦惠王接受方士便有了最硬實的一個理由，縱是沒有成效，天下非議也有張儀在前；以張儀之能，不愁對方士治病沒有雄辯的說辭。

「丞相如此說法，那，試試了。」終於，秦惠王喃喃說了一句。

突然，一陣「咚咚」鼓聲，老內侍的尖銳嗓音從茅屋外盪了過來：「暮鼓三十六——月上灃水頭——」張儀方一愣怔，便見秦惠王哈哈一陣長笑，從座榻上一躍跳下，白髮飛舞嘶聲笑叫：「你！你是何人？這般面熟，啊哈哈哈哈！」衝出了茅屋，在草地上大笑著兜圈子跑。

嬴華從竹林中驀然現身，怔怔地站在那裡，看著內侍們在草地周圍站成了一個大圈子，警惕地注視著瘋狂奔跑的老人，突然放聲痛哭起來……張儀默默地走出了茅屋，扶起了嬴華悄聲道：「走，遲了只怕出不了松林塬。」

回到咸陽，已經是二更時分，兩人都是毫無睡意。張儀在書房無休止地踱步，嬴華只是默默拭淚，全沒有了尋常的英風笑語，氣氛凝重得令人透不過氣來。雖說兩人對秦惠王的怪異病症各有想像，但今日親眼看見，還是不啻霹靂當頭，驚心動魄。老父喪禮都沒有哭出來的嬴華，一路淚如雨下，軟在張儀身上幾若一片絲棉。張儀面色陰沉，心中沉甸甸地像壓了一塊大石。在那一剎那，他有了一種強烈的預感——大亂將至，秦國大險！

他反覆咀嚼了與秦惠王的全部對話，一直在緊張思索著該走的路子。

「小妹。」張儀終於站定在嬴華面前，「你我必須分開行事。」

「分開？你去哪裡？」

「我去齊國。你留咸陽。」

「卻是為何？你且說個由頭出來！」嬴華霍然站起，語調冰冷得刀子一般。

張儀恍然大悟，從松林塬回來，還沒有來得及對嬴華說今日面君之情，突兀要分開，嬴華定然是以為自己要逃離秦國了。不禁笑道：「我昏了。來，你坐好，聽我說。」將日間與秦惠王的經過備細說了一遍，末了道，「要盡最後一份力，要設法治癒君上，就要去齊國尋訪方士。可我又不放心咸陽，便想了這個分頭行事的主意。」

「我在咸陽，能做何事？」嬴華雖然已經明白，終是皺著眉頭。

「只做三件事。」張儀鄭重其事道，「其一，以我之名與司馬錯會商，要他在我回來之前穩住咸陽大勢。司馬錯已經萌生退隱之心，君上也已生出取代上將軍之意。當此微妙之時，既不能捅破這一層，又得教司馬錯振作行事。其二，輔助樗里疾處置好相府政事，要緊的是嚴密看管丞相印信，盡可能少地發布丞相書令。其三，啟動黑冰臺，嚴密監視咸陽宮，暗中保護君上。」

嬴華不禁舒展眉頭笑道：「還真行，我以為你也像我一樣，亂了陣腳。」

「小妹啊，危難關頭，咸陽為根。」張儀一聲歎息，「你在咸陽比我根基深，又是王族機密幹員之身，祕密行事比我更有成效。否則，張儀如何捨得與你分開？」

「知道了。大計有你，我就踏實。」嬴華緊緊抱著張儀低聲道，「只是，今日乍見王兄發病，我便心驚肉跳，總是想起老父當年將自己關在黑屋子裡的模樣，可怕，只想哭……」

張儀攬住了嬴華瑟瑟發抖的雙肩，撫摩著她的秀髮，拍打著她的肩背：「君上有噩夢，小妹也有噩夢。其實，人都有自己的噩夢。我也曾經有過，那是酷烈人生烙在心頭的傷痕，有的人能醫治這種創傷，有的人不能……」

「有了你，我也能。」嬴華緊緊摟著，笑得一臉淚水。

四、大星垂滄海

輕車快馬，張儀出得函谷關，五六日之間進入了齊國。

時當五月，正是農家最忙的時光。一入齊界，遍野都是收割整田的農夫，比沿途的魏國、魯國的田疇紅火了許多，田埂歇晌的農夫們也時時飄出舒心的田歌。雖是行程匆匆浮光掠影，張儀也立即感受到了這種不同，很是為蘇秦的變法成效振奮。雖然蘇秦發動的合縱一時分崩離析，在燕國也失去了立足之地，一時曾經落魄臨淄，但在齊國的這場變法，卻足以彌補所有的缺憾，使天下仍將對蘇秦刮目相看。蘇秦最終能有此等歸宿，張儀很是欣慰。畢竟，是蘇秦開了天下縱橫先河，沒有合縱，張儀的連橫價值何在？何以在秦國立足？說到底，張儀是敬佩蘇秦的，雖然是相互較量，張儀似乎還勝出了一籌。但從內心說，張儀倒是實實在在地以為：蘇秦是開闢天下格局的大手筆，而自己只是應對跟進的應變之才而已；自己的勝出，與其說是才智謀略，毋寧說是背後的實力強大——假如蘇秦在秦國，或者兩人對調，天下大勢真不知又是何等格局。看著一路紅火景象，張儀動了心思，咸陽朝局明朗後，若秦國不能容身，便與嬴華緋雲來齊國海濱隱居，也好多多與蘇秦燕姬盤桓，盡享知己交誼之樂。

想歸想，進得臨淄，張儀卻沒有顧得上去看望蘇秦，驅車直奔孟嘗君府邸而來。尋找方士，最快捷的方法是請孟嘗君幫忙，只有先將這件大事落到實處，張儀才能心中稍安。

一進那條熟悉的石板街，張儀就覺察到氣氛異常。尋常幽靜的小街，車馬如流，官吏出入不斷，兩排全副甲冑的武士釘子似的從街口一直延伸到府邸大門。孟嘗君素來不喜張揚，此等陣勢，定然是發生了非常之事。莫非齊國要對燕國用兵了？及至到得府門，家老正從門廳下送一人出來，識得是張儀車馬，連忙迎了上來道：「丞相來得不巧，孟嘗君不在府中。丞相且府中稍待，老朽派人去請主人回府。」張儀問：「孟嘗君進宮了？」家老低聲道：「丞相府有急事，我家主人已經去了一個時辰。」張儀擺手笑道：「不用，我自去丞相府，一總見了兩個。」車轅馭手是緋雲，聽得明白，一圈馬韁，輜車轔轔出了石板街。

片刻之間，到得相府街口，也是甲士森嚴。相府門前車馬排成了長龍，官員們在車馬場站成了一片錦繡，人人都沉著臉不說話。張儀不禁啞然失笑，無非是齊王來到了蘇秦府中，君臣三人會商出兵而已，縱然是一件大事，如何便這般陣勢？心中一轉念，想到在咸陽並沒有接到嬴稷王子來自燕國的消息，齊國顯然是要對燕國祕密用兵了。果真如此，倒確實是一件大事，既然被自己這個秦國丞相遇上了，自然得思謀一個對策，總是不能教齊國獨自吞了燕國這塊肥肉。

思忖之間，已到丞相府大門前。手持長劍的荊燕正赳赳守在門廊下，見是張儀軺車，匆匆大步迎了上來：「丞相請隨我來。」帶著張儀一行，從旁邊的車馬門進去了。一入庭院，靜得幽谷一般，除了釘子一般的甲士，無一人走動。

張儀不禁笑道：「曾幾何時，齊國的規矩大了？」

荊燕一臉肅然，也不說話，只是匆匆疾走，與平日豪爽判若兩人。張儀也不多問，下了軺車，從容跟著荊燕往庭院深處而來。齊國號稱富甲天下，歷來有官俸優厚的傳統，稷下學宮的名士都是六進宅院，大臣官邸更是寬敞。蘇秦的丞相府雖說也是六進規格，但卻比尋常六進寬闊了兩三倍，每進都是橫開二十餘間，直與小諸侯的宮殿一般。幾經曲折，荊燕沒有帶張儀到政事堂或蘇秦書房，曲曲折折卻是往後園而來。

一眼看去，這後園林木茂盛，花草蔥蘢，水池竹林山石草地，足有五六畝大小，分外清幽。轉過一座巨石堆砌的假山，竹林中出現了一座獨特的居處，木樓茅屋相間，滲出一片濃濃的山居氣息。那竹樓茅屋之間，孤零零立著一塊形狀奇特的白色巨石，石面上深陷著兩個暗紅的大字——燕苑，分明蘇秦的手跡。

張儀對蘇秦最是熟悉不過，一路看來，便知定然是那個燕姬來到了蘇秦身邊，兩人在後園建了這座幽靜的居處。蘇秦的寢室原來在書房之後，與處置公事的政事堂很近，是燕姬喜歡幽靜，才有了這座燕苑。看這燕苑氣象，便知蘇秦有了一片安適舒心的天地。驀然之間，張儀為自己的歸宿，第一次生出了一片悵然。

「丞相請，我去照看府門了。」荊燕說完，逕自去了。

張儀恍然醒來，卻見茅屋前石亭下都是默默肅立的侍女，時有濃郁的草藥氣息飄來。張儀心中頓時一沉，喊了一聲：「蘇兄，張儀來了。」大步進了茅屋。

一時間，屋中人愣怔了，張儀也愣怔了——屋中一張碩大的竹榻上，躺著那個熟悉的身影，榻前伏著一個綠色長裙的女子，孟嘗君與齊宣王都憂心忡忡地站在榻邊，兩名老太醫正在書案邊緊張地商量著……張儀一陣大急，哭喊一聲：「蘇兄！」手中鐵杖噹啷丟開，撲向了榻前。

「張兄……」孟嘗君一把抱住了張儀，將他扶到了榻前。

蘇秦的上身赤裸著，胸前包裹著厚厚的一層白布，殷紅的血跡已經滲透出來，恍惚一朵血染的大花，令人心驚肉跳！蘇秦面色蒼白，雙目緊閉，氣若遊絲，眼看是掙扎在生死邊緣了。一陣大慟，張儀雙手摀面，死死咬住了牙關沒有哭喊出聲，淚水泉湧般從指縫流了出來。

突然，門外腳步急促，一聲楚語盪了進來：「噢呀孟嘗君，萬傷神醫到了！」話音落點，春申君大步走進，一個清瘦矍鑠的白髮老者跟在身後。這萬傷神醫曾為張儀緋雲治過刀箭之傷，張儀自然識得，只是此情此景，只能與春申君及萬傷老人匆匆點頭示意罷了，連旁邊的齊宣王也退到了一邊，免得禮儀不便。

萬傷老人目無旁顧，逕自走到榻前，動手解開了那包裹胸口的白布，一道寸餘寬的刀口翻著白肉赫然現在眾人眼前。老人凝神看得一陣，又搭脈片刻，一時微微皺起了眉頭。

「老人家，可有救治……」面色蒼白的燕姬輕聲一問，止不住地啜泣了。

春申君向燕姬擺擺手。萬傷老人歎息了一聲道：「這刀傷不寬，卻是極深，已經刺到了臟腑。」春申君低聲對老人嘟囔了一句誰也聽不懂的楚語，老人道：「目下情勢，老夫只能保丞相清醒得兩三個時辰。」一語未了，燕姬癱倒在地昏了過去。一個老太醫連忙過來，一根紅色石針刺進了燕姬人中穴。

萬傷老人走到書案旁，打開了那只隨身攜帶的皮囊，拿出一柄閃亮的小刀與幾個指頭般粗細的陶瓶兒，倒出幾色小米般的藥粒，加上些許清水在一個小小玉盞中化開，來到榻前嫻熟地清洗傷口，並著意教那說不清顏色的藥水緩緩地滲入傷口深處，而後用白布包裹了起來。張儀看得仔細，那白布只包了一層，卻再也不見血水滲出。清洗完傷口，萬傷老人又用半盞清水化開了一粒黑豆大小的藥丸，用一片光潔的竹板撬開了蘇秦緊咬著的牙關，將藥水徐徐灌了進去。連續做完，萬傷老人站在榻前，眼睛眨也不眨地盯著蘇秦，眼見蘇秦蒼白的臉上浮出了一絲紅暈，老人才輕輕地吁了一聲，叮囑道：「飲水只能一盞。」走到書案旁收拾去了。

正在此時，蘇秦的眼皮悠悠開了，一絲細亮的光芒迷離閃爍。眾人屏住了氣息，眼見那迷離的光芒漸漸穩定，漸漸清晰，漸漸地活了起來。終於，蘇秦輕輕地張開了乾燥的嘴唇，喃喃道：「太熱了，茶水。」燕姬連忙捧過一盞涼茶，仔細地給蘇秦餵了下去。

盞茶飲下，蘇秦神奇地坐了起來，慌得燕姬連忙在背後扶住。蘇秦盯住張儀驚訝笑道：「張兄，你如何來了？齊國沒有出兵也。」張儀連忙道：「蘇兄不要起來，躺下說話。」蘇秦笑道：「不打緊，我覺得沒事。」說著一一與幾人笑語寒暄，抬腳下了竹榻，燕姬連忙扶住他站了起來。蘇秦對燕姬笑道：「夫人，備家宴，今日我要與諸位痛飲一場！」春申君看了看張儀與孟嘗君，見兩人都沒有阻止的意思，也勉力笑著不說話了。

正在此時，一個老內侍輕步走進，對蘇秦一躬道：「稟報丞相，大王有急事回宮，請丞相好生歇息，大王晚間再來探望。」蘇秦看了老內侍一眼，一陣大笑道：「來日方長，何愁無歡？知己聚首，卻是難求！」語調吟詩一般鏗鏘。燕姬目光迴避著蘇秦，大袖遮面，急匆匆轉身去了。孟嘗君略一思忖，對蘇秦道：「嫂夫人還是留在這裡好，此事我來操持。」不待蘇秦答應，立即追了出去。

大約半個時辰，一場最為豐盛的宴席擺置整齊。臨淄烤雞、震澤銀魚、東胡燉羊、逢澤麋鹿，天下名菜一應皆上，每案兩鼎三盞四盤。蘭陵楚酒、邯鄲趙酒、臨淄齊酒、咸陽秦酒、燕山老酒，天下美酒應有盡有，每案前都擺了五只形色各異的酒桶。看著上菜布酒的侍女穿梭般往來如連綿飛動的流雲，蘇秦不禁拊掌大笑：「張兄黃兄，孟嘗君今日要我等做天堂仙飲，何其痛快也！」

張儀一陣大笑：「好！今日與蘇兄做千古一醉！」

春申君也粲然笑道：「噢呀呀，我黃歇今日是非醉死不可了！」

笑聲未落，孟嘗君走了進來道：「蘇兄，我與嫂夫人已經安排妥當：闔府大酺，為你慶賀。我等一醉方休！」

「好！」蘇秦笑道，「我這身子舒暢得要飄起來一般，今日不醉，更待何時！」

孟嘗君笑道：「今日蘇兄高興，便講究它一番。我做司禮，諸位但聽號令。」說罷清清嗓子高聲道：「鐘鳴樂起，賓主入席——」話音落點，渾厚的大鐘六響，悠揚的樂聲立時彌漫了茅屋大廳，一片和聲唱道：「呦呦鹿鳴，食野之苹。我有嘉賓，鼓瑟吹笙。人之好我，示我周行。我有旨酒，以燕樂嘉賓之心……」這是春秋諸侯宴樂摯友賓客的〈鹿鳴曲〉，滲透著肅穆濃郁的古風，蘇秦不由自主地大擺了一下衣袖，肅立一側，躬身伸手，做了一個請賓客入席的古禮。張儀與孟嘗君、春申君也相對一揖，又並排對蘇秦一揖，隨著樂聲進入了各自座席。

孟嘗君沒有入座，站在案前高聲道：「嫂夫人入席——」

樂聲中，只見大木屏後悠然飄出了一個綠色長裙的女子，無珠玉，無簪環，一頭如雲的長髮用一幅雪白的絲巾束住，素淨如布衣仙子，卻頓使廳中一亮。春申君不禁笑道：「噢呀，嫂夫人一出，茅舍生輝！」燕姬粲然一笑，向三人做了一個主婦古禮，笑吟吟地跪坐在蘇秦身邊笑道：「季子與我成婚，三兄都沒有飲得喜酒，今日一併補償了。」張儀拍案大笑道：「嫂夫人主意，當真妙極！孟嘗君，司禮可是把住了。」孟嘗君笑道：「有此等好題目，何愁今日不能盡歡？」突然一嗓子高聲道，「舉座一飲，為蘇兄新婚大喜，乾！」

舉起酒爵，蘇秦笑了：「原說是燕國安定後成婚，既然燕姬說了，今日便是大婚！張兄、田兄、黃兄，我與燕姬先乾了！」說罷與燕姬一碰銅爵，一飲而盡。孟嘗君三人也舉爵相向，汩汩飲盡。

「張兄啊。」蘇秦看看張儀，慨然笑道，「你我比不得孟嘗君春申君，都是孑然一身闖蕩天下，我倒是很想知道，何時能為你賀喜啊？」

「蘇兄放心。」張儀笑道，「我回到咸陽便成婚！」

「好！」蘇秦頗為神祕地一笑，「可是常隨左右的那兩個女公子？」

「知我者，蘇兄也！」張儀哈哈大笑。

「噢呀——」春申君一聲驚歎，「聽說那兩個女公子，一個是公主，一個是家老。張兄大大豔福了！」幾個人一齊大笑了起來，又為張儀即將到來的大喜共同乾了一爵。

張儀呵呵笑道：「一路之上看到齊國變法大見成效，我還想隱居海濱，帶著我那兩個小哥，與師兄嫂夫人終日盤桓也。」

「大妙！」蘇秦興奮異常，噹噹拍案，「張兄不知，我也有退隱之想。待齊國大勢安定，我回燕國，安定燕國之後，我便與你一起隱居。明月清風下海闊天空，山溪松林間對酒長歌，琴棋為伴，麗人相隨，放浪形骸於山水之間，何等快意也！」

「好！我等著師兄……」張儀喉頭一哽咽，大飲一爵，低頭猛烈地咳嗽了起來。

孟嘗君慨然一聲歎息：「蘇兄啊，我這上將軍也不會長久了，到時去找你！」

「噢呀，我也一樣了。」春申君苦笑，「屈原走了，楚王昏了，我也找個退路了。」

「風雨多難見世事。」蘇秦雙目閃亮，感慨萬端道，「二十餘年，天下格局又是一變。合縱連橫之爭，六國雖然落了下風，卻結束了秦國的一強獨大，這是我等都沒有想到的。六國的二次變法開始了。往後，至少是秦、齊、趙三強並立，說不定還得加上一個燕國。看來，華夏一統是條漫漫長路，也許還得再熬上幾十年。人生有年，我等只能走得這幾步啊！看看，蘇秦張儀，已經都是兩鬢白髮了。孟嘗君、春申君、信陵君，也都是磨得老成器局了。逝者如斯夫！我等一代已經流將過去。戀棧無功，虛度歲月，豈是英雄作為？張兄、田兄、黃兄，當歸便歸，何如歸去？何如歸去啊……」

一席話百味俱在，說得幾人都是唏噓不止，齊齊地大飲了一爵。燕姬拭淚笑道：「難得季子今日至情至性，正有樂師，我唱一支歌給季子如何？」

三人一片叫好。孟嘗君喊了一聲，廊下樂師們奏起了悠長的序曲，等待歌者有詞便隨行伴奏。燕姬站了起來，向蘇秦一個燦爛的笑臉，翩然起舞，深情地唱了起來，那是一首洛陽王畿的踏青情歌，詞卻是因人而異的：

春草離離　彼稷之苗
行邁悠悠　中心搖搖
知我者謂我心憂
不知我者謂我何求
悠悠蒼天　此何人哉

一時唱罷，座中同聲讚歎。蘇秦爽朗笑道：「燕姬與我相識二十餘年，今日第一次放歌。我也來和一曲！」

「噢呀，那可是婦唱夫隨了，好也！」春申君一口楚語，夫婦二字咬得含混，眾人大笑起來。卻見蘇秦座中站起，大袖一擺，蒼啞厚亮的歌聲繞梁而走：

習習谷風　維風及雨
將恐將懼　維予與汝
將安將樂　汝轉棄予
習習谷風　維山崔嵬
無草不死　無木不萎
將安將樂　非汝棄予
棄予如遺　上天棄予
上天棄予——

暮色已至，燈燭大亮，歌聲戛然而止。蘇秦哈哈大笑，座中唏噓沉寂，誰都能從那悲愴蒼涼的歌聲中聽出蘇秦並沒有糊塗，他清楚地知道，這是他最後的時刻……明哲如斯，教人何以寬慰？

「季子……」燕姬哭喊一聲，撲過去抱住了蘇秦。

張儀深深向蘇秦一躬：「大哥，你我雖不能如莊子一般曠達，也算得將生死置之度外了。若有心事，便對兄弟說。」孟嘗君與春申君也是肅然一躬：「蘇兄，但說便是了。天下事難不倒我等兄弟！」

蘇秦拉著張儀的手笑了：「好兄弟，你我縱橫天下，也算是做了一場功業，此生無憾，夫復何言？只是四弟蘇厲已經到了齊國，正在稷下學宮，張兄代我督導訓誨，莫使他學了蘇代。」

張儀肅然一躬：「大哥毋憂，張儀記住了。」

「孟嘗君。」蘇秦轉過身來笑道，「燕姬總在燕齊之間，若有急難，請代我照拂。」

孟嘗君慨然一躬：「嫂夫人但有差錯，田文天誅地滅！」

蘇秦又拉著春申君道：「春申君啊，我在郢都敗給張兄，愧對楚國也。一想到屈原，我便夜不能寐。君兄若得使屈原復出，促成楚國再次變法，楚國大有可為矣！」

春申君含淚笑道：「噢呀，蘇兄有如此叮囑，黃歇便不能退隱了。也罷，拚得再做幾年官，也要救得屈原，救得楚國了。」

正在此時，屋外傳來一聲長喝：「齊王駕到——」

幾人正待舉步出迎，蘇秦一個踉蹌軟倒在燕姬身上，面色頓時蒼白如雪，喉頭間粗重地喘息著。待燕姬將蘇秦抱上竹榻，萬傷老人已疾步趕來，一番打量，輕輕搖頭。張儀燕姬四人不禁淚如泉湧。

齊宣王聽得動靜有異，已經快步走了進來，湊到榻前俯身一看，竟帶出了哭聲：「丞相，你如何這般走了啊……」

「齊王……」蘇秦又一次睜開了眼睛，疲憊地喘息著，「他日出兵燕國，務必善待燕國臣民。燕人恩仇必報，若屠戮臣民，是為齊國種惡……」

齊宣王頻頻點頭：「明白，本王明白。」又湊近蘇秦耳邊急促問，「丞相，誰是謀刺凶手？」

「謀刺蘇秦者，必是仇恨變法之輩。」蘇秦艱難地一字一頓，「齊王可大罪蘇秦，車裂我身，引出凶手，一舉、一舉剷除復辟根基，蘇秦死亦瞑目了……」

「丞相！」齊宣王哭聲喊道，「本王定然為你復仇……」

蘇秦安詳地閉上了眼睛，深入兩腮的唇角一絲微微的笑意，一頭雪白的長髮散落在枕邊，平日溝壑縱橫如刀刻般鮮明的皺紋，頃刻間蕩然無存。平靜舒展的臉上那般年輕，那般明亮，滲透出一片深邃睿智的光芒。

「大哉蘇公！」萬傷老人一聲讚歎，又一聲感慨，「去相如斯，老夫生平僅見也！」對著蘇秦深深一躬，逕自去了。人們默默流淚，默默肅立，默默地注視著那個方才還意氣風發談笑風生此刻卻彷彿沉睡了的老友。終於，燕姬輕輕走到榻前，深深地親吻了蘇秦，將自己的綠色長裙脫下來蓋在了蘇秦身上。

「王侯之禮，厚葬丞相——」齊宣王突然咬牙切齒地喊了一聲。

孟嘗君愣怔了：「王兄，丞相說……」

齊宣王恨聲道：「丞相之意，怕我治罪無證據，要引凶手自己出來而已。齊國本已愧對丞相，焉得再折辱丞相屍身？孟嘗君，本王令：立即出動你門下所有異能之士，查清謀刺來龍去脈，將凶手斬草除根！」

「臣遵王命！」孟嘗君大是振作，「三日之內查不清，唯田文是問！」

齊宣王走了。孟嘗君四人一陣商議，張儀與春申君都贊同齊宣王做法，燕姬也以為齊宣王並未違背蘇秦本意，只是主張先設靈祭奠，剷除凶手之後再正式發喪，三人盡皆贊同。商議完畢，張儀敦促孟嘗君去部署查凶，說那是第一要務。孟嘗君一走，張儀便與春申君分頭行事：春申君立即坐鎮丞相府主事，荊燕輔助，依照王侯大禮設置了隆重的祭奠靈堂；張儀則與燕姬一起，請來大巫師給蘇秦淨身著衣並做停屍祈禱，一直忙到次日午後，棺槨進入靈堂，一切方算大體妥當。張儀春申君堅持要與燕姬一起，給蘇秦守靈三日。孟嘗君一陣忙碌，部署妥當，也來給蘇秦守靈。

夏日停屍，本是喪葬中最為頭疼忌諱的時節。暑氣燠熱，屍身容易腐臭，而喪禮規定的停屍日期卻有定數，官爵越高，停屍越是長久。貴若王侯，靈床地下與四周雖有大冰鎮暑，也往往難如人願。於是便有了「死莫死在六月天」的民諺。蘇秦突然遇刺，正在盛夏酷暑之日，停屍本是極難。可忒煞作怪，自棺槨進入靈堂，天氣便驟然轉涼，碧空明月，海風浩浩，一片涼意彌漫，大有秋日蕭瑟之氣。齊宣王本來已經下令：王室冰窖藏冰悉數運往相府，王宮停止用冰。然則只運得兩車，便再也沒有運，因為連這兩車冰都沒有化去。

齊人本有「寬緩闊達，多智好議論」之名，臨淄城也算是天下口舌流淌之地。有此異常天象，自然是議論蜂起。於是，便有了對蘇秦的諸多感念，對謀刺凶手的一片罵聲，尋常以某人「死在六月」為由頭的詛咒蹤跡皆無。更有一首童謠傳遍巷閭，那童謠唱道：

春草佳禾　草魚德大
馬心不良　流火走血

這一晚，張儀正與春申君對坐靈堂廊下，孟嘗君匆匆到來，先給兩人唱了這首童謠，請兩人破解。春申君困惑搖頭道：「噢呀，童謠歷來是天書，誰能先知了？」張儀一陣思忖，一陣吟誦，俄而笑道：「大體不差。這凶手，孟嘗君當已查出來了。」春申君驚訝道：「噢呀，張兄神人，如何猜測得出了？」張儀笑道：「歷來童謠，皆非無風之浪。那必是知情之隱祕人物，拋給世人的一個謎語。此首童謠，頭兩句暗藏蘇秦名號，頌蘇兄對齊人有大德。後兩句卻是說，凶手七月便要伏法，且是馬旁姓氏。」孟嘗君一時驚訝得口吃起來：「啊，啊，張兄，人說鬼門博雜，果然不虛，你是神目如電！」春申君著急起來：「噢呀呀，你倒是說了，凶手是哪個賊子了？」孟嘗君笑道：「莫急莫急，請來嫂夫人，我一起說給你等聽。」

燕姬的聲音從靈堂帷幕後傳了出來：「孟嘗君但說，我聽著。」

孟嘗君一陣喘息，耐著性子述說了一個離奇的故事：

開春之後，新法已經在齊國站穩了腳跟，民眾一片頌聲，連長期與齊國爭奪漁獵水面的燕南民眾，也紛紛逃來齊國定居。蘇秦顧及燕齊盟約，親自帶著齊北三縣的縣令去安撫燕國流民，勸告他們返回燕國。可流民對燕國「新政」怨聲載道，無論如何也不肯回去。無奈之下，蘇秦只有下令齊北三縣悉數吸納燕國流民，許其在荒蕪地區集中為村落居住，流民大是感激，竟在一個春天，開闢出了近萬畝可耕之田。虧了燕國忙於內訌，兩國才沒有糾纏。蘇秦從齊北回到臨淄，上書齊宣王，請發王令：允許在齊國定居的流民「一體為民，有功同賞」，其中最要害的是允許新國人從軍，不得有任何歧視。這種法令在秦國雖然已經推行四十餘年，但在齊國、燕國，還都是驚世駭俗的「使賤成貴」法。

此法一出，朝野大譁。稷下有名士曾說：「齊國山高水急，齊人貪粗好勇。」對於尚武成俗的齊國人來說，從軍做騎士或步軍技擊勇士，都是無上的榮耀，本國隸農漁獵子弟尚且不能做，何況與戰俘一般低賤的流民？然則，國人也從年復一年的傳聞與親身經歷中，知道了秦國新法的好處，知道了齊國要變法便得慢慢「脫俗還法」。議論歸議論，吵鬧歸吵鬧，畢竟也沒有生出大事來，新法還是頒布了。

但就在這個節骨眼上，驚人的事情發生了。

那日傍晚，孟嘗君正在聽斥候稟報燕國情勢，突然聽得總管馮驩在院中銳聲叫道：「家君不好！丞相遇刺了！」話音未落，馮驩衝了進來，拉起孟嘗君便走。待兩人快步走到巷口，發現蘇秦正倒臥在幽暗的巷口，身下鮮血一片，嚇得趕來守護的幾個門客面如土色。孟嘗君對門客大喊一聲：「快！四面搜查！」立即抱起昏迷的蘇秦回到府中，請來王宮太醫一看，說是不善刀傷，只能止疼。孟嘗君命令馮驩立即找到蒼鐵，火急趕到楚國，請春申君尋覓萬傷神醫。這邊大體包紮了傷口，止了大出血，孟嘗君便將燕姬接了過來。燕姬一看大急，立即將蘇秦小心翼翼地抬回府中。孟嘗君護送到府，見蘇秦仍然昏迷不醒，對燕姬匆匆叮囑了幾句，急忙趕了回來。

門客們稟報說：搜遍了方圓十餘條街巷，可疑凶手蹤跡皆無。

孟嘗君急得面色脹紅，拍案高聲怒道：「查！給我查！何方神聖？竟敢在田文門前行刺丞相！查不出來，我田文陪著蘇秦一死！」孟嘗君歷來善待門客如賢士，這次當真動了肝火，門客們無不驚心，卻也都更加敬佩孟嘗君，異口同聲起誓：「不能查凶雪恥，永不為士！」畢竟，戰國士人皆豪傑之風，朋友貴客遇刺門外而不能手刃真凶，那當真是無顏面對天下。更何況孟嘗君門下以「多有奇能異士」聞名，若不能查凶除惡，那才是永遠不能洗雪的恥辱。數百名門客人同此心，心同此理，不容孟嘗君插手，天羅地網般撒向了齊國城鄉。

齊宣王在蘇秦屍身旁嚴令孟嘗君時，真凶事實上已經落網了。

誰也沒有想到，這次竟是那幾個雞鳴狗盜之徒立了大功。那個善盜者，本名叫桃大，一班市井卻叫他「掏大」，意思是從來不盜小物事。做了孟嘗君門客，桃大也想做點正經事，怎奈總沒有大用場，乾瘦矮小也無法可變，縱穿得一身光鮮，也是無人看得入眼。久而久之，又恢復了一身布衣，一個酒葫蘆，整日醉得東倒西歪，逢人便想一試身手。這日暮色時分，桃大胡亂哼唱著要回門客院，一進那條石板街巷，瞄見一個黑衣白髮的老者悠悠地跟在一輛軺車後面。桃大眼尖，又是慣盜，不經意間瞅見了老者皮靴內插有異物。饒是如此，桃大也渾沒在意，總以為老者是軺車高官的隱祕衛士，逕自哼唱著跟在後邊。方到巷口，車後的老者卻突然痛苦地叫了一聲，跌倒在地。前面的軺車聞聲停了下來，車上跳下一個高冠之人，向老者走了過去。桃大依舊是渾沒在意，衛士傷病，主人照拂，再是尋常不過了，逕自向門客院拐了過去。

可就在這剎那之間，桃大瞥見了一道細亮的光芒！接著便是老者扶住了高冠之人。桃大心思靈動，知事體不對，風一般飄了過去，疾如閃電般從老者身上取得一物。幾乎同時，老者也突然消失了。桃大喊了一聲：「快救人！」自己便追了下去。

兩個時辰後，當孟嘗君正在憤然之時，桃大一身泥土一臉髒污地回來了。雖然沒有追上凶手，桃大卻盜得了凶手皮靴中的一柄短劍。孟嘗君找來太醫一看，短劍恰有一尺，無毒，卻極是鋒利，正與蘇秦肋間的傷口相合，只是沒有血跡而已。

「桃大無能！那個老東西有兩柄短劍，這柄沒有用上，那一柄在他手上。」桃大一邊自己罵自己一邊說，那個老東西出得臨淄北門便不見了，他在方圓十餘里都找遍，也沒有見到可疑的藏身處所。孟嘗君思忖一陣猛然醒悟，拍案道：「天齊淵！牛山！盯準這個巢穴！」

一陣緊張周密地準備，一百多個門客絡繹不絕地向天齊淵撒了過去。馮驩親自在一個祕密山谷坐鎮應變。孟嘗君忙著去了蘇秦府，生怕蘇秦突然故去。忙到昨晚，馮驩祕密急報：真凶藏匿處已經被圍，要死屍還是要活人？孟嘗君立即下令：「一律要活口！」

凶手果然在牛山，令人想不到的是，這個凶手是一個年輕憨厚的藥農。

訊問時凶手頗為奇怪，黝黑的臉膛脹得通紅，一臉的窘迫愧色，咬著牙只是不說話。孟嘗君心中一閃，走近藥農親切笑道：「看得出，你後生是個劍擊之士，也是個為國立功的人才。給你明說，齊王已經定了蘇秦大罪，殺了他原本有功。你只要說出受誰指使，我便上書齊王，為你請功。」藥農後生眼睛撲閃著憨憨笑道：「俺才不管你是功是罪，只要不連累爺爺，俺便說。」孟嘗君立即道：「齊國新法，已經沒有株連族人之罪，我保你爺爺無事。」後生道：「你是誰？俺卻信你？」孟嘗君正色道：「我是孟嘗君，言出必行，一諾千金，你不信麼？」年輕人慌忙便是一拜：「孟嘗君俺卻知道，是俠義班頭。」孟嘗君哈哈大笑：「既認我這個班頭，你便說，誰要你殺人？」藥農後生道：「要俺殺人的，是公孫家老。」孟嘗君道：「你可知道，你殺的是誰？」年輕人道：「俺只知道，是家老仇人。」孟嘗君又問：「有人看見，殺人者是個白髮老人。你如此年輕，不能冒功。」年輕人憨厚地笑了：「打開俺的鐐銬，你自會知道。」

待鐐銬打開，藥農後生背過身片刻，一回頭，一個白髮蒼蒼精瘦黝黑的老人赫然站在廳中。桃大高聲尖叫：「沒錯！就是他！就是他！」藥農後生嘿嘿笑道：「牛山藥農誰不會這一手？俺平常得緊，驚乍個啥？」

孟嘗君二話沒說，立即帶著藥農後生，點起三千騎士，飛馬趕到天齊淵。監視天齊淵與牛山的門客稟報：天成莊方圓三十里，牛山藥農封戶百餘家，無一人走出監視圈。可是，當孟嘗君踏進莊時，那景象卻教他驚呆了。

庭院石亭下的古琴前，坐著成侯騶忌，嘴唇糾纏著一片鉤吻草，嘴角滲著一縷暗紅的血，一頭白髮變得碧綠，一臉紅潤卻變得亮藍！數十年號稱齊國美男子的騶忌，死得如同鬼魅一般。站在這具鬼魅後面的，是一個真正的白髮老者，精瘦矍鑠，釘在亭下，一臉平淡的微笑。見孟嘗君來到面前，他淡淡地笑道：「老夫公孫閱，一切罪責皆在我身，無得難為成侯屍身。」孟嘗君嘲諷笑道：「公孫閱，你這頭老狐也有今日？」公孫閱淡淡道：「成侯畢竟琴師，有謀略而無膽識。若依老夫之計，階下囚該是田文蘇秦了。」

回到臨淄，馮驩向孟嘗君備細敘說了公孫閱與騶忌的故事與陰謀。

這個公孫閱，跟隨騶忌三十餘年，是騶忌唯一的心腹門人。三十多年中，公孫閱為騶忌承辦了幾乎所有不能公之於人的機密大事：謀取丞相、整倒田忌、爭得侯爵、擴大封地等。騶忌崛起的每一步，都有公孫閱扎實細緻的謀劃功勳。奇怪的是，公孫閱從來不求出人頭地，只是心安理得地為騶忌效力。騶忌深知公孫閱處事周密，才思過人，幾次想殺掉公孫閱滅口。但是一個偶然的發現，卻使騶忌打消了這個念頭。

一日，一個女弟子給騶忌拿來了一本書，說是在公孫閱枕下翻到的。騶忌打開發黃的羊皮紙，竟是一本無名冊籍。翻看內文，淨是各種權術計謀與治人祕術，開列了一百餘條，各自還有簡短解說，末了兩行大字是：「修習機謀之術，可藉機心之主，與主共始終，此術可大成。」騶忌一陣沉吟，反覆揣摩，對這個女弟子祕密部署了一番。

騶忌曾是名動天下的琴師，國中多有少年才俊爭相拜師修習。可騶忌從來不收仕宦子弟做學生，只收得寥寥幾個女弟子，還都是王室搜羅來的少女樂手。這幾個女弟子對老師奉若神明，個個忠誠馴順得貓兒一般。後來，有三個女弟子竟爭先恐後地獻身於騶忌，做了奴隸一般的侍妾。偏是這個叫作琴淵的最聰慧美麗的少女弟子，騶忌卻從來沒有動過手腳。女弟子百般嬌媚委身，騶忌都穩如泰山。就在琴淵十六歲的時候，騶忌派給她一個差使：侍奉家老公孫閱。琴淵聰慧絕頂，自然曉得老師心意，便留心公孫閱的一切隱祕，這才有了那本神祕冊籍的發現。

從此，琴淵真心實意地侍奉公孫閱了，而且教公孫閱實實在在地覺得這個少女愛上了他，以他為活著的希望。時間一長，少女勸公孫閱帶她遠走高飛，獨自立業，何須與人為僕？公孫閱卻說：「我跟丞相修習，若得獨立，大功便成流水。」少女問修習何學？公孫閱答說，仕宦之學，將來光大門庭。後來，少女與公孫閱更是親暱，勸他直接投效齊王，做個上大夫，豈不比做僕人風光萬倍？公孫閱很不高興地說：「做僕自有樂趣，只要丞相在世，我便不會走。你若不耐，公孫閱絕不相強。」

從此，騶忌打消了相機除掉公孫閱的念頭，親自主婚，將琴淵嫁給了公孫閱。新婚後三日，琴淵哭著來找老師，說公孫閱是個只會胡亂折騰的閹人。騶忌大是驚訝，第一次感到了公孫閱的神祕莫測，也頓時對公孫閱的一切怪誕與異於常人的做法恍然大悟。琴淵依舊是公孫閱的夫人，從此卻也成了老師臥榻的美麗尤物，雖然常常帶著滿身的傷痕。公孫閱渾然不覺，只要他有興趣折磨她時她不反抗，他便萬事也不知道。

就這樣，騶忌與公孫閱成了永遠的狼狽。

蘇秦變法開始後，騶忌謀劃的貴族反撲一敗塗地。騶忌本來想就此罷手，可公孫閱告訴他，成侯在貴族背後的密謀，雖然沒有被齊王發現，卻被孟嘗君盯上了。孟嘗君心狠手辣，正在籌劃以門客假扮盜賊，血洗天成莊。騶忌正在鬱悶難消，聽得此說殺心頓起，將一張古琴憤然摔在了地上：「殺！殺光他們！」公孫閱原本只要騶忌一句話，以利他調遣各方力量，如今得話，立即應命：「成侯放心，十日之後，公孫閱教田文曝屍街頭。」騶忌冷冷笑道：「你說殺田文？」公孫閱一點頭，卻聽騶忌陰聲道：「大錯也！生死之仇，只有蘇秦。若無蘇秦，豈有老夫今日？豈有齊國亂象？先殺蘇秦！孟嘗君嘛，老夫慢慢消遣他。」騶忌主意既定，公孫閱便從去年冬天開始密謀實施，立即祕密進入了牛山。

牛山藥農，是騶忌請求保留的封戶。這些藥農有一百多戶，世代採藥治藥，人稱「東海藥山老世家」。這些藥農終年盤旋在大山之中，且多是獨自行走，不怕小傷小病，就怕猛獸侵襲。一個好藥農，必須同時是一個搏擊高手。千百年流傳下來，牛山藥農的搏擊術漸漸地引人注目了。海濱齊人多漁獵生計，也多是單幹行徑，打鬥爭奪家常便飯，練習單打獨鬥的技擊之術在齊東蔚然成風。所謂技擊，便是搏擊的各種技法，從各種兵器到各種拳腳，無不講究技法。齊東技擊最有名的，首推這牛山藥農。公孫閱深謀遠慮，自然不會放過如此一個技擊高手雲集的封地，當初騶忌自請只要牛山百餘戶，便是公孫閱的主意。

未雨綢繆，公孫閱早已對各戶藥農瞭若指掌，不費力氣找到了一家只有爺孫二人的藥農。

這家藥農不同尋常，沒有姓氏，人只呼為「活藥家」，祖祖輩輩做的是「採活藥」生計。所謂「活藥」，是猛虎、豹子、狗熊、野豬、羚羊、麝、野牛、野馬、大蟒、毒蛇等一應活物身上的可用藥材。「活藥」以活取最佳，尤其是巫師方士一類鬼神之士，往往還要親眼看著「活藥」從活物身上取下，方得成藥。要做這種生計，沒有一身過人的本領，無異於自投猛獸之口。世世代代下來，這「活藥家」錘鍊出了一套獨門技擊術，稱之為手刃十六法。這「手刃」包括甚多，短刀、短劍、匕首、袖箭、菜刀、石子，舉凡各種不顯山露水的物事，皆可成奪命之利器。尋常武士縱是手持丈餘長矛，也難抵活藥家掌中一尺之劍。公孫閱曾親眼看見，活藥孫兒只一刀便將一隻斑爛猛虎當場刺死。這後生更有一手絕技，刺殺猛獸分寸拿捏之準，竟是教幾時死便幾時死，絕無差錯。

活藥爺爺八十有六，依然是健步如飛，走險山如履平地。孫兒二十出頭，厚重木訥，黝黑精瘦，一身人所不知的驚世功夫。公孫閱早已對這活藥家下足了工夫，除隸籍、減賦稅、許妻室、以領主之名常常適時送來各種照拂。爺爺感激得常常念叨：「家老但有用人處，我這孫兒便是你的。」公孫閱自然是從來不提任何請求，使這活藥家爺孫大有恩無可報的一種憂愁。

公孫閱一來，眼中含淚，說是他的仇人到臨淄做了大官，正在四處追殺他，他來告別活藥爺孫，要遠遁山林去了。爺爺一聽大急：「有仇必報！家老何要逃遁，不長仇人氣焰麼？」公孫閱哽咽道：「我如何不想報仇，只是手無縛雞之力，如何報得大仇？」爺爺慷慨高聲道：「孫兒過來！自今日起，俺便將你交給了家老，不能給家老報仇，就不是俺孫子！」後生本來就聽得衝動，爺爺有命，更是激昂，憋出了一句話來：「家老，只要讓俺識得人面！」

公孫閱將後生祕密安置到臨淄城中，委派可靠僕人領著後生守候在孟嘗君門前，終於死死認準了這個高冠人物。動手前一日，後生問公孫閱：「要咋個死法？」公孫閱說：「三個時辰死吧，我等良善，也不要他受太多折磨了。」事後回來，後生卻紅著臉說，他沒殺過人，又受到一個飛盜的攪鬧，刀下可能重了些，此人可能活不到三個時辰。公孫閱連說沒事兒，便要與後生飲酒慶功。後生端起酒一聞，黑臉嘿嘿笑了，硬是說爺爺久等不放心，連夜進了牛山。公孫閱沒有敢攔擋，眼睜睜看著後生去了。

馮驩說，當門客武士六十餘人圍住了那座山屋，準備做最慘烈的搏鬥時，活藥爺爺卻拉著孫兒出來了。老人對馮驩說：「俺老夫有眼無珠。孫子交給你了。」說完逕自進了那洞窟一般的石門，活藥孫子便低著頭跟他們走了。

按照公孫閱的謀劃：刺殺蘇秦的同時，騶忌當立即逃往燕國，藉子之兵力殺回齊國重新掌權。可騶忌自以為是，卻說齊王早想罷黜蘇秦，絕不會追查此事，何須徒然丟失了根基？女弟子們也紛紛譏諷公孫閱「閹人無膽」，氣得公孫閱連呼：「成侯無識！成侯誤事！」

……

孟嘗君說完，張儀與春申君唏噓良久，相對默然。

忽然，燕姬的聲音從靈堂帷幕後傳了出來：「孟嘗君，我等倒是忘記了一件大事。」孟嘗君詫異道：「你快說，忘記了何事？」只聽燕姬道：「張兄原不知季子出事，匆匆趕來齊國，定是有緊急大事找你，也該當問問了。」孟嘗君恍然，連忙向張儀一拱笑道：「田文糊塗，向張兄謝罪。張兄快說，要我如何？」張儀不禁笑道：「燕姬果然不凡，知我是找你來了。」春申君笑道：「噢呀，你見齊王見蘇兄都不說事，不是找孟嘗君卻是找誰了？」張儀點頭道：「也是。事情不大，孟嘗君在旬日之內，給我尋覓兩個方士出來。」

「方士？」孟嘗君驚訝得彷彿不認識張儀一般，「張兄也信了這鬼神驅邪術？」

「此中原由，一言難盡。」張儀笑道，「你只找來便是，也許過得幾年，也有故事說給你聽。」

孟嘗君道：「方士之事，多有傳聞，我也從未見過。此等人行蹤無定，我要早早安頓。」說罷匆匆走了。春申君笑道：「噢呀，孟嘗君真義士了！若無這個萬寶囊，張兄卻到哪裡去找方士了？」張儀也是感慨萬端，長長地歎息了一聲。

五、張儀又一次被孟子激怒了

六日之後，謀刺蘇秦的元凶伏法。齊國為蘇秦發喪，舉行了最為隆重盛大的葬禮。

山東六國與所有僅存的二十餘個小諸侯，都派出了最高爵的送葬特使。張儀以秦國丞相的身分，做了參加葬禮的秦國特使。最引人注目的，是洛陽周室也派來了天子特使。新周王感念這個洛陽布衣的不世功勳，竟派出了三千人的葬禮儀仗。依照周禮，這儀仗是公國諸侯才能享用的，新周王的天子王書以「蘇秦為六國丞相，亦為王室丞相，等同大國諸侯」的名義，「賜公國葬禮，以昭其德」。加上齊國的隆重儀仗，整個葬禮儀仗鋪排開三十餘里，直達蘇秦陵墓。臨淄人更是傾城出動，哭聲盈野，天地為之變色。

齊國星相家甘德目睹了葬禮盛況，感慨萬端道：「蘇秦上膺天命，下載人道，死之榮耀，猶過生時，千古之下，無出其右也！」

葬禮之後，齊國剛剛平靜了下來，燕國便亂了。太子姬平與將軍市被起兵討伐子之，卻被子之一戰大敗，退到遼東去了。燕國與齊國素來唇齒相依息息相關，燕國一亂，齊國朝野不安，出兵燕國的事在陡然之間尖銳了起來。也不知何種原因，偏偏齊宣王舉棋不定，竟遲遲沒有決策，臨淄官場市井間議論蜂起，比自己國家出了事還急色。

張儀一心只想著方士，不去理會臨淄的惶惶議論，見了孟嘗君也從不提及燕齊之事。原是張儀心下雪亮：燕齊糾葛越深，秦國越是受益；齊國出兵安定燕國，利於齊，卻不利於秦；雖則如此，秦國卻不能主動站在某一方，否則不能收漁翁之利；唯其如此，毋寧作壁上觀。孟嘗君雖然粗豪，卻也心中有數，從不就燕國大勢「就教」於張儀，但有閒暇，兩人便聚酒豪飲，海闊天空地唏噓感慨一番。

這一日，孟嘗君興沖沖來說：「張兄，孟老夫子要來臨淄了！」

「又想來做齊軍教習？」張儀淡淡的笑意中不無譏諷。

「這次啊，孟夫子是從燕國來。你說，他想如何？」

「老夫子行。」張儀笑道，「身出危邦，又入其鄉，還能做甚？」

孟嘗君知道，張儀對孟子歷來沒有好感，轉圜笑道：「張兄，孟夫子還是有些見識的。」

「孟夫子有見識，何消你說？」張儀笑道，「若去了那種學霸氣，再去了那股迂腐氣，這老頭子倒確實令人敬佩。」

「去了霸氣迂氣，還是孟夫子麼？」孟嘗君哈哈大笑，「不說了，明日齊王與孟夫子殿議，請你我主陪，你只說去也不去？」

「齊王作請，張儀何能小氣不前？自當陪你受苦了。」張儀心不在焉地笑著，並未將這件應酬之事放在心上。

此日過午，孟子車隊進入臨淄。齊宣王仿效當年齊威王之法，率領群臣與稷下名士到郊亭迎接，並在臨淄王宮的正殿舉行了隆重的接風大宴。白髮蒼蒼的孟子與齊宣王並席而坐，左右是張儀與孟嘗君，廳中群臣名士羅列，是名家大師絕無僅有的禮遇。孟夫子雄辯善說，席間侃侃而談，歷歷述說了所過之邦的見聞，時時對各國君主略加評點，揮灑自如，不時引起舉座笑聲。齊宣王最是看重敬賢之名，況又是第一次與孟子直面對答，實在是對孟子的學問氣度見識敬佩有加，更對孟子的君王評點大有興趣，謙恭笑道：「先生常過大梁，不知魏王近況如何？」

「魏王嗣者，實非君王氣象也。」須知魏國強盛近百年，為天下文明淵藪。孟子一句話，非但直呼魏王名諱，且公然顯出輕蔑的笑意，舉座皆是一驚。

「先生此言，可有佐證？」齊宣王依然是面帶微笑。

孟子從容道：「與魏嗣對答，人無以敬之。彼問：『天下何得太平？』我答：『天下定於一，自有太平。』彼又問：『定於一者，何人也？』我答：『不好殺戮，仁者定於一。』彼又問：『不行殺戮，便無征戰，誰願拱手讓位，使仁者定於一？』我答：『天下庶民皆願之。禾田大旱，便望雲霓，大雨但落，枯苗勃勃而起，其勢何人堪當。』此等之王，此等之問，何堪為王也。」

孟子悠然說完，座中卻一片默然，竟沒有了孟子所熟悉的驚訝讚歎之聲，甚至也沒有了孟子所熟悉的激烈反對與銳聲辯駁，泥牛入海般無聲無息。這在講究「論戰無情」的戰國，尤其在論戰風炙熱的百餘名稷下名士在座的場合，可說是罕見之極。偏孟子渾然無覺，已經有些混沌的眼神高傲地掃視了大殿一圈，悠然一笑：「孟軻遊歷天下四十餘年，閱人多矣！唯以仁政王道為量人之器，無得有他也。」

齊宣王岔開了話題笑道：「先生從燕國來，以為燕國仁政如何？」

「亂邦無道，何談仁政？」孟子喟然一歎，「奸佞當道，庶民倒懸，此皆蘇秦之罪也。」

一言落點，稷下士子中有嗡嗡議論之聲，並不約而同地將目光瞄向了張儀。蘇秦新喪，張儀容得孟子褻瀆蘇秦麼？看那張儀，神色淡漠，逕自飲酒。孟嘗君卻一眼看到，張儀的那根細亮的鐵杖在案下抖動著。

齊宣王明知就裡，岔開笑道：「先生以為，當如何安定燕國？」

「置賢君，行仁政，去奸佞，息刀兵，燕國自安。」

齊宣王聽孟子再沒有觸及難堪話題，鬆了一口氣道：「先生所言，天下大道。敢問先生：如何能置賢君、行仁政、去奸佞、息刀兵？」

孟子微微皺起了眉頭，蒼老的語調分外矜持：「上智但言大道。微末之技，利害之術，唯蘇秦、張儀縱橫者流所追逐，孟軻不屑為之也。」

此言一出，舉座皆驚，目光齊刷刷聚向了張儀。齊宣王也一時愣怔了。

「孟夫子名不虛傳，果然大偽無雙也！」張儀應聲而起，一句悠閒而犀利的評點，殿中轟然炸開，嗡嗡議論不絕——方今天下，誰敢直面指斥孟夫子「大偽無雙」？若是別個名士，齊宣王也就阻止了，畢竟孟子是天下大家，如何能教他如此難堪？可這是名重天下的張儀，聲威赫赫的秦國丞相，況且孟子挑釁在先，他如何能公然攔阻？

孟子極不舒坦，沉聲問道：「足下是張儀了？」

「微末之技，利害之術，縱橫者流，張儀是也。」

孟子本來多飲了兩爵，此刻更顯得面紅耳赤，如坐針氈。四十餘年來，孟子周遊列國，雖然無一國敢用，名氣卻是越遊越大，漸漸地也就不寄厚望於任何邦國，悠悠然成了一個超脫傳道的大宗師。如此一來，反倒是放開說話無所顧忌，正合了孟子的傲岸本性，也使孟子的雄辯才能發揮得淋漓盡致。近年來，孟子資望更深，各國皆奉為大賢宗師，孟子更是揮灑自如，往往對陪宴士子與官員不屑一顧，只與君王問對應答，儼然布衣王侯一般。常常是宴席結束論戰散場，孟子才問萬章：「今日來者都有何人？論辯者究是哪家弟子？」若非萬章一班弟子因了要記錄孟子言談，刻意記下了應對陪同者姓名而後告孟子，孟子當真是目中無人一片混沌了。今日入得臨淄，孟子也是對大片冠帶不屑一顧，甚至連丈許之遙的主陪——張儀與孟嘗君，也是漫不經心，沒有看進眼裡。也就是說，孟子壓根兒沒想到能在臨淄碰上張儀。及至那個鐵拐高冠者站了起來，甩出「大偽無雙」四字擲地有聲，孟子才驀然閃念，此人必是張儀無疑。

彷彿冥冥之中的定數，孟子被譽為「大才雄辯，天下無對」，張儀則有「天下第一利口」名號，偏這兩人但見便有口舌，生死糾纏的冤家一般。二十多年前，孟子在大梁譏諷縱橫家是「妾婦之道」，就被剛剛出山的張儀猝不及防地痛斥了一頓。從此，孟子對張儀蘇秦厭惡之極，內心卻也實在有幾分說不清的忌憚。雖然，孟子還是每說大道必罵縱橫策士，但卻再也沒有說過「妾婦之道縱橫家」那句話了。今日孟子說得口滑，滑上了貶損縱橫策士的老路子，卻不意偏偏撞上了張儀在場，又遇蘇秦新喪，孟子便隱隱覺得有些不妥。

雖則心中忐忑，孟子卻從來沒有退讓致歉的習性，振作心神，一開口氣度沉雄：「大道至真，不涉得失。末技卑微，唯言利害。以利取悅於人，以害威懾於人，此等蠱惑策士，猶辯真偽之說，豈非天下笑談耳？」

「孟老夫子，爾何其厚顏也！」張儀站在當殿，手中那支細亮的鐵杖直指孟子，「儒家大偽，天下可證：在儒家眼裡，人皆小人，唯我君子；術皆卑賤，唯我獨尊；學皆邪途，唯我正宗。墨子兼愛，你孟軻罵作無父絕後。楊朱言利，你孟軻罵成禽獸之學。法家強國富民，你孟軻罵成虎狼苛政。老莊超脫，你孟軻罵成逃遁之說。兵農醫工，你孟軻罵為末技細學。縱橫策士，你孟軻罵作妾婦之道。你張揚刻薄，出言不遜，損遍天下諸子百家！卻大言不慚，公然以王道正統自居。平心而論，儒家自己究有何物？你孟軻究有何物？一言以蔽之，爾等不過一群四體不勤、五穀不分的書呆子，整天淹沒在那個消逝的大夢裡，唯知大話空洞，欺世盜名而已！國有急難，邦有亂局，儒家何曾拿出一個有用主意？爾等終日高談文武之道、解民倒懸，事實上卻主張回復井田古制，使萬千民眾流離失所，無田可耕！爾等信誓旦旦，稱『民為本，社稷次之，君為輕』，事實上卻維護周禮、貶斥法制，要刑不上大夫，禮不下庶民；民可使由之，不可使知之；使萬千平民有冤無訟、狀告無門，天下空流多少鮮血？如此言行兩端，心口不應，不是大偽欺世，卻是堂堂正正麼？儒家大偽，更有其甚：爾等深藏利害之心，卻將自己說成殺身成仁、捨生取義。但觀其行，卻是孜孜不倦地謀官求爵，但有不得，則惶惶若喪家之犬！三日不見君王，其心惴惴；一月不入官府，不知所終。究其實，利害之心，天下莫過儒家！趨利避害，本是人性。爾等偏無視人之本性，不做因勢利導，反著意扼殺如閹人一般！食而不語、寢而不語、坐懷不亂，生生將柳下惠那種不知生命為何物的木頭，硬是捧為與聖人齊名的君子！將人變成了一具具活殭屍，一個個毫無血性的閹人！儒家弟子數千，有幾人如墨家子弟一般，做生龍活虎的真人？有幾人不是唯唯諾諾的弱細無用之輩？陰有所求，卻做文質彬彬的謙謙君子，求之不得，便罵盡天下。更有甚者，爾等儒家公然將虛偽看作美德，公然引誘人們說假話：為聖人隱，為大人隱，為賢者隱；教人自我虐待，教人恭順服從，教人愚昧自私，教人守株待兔；終使民人不敢發掘醜惡，不敢面對法制，淪為無知茫然的下愚，使貴族永遠欺之，使爾等上智永遠愚弄之！險惡如斯，虛偽如斯，竟大言不慚地奢談解民倒懸？敢問諸位：春秋以來三五百年，可有此等荒誕離奇厚顏無恥之學？有！那便是儒家！便是孔丘孟軻！」

張儀一陣嬉笑怒罵，大殿中鴉雀無聲，唯聞張儀那激越的聲音在繞梁遊走：「自儒家問世，爾等從不給天下生機活力，總是呼喝人們亦步亦趨，因循拘泥。天下諸侯，從春秋三百六十，到今日戰國三十二，三五百年中，竟沒有一個國家敢用爾等。儒家至大，無人敢用麼？非也！說到底，誰用儒家，誰家滅亡！方今大爭之世，若得儒家治國理民，天下便是茹毛飲血！孟夫子啊，千百年之後，也許後輩子孫忽然不肖，忽然想萬世不移，忽然想教國人泯滅雄心，儒家殭屍也許會被抬出來，孔孟二位，或可陪享社稷吃冷豬肉，成為大聖大賢。然則，那已經是千秋大夢了，絕非爾等生身時代之真相也！儒家在這個大爭之世，充其量，不過一群毫無用處的蛀書蟲而已！呵哈哈哈哈哈哈……」末了，張儀仰天大笑。

大殿中靜得如同幽谷，唯聞孟子粗重的喘息之聲。孟子想反駁，想痛斥，卻對這種算總帳的罵辭無處著力，想憤然站起拂袖而去以示不屑，腳下卻軟得爛泥一般。眼看張儀張牙舞爪哈哈長笑，孟子不能立即做振聾發聵的反擊，論戰如斯，便是全軍覆沒，皇皇儒家，赫赫孟軻，豈容得如此羞辱？大急之下，但聞「哇——」的一聲，孟子一口鮮血噴出兩丈多遠！對面的張儀與孟嘗君猝不及防，身上撲滿了鮮血，連並排的齊宣王酒案上也濺滿了血滴。

「老師——」儒家弟子們吶喊一聲，一齊撲向孟子。王殿頓時大亂，齊宣王鐵青著臉色大喝：「孟嘗君，太醫！」孟嘗君憋住笑意，回身高喊：「太醫！快！太醫——」奇怪的是，稷下學宮的一百多個名士竟都無動於衷，默然地看著忙亂的內侍侍女與一片哭喊的儒家弟子，沒有一個人上前照拂。

孟子被抬走了。齊宣王拂袖而去了。盛大的接風宴席落得如此收場，朝臣們一片愣怔。稷下學宮的名士們卻圍了過來，齊齊地向張儀肅然一躬，默默散去了。

張儀有些木然，低頭看了看身上的血跡，鐵杖篤篤點地，逕自走了。

六、行與子還兮　我士也驕

在齊國曆法的「期風至」（註：齊國曆法與中原不同，有三十個節氣，「期風至」大體即中原的「立秋」節氣）那日，兩個方士被請到了張儀面前。

夜裡，張儀與兩名方士密談了整整兩個時辰。他備細敘說了「某公」的症狀心性等，詢問方士能否禳治。這兩個方士是師兄弟，師兄已經白髮蒼蒼，師弟卻正在中年。聽罷張儀述說，兩位方士閉目沉吟。良久，白髮老方士道：「此公非公，卻是一王。」張儀心中一驚，臉上笑道：「果真王者，無以禳治麼？」老方士道：「王者上膺天命，禳治要大費周折。」張儀笑道：「如何周折？但請明言。」老方士道：「最難者在蓬萊仙藥，要大船渡海，又需童男童女祈禱於海神上天。」張儀道：「兩位大師若能使此公清醒三月，所需諸般周折，並非難事。」老方士道：「此前禳治，尚需重金敬天。」張儀笑道：「上天也愛金錢麼？」老方士肅然道：「非是上天愛金，原是世人敬天之心。唯將世人鍾愛之物敬獻上天，方知上天賜恩可貴也。」張儀點頭：「不知上天所需幾何？」老方士道：「萬金之數。」張儀慨然拍案：「便是萬金了。」目光一閃又問：「兩位大師須輕車簡從隨我上路，不知可有難處？」中年方士悠然道：「輕車尚可，簡從不能。一百名少年子弟乃祈禱法陣，非但不可或缺，衣食且須以大夫爵品待之。」張儀思忖片刻道：「便依大師所言。明日午後啟程了。」老年方士道：「百名子弟，明晚方能趕到，只能後日啟程。」張儀道：「好，後日。」

與方士密談罷，張儀回房部署上路事宜。沒有了嬴華，諸多事體要靠緋雲與兩名掌書打理，一一落實，已經是四更時分。掌書退去，緋雲卻心神不定，張儀戲謔笑道：「小哥兒又有心事了？」緋雲道：「吔，甚心事？正經事。我怎麼看，這兩個方士也不像正道醫家，莫得又給你惹事。」張儀笑道：「方士方士，本來就不是正道醫家，有何稀奇。」緋雲急道：「吔！不是！我說他們好像是，是騙子，詐人錢財一般吔。」張儀默然有頃，歎息了一聲：「方士興起幾十年也，我等誰也沒經過見過。可太醫既然說了，齊國君臣也有許多人相信。我近日才知道，齊威王晚年，也祕密派方士到海上尋找過仙藥。咸陽事急，也就信一回了。天地之大，原本是誰也不能窮盡奧祕也。」緋雲嘟囔道：「知道你是盡心而已，只怕你上當吔。」張儀板著臉不說話，緋雲也不敢再囉唆，收拾臥榻去了。

次日，孟嘗君親自到驛館幫忙料理，一番忙碌，終是準備妥當。晚上，孟嘗君為張儀餞行，兩個豪氣干雲的人物第一次相對無語，只是默默飲酒。良久，孟嘗君道：「張兄，若有不時之需，不要忘了，還有田文這個朋友。」張儀笑道：「孟嘗君狡兔三窟，莫非能讓得一窟？」孟嘗君大笑：「張兄但出咸陽，田文為你謀得一個大窟如何？」張儀揶揄笑道：「還是我為你謀窟吧，不見臨淄風向已轉麼？」孟嘗君又是哈哈大笑：「好！頂不住風，來找你。」

一時飲罷，兩人又去拜望燕姬，恰逢燕姬正在收拾行裝。孟嘗君驚訝莫名，連問何故。燕姬淡淡笑道：「臨淄雖好，終非我久居之地。季子已去，我也當去了。」孟嘗君本是急公好義，更兼受蘇秦臨終託付，對燕姬離去大有愧色，彷彿自己罪過一般，木呆呆難堪之極。張儀豁達笑道：「孟嘗君啊，燕姬心志，不讓鬚眉。山林之隱，原本是燕姬所求。蘇兄已經去了，她孤守臨淄，情何以堪？教她回燕山去吧，這與情義無涉了。」孟嘗君畢竟明朗，兀自喃喃笑道：「都走了，都走了，只留下田文一個了。」說得燕姬與張儀一陣唏噓。孟嘗君反覆看了燕姬行裝，無可幫襯，硬是送了燕姬一匹駁車駿馬，方才了了心意。

次日拂曉，臨淄城西門剛剛打開，兩支人馬飛出城外，一支南下，一支北上，分道揚鑣而去。孟嘗君站在城門箭樓上，眼看著北上車馬沒進蒼蒼遠山，南下車馬隱入茫茫平原，竟在初秋的風中流下淚來。

張儀心情焦躁，一出臨淄便吩咐兩名掌書帶著百名騎士，護衛著方士在後面緩行，自己則棄去軺車，與緋雲快馬兼程先行西進。次日午後，高聳山頭的函谷關箭樓與黑色旌旗遙遙在望。及至關前，卻見關內飛出一騎，白人白馬，風馳電掣般掠過進出商旅直插東進官道。緋雲眼睛一亮，銳聲便喊：「華姊姊！大哥在這裡！」眼見白馬一聲嘶鳴，騎士箭一般從田野中斜插過來。張儀連忙下馬迎了上來：「小妹，如何出關了？」

嬴華滾鞍下馬，一臉汗水淚水，一句話沒說便抱住了張儀。緋雲已經在地上鋪好了一塊毛氈，張儀將嬴華抱過來放在毛氈上坐好，緋雲拿過一個水囊又教嬴華喝水。嬴華喝得幾口，喘息一陣，「哇」的一聲大哭起來。張儀心中一沉，便知大事不好，卻沒有說一句話，只是默默地看著嬴華。哭得一陣，嬴華哽咽道：「王兄去了……」又止不住地哭了起來。緋雲勸阻不住，也哽咽著哭了起來。張儀默默坐地，拉過酒囊咕咚咚猛飲了一陣，兀自粗重地喘息。良久，三人都平靜下來。張儀笑道：「小妹，說說咸陽的事，我等總是得回去了。」嬴華便斷斷續續地說了起來。

張儀走後，嬴華立即去見司馬錯。司馬錯聽了張儀的謀劃，一聲長歎：「丞相大錯也！當此之時，何能為虛妄之事離開咸陽。」又默然一陣，告訴嬴華：只要他的上將軍印信與王賜兵符在手，秦國大軍就不會異動。末了，司馬錯又提醒嬴華：目下秦國之危，不在軍營，而在宮廷，要她務必盯緊樗里疾，只有樗里疾牽制甘茂，方可穩定宮廷。

嬴華覺得有理，又立即找樗里疾會商。樗里疾全然沒有了往昔的詼諧笑談，憂心忡忡地說：多年以來，丞相奔波於連橫，上將軍忙碌於征戰，他埋頭於政事民治，無一股肱大臣輔助秦王料理王室王族與宮廷事務；而今甘茂與太子嬴蕩居心叵測，他要鉗制，竟茫茫然無處著手。丞相寄厚望於秦王病情痊癒，離國求治，可秦王明明已經是無藥可治，時時都在不測之中，當此危局，誰能威懾太子一黨？

嬴華大急道：「說了半日，右丞相束手無策？」樗里疾苦笑道：「今日要害，在秦王安危。我等外臣，入宮尚且艱難，如何能保得重重宮闈之後？」嬴華道：「右丞相能否將甘茂調出王宮？」樗里疾道：「長史執掌機密，歷來都在王宮內設置官署。秦國法度：非丞相與國君會商、國君下書，不能變動長史。兩年前，我倒是在甘茂身邊安置了一個掌書，可甘茂管束極嚴，目下他是一步也動不得。」嬴華思忖一陣道：「右丞相，秦國正在安危之際，我決意啟動黑冰臺，護持秦王！這是丞相手令，你可贊同？」樗里疾嘿嘿笑了：「早當如此，黑肥子就等公子這句話。」說罷，笑吟吟將那個掌書的姓名長相說給了嬴華。

嬴華當夜立即行動，親自帶領三名黑冰臺幹員從丞相府地道出城，泅渡灃水，祕密潛入章臺宮。連續幾日，章臺宮都很平靜，秦惠王也仍舊是時昏時醒。嬴華下令三名幹員輪流守護在玄思屋外監視，自己潛回咸陽，去找那名掌書聯絡。

奇怪的是，扮成宮中衛士的嬴華在長史官署外祕密監視了十二個時辰，所有的輪值吏員都逐一查勘，偏偏沒有那個掌書。嬴華覺得蹊蹺，連夜去見樗里疾。樗里疾以核查吏員官俸為名，徑直進入王宮，一查之下，那名掌書已經暴病身亡。右長史稟報說，那掌書奉長史之命到章臺宮記錄王言，回來時不慎被松林中毒蜂螫中，太醫治療三日無救，死了。

如此一來，唯一可知甘茂與太子內情的眼線被掐斷了。嬴華的黑冰臺成了只能被動守護的祕密衛士。一時無法可想，嬴華只有再加派了三名幹員，又親自坐鎮章臺宮，要確保張儀回來之前秦王無事。如此過去了十日，依然是安靜如常。

第十三日午後，太陽已經西下，蒼老乾瘦的秦惠王正在茅屋外的草地上若有所思地漫步，不時地看著太陽歎息一聲。這時，守在竹林邊的老內侍長呼了一聲：「太子入宮——」秦惠王驚訝地回過頭來，一身鐵甲一領披風的太子嬴蕩已經走了過來。秦惠王顯然不悅道：「此時我不見人，也不議事，不知道麼？」嬴蕩一躬，高聲大氣道：「父王，少弟母子有了消息，我特來稟報。」秦惠王驚喜道：「你說稷兒母子？哪裡來的消息？快說。」嬴蕩道：「我識得一個胡商，他從燕國來咸陽，說了少弟許多事情，還帶回了姨娘給父王的書簡。」秦惠王興奮得聲音都顫抖了：「好好好，快，進去說說，父王正念叨他母子呢。」正在此時，甘茂帶著一個掌書匆匆走來：「王有會見，請許掌書錄言。」秦惠王揮揮手道：「下去下去！本王家事，無關邦國，錄個甚言？」說罷對嬴蕩一招手，「走，進去說。」父子二人便進了茅屋。甘茂沒有走遠，依然與那個掌書守候在竹林邊上。

隱藏在小土崗松林中的嬴華大是忐忑不安，覺得太子今日來得似乎蹊蹺：既是需要一段時間述說的家事，便當早來，如何堪堪在太陽行將落山之時到來？但無論如何，嬴華也不好公然干預太子晉見，尚且是在國君清醒時的晉見。眼見太陽緩緩地沉到了山後，半天霞光也漸漸褪去，秦惠王昏症發作的時刻已經到了，卻不見秦惠王從茅屋中出來。

正在此時，太子從茅屋中衝了出來，大喊：「長史！快宣太醫！父王昏過去了！」也是秦惠王久病，太醫每在此時便守候在竹林邊，聽得太子一聲喊，甘茂與太醫一起衝進了茅屋。片刻之後，茅屋中哭聲大起，嬴華驟然昏了過去……

醒來之時，嬴華發現自己竟躺在章臺宮茅屋之中。大廳中央是蓋著白布的竹榻，自己身邊卻站著眼睛紅腫的太子。嬴華驚叫一聲，要翻身坐起，身子卻軟得麵團一般，只是心亂如麻。太子嬴蕩木然道：「少姑，正是你這聲尖叫，我才知道你在這裡，將你救了過來。太醫給你服了藥，說你須得安神定心。」嬴華看看屋中甘茂、掌書、太醫、內侍等人道：「你等出去，我有話要問侄子。」嬴蕩吩咐甘茂等人退到屋外，回頭道：「少姑，有話你問。」嬴華冷冷道：「你父王如何去的？你說。」嬴蕩依舊木然道：「天將傍晚，我正要告退，父王教我稍等，說要給我叮囑一件事情。叮囑的話還沒說出口，父王叫了一聲，跌倒在榻下，神志便昏迷了……我出來喚進太醫，父王便去了。」嬴華愣怔片刻，冷笑道：「我問你，你明知父王日暮發病，何以恰恰在日暮之前來見？」嬴蕩道：「我午後接到少弟消息。長史說，當及早說給父王，教他高興。出城過灃水，耽擱了半個時辰，就有些晚了。」嬴華問：「因何耽擱？」嬴蕩道：「渡船壞了，正在修繕。」

嬴華覺得此中疑點太多，一時理不清楚，不再追問。嬴蕩卻問：「少姑與父王情誼深厚，請教誨侄兒，如今該當如何？」嬴華氣恨恨道：「有人知道，何須問我？」嬴蕩不再說話，只是木木地戳在那裡，失魂落魄一般。

當晚，嬴華與秦惠王的屍身一起，被祕密運回了咸陽。

次日清晨，太子嬴蕩在王宮東殿舉行了祕密會商，除了司馬錯、樗里疾、甘茂三人外，嬴華也被抬到了殿中。甘茂備細稟報了秦王「不救而亡」的經過。嬴蕩放聲大哭，痛罵自己犯了彌天大罪，請求為父王殉葬。司馬錯與樗里疾都看著座榻上的嬴華，顯然是盼望她說話。嬴華長長地歎息了一聲哽咽道：「王兄已去，不能復生，諸位但以大局為重了。」甘茂立即跟上，慷慨陳說危局，請立即擁立太子即位，以防六國乘虛而入。司馬錯與樗里疾也是無話可說，都默默點頭了。三日後，王城書告朝野：秦王不幸病逝，隆重發喪，太子嬴蕩即位為新秦王。

那日晚上，守護太醫終於說公主康復了，嬴華回到了丞相府，便連夜出城來找張儀……

「大姊，如何虛成了這模樣？」緋雲為嬴華不停地揩拭著額頭汗水，說不出的驚訝。

嬴華面色蒼白地倚在緋雲身上：「我，我，散了架一般，一絲功夫也沒有了。」

「大姊！」緋雲抱住嬴華大放哭聲，一種深深的恐懼使她渾身瑟瑟發抖。

張儀一直在沉默，一直在思索，一尊石雕般紋絲不動。良久，他長吁一聲道：「緋雲，拿我的令箭，到函谷關調一輛篷車出來。」緋雲飛馬去了。嬴華這才恍然問道：「方士找到了麼？如何只你倆回來？」張儀拍拍嬴華道：「方士在後面。你目下甚也莫想，只閉眼歇息。」嬴華粲然笑道：「你真好。那方士還會到咸陽麼？」張儀笑道：「你放心便了。一旦沾上，他們才不會輕易走。」

片刻之後，緋雲從關內趕來了一輛四面包裹嚴實的篷車。張儀斷然道：「走，回咸陽。」說罷抱起嬴華坐進了篷車。緋雲將三匹駿馬拴在車後，上了車轅，一聲鞭響，篷車轔轔進關。篷車不能快馬奔馳，加之嬴華虛弱不耐顛簸，函谷關到咸陽整整走了三日。一路上，張儀也不進郡縣官府，只是全副身心照料嬴華，倒也平安無事。

這日傍晚進得咸陽，張儀草草梳洗了一番，來到樗里疾府上。樗里疾見是張儀，嘿嘿笑道：「走，找司馬錯，你我說不明白。」兩人來到上將軍府邸，卻見這平日裡車馬如梭的車馬場空蕩蕩黑黢黢，既無車馬，更無燈火，連那兩排釘子般肅立的武士也沒有了，只有一盞在風中搖曳的大方燈孤懸門廳，幽靜得有些寥落。張儀不禁歎息了一聲。樗里疾嘿嘿笑道：「司馬錯堂裡清哩，早早收斂了，比你我眼亮多也。」張儀也不說話，只是默默向裡走。門廳下一看，大門竟是關閉的。張儀「啪啪」拍著門環高聲道：「有客來訪——」大門隆隆開了，家老匆匆迎來當頭一躬道：「我家主人臥病謝客。既是兩位丞相，請隨我來。」提著一盞燈籠將兩人領進了後園。

兩人進入司馬錯的後園，月下朦朧望去，這座後園竟比丞相府的後園還大了許多。奇怪的是，這座後園沒有尋常庭院園林的水面亭臺假山竹木花草，層層疊疊的小山包與曲曲折折的小水流堵在眼前，走在其中，羊腸小徑千迴百轉，恍若入了迷宮。張儀驚訝笑道：「司馬錯這是做甚？林苑搞成了墳園。」樗里疾嘿嘿嘿一陣道：「沒看懂？這是司馬氏絕技，天下活山水，君上特許建造的。看看，這兒是函谷關。」張儀就著月光仔細看去，果然見「連綿群山」中一道長長的峽谷，峽谷入口處赫然一座「雄關」，關外浩浩一條「大水」。張儀頓時明白，一路指點道：「這是大河，那是虎牢山、孟津渡，這邊是河外、安邑，啊，這裡是我家了。」一陣感歎便問家老：「上將軍在何處啊？」家老笑道：「家主人在燕山遼東，請這邊走。」樗里疾嘟囔道：「燕山？遼東？司馬錯又想做甚？」

一時來到「燕山遼東」地面，便見一人布衣散髮臨「海」而立，顯然正在入神，對身後腳步渾然無覺。樗里疾啪啪拍掌嘿嘿嘿笑道：「司馬上將軍，還想去遼東打仗麼？」司馬錯驀然回身笑道：「呀，丞相到了。來，這海邊正有幾塊岩石，在這裡坐了。家老，搬幾罈酒來！」

「海」雖不大，岩石卻是地道，光滑平坦，臨「海」突兀而立，明月之下風聲蕭瑟，別有一番韻味。片刻之間老酒搬來，就著幾塊軍中常見的乾牛肉，三人對坐飲了起來。

「司馬兄，樗里兄。」張儀笑道，「人生終有聚散，你我三人共事二十餘年，只怕也到了各謀出路的關口。張儀鞍馬未歇，便來與二位相聚，為的是各明心事，好將樞要國事對新朝有個交代，亦公亦私，唯求真心。」

「嘿嘿嘿。」樗里疾先笑了，「我看司馬兄是雄心不老，還想打幾仗。」

「哪裡話來？」司馬錯淡淡笑道，「我在後園徜徉，原本是要思謀個落腳之地，看來看去，還是燕北遼東合於我心。」

張儀有些困惑：「燕北遼東山水粗糲，一曝十寒，不合隱居，司馬兄如何要去此地？」

「嘿嘿，我明白，司馬兄兵心不死，還想找個用武之地。」

「偏這黑老兄賊精。」司馬錯苦笑道，「不瞞張兄，司馬氏世代兵家，不宜居於飽暖秀美之地。燕北遼東有胡人之患，戰火連綿，族人振奮為生，也不致衰敗。至於司馬錯自己，能了抗擊匈奴胡人之微末心願，足矣！」

張儀不禁慨然一歎：「司馬兄癡兵若此，何以要離開？以秦國之雄兵，以將軍之才智，何愁不能大展宏圖？」

司馬錯笑道：「張兄當知，你我三人，我是第一個該走，不能留。古往今來，為將只是一朝。哪個君王願將兵權留給隔疏老臣？況且，新朝上將軍的人選，已經明瞭。」

「明瞭？能是誰？」張儀有些驚訝。

「先是甘茂，再是樗里疾，而後兩人顛倒。」

「嘿嘿嘿。」樗里疾笑個不停，「你這話巫師一般，教人心裡打鼓，黑肥子能做上將軍？」

司馬錯沒有一絲笑意：「先做半年丞相，再做上將軍。」

「卻是為何？」樗里疾也不笑了。

司馬錯笑了：「天機不可預洩也，無可奉告。」

驀然之間，張儀想起秦惠王的話，內心不禁佩服司馬錯的冷靜透徹。甘茂與樗里疾，都是所謂的文武全才，而大凡文武全才，往往在文武兩方面都不能達到自成一家的超凡境界。國君可任為武職，亦可任為文職。對於新君嬴蕩這樣嗜兵的國君，自然以上將軍為第一要職，自然要他最信任的大臣來做上將軍，這個人只能是甘茂。但嬴蕩在權力穩定後，極有可能親自執掌兵權，那時，升遷甘茂做丞相，讓明達而不專權的樗里疾做名義上將軍，而實際上嬴蕩自己做三軍統帥，自然是水到渠成的結果。如此一揣摩，司馬錯的預言盡在情理之中。

張儀點頭笑道：「有樗里兄留朝，畢竟好說，秦國或可度過危局。」

「嘿嘿嘿，如此說來，張兄也要走？」

張儀笑道：「如何？我不該走麼？張儀此等人，唯先君惠文王此等君主用得。新君不合用我，徒然相互掣肘，何如早去？」

「蘇秦去了，張儀去了，司馬錯也去了，這天下可是寂寞了許多也！」樗里疾一聲歎息，張儀與司馬錯大笑起來。

三人直說到四更方散。張儀回到府中，嬴華緋雲已在書房中等得偎在一起睡著了。見張儀回來，兩人咯咯笑著醒了過來。張儀笑道：「你倆睡，我要草個上書。」嬴華嬌嗔道：「不睡！我倆要和你了帳！」張儀驚訝道：「了帳？了甚帳？你還想將丞相府帶走不成？」緋雲「吔」的一聲，笑軟在嬴華懷裡。嬴華咯咯笑道：「你才想將丞相府揣在懷裡。我倆要做夫人！不許你拖！」張儀恍然，一陣哈哈大笑，一邊一個將兩個麗人擁在懷裡：「都做幾次夫人了，還想做？好！今夜教你倆再做夫人！日後呀，天天做夫人！」緋雲紅著臉笑道：「吔！羞不羞，就知道教人家那樣做夫人！人家偏要那樣做夫人，要洞房花燭！」三人笑作一團。

笑得一陣，張儀道：「我要辦完三件事，兩小哥才能做夫人。一是上書請辭，二是明日見君，三嘛，是清理了那班方士。」嬴華笑道：「方士不用你清理，緋雲已經將他們打發了。」張儀驚訝道：「方士來過了？你如何打發的？」緋雲笑道：「吔！那兩個方士難纏，硬要一萬金，說是此行驚動了海神，回去要建造海神臺謝罪。我與姊姊商議，將相府的六千金全給了他們，他們才嘟囔著走了。還神術長壽，活生生勒索騙錢吔！」張儀笑了：「小哥童心無忌，偏是說穿了。殊不知，日後有多少君王甘心受騙。」想想又對嬴華道，「你那黑冰臺是大機密，得了結一番。」嬴華笑道：「有人上心。我困在王宮那幾日，還不就在了結黑冰臺？早沒我事了。」張儀霍然起身道：「如此我來草書，兩三日內走。」

嬴華看看緋雲，緋雲回身從書案上拿來一卷竹簡：「吔，看看，如此寫法可行？」

張儀大是驚訝：「你寫的？」

「吔！姊姊說，我寫，不行麼？」

張儀不再說話，打開竹簡，一篇整齊娟秀的篆文赫然在目，不自覺高聲念了起來：「臣張儀頓首：臣蒙先王知遇，執相印二十餘載，些許微功，不足道矣！今臣年邁體衰，不堪國事繁劇，欲歸隱林泉，以開後繼之道。我王聖明神武，定能克成先王遺願，成就秦國大業。臣雖遠在山林，亦常為我王祈禱也！」張儀念罷，喊了一聲「好」，又呵呵笑道，「只是肉麻了些許，不像張儀了。」嬴華笑道：「但像張儀那般『我士也驕』，能走麼？蠢！」

張儀大笑：「好！肉麻一回，待我明日送上。」

「不用你送。我等這便走。有人會送。」嬴華突然認真起來。

張儀一陣愣怔，一陣思忖，終於點頭笑道：「有妻如此，張儀之福也，走！」說罷抱起嬴華大步出門。庭院中一輛篷車已經備好，緋雲悄聲笑道：「姊姊已經教居家物事上路了，你但走人便是。」張儀笑了笑：「有兩個狐精，我只做大丈夫了，操個甚心？」嬴華在張儀臉上打了一掌笑道：「美死你了！」張儀笑著狠狠親了嬴華一口，鑽進了篷車。

天色放亮，紅日躍上咸陽箭樓時，轔轔篷車已在北阪之上了。

嬴華打開車簾笑道：「小妹，為夫君老哥哥唱支歌如何？」緋雲在車轅上笑不可遏：「吔！還夫君老哥哥，真道膩歪了！」張儀的鐵杖敲打著車轅，也是大笑不止：「這老哥哥麼做得好風光也！好，我也唱！」

三人放聲唱了起來，那是張儀故鄉的〈魏風〉：

園有美桃　其實佳肴
心之怡也　我歌且謠

不知我者　謂我士也驕
桑者閒閒　行與子還
十畝之間　行與子逝
不知我者　謂我心氣高
……

「啪」的一聲，緋雲揚鞭催馬，篷車湮沒在清晨的霞光之中。

「老哥哥你說，目下咸陽如何？亂了麼？」嬴華笑著叫著。

「天知道。老哥哥如何知道？」張儀一陣大笑，笑聲隨著山風在山塬間飄飄盪去。

國家圖書館出版品預行編目資料

大秦帝國．第二部，國命縱橫／孫皓暉著．
-- 初版．-- 臺北市：麥田出版：家庭傳媒
城邦分公司發行，2013.02
冊；　公分．--（歷史小說；44-45）

ISBN 978-986-173-852-9(上冊：平裝)
ISBN 978-986-173-853-6(下冊：平裝)

857.7　　　　　　　　101025374

歷史小說 45

大秦帝國 第二部 國命縱橫（下）

作　　者／孫皓暉
責任編輯／黃暐勝　吳惠貞　林怡君
校　　對／呂佳真

副總編輯／林秀梅
編輯總監／劉麗真
總 經 理／陳逸瑛
發 行 人／涂玉雲
出　　版／麥田出版
　104台北市中山區民生東路二段141號5樓
　電話：(886)2-2500-7696　傳真：(886)2-2500-1966；2500-1967
　部落格：http://blog.pixnet.net/ryefield
發　　行／英屬蓋曼群島商家庭傳媒股份有限公司城邦分公司
　104台北市民生東路二段141號2樓
　書虫客服服務專線：(886)2-2500-7718；2500-7719
　24小時傳真服務：(886)2-2500-1990；2500-1991
　服務時間：週一至週五 09:30-12:00・13:30-17:00
　郵撥帳號：19863813　戶名：書虫股份有限公司
　讀者服務信箱 E-mail：service@readingclub.com.tw
　歡迎光臨城邦讀書花園 網址：www.cite.com.tw
香港發行所／城邦（香港）出版集團有限公司
　香港灣仔駱克道193號東超商業中心1樓
　電話：(852) 2508-6231　傳真：(852) 2578-9337
　E-mail：hkcite@biznetvigator.com
馬新發行所／城邦（馬新）出版集團【Cite(M)Sdn. Bhd.】
　41, Jalan Radin Anum, Bandar Baru Sri Petaling,
　57000 Kuala Lumpur, Malaysia.
　電話：(603) 9057-8822　傳真：(603) 9057-6622

封面設計／小子設計
印　　刷／一展彩色製版有限公司

■ 2013年2月1日　初版一刷　　　　Printed in Taiwan.

定價／450元

ISBN 978-986-173-853-6